国际法前沿问题教程

主　编　宋　阳
副主编　吴银玲　刘丽英

科学出版社

北　京

内 容 简 介

本书以国际经济法、国际商法、国际私法为重点研究对象。通过几个大的问题群，论述了国际法目前的几个最具热点性且最具争议性的问题。分别从若干层面分析了国际经济法中的主权问题、WTO 与人权的关系问题、人民币国际化问题。又从若干方面分析了国际商法中的自治性惯例与国家立法之间的关系、国际商法与国家主权立法的分层性问题以及国际商事惯例的适用和性质问题。在国际私法章节主要分析了最密切联系原则以及若干准据法的选择方法等重要问题。

透过本书的介绍和分析可以帮助有一定国际法学术水准的法律工作者更好地了解目前国际法的前沿问题，为其进一步展开国际法相关问题的研究奠定基础。适合国际法学硕士研究生以上的学生作为教学参考书使用。同时，法律实务工作者可以以本书作为实务参考资料的工具书。

图书在版编目（CIP）数据

国际法前沿问题教程 / 宋阳主编. —北京：科学出版社，2018.6
ISBN 978-7-03-053658-7

Ⅰ. ①国… Ⅱ. ①宋… Ⅲ. ①国际法–教材 Ⅳ. ①D99

中国版本图书馆 CIP 数据核字（2017）第 126849 号

责任编辑：方小丽 / 责任校对：杜子昂
责任印制：霍　兵 / 封面设计：蓝正设计

科 学 出 版 社 出版
北京东黄城根北街 16 号
邮政编码：100717
http://www.sciencep.com

三河市荣展印务有限公司 印刷

科学出版社发行　各地新华书店经销

*

2018 年 6 月第 一 版　　开本：787×1092 1/16
2018 年 6 月第一次印刷　　印张：16 1/2
字数：384 000

定价：78.00 元
（如有印装质量问题，我社负责调换）

目　　录

第一编　国际经济法前沿问题

第二编　国际商法前沿问题

第三编　国际私法前沿问题研究

第一编　国际经济法前沿问题

专题一　国际经济法与国内法关系专题

专题要旨：探究国际经济法的内涵性质可知，与国际商法和国际公法不同，国际经济法的根本作用在于通过规范国家的经济主权行为来保护各国公民的经济权利；但同时，国际经济法的制定与实施也必须具备一定的弹性，以防止其成为强国侵犯弱国主权的工具。本专题基于国际法学界对国际法和国内经济法关系的论析，结合目前国际法一元论和二元论学说不能满足构建国际经济新秩序的客观现状。国际社会必须加强构建国内经济法与国际经济法之间的沟通机制，并通过政策平衡来实现国际与国内的双层经济偏好。

专题要点：国际经济法；国内经济法；政策平衡；经济偏好

【引论】

国际经济法与国内经济法之间的关系在学术界内被热烈探讨，前者作为规制国家管理本国内部经济的外部法律规则，如何避免与后者发生冲突？当发生冲突后又应该如何进行处理？当违反国际经济法规则时，国家究竟有无义务修改本国的国内经济法以符合国际经济法的要求？国家主权在国际经济法中所起到的地位和作用又是什么？本专题将试图通过梳理既有的相关法律理论，对上述问题给出解答。

第一节　国际经济法内涵界定

一、几种关于国际经济法内涵的典型学说

国际经济法作为一个独立的概念的产生，源自在第二次世界大战后传统国际公法体系的分化。1948 年英国国际法学学者施瓦茨曾伯格（Sehuarzebevg）教授首先开始使用"international economic law"这一术语来指代一种新的国际法律部门，他认为：随着国家间经济交往的增多，以及国际经济组织的出现，调整国家之间以及国家与国际经济组织之间权利义务的规范非常重要，它应该作为国际公法的一个相对独立的分支。

此后，美国法学家杰塞普针对国际经济法主体的多元性提出了"跨国法"（transnational law）的新概念，其核心理念在于探讨在国际经济交往中国家与国内个人之间的关系以及一国国民与另外一国国民的交易关系；此理论试图将不能在市场中进行交易的"公共物品"与可以在市场中交易的"私人物品"的两类规则结合起来，进而再

探讨两种规则之间的相互影响与关联。其核心观点是：国际经济法的核心内涵不在于其性质，而在于其调整的社会关系[1]。那么，不论是调整公共物品分配的法律还是调整私人交易的法律，都可以被归入国际经济法的范畴。

但是另外一些学者则坚持认为国际经济法从性质上讲只能从外部约束国家对国内经济的管理行为。例如左海聪教授认为，广义的国际经济法可以进一步细分为国际经济法与国际商法，其中国际商法是调整跨国商事主体之间交易的法律制度，而国际经济法则是调整国家间经济管制的法律关系的法律制度[2]。

二、对上述学说的评价

综合上述学说，笔者对国际经济法的内涵界定提出如下观点。首先，左海聪教授从法律自身性质出发，对广义的国际经济法的内容进行重新界定的思路是十分可取的。这是因为，在国际经济合作与交往的过程中，存在两种彼此相互交融又明显具有分界的不同秩序体系。西方学者在其著述中也认识到了这一点，提出应该对两种秩序分别加以研究。例如杰克逊教授认为：从某种意义上说，国际经济法可以分为两个适合绝大多数国际经济法领域的宽泛的路径。这两个路径可以粗略地被称为"交易性"路径和"管理性"路径。二者皆有其位置，但是这两种路径下的不同规范性质可能有实质性的差异。交易性的规范多是描述性的，从某种意义上来说是对已有交易的重述与固定；而管理性的国际经济法则注重"国家、地方、国际政府机构"的作用[3]，彼德斯曼教授认为：国际经济自生自发的历史演进已经导致一种行为规则的分层，这种分层的体现是多种多样的，分层的直接后果便是形成了自发秩序与指导秩序两种法律秩序模式。各种不同的"法律层次"可以按照胶合板原则而相互加强和彼此增进[4]。另一位著名学者特拉奇曼则指出"国际法的经济层面常常特指与政府有关的事务，其功能被认为是作为一种基于向社会利益集中的一种优化手段，而商事层面相对应地，经常代表了个人或者企业的视角[5]"。

其次，从语源上看，经济一词起源于古希腊语"οικονομα"，该词的意思是管理家庭的人。色诺芬在他的《经济论》中将"家庭"及"管理"两词的结合理解为经济。由此可见经济本身便体现着国家对经济活动的干预。但是，任何国家的经济政策都可能产生蝴蝶效应，进而影响别国的经济。例如，一个国家对本国的某种产品的进口采取限制措施，那么将可能对另外一国的相同产业造成极为不利的影响，从而引起该国的报复。为了防止世界经济在这种相互报复的争斗中走向毁灭，有必要采取一种措施来对政府对经济管理的行为进行反向规制，从而在世界范围内建立起一种经济秩序的良性循环。以求每个国家在这种秩序中获得共赢性的利益。从该意义上而言，国际经济法就其本身性质来说是具有公法性质的规制性法律规范。这种规范存在的主要目的在于防止国家在管理本国对外经济事务中对主权的滥用，进而影响别国的合法权益乃至世界范围内的国际社会公共利益。

不过同时需要指出的是，虽然国际经济法被定义为公法，但它与国际商法规则却有着千丝万缕的联系。例如，彼德斯曼指出基于自发的市场秩序，在 20 世纪出现了大量的出口卡特尔，他们通过签订"自愿出口限制"或者各种限制性商业惯例的形式来进行出口垄断性经营。针对这种现象各国立法都对其采取了反制措施，但是一些国家常常将自己的反垄断法进行域外适用，从而引起极大的争议。为此一些国际组织如 OECD、联合国都采取了国际经济法上的手段对国内经济法对限制性商业惯例的规制法进行反规制。虽然这种反规制的性质及效力还存在理论上的争议。但是，可以肯定的是国际经济法作为对国家管理经济手段的外部约束机制，与国际商法的私法性规则具有相互依赖的关系。

对于将国际经济法视为国际公法一个分支的学说理论，笔者认为其亦有可取之处。这是因为国际经济法作为对国家管理经济行为进行反规制的法律规范体系，不可避免地要涉及国家与国家之间的关系以及国家与经济组织之间的关系。由此，国际公法的相关规范将责无旁贷地充当起调整国际经济关系的平衡器以及解释工具的作用。例如根据《世贸组织争端解决谅解备忘录》第 3 条第 2 款的规定：该程序适于保护各成员在适用协定项下的权利和义务，及依照解释国际公法的惯例澄清这些协定的现有规定。争端解决机构的建议和裁决不能增加或减少适用协定所规定的权利和义务。在"美国汽油标准案"中世界贸易组织（WTO）第一次明确将《维也纳条约法公约》第 31 条的有关规定作为 WTO 规则的标准与规则框架的解释工具。由此可见国际公法的一些原则是可能适用于国际经济法的相关领域的。即便是坚持国际经济法独立学说的特拉奇曼也承认："国际经济法与国际公法二者之间不是分立的目录，国际经济行为在某种意义上对政治关系具有溢出效应，从而使国际公法的基本制度成为了国际经济法的结构性框架"。

但是，国际公法与国际经济法之间的界限又是十分明晰的。首先，从法律关系调整方式取向上来看，国际公法将"避免争议"以保障国家共存作为整个规则体系的最高价值，例如对于南极领土的主权要求，《南极条约》便采用了一种"冻结"的处理方式，其根本出发点不在于解决争端，而是将争端搁置起来。第二，国际公法在价值选择取向上来看，将国家主权作为最高价值基准，将主权原则作为国际公法不可动摇的基石，因此有学者将国际公法的价值取向称为"葡萄园保护主义"（domaine reserve）。而国际经济法则更多体现了效率至上的理念，以及彻底解决争端进而促进国际经济合作的根本目的。例如，在国际法院管辖中将国家接受其管辖作为法院能够审理案件的先决条件，而争端解决机构则可以自动管辖成员方之间的争议，且不得拒绝作出裁判。第三，虽然《维也纳条约法公约》可以作为 WTO 条约的解释工具，但这仅仅是技术层面的解释规则。争端解决机构不得将任何非 WTO 条约规则作为其裁决案件的依据[6]，由此不难看出国际条约法的内容只具有工具性的作用，不能从根本上解决国际经济法的实体性问题。国际经济法尤其是 WTO 相关法律，有其自身相对独立的一套规则去对国际争端进行"定分止争"。最后，国际公法从本质上来看是不成体系的，条约与条约之间并不存在统一性的标准与内在的一致体系，国际习惯法是其根本渊源。而国际经济法则不同，随着世界贸易组织（WTO）、国际货币基金组织（IMF）等一批具有重要影响力的国际经济组织的成立，这种情形正在发生改变，例如有学者提出 WTO 规则已成为一种"自给自足"（self-contained）的体系，另一方面，由于缺乏必要的次级规则的指引，国际习惯法在国际经济法领域处于边缘化的尴尬地位。因此，有学者提出国际贸易管理领域一般不存在国际习惯法[7]，从而将国际公法与国际经济法的界限从法律渊源的层面彻底明晰起来。

综上所述，笔者认为国际经济法是一个独立的、自我包容的法律规范体系，其内涵核心是国际社会调整国家管制经济行为的法律规范的总称，与国际商法那种"调整私人主体之间交易关系"的法律规范相比具有明显的秩序分层性，但是在某些层面又相互影响，共同发挥作用。

第二节　国际经济法与国内经济法关系的典型学说

国际经济法作为调整国家管理经济行为的工具，其与一国的国内的经济管制法具有十分错综复杂的关系。传统理论往往借助国际公法的理论体系，诸如用二元论以及一元论的观点来作为探讨国际经济法与国内经济法的基本出发点。笔者无意推翻此理论框架，但同时将试图对二者之间的统一性以及体系结构关系进行进一步的探索。

一、国际经济法与国内经济法二元论学说

目前在国内经济法与国际经济法的理论中有一元论以及二元论的学说对立。其中二元论认为"国际经济法和国内经济法是两个完全独立的法律体系。由于是不同的法律体系，二者无效力高低之分，某一体系的规范，不能自动成为另一体系的规范，一种体系也不能减损或变更另一体系的效力。那么当一个经济关系需要适用法律规范而该法律规范又属于国际经济法规范时，那么该经济关系不能直接适用国际经济法规则，而必须将国际经济法转化成国内经济法才能加以适用。在这种体制之下，国际经济法规则处于一种相对弱势的地位，一旦出现"宪政失败"，国际经济法规便不能有效地"锚定"（anchored）于国内经济法律体系，各种灰色区域贸易政策就不能受到法律与法院的有效控制。

在二元论学说下，国际经济法规则不能从根本上限制、分化缔约国的主权来对缔约国产生法律效力，而必须在尊重缔约国的主权前提下对其国际交往行为进行约束，但这种约束是不能直接及于个人的。这种论断显然不再适应经济全球化的今天，在全球发展理论范式下非国家行为体（包括政府间组织、非政府组织、跨国公司及个人等）在世界体系中正发挥着越来越重要的作用。而国家经济主权原则也应该在一定程度上被加以重构。WTO 规则体系大大解决了原有国际法机制的弊端，其强调国家不能以承担国家责任为代价而继续让"非法"的国内经济管制措施保持效力。在 WTO 执行过程中，以著名的美国版权案为例：在《美国版权法》被 WTO 专家组裁定为违反《与贸易有关的知识产权协定》（TRIPS）的相关义务后，在最终的执行仲裁裁决中，由仲裁机构直接计算出私人的损失总额，并由美国政府向爱尔兰的版权所有人进行支付损失金额。但是这种补偿仅仅是临时性的，在 2004 年以前美国必须修改其国内法以充分履行相关国际经济法的义务[8]。

事实上，学者在研究国际经济法规范时，已经注意到在某种程度上随着个人主体参与国际交往的增多，个人已经具备了某种程度上的国际法主体资格。这种情形的出现使得国际经济法与国内经济法之间的界限变得逐渐模糊与复杂。例如，曾令良教授提出在

国际知识产权保护与公共健康权保护上，国际法规则体现了一种人本化的价值取向。对国家间的对等规则提出了强有力的挑战，在新的国际经济法规则中国家要承担一种"对一切义务"。国际经济法不仅深入国家的职能方面，而且已经深入到人类活动的各个方面[9]。伦敦经济学院的凯斯教授也注意到"国际经济法所包含的问题不只是机构、规则与实践，更重要的是应该包含'权利'——进行贸易的权利，而这种权利显然是依托于国家中的个人的"[10]。正如欧共体法院在"Van gend en loos 案"（1990 年）中所指出的那样：共同体法律不仅向个人规定一些义务，也意在授予他们一些权利。这些权利不仅出现于他们由条约所明确授予之处，也起因于条约以一种明确界定的方式向欧盟各成员国政府、共同体各机构所施加的义务。

国际经济法规则调整的着眼点在于国家管理经济的行为，即规制国家管理经济行为的法律规则。其规则的基本目的是约束国家经济管理的行为，使其不超出法定的范围，防止国家内部由于被利益集团捕获而产生重商主义，进而出现损害他国利益以及国际社会的公共福利的政府失灵现象。从实证的角度来看，国际经济规则，尤其是 WTO 规则，在被司法化后，其确实已经开始对国内的经济规则产生了实质性的约束作用。例如，我国原《著作权法》（1990 年版）第 4 条第 1 款规定："依法禁止出版、传播的作品，不享有著作权，不受著作权法的保护"。后该条款被美国以违反 TRIPS 为由诉诸争端解决程序。面对国际诉讼，中国在著作权法修改时将该条款明确予以废除。无独有偶，2009年欧盟的"反倾销条例"被中国诉诸争端解决程序，经过上诉机构的审理，裁定欧盟针对非市场经济国家反倾销调查实施的单独税率审查制度，以及该制度在对中国紧固件反倾销案中的适用违反了 WTO 规则。后欧盟于 2012 年正式修改了该条例，使得中国紧固件产品可以继续进入欧盟市场。因此，我们认为，当一个国家内部的经济规则违反国际经济法规则后，国家被"强制性"地要求修改这种国内规则，这种修改显然不能理解为传统国际法学说中的"国家自愿性地对本国法律进行改进"，而应被理解为国际经济规则要求国家赋予其内部的经济活动主体一定的自由或权利。同时这也从反方面印证了：国际经济法规则作为国际法，虽作用于国家，但是其却在很大程度上是保护国际经济交往中的个人权利的。国际经济法规则正是通过对国家管理经济行为施加外部约束，以限制国家权力的利维坦效应，最终实现人民对国家权力有限委托的根本目的。因此，在国际经济交往与合作中的个人，包括法人与自然人，间接地成为了国际经济法的主体，国家与个人在国际经济中的关系也在发生着巨大的改变，国家在国际关系中的利益不再是"给定"的，而是国内社会和国际社会中个人和国家利益互动的结果。

总之，传统的国际经济法与国内经济法的二元学说从根本上不能适应今天国际经济全球化、一体化的根本需求，更不能用来理解国内经济法和国际经济法之间的关系。在WTO 的大环境下，国际经济法相对于国家权力的从属地位正受到严重的挑战。如果国家不能按照公认的国际经济法规则行事，其必然会被国际市场的竞争所淘汰和边缘化。

二、国际经济法与国内经济法的一元论学说

国际经济法的一元论学说的代表人物是奥裔美籍规范法学派的泰斗凯尔森教授。其

核心观点是在于无论国际经济法还是国内经济法都应处于统一的规范体系之下，并且国际经济法与国内经济法存在着效力上的级差，一个效力较低的法律规范可以从一个较高层级的法律规范中被推导出来。对于国际经济法与国内经济法的关系而言，国际经济法是一个实实在在规范，在其适用于一个国内经济法律秩序时，等于提供给国内经济法律秩序以基础性规范。这样，各不同国内经济法律秩序是以国际经济法律秩序的一般规范为根据的[11]。

但是，该学说忽略了一个基本事实：目前几乎所有的国际关系包括国际经济关系，国家仍然是不可或缺的主导者和参加者。任何涉及国家间经济协调的活动由国际或国内体制相互配合才能成功，比如 WTO 提出任何有意义的动议，除了需要该组织内部机构采取行动，更加需要美国，欧盟，以及其他关键国家的行动。在这种情况下每个政府都会受制于其一整套国内的复杂立法体制[12]。因此，在国际经济合作的过程中，国家的行为仍然是建立规则体系的核心，国际经济法规则不可能完全脱离国内经济法规则而发挥作用。连凯尔森自己也不得不承认"国际经济法规范多数是不完全的，它们需要国内经济法规范来约束。国际经济法是以国内经济法的存在为前提的。没有国内经济法，国际经济法便是一种无法适用的支离破碎的法律秩序"[13]。

此外，还应当注意到的是：国际经济法作为一种法律体系，并不是一种"绝对高尚"的存在。在现实中有大量的国际经济法规则是不符合正义理念的，例如彼德斯曼教授发现在国际贸易体制中，一些国家间经常通过"自愿性的出口限制"政策达成一种妥协，从而利用国际贸易条约的灰色区域进行变相的贸易限制。正如科斯泰奇指出的："在灰色区域安排的情况下，一般由出口国政府承担这些措施的主要责任。这就帮助了进口国政府节省了决定的政治成本而不妨碍其从获得保护的国内工业那里取得政治上的利益"。这种政府共谋以牺牲国际社会的公共福利来换取两国之间的政治妥协，毫无疑问这是一种应当受到谴责的行为模式。

此外，我国学者在研究国际经济法与国内经济法关系时提出，良性的国际经济法规则应该是旨在创设一种正义的社会秩序，那种不能建立其良性的秩序的"恶法"应该予以废除[14]。在 IMF 的投票表决体制中，该秩序便体现为一种富国的秩序。IMF 章程将投票权分为基本投票权与加权投票权，这使得少数几个富国的表决权远远高于所有穷国之和，从而使他们直接控制了 IMF 的决策。事实上剥夺了那些更需要 IMF 帮助的发展中国家的发言权与事务参与权。这种让"贫者日贫，富者日富"的游戏规则显然不符合罗尔斯的正义观，同时也可能是国际金融体制无法进一步向前发展的重要原因。另外一些国际经济法规则制定之后长期无法修改，已经很难适应国际经济形势发展的需要。还有一些国际经济条约，如《京都议定书》由于未能处理好成员国间的利益分配而被搁置，甚至面临失效的危险[15]。因此，我们认为如果不对这些现有国际经济体制进行改良，那么无疑会使其法律实效性为人进一步所诟病和怀疑。

第三节　对国际经济法与国内经济法割裂论的反思

实际上，笔者认为，无论是国际经济法与国内经济法的一元论和二元论，事实上都陷入了一个怪圈，那就是片面地将某一方法律规范体系的效力拔高，而试图将这个规范体系置于另外一个法律体系之上。有所不同的是，一元论强调的是国际法规则的片面优先性，抹杀了国内经济法律制度的存在意义，而二元论则试图将国内经济法与国际法的效力相区分，从而使得国际法不能直接适用，形成事实上的国内经济法效力至上主义[16]。

如果我们为上述两种对国际经济法的认识所局限，对我们真正掌握国际经济法体系以及制定具体规则来说显然是弊大于利的。因为，上述两种观点都简单地将法律与政府等同起来，不同的是一元论强调建立国际经济领域的"世界政府"，这显然与国际关系的现实是相冲突的。而二元论又过分强调国家政府的私利，从而造成了对国际公共利益和国内民众利益忽视的"公地悲剧"。正如在国际环境法领域，著名经济学家哈丁指出：在无国际政府的状态下，公共物品的使用因缺乏一个强而有力的权威机制加以规范维护，而走向"公地悲剧"。基于个别行为者理性的计算，其享受公共物品所带来的好处，然对整体环境却会造成伤害。国家是自私而贪婪的，对于资源利益的追求无止境且彼此冲突"[17]。因此，有必要对国际经济法规则和国家主权立法规则之间的关系进行重新界定以适应当前全球化形势下的国际问题治理需要。对此，笔者提出首先应当对国家主权立法的职能进行重新界定，必须在一定程度上对霍姆斯式和洛克式的国家职能进行改进，国家在立法时除了考虑本国政府利益以外，本国人民的人民主权和公民的基本权利应当成为国家行使立法的权力的首要考量因素，且这种满足不应仅仅局限于"不侵犯"，更应转变为主动满足。与此同时，他国民众的个人权利和国际社会的公共利益也应成为行使相关权力的合理界限。国家进行立法与司法的过程中相关权力机关必须时刻将本国承担的国际义务摆在最高位置之上。但是，国际经济法规则又绝不能成为强国干预弱国国内事务的借口。世界各国都应本着一种负责任的主权行使模式来沟通处理相关的经济事务[3]。同时，有必要强化各个国家应对全球问题的公共理性精神，在争取自由贸易获取经济利益的同时也要关注环境等其他国际公共偏好的重要性，最终作到不同价值之间的平衡状态[4]。另一方面，我们也可以考虑在各国宪法中明确把国际经济法规则视为国家国内经济法的根本基石和最终基准，从而达到国内经济法规则与国际经济法规则有效协调的目的。

【本专题结论】

与其他国际法内的法律部门不同，国际经济法的核心理念在于构建国家间一种协调的经济管理秩序。但是，受到无可争辩的国际关系的禁锢，国际经济法仍然无法突破成员、强国以及国家经济主权主义的导向。但是，这并不意味着，在今后的国际经济造法以及司法过程中，世界各国之有识之士和善良人民不能通过努力转变既有之国际法律范式，进而创造出一种更加良好的国际社会秩序。彼时的国际经济法可能会直接通过限制国家国内经济管理的自由度，来实现国际善治。同时，国内的立法实践也会通过一种多边模式良性地引导国际立法，最终便会创生出一种"邦联式"的法律运行模式，这种模式已然在欧洲从某种程度上被实现了。从这个意义上而言，或许全球宪政式的立法以及行政模式的实现距离我们并没有想象的那么遥远。

【本专题参考文献】

[1] 何志鹏. 国际经济法的基本理论[M]. 北京：社会科学文献出版社，2010.

[2] 左海聪. 国际经济法基本问题论纲[J]. 法学评论，2009，（1）：50-51.

[3] Jackson J. Global economics and international economic law [J]. Journal of International Economic Law，1998，1（1）：8-9.

[4] 宋阳. 国际经济法宪法化问题研究[J]. 政执法季刊，2012，（5）：16-17.

[5] Trachtman J. The international economic law revolution [J]. University Pennsylvania Journal of International Economic Law，1996，17（1）：3-4.

[6] Trachtman J. The domain of WTO dispute resolution [J]. Harvard International Law Journal，1999，40（1）：343.

[7] 左海聪.WTO 专家组和上诉机构可适用的法律[J]. 法学评论，2005，（5）：71.

[8] 胡建国.WTO 争端解决裁决执行机制研究[M]. 北京：人民出版社，2011：229.

[9] 曾令良. 现代国际法的人本化发展趋势[J]. 中国社会科学，2007，（1）：102-103.

[10] Cass D. The constitutionalization of international trade law：judicial norm-generation as the engine of constitutional development in international trade [J]. European Journal of International Law，2001，12（1）：41.

[11] 凯尔森，王铁崖，等译. 国际法原理[M]. 北京：华夏出版社，1989：345-346.

[12] 杰克逊. 世界贸易体制：国际经济关系的法律与政策[M]. 张乃根译. 上海：复旦大学出版社，2001：87.

[13] 黄瑶. 世纪之交反思凯尔森的国际法优先说[J]. 法学评论，2000，（4）：27.

[14] 李龙，汪习根. 国际法与国内经济法关系的法理学思考[J]. 现代法学，2000，（1）：16.

[15] 翟勇. 应对气候变化的理性思考[J]. 河海大学学报：哲学社会科学版，2008，（3）：6-7.

[16] 宋阳. 国际经济法规则宪法化理论初探[J]. 政法学刊，2012，（5）：11.

[17] 左海聪，宋阳. 超越国家利益：对经济主权概念的反思与重塑[J]. 学术界，2013，（4）：47.

专题二 国际规则与国内公正司法关系专题

专题要旨：司法公正不应仅仅局限为一个程序性的问题，公正司法的核心要旨便是选择和适用正确的规则。在此前提之下，相关的国际经济规则和国际商事规则可以通过不同的路径以及方式，促成公正司法的实现。同时，公正司法也会在一定程度上和各种国际规则形成良性的互动关系。因此，不能孤立地观察国际规则和国内法的关系，必须对他们之间关系的重新认识来为公正司法提供制度土壤和理念支撑。

专题要点：司法公正；国际经济规则；国际商事规则；良性互动；相互关系

【引论】

司法公正是衡量一个国家法治状况根本指标，随着社会信息技术的不断发展，案件判决的传播速度不断加快。特别是一些重要的案件以及社会敏感度较高的案件，往往会引发广大人民群众的特别关注。因此，如何在判决中正确的适用、解释法律规则进而让社会中每个成员感受到制度的公平与公正，对于建设社会主义法治社会有特别重要的意义。

从文义解释来看，司法公正就其本身来说，其核心在于公正，司法只不过是一个前置性的限定，而公正从其字面含义来讲显然不能仅仅局限于程序层面。翻开《中国汉语大词典》，检索"公正"词条，对该词的权威解释为"公平正直"，接着便引用《荀子·正论》以及《史记·伯夷列传》的记载："故上者下之本也……上公正则下易直矣。""或择地而蹈之，时然后出言，行不由径，非公正不发愤，而遇祸灾者，不可胜数也"。与此相呼应地，牛津英文大辞典对于"justice"解释则为："just and righteous"。由此可见，不管汉语还是英语对于公正的理解都着眼其"正确"和"恰当"的含义。那么，从这个意义上来讲，司法公正的内涵可能要远远大于我们对于这个概念认识的传统外延。我们在研究司法公正时，除了程序上的公正，还必须特别关注其另外一层更深的含义，那就是选择正确的规则，并正确地理解和解释法律规则，最终实现通过对法律争端的解决来实现积极的社会效果。从此思路出发，本专题拟从三个角度来探讨在经济全球化的大背景下，相关国际经济法与商法的实体性规则与一个国家司法公正的相互关系[1]。

第一节　国际商事规则作为规范提供者对司法公正的实现作用

对于司法的法律适用而言，人们通常会产生一种先入为主的观念，那就是司法所适用的法律应该是正式的国内法律，国际法规范和非正式的法律渊源通常不能作为法律渊源直接加以适用，最多只能作为一种辅助性的渊源来进行适用。但是，从另一个角度来说，一般司法又不能以规则缺失为由而拒绝裁判。此时，司法需求与法律的制度供给便有可能在一定程度上出现供需矛盾。对此，我国台湾地区法律规定，无法律者依照惯例进行裁判，无惯例者依照法理进行裁判。我国大陆地区法律虽对此无明文规定，但是从学术通说来看，基本对我国台湾地区的做法是接受的。但是，勿庸讳言，在国内审判的过程中，对于什么是惯例，以及惯例的证明和具体认定的标准上并未形成统一之认识。从法律规定上看我国仅仅在《民法通则》中第 142 条简略地规定："中华人民共和国缔结或者参加的国际条约同中华人民共和国的民事法律有不同规定的，适用国际条约的规定，但中华人民共和国声明保留的条款除外。中华人民共和国法律和中华人民共和国缔结或者参加的国际条约没有规定的，可以适用国际惯例。"虽然，该条款的适用范围为涉外法律规则，但是从另一个角度上来说，其并未将国际惯例放在一个较高的立法层级之上。且除此之外，《民法通则》以及《合同法》对于交易中的国内惯例并未特别提及。相反地，根据笔者实地考察，我国法院尤其是广大基层法院在司法审判的过程中对惯例的适用基本没有透过惯例和习惯作出裁决的实例①。

那么惯例在司法实践中，究竟能否对司法公正的实现产生积极的影响呢？笔者认为答案显然是肯定的。这是因为惯例作为一种社会规范，其与一般意义上所讲的法律规则不同，其产生不是通过主权者的命令式立法而自上而下产生的。其产生的模式更加具有辅助性，换言之，其产生的根本原因来源于某个行为群体（act community）的共同一致以及反复不断的行为。而产生这种反复一致的行为的根本原因，在于行为主体的交互性以及契合性。美国著名学者富勒认为，相对于国家权力下的"垂直规范的系统"还存在一种"水平的规范形式"②。相对于垂直规范系统，水平规范系统之可预测性所藉助的非是强制力。富勒教授认为在市场中一定会有法律规则是与市场状态融合，二者不会脱勾而分离，规范市场之法律是由市场逐步形成的，并非单由立法程序运作即可实现创设规范的目的，此时仅会造成规范和现实之冲突，否则法律仅为昧于现实的规范阻碍[1]。换言之，社会群体中的个体为了实现其个人行动目的，不得不去参考其他人既有的行为模式。久而久之，通过经验的积累以及知识的传播。这种行为模式便会固化下来，从而形成一类特殊的社会规范，即行为惯例[2]。在英美法传统中，对于惯例的重视程度远远高于大陆法系。有学者指出，英美法的法官造法之说是一种不准确的说法，他们并不是随心所欲地进行造法来应对崭新的问题，他们只有在"发现了一种新的社会规范"，而这种社会规范又必须被国家所强制执行的情况下，他们才有造法权[1]。从这个意义上来说，英美法的法官造法权力不过是对作为一种社

---

① 笔者对河北省某县法院 2004 年以来的 1000 多份判决书进行了具体考证，发现在这 1000 多份判决书中提及惯例习惯的只有一个，而且仅仅作为一种事实进行了陈述，并未作为判决的依据。

② 国际商事法律规则和国际经济法律规则虽然属于两类不同的法律规则体系，但是其却具有"国际性"这一根本的共同性质。本专题用国际经济规则和国际商事规则分别指代两类规则，将国际规则作为这两类规则共同的上位概念。所谓国际经济规则核心是对国家管制经济行为的反规制，属于公法的范畴；国际商事法律规则则特指具有自治性的私法性法律规则。详见左海聪.国际经济法基本问题论纲[J].法学评论，2009，（1）.

会规范存在的惯例的承认和速记而已。相对应地，在英美司法传统中，对于法律规则的解释和适用必须考虑甚至依照社会惯例为依托来进行。在 Rodi Yachts Inc.诉 National Marine Inc 案中，波斯纳大法官认为，美国传统侵权法判例中的"汉德法则"（Hand rules）[①]已不符合社会的现实需要，他一针见血地指出，侵权法的首要目的在于保护商业客户根据行业标准与行业习惯所产生的合理预期。从这个著名的判例中，我们可以认识到，社会自发所产生的惯例与习惯是实现司法公正的核心依据和重要手段。

但是，令人遗憾的是，我国国内并没有权威的机构将我国既存的商业惯例进行编纂和整理，而国内学者对于习惯法的研究也往往局限于乡村田野以及少数民族地区的乡约习惯。此外，由于我国相关的行业协会并不发达，一些大型的国有企业制定的相关规范往往只是对其自身有效，并未得到社会广泛经济活动主体的普遍接受。目前的这种情况，显然不能满足社会中最为广泛和活跃的民商事交易的制度需求。因此，从某种意义上说，这种制度的供给不足会变相赋予法官在没有相应法律规定以及司法解释的情况下过大的自由裁量权，进而为任意裁判以及司法腐败的滋生提供了温床，影响司法公正的实现。此外特别需要指出的是，我国司法机构在涉外审判的过程中，对于国际商事公约的适用也存在较大问题，我国法官往往不能正确地理解国际商事公约所意图建立世界范围内的"统一性"规则体系的根本意旨，在涉外审判中习惯性地寻找一个国家的国内法作为准据法（往往是我国的国内法）来作为断案的最后依据。即便是我国参加批准的国际商事公约对某个具体的法律问题作出了明确的规定，司法者还是要将国内法与该国际商事公约并列适用方才觉得保险与可靠。这种做法显然是违背国际商事公约的根本精神的，对于司法公正的实现也会造成负面的影响。

但是，国际商事惯例的发展进路与层次和国内惯例的发展水平相比完全不在一个水平线上。目前国际上存在有大量的官方和非官方的商事统一法律组织，如 UNIDROIT（罗马统一私法协会），国际商会，国际法协会等。这些组织通过收集、研究、编纂的方式总结与重述了大量业已存在的国际商事惯例。比较著名的有 UCP（跟单信用证统一惯例）、URC（独立保函统一规则）、INCOTERMS（国际贸易术语解释通例）、PICC（国际商事合同通例）等，蔚为大观。而这些商事惯例虽冠以国际之名，核心体系与国内私法制度并无本质区别，其体现的精神仍以自治、高效、安全为圭臬，完全可以适用于国内各种商事交易，有时甚至比国内正式的商事法律制度更加科学合理，但却很少能够得到国内司法机关真正的适用。笔者认为，若想通过对法律规则的正确选择选择与解释来实现司法公正，完全可以考虑将广泛的国际商事规则体系作为一种规范或规则来源库，来为法律适用提供相应的参考甚至依据。特别是国际商事公约中的"一般法律原则"更是应该成为法官进行司法的重要参考与解释依据。具体而言，由于国际商事规则体系从其本源来看主要是透过国际商事惯例而逐步形成的，国际商事公约和国际商事法律重述

---

① 汉德规则是美国大法官勒恩德·汉德（Learned Hand）在审理 1947 年 United States 诉 Carroll Towing Co.案中发展出的著名确定侵权行为是否存在过失的规则。该规则认为：一个人如果造成了事故，判断其是否具有过失以及是否需要承担侵权责任取决于其付出的注意成本价值与行为造成的损失和事故概率乘积值的比较结果。如果成本小于上述乘积，那么其必须承担侵权责任，反之则不需要。用数学公式表述，其承担侵权责任的条件为：B<PL。但是波斯纳大法官认为这种标准对于长期建立交易关系的商事主体之间来说，注意义务的要求显然过轻。

就其内核而言均无法逃脱商事惯例的核心本质，从功能上来看不过是对国际商事惯例的一种编纂与汇集[3]。同时，国际经济交易的规则与国内法律行为的很多规则又具有很大的相通性。由此，我们不妨考虑，在国内司法审判实践的过程中，将国际商事规则中的某些具体规定因地制宜地纳入司法活动过程的规则选择体系之中。即便不能直接宣布根据国际商事规则进行裁决，也可以透过对法律能动的解释，将国际商事规范通过"软引进"的方式来进行合理的采纳。另外对于我国明确参加批准的国际商事公约，我们必须坚定对其进行国际性、统一性地解释与适用，在这些公约有明确规定时，必须坚定地适用公约的规定并排除我国法律的适用，以彰显我负责任大国有约必守的根本法治理念。沿着这条思路，我们可以进一步大胆地先行先进，将国际商事规则中的先进因素进行扩大性的解释并逐渐推广，对于某些国内民商事交易也可以参照国际上通行的规则进行判决，这显然会大大节约司法成本，强化司法判决的说服力，并大大增加社会对司法判决的心理接受程度，最终为真正实现公正司法铺平道路。

总而言之，我们不应局限于国际法与国内法的二分法的理论窠臼，不论是国内法规范还是国际法规范，在私法领域都体现着普通市民社会的生活交易的客观需要。因此，国家司法过程必须体现并积极地对此类规范进行回应，通过采纳这些规范的合理因素，不断修正国家法对于社会活动不相适应的部分;同时通过对社会行为惯例的编纂与承认，限制法官的任意自由裁量权，为司法公正的实现创造根本的条件与基础。

第二节　国际经济法规则作为一种限制工具对司法公正的间接实现作用

首先必须明确的是，此处所说的国际经济法规则特指那些约束国家经济管制政策的规则体系。通常认为，作为一国国内的司法机构，其根本职能是通过适用国内的法律规则。而作为对一国产生外部约束的国际经济法规则体系通常在未经转化之前是不能直接适用的[4]。

但另一方面，一个国家的法律规则在制定的过程中，往往受到不同利益群体的影响，而造成制度捕获。这在国际贸易中的表现就是各种贸易保护主义，他们以各种借口将自己扮演成卫道士，通过游说政府来实现其自己的个人利益或者团体利益，将物美价廉的外国产品挡在国门之外，并将成本转嫁到消费者身上。在彼得斯曼教授看来，贸易自由化虽然对消费者而言是有利的，但是对于进口竞争者而言却是十分不利的。但是进口竞争者具有"强烈的财政补贴的渴求"和"组织可能性"，而消费者则很少有诱因去承担为了贸易自由化所必须的"信息成本和组织成本"，那么在这种态势下，现有的民主机制就会吸纳更多的努力活动的"有组织者"的代理人成为公共部门的政府官员。那么很自然地，作为一种政治交换，这些官僚就会偏向于采取贸易保护主义，以换得政治支持的最大化。那么这种基于利益群体的强化而侵犯少数人利益的政治局面就会出现[5]。同时在国际公共物品的提供上，由于不能直接地对国内福利产生增进作用，更加会给利益群体提供冠冕堂皇的借口。

对此，彼得斯曼教授提出，应当对于国内的司法机制进行重新认识，若想实现真正的司法公正，必须强调保护公民的权利以及他国民众的基本人权。因此，国际公约义务必须被国内法院直接承认并加以适用，进而建立"公民导向"的"全球契约"[6]。在彼得斯曼教授看来，一国国内的立法机构往往是不可靠的，因为其太容易受到利益诱惑与影响。且辅助性原则则更加从制度上加剧了立法体制的弊端，从而产生由于利益引诱和政府共谋而产生抹杀"公共理性"的现象。因此，他特别强调司法体制对于公共理性的体现与维护作用。他指出，只有通过对国际经济规则的直接适用，才能实现维护公民的基本权利，实现国际经济偏好最大化的目的。只是他的理论实在太过超前，实在与现实的国际经济法规则的运行模式以及除欧盟之外的其他国家的司法实践差距太远，而被批评不过是在创造一种"概念以太"[7]。

但是，我们认为，虽然我国司法体制的现状不允许我们把彼得斯曼教授的想法转化为实践。但是，就实现"司法公正"这种价值性诉求而言，国际经济规则保护个人权利以及透过国际经济机制（包括具体的国际经济规则和国际组织体）压制国内利益群体来实现"尤利西斯智慧"①的思想并不是一无是处。这是因为，在司法过程中，虽不允许不经转化地直接适用国际经济规则，可违反国际经济规则的后果是使国家承担国家责任。即便责任的代价是可以承受的，这也与我国负责任的大国形象势同水火。正如习近平主席在博鳌论坛发表讲话中指出的那样："世界各国联系紧密、利益交融，要互通有无、优势互补，在追求本国利益时须兼顾他国合理关切，在谋求自身发展中促进各国共同发展，不断扩大共同利益汇合点"[8]。这段讲话高屋建瓴地明确中国将在发展的过程中，定会勇于承担国际责任以促进国际社会的共同发展。那么，在审理案件时不能直接适用国际经济规则的原则并不应成为让国际经济规则发挥实际效力的障碍，我们在解释适用规则时应牢牢地将国际经济规则"放在思想之中"（bear it in mind）来指导具体的裁判。就如同在世界贸易组织（WTO）争端解决程序中，《关于争端解决规则与程序的谅解》（DSU）排斥非WTO规则的直接适用。但对条约的善意解释已为把相关人权法规则纳入司法判决中提供了充足的法律空间。在海龟海虾案中，对于什么是可耗竭的自然资源，上诉机构就参考了其他相关环保机构的法律文件以及《生物多样性公约》的规定。虽然有时不能够将国际经济法规则直接书写于司法的裁决书之上，但是规则却是可以被软化和转移的（softening and shifting）[9]。但对条约的善意解释已为把相关人权法规则纳入司法判决中提供了充足的法律空间。为了更好地限制利益群体对立法机制的捕获，司法人员有责任通过发挥其司法智慧和司法能动性，在不违反国内法律的前提下，将国际经济规则通过潜移默化的方式引入到司法判决中去。

综上，国际经济规则虽然不能在司法中被直接加以适用。但国外学者的先进理论和欧盟的成功实践已经对我们的传统认识产生了一定的冲击。司法者在司法过程中，完全可以将国际经济规范作为一种思维推理工具，将其价值诉求巧妙地浸入司法判决中，达

---

① 尤利西斯的智慧（Wisdom of Ulysses）是古希腊荷马史诗《奥德赛》中记载的一个神话故事。据传，英雄尤利西斯（也称奥德修斯）在归国途中航行至墨西拿海峡时，受到了海妖塞壬（Siren）姐妹那令凡人无法抗拒的致命歌声的诱惑。于是他命令水手用蜡封住耳朵，并将自己用绳索绑在船只的桅杆上，方才安然渡过。

到防止利益群体对社会公共福利进行限缩，最终实现在宏观社会层面上的"公共正确价值"意义上的司法公正。

第三节　国际经济与商事法律规则和国内司法制度的良性互动

国际法规则虽然可能相对于国内法规则具有某些层面的先进性，但是也绝对不是一种绝对高尚的存在，在国际法领域也存在着善法与恶法的分野，那种不能建立其良性的秩序的恶法显然是应该予以废除的。那么，从这个意义上而言，国内的公正的司法判决对于国际经济机制的修正作用是不言而喻的。以国际药物专利制度为例，长期以来国际药物专利制度长期被跨国制药寡头所控制，产生的药物专利保护竞相逐高的"棘轮趋势"。甚至造成了最不发达地区人民的"公共健康危机"。但以 WTO 体制为代表的相关国际机制由于受到体制的限制并不能很好的协调与解决该问题，甚至在某种程度上沦为发达国家掠夺发展中国家贫困人民的工具[10]。面对此种情势，一些国家的司法机构通过正义的审判来化解该危机并且成果斐然。例如南非法院所审理的 Hazel Tau 诉 Glaxo and Boehringer 反垄断案和巴西最高法院审理的巴西国家制药公司专利权案中，两国法院站在维护生命健康的高度，对药物专利权的垄断性进行了限制。此举获得了世界广大民众的欢迎，也遏制了跨国制药寡头的欲求不满的气焰。也正是由于这两个判决极大地增强了发展中国家和人权组织的信心，并为后来世界贸易组织理事会专门针对《与贸易有关的知识产权协定》（TRIPS）通过的"多哈宣言"提供了坚实的理论依据和深邃的思想借鉴。依照此思路，我们可以考虑在气候变化、劳工问题以及其他热点领域创造性地发挥司法的纠偏功能，通过公正的司法判决倒逼某些不合理的制度进行改革。这其中当然也包含相关国际经济法规则。

对于国际商事规则发展，国内的司法判例意义颇大。这主要体现在以下三个方面：首先，一些国际商事规则正是通过国内法的判决所确立的。例如，作为国际商事规则体系的最重要组成部分《联合国国际货物销售合同公约》（CISG），其中很多规则就借鉴了英美法系和大陆法系的先进判决。例如，公约第 14 条第 2 款关于构成要约的要约邀请的规定，便是在很大程度上借鉴了 1893 年布朗大法官审理的 Carlill 诉 Carbolic Smoke Ball Co.案的判决。在该案中被告向公众发出广告，称凡按照规定使用其生产的鼻烟丸者可以免受当时袭扰全英的流感之害；后该因该广告产生了争讼，在审理过程中，被告提出了 4 点抗辩理由，均被法庭予以驳回[11]。该判决后来被多次援引，也影响到大陆法系的立法，最终被接受为 CISG 的核心条款之一。由此可见，著名判决对国际商事统一规则的影响是巨大且深远的。其次，CISG 缔结生效以后，各国司法机构通过公正的司法过程，可以对公约的条款进行解释以体现公约的真正精神。例如，法国格里诺布尔上诉法院（Court of Appeal of Grenoble）在一起涉及德国和法国公司的买卖合同争议中，明确拒绝法国和德国国内法上的不同规定，依据《国际商事合同通则》的规定对公约进行了补缺性解释。而公约的自治性和国际性正是其核心理念。此外，我国最高人民法院在解释合同标的物时在借鉴 CISG 的同时结合了国内交易的特别需要，使得公约能够在更大程度上发挥其指导作用。由此可见，公正的司法正是国际商事规则的生命力之源泉所在。最后，国际商事规则的实施和执行则更加依赖国内法院司法制度的支持。以美国为例，自 1970 年以来，美国只有两次拒绝执行根据国际商事规则作出的仲裁裁决，且仅仅是部分拒绝。尤其在是在 Libya 诉 Sun Oil 案中，美国高等法院甚至驳回了 Sun Oil 公司以国家安全为理由对由国际商会依据国际商事规则而做出的裁决不予执行的抗辩[12]。我国司法制度也对涉外仲裁裁决采取了坚定支持的态度，最高人民法院的相关裁决和《关于人民法院处理与涉外仲裁及外国仲裁事项有关问题的通知》中规定：只有逐级上报至最高人民法院才可能作出对涉外仲裁裁决结果不予执行的裁定。由此可见，不论是发达国家，还是像我国这样的发展中国家，只要想发展对外贸易经济，那么其通过司法制度来构建统一跨国商事合作法律体系的决心就必然非常坚决[13]。那么，公正的司法制度对于依据国际商事规则作出的裁决获得执行的支持，在某种程度上就可以被视为提供了国际商事规则得以健康发展之根本保证。

总之，国内司法过程并不是仅仅单向地接受各种国际经济以及国际商事法律规则的影响，公正的司法制度以及司法过程也会反作用于各种国际规则，使得国际规则和国内司法产生一种良性的互动过程，这种良性互动的核心表现为司法判决会潜移默化地影响今后的立法工作，并通过信息沟通以及文化传承的方式固化在法律制度体系之中，从而构成法律的遗传基因密码。

【本专题结论】

通过上述论证，我们首先必须清楚地认识到，公正司法不仅仅是一个程序性问题，更是一个实体问题，对规则的正确把握和利用是实现司法公正的根本要旨。那么，国际经济规则和国际商事规则会对国内司法机构正确的运用法律产生极大的积极作用。虽然不同的法律渊源所作用的表现形式不尽相同，国际商事规则作为一种非正式规则可以通过直接适用来使判决更加具有生命活力，而国际经济法律规则作为对国家的权力的外部约束来使政府经济的权力运行更加规范。如果把司法过程比喻为一辆汽车的话，就前述两种国际规则而言，国际商事规则非常类似于助推器和润滑剂，而国际经济法律规则更像是汽车的制动刹车系统。与此相对应的，各种国际规则的生成、发展、解释乃至实施和执行又绝对离不开公正的国内司法过程和司法理念。因此，我们建议国内司法机构以及司法工作者应该抛弃那种因循守旧地认为司法者所用之法律规则一定是"正式之国内法"的思想桎梏，把相关国际规则（包括商人法）作为一种重要规则宝库，利用司法者强大的司法智慧和司法谋略，使国内法和国际规则形成既能彼此支持又能相互制约的良性生态系统，最终为实现公正的司法提供重要的制度土壤。

【本专题参考文献】

[1] Druzin B. Law without the state: the theory of high engagement and emergence of spontaneous legal order within commercial systems[J].Georgetown Journal of International Law, 2010, （1）: 577.

[2] Cooter R. Decentralized law for a complex economy: the structure approach to adjudicating the new law merchant. University of Pennsylvania Law Review, 1996, （5）: 656.

[3] 左海聪. 国际商事条约与国际商事惯例的特点及相互关系[J]. 法学，2007，（4）：99.

[4] 左海聪. 直接适用条约问题研究[J]. 法学研究，2008，（3）：97.

[5] 宋阳. 国际机制强化国家经济主权——以主权内涵变迁为视角[J]. 安徽大学学报，2013，（5）：137.

[6] Petersmann E. Human rights, international economic law and "constitutional justice". European Journal of International Law，2008，（4）：771-773.

[7] 左海聪等. 超越国家利益——对经济主权概念的反思与重塑[J]. 学术界，2013，（4）：43.

[8] 习近平. 共同创造亚洲和世界的美好未来[N]. 人民日报，2013年4月8日.

[9] Marceau G. WTO dispute settlement and human rights[J]. European Journal of International Law，2002，（4）：790-791.

[10] 宋阳等. 药物专利 VS 公共健康：从冲突到共存[J]. 知识产权，2013，（7）：60-62.

[11] Brown S J. Carlill v Carbolic Smoke Ball Co[R]. 1893.

[12] Sweet A. The new Lex mercatoria and transnational governance[J]. Journal of European Public Policy，2006，（5）：638.

[13] 宋阳等. 论国际商事规则与主权国家立法的关系——从独立到超越[J]. 天府新论，2013，（5）：72.

专题三　国家经济主权内涵变迁专题

专题要旨：考察经济主权内涵变迁，可知国际机构和国家经济主权的关系并不是简单的零和博弈以及相互竞争的关系。国家通过国际机构进行国际经济合作，并非将主权进行让渡而使自己的经济主权受到限制。正确的理解应该是国家主动承担国际义务，可以实现对国内利益群体的限制，防止国内利益群体通过寻租行为捕获政府，迫使政府采取贸易保护政策。国家并不会因为接受国际机构的义务约束而使经济主权受到限制，反而会强化国家的经济主权，最终促进本国经济目标的达成以及社会公共福利的增加。

专题要点：经济主权，国际机构，义务承担，强化主权

【引论】

当今国际社会由于信息技术以及运输技术的飞速发展，已经不可逆转地进入了经济全球化时代。在各个国家经济相互依存的大背景下，探究各个主权国家的经济主权与内涵，国家经济主权的相对独立性和参与国际经济机制的关系是一个较为重要的课题。

第一节　主权内涵历史演进

根据布莱克法律词典的解释，主权是指一种国家的一种国际独立状态，并调节其内部事务不受外国干预的权利和权力的结合。主权当然包括国家的各种经济资源和经济活动。因此，探讨经济主权必须以主权的一般概念、历史形成背景、内涵演进为出发点。

主权概念的早期含义围绕政治和领土问题展开，其理论奠基者是法国著名的思想家博丹。其在 1593 年写就的《共和国六书中》第一次系统地论述了主权的概念及其归属，核心观点在于所谓主权是共同体（common wealth）所有的绝对且永久的权力。他在拉丁文版第 78 页又补充到，所谓主权是凌驾于公民与臣民之上的最高的和绝对的权力。为了说明这点，博丹讲述了一个鞑靼国王的即位仪式："等他登上国王宝座后，臣民们便会开呼：我们乞求你，也信任和希望你来统治我们。新国王便说：如果你们想让我统治. 就必须按我的命令去做，我命令要杀死的人必须要毫不犹豫、毫不迟延地被杀死，整个王国必须全部托付于我。并由我来掌控[1]。从这个例子我们可以看出，博丹认为主权是君主赖以统治国家的合法依据，并且是不可让渡的，当一个人获得王权以后，便等于获得了对其领土范围内一切事物的生杀予夺的绝对权力。

在随后的几十年，欧洲爆发了历史上一次重要而又影响深远的战争，战争结束后满身疲惫的神圣罗马同盟的封建领主和其他欧洲列强坐下来谈判并相互承认对方在其领土内享有绝对管理各自事务以及财产的权力，德意志第一帝国就此土崩瓦解。这标志着民族国家开始形成并登上历史舞台，最终成为人类近代史的绝对主角，主权的重心也似乎随之渐渐移向作为独立范畴的民族国家了。

欧洲的民族国家迅速崛起，并且开始进行海外殖民扩张，他们自诩为"文明国家"并且相互尊重对方的主权。但是对于广大亚非拉地区，他们却认为那里属于"无主领土"可以任意地进行先占并建立其统治。那些原本在那些土地上世代栖息的原住民则被欧洲人认为是"野蛮人和未开化的民族"，与猿猴无异，他们建立的国家当然不可能享有任何主权。在随后的几百年中，占世界土地绝大部分的亚非拉民族和人民只能接受西方所谓文明国家的殖民统治，在这种情况下他们连基本的生存权力都受到极大限制，更遑论主权！

第二次世界大战是对人类良知和传统殖民主义的一次巨大考问，在战争结束后，在人类良知的指引下，民族自决成为一项基本的国际法准则。帝国主义者的殖民地纷纷宣布独立，成为了新兴的民族国家，并且被联合国承认为独立的主权国家，主权的概念得到了一次飞跃性的发展。同时，发展中国家清楚地认识到，只是取得政治上的独立是远远不够的，必须获得充分的经济来源才有可能实现真正意义上的独立。于是在发展中国家的呼吁与要求下，1962 年 12 月 14 日联合国大会通过第 1803 号决议——《关于自然资源的永久主权宣言》。该决议确认：各个国家对于其领土之上的自然资源享有永远不可剥夺之权利[2]，该宣言虽然不直接具有法律效力，但是却得到了各国司法实践的认同。例如在国际法院进行审理的"英国伊朗石油公司案"以及在美国国内法院审理的"古巴砂糖公司案"都从不同角度承认了国家对于位于其领土上的资源享有永久的权利。同时，发展中国家也认识到，光是获得自然资源的控制权是不够的，还必须能够掌控对于国家经济运行所必要的经济控制能力，于是在 1974 年联合国贸易和发展会议又通过了《各国经济权利与义务宪章》，该宪章明确规定："每个国家有依照其人民的意志选择经济制度以及政治、社会和文化制度的不可剥夺的主权权利，不容任何形式的外来干涉、强迫和威胁。"这些法律文件的通过标志着国家主权进入了一个新的时代，经济主权作为一个崭新的相对独立的概念方才正式登上历史的大舞台。

第二节　二十一世纪经济主权面临新挑战

历史变迁显示，主权尤其是经济主权，并不是一个先验性存在的概念，更不具有神圣性，它的发展与存在是和时代背景深深联系在一起的，尤其是经济主权，其出现更是具有明显的时代意义。从根本上说，经济主权是一个与殖民地国家的独立并要求经济发展的诉求相挂钩的概念。经济全球化的进程，使经济主权面临新的问题和挑战，进而导致其内涵的不断更新。

一、经济全球化导致主权控制能力相对下降

早在 100 多年以前，马克思就敏锐地洞察到国际经济交往的迅速发展对民族国家带来的冲击：过去那种地方的和民族的自给自足和闭关自守状态，被各民族的各方面的互相往来和各方面的互相依赖所代替了[3]。进入 20 世纪后半叶到 21 世纪以后，由于世界没有大的战争，各种壁垒的相对减少，尤其是信息技术和运输技术的迅猛发展，使得跨国交易成本惊人的降低，这使得各国的经济不可避免的被紧密的联系在一起。同时，也是得益于信息技术等先进技术的发展，使得跨国交易以及投资在某种程度上超出了每个具体的国家的控制能力范围。例如，跨国银行的活动遍及世界各个角落，任何一个国家单独完成对其的监管是不可能的，同时由于监管的力度和标准不同，使得这些机构可能利用监管的漏洞进行跨国性的非法财产转移或者将风险进行跨国传播等等。如果将经济主权理解为对相关的经济活动进行有效的监管和控制，那么这种监管漏洞就是对经济主权的一种的挑战与威胁。因此，国家最明智的选择就是通过国际机制来寻求跨国之间的合作，正如耶鲁大学的 Enrico Colombatto 和 Jonathan Macey 两位学者所指出的："技术变革，市场的进程和其他外生变量，可能会剥夺某一特定国家的监管机构单方面采取行动的权力。当发生这种情况时，国家就会有强烈的动机从事国际协调活动。从这个角度看，很显然，基于国际协议而形成的国际机制和各国政府的基本愿望是一致的。建立该国际机制的核心出发点就是要为国家政府主权的实现创造条件。[4]"

二、多数人加强与政府捕获

传统民主决策理论强调决策的辅助性原则（principle of subsidiary），该原则通常被理解为：政府的决策过程应该尽量贴近选民，否则容易使决策脱离选民而被扭曲。要坚持此原则那么毫无疑问，最贴近民众的显然应该是各个民众所在的国家，而不是离民众几万英里以外的，坐落于欧洲国际组织总部。这种观点是 18 世纪以前古典政治学思想的一种重申，这种思想认为小国寡民对于实现民主是美好的：民主的经典模版一定是那种希腊城邦式的民主，每个选民都能通过直选和诉愿的方式来表达自己的利益诉求。

但在 18 世纪的美国，这种观点遭到汉密尔顿、杰伊、麦迪逊等人的激烈批评。在《联邦党人文集》第 10 篇中，麦迪逊解释了联邦政府的高阶决策模式根本不是一个劣势，而恰恰相反是一个可取之处。他认为对于民主体制最大的威胁在于利益群体的斗争。他同时主张，类似于希腊城邦式的直接民主不能治愈利益群体的纷争，相反会促进其增长。当一部分人因为利益的诉求和情感的联系而结合起来反对另一派人时，那么就会出现民主的悲剧。民主决策的扭曲恰恰正是利益群体捕获决策者的目的。如果将决策层级提高，利益群体的多样性的加大会使得利益群体更难获得统治地位。换言之，决策权力层级的提高是治愈强大的利益集团的破坏与威胁的一剂良药[5]。

对此，赫尔曼（Hellman）和考夫曼（Kaufmann）在 20 世纪后半叶提出了"政府俘获（state capture）"的概念。这种概念是指的是企业通过向政府官员提供私人报酬来影响法律、规则和规章制度的选择和制定。通过这种方式企业就能够将它们自己的偏好变

成整个市场经济博弈规则的基础，创造大量可能为特定部门和个人产生高度垄断收益的政策，形成制度扭曲，而这通常是以巨大社会成本为代价的[6]。这在国际贸易中的表现就是各种贸易保护主义，他们以各种借口将自己扮演成卫道士，通过游说政府来实现其自己的个人利益或者团体利益，将物美价廉的外国产品挡在国门之外，并将成本转嫁到消费者身上。以美国为例，在20世纪70年代，美国国会就屈从于特殊利益群体的压力，通过自愿性出口限制的方式来对国内产业进行保护，尤其是钢铁和汽车产业，通过立法由政府出面与日本和瑞典的汽车生产商进行谈判，通过对外国生产商的经济补偿，换来这些企业对美国的所谓自愿性的贸易出口数量限制。到2002年小布什政府又故技重施，为了保护国内的钢铁产业，对外国的钢铁采取了特别保障措施[7]。而这些成本当然统统由消费者来承担。在彼得斯曼教授看来，贸易自由化虽然消费者是有利的，但是对于进口竞争者而言却是十分不利的，进口竞争者具有"强烈的财政补贴的渴求"和"组织可能性"，而消费者则很少有诱因去承担为了贸易自由化所必须的"信息成本和组织成本"，那么在这种态势下，现有的民主机制就会吸纳更多的努力活动的"有组织者"的代理人成为公共部门的政府官员。那么很自然地，作为一种政治交换，这些官僚就会偏向于采取贸易保护主义，以换得政治支持的最大化[8]。那么这种基于利益群体的强化而侵犯少数人利益的政治局面就会出现，恰恰是按照民主的原则和照宪法规定的程序所产生的，这是多么的讽刺，因此有人将这种现象称为"宪政的失败"。

三、国际关系中强者的"利维坦"效应

在国际经济关系中，虽然各种规则总是试图将各国的行为规范在一个合理适度的范围内。但是不容否认的是，国际关系的各个行为者都是自利的"经济人"，在缺乏监督和有效约束机制的情况下，几乎是不可避免地会采取一种纯粹的机会主义来对待别人、别国、乃至国际法规范。此时，如果不能将这种行为及时地加以纠正，那么就会使人们对制度本身产生怀疑。正如马丁·路德金所指出的那样："任何一地的不公正，都会威胁到所有地方公正。我们都落在相互关联，无可逃遁的网里，由命运将我们结为一体。对一处的直接影响，对他处便是间接影响。"

在国际关系现实中，恰恰就是有一些推崇自由经济的强国利用自己的强大实力，采取单边行动，无视多边的国际法规则。以美国为例，自1994年世界贸易组织（WTO）成立以来至少进行了三次大的冲击。美国对其宪政体制有一种偏执的迷信，认为任何国际机制都不能违反美国根本的宪政机制，即便是WTO这种普遍性的国际经济组织也不能改变美国的国内立法。WTO已经生效的裁决，美国居然认为其不过是专家组和上诉机构对美国的一种建议而以各种理由拒绝执行①。但是，对待一些小国弱国，美国却是颐指气使，十分霸道。在坎昆回合的谈判中，美国采用绿屋谈判模式，使用各种外交、政治手段，强迫发展中国家接受了很多苛刻条件。再如对待其近邻古巴，美国单方面通过了旨在以制裁报复为目的的"赫尔姆斯-伯顿法"，对古巴采取经济封锁政策，而且还

---

① 仅笔者初步统计，涉及美国败诉并且没有执行的案件至少有：DS136，DS160，DS162，DS217，DS234，DS267等

武断地采取"连坐"的方式，不但惩罚古巴的贸易公司，连和古巴进行贸易的欧盟公司也不能幸免。

反观发展中国家，则处于一种较为被动的局面，例如一些非洲国家在全球化的进程中形成了强烈的"大国依赖症"，以至于成为了一种"半无能"的国家，一些本该由国家决策的事项就会严重依赖于被利益群体，例如美国，这样的发达国家所控制的国际组织。以 WTO 为例，发达国家一边在本国采取贸易保护主义，一边又在国际层面大谈开放政策，其结果是反倾销协议让发展中国家不但成为了贸易大国倾销产品的大卖场，国际机制反倒成为了限制发展中国家发展的工具[9]。

基于此，美国学者 Stephen Krasner 对主权概念进行了批判，讽刺其为"有规则的虚伪"，其核心观点包括"当今国际体系中，也许只有很少国家有全面的真正的主权，而且这些国家都是欧美强权国家。特别是在那些典型的零和国际关系领域，不同国家主权的级差是显而易见的；在许多情况下主权原则是否真正能够得到遵守实际上是非常不确定而且缺乏规律的，经常取决于政治利益考虑和政治力量的对比"[10]。

从上文的列举，我们不难看出，传统意义上的经济主权概念受到了来自现实方方面面的挑战，在某些程度上甚至出现了"主权失灵"和"宪政失败"。我们必须重新考虑对传统主权概念进行改进，并试图建立一种良好的国际宪政机制来协调国家和国家之间乃至国家与国际机构之间的良性关系，是一个必然会面临的问题。

第三节　传统主权内涵改良理论

面对经济主权概念所受到的以上挑战，西方学者纷纷提出要对传统的"威斯特伐利亚"式的国家主权概念加以重构，同时新的主权制度又必须与新的国际经济法制度相互配合，最终实现国际社会的"良好治理"（good governance）。本专题抽取了恩斯特·U. 彼得斯曼（Ernst U. Petersmann），约翰·杰克逊（John Jackson）和黛博拉·凯斯（Deborah Cass）这三位西方最具代表性的学者①，考察主权内涵改良思路。

一、彼得斯曼的权利附随说

彼得斯曼教授批评传统的主权概念，是因为这种旧的概念范畴不能满足的一种重要的国际社会价值。在其最新专著：《21 世纪的国际经济法——宪政多元主义和相互依存的公共物品的多层治理》中，对于传统的国际经济法范式进行了反思，认为这种范式是本末倒置的。主权国家不过是一个承载着人民需求的外壳，必须受到具体个人的有限权力委托之限制，而个人才是国际经济法中最主要的"法律主体"、"价值来源"和"民主权力的主人。[11]"

---

① 此三位学者分别来自德国、美国和英国，都是目前国际经济法学界最德高望重的学者，应该能够代表西方世界国际经济法最主流的几种观点。

在彼得斯曼看来，新世纪的国际经济法对主权的解释应该远离"霍布斯"式的国家形态论，转而将国家的主权重新解释为其必须受制于市民的权利，诸如人权、民主法治等一系列高位阶的价值。国际经济法的最主要的主体不应仅仅是国家，更不应该忽视的"个人主体"的存在。国际经济法的最终所要实现的目标就是保护全世界的公民的人身、财产以及福利的最大化，那么主权也必须为这个目标所服务，如果不能满足这个目标，那就是政府失败，即处于一种丧失主权的状态。

同时，彼得斯曼也清楚地认识到，不论是国家还是个人，都可能会将自己的利益放置于公共福利之上，采取各种手段，包括"有限的理性"、"道德风险"以及"隐藏的共谋"等等值得谴责的做法，通过牺牲他人利益为代价来换取自己的私欲的满足，进而破坏国际社会的法制。那么此时，国际社会就应该建立相应的"公共物品"来阻止或者缓解这种不利的后果。彼得斯曼在其专著中列举了三种公共物品①，而其中他认为聚集公共物品（aggregate efforts public goods）是对于建立一个公正的国际经济法秩序最重要的制度，因为这是使全球人类共同繁荣并实现永续和平的最根本的机制。他的构想是通过建立一系列的条约体系以及国际组织，将普世的个人权利和国际直接司法救济凌驾于国家之上，从而彻底解决市场失灵以及政府失灵的问题。基于此理论前提，彼得斯曼坚决主张将人权纳入国际经济法的范围，并作为一种宪法性条款发挥作用。换言之，国家的经济主权必须无条件的附属于个人的正当权利并为之服务。例如，在探讨国际组织的功能和作用时他批评道：将建立 IMF 的相关协定解释为一个排他性的政府间的金融协议而没有将人权义务考虑于其中，作为政府和联合国机构的一项基本义务实在是太片面了。国际机制的首要任务就是保护个人的自由和权利，就像联合国保护人权。WTO 应理解为保护个人的自由贸易权利和财产权应理解为 WTO 成员国愿意将这些规则作为其国内宪法的一部分来实现跨越国境的人权保护。人权法要求国家、区域和全球机构管制权力的授予，必须始终受到宪法的限制。联合国宪章中所说的"国家主权"也必须受到宪章序言中所指明的"我联合国人民"（We UN People）的约束，在全球经济一体化基础上建立跨越国界的法律制度相互协调地保护人的尊严和人的基本权利，就是在维护各个国家的主权[12]。

彼得斯曼的创见之处在于，其预先假设国家主权者随时可能处于一种失灵状态，对此必须将国家禁锢于一种道德承诺之中。此时主权者不但必须受到国内人民的权利以及福利需求的制约，同时还必须受到外国人的基本人权的制约，从而从根本上消除了利益群体寻租而导致的公共福利缩减的可能性。在他看来，普世性的权利是从根本上解决宪政失败和利益群体寻租的良药。彼得斯曼所坚持的这种无国家的人权浪漫主义，试图在国家经济主权的概念体系中，将国家的控制权附随于个人权利，从而建立起一种以"公民导向"和"普世权利"为依托的国际经济法体系。

但是，这种思想在世界范围内来看太过超前，很难得到立法和司法实践的支持。到目前为止，除了欧盟少数几个案件以外，其他国家包括我国基本都把狭义的国际经济法规则视为"必须转化适用"的规则，从而排除了对个人直接适用的可能[13]。同时，从实

---

① 彼得斯曼分别称之为最优注入（best spot）、最弱链接（weakness link-ness）和聚集（aggregate）

现路径上来讲，目前的国际经济组织机制仍然很难逃出成员导向的基本范式，如何建立公民权利为根本依托的国际经济法机制实在是一个十分困难的命题。换言之，一个十分现实的问题就是究竟谁有权来确定所谓的普世的权利，当这种权利受到侵害时又由谁来提供所谓的公共物品对这种权利进行救济，这个问题如果不能解决的话，一切构想都只能是不切实际的空中楼阁。

二、杰克逊的制度改良说

杰克逊教授首先承认主权是一个非常重要的概念，因为建立国际机构的核心目的就是维护调整国家与国家之间的关系，在一个权力和资源分配极度不平衡的危险世界里，主权是许多国家能够用以捍卫自身利益的最好防线，有时甚至是唯一的防线。然后，他话锋一转，指出主权这个概念本身具有极其的复杂性，需要用解构的方法来对其进行重新的审视。如果只是从权力垄断的角度来认识主权这个概念，那么无疑主权这个概念就会"变得过时和不再可信"。他引用另外一位国际法学者亨利·舍尔默的观点论证道："然而从 20 世纪后半叶开始，主权的有些方面已经被严重弱化……国际法必须对国家主权有所限制。国际合作要求所有国家接受国际法一些最低要求的约束，而不能以主权为由拒绝基本的国际规则[14]"。

与彼得斯曼不同，杰克逊教授构建他的国家主权制度和规则的基础，不是权利而是制度。他将现有的主权概念称之为"口头禅"（mantra），意指被反复使用但其本身内涵却是值得商榷的那些概念。在他看来，主权这个口头禅忽视了很多东西。但是并不能用简单的"二进制"方法来对其作出评判，主权这个概念的优点是值得深思和考虑的。涉及主权问题的政策，真正的问题是国家究竟想如何分配权力。经济主权的范围本质上就是确定经济决策的权限范围，根据不同的事项可以将主权进行分解为具体的权力，然后思考如何正确地进行配置和分配。值得指出的是，有时将权力向上分配可以解决现有国际经济中的"囚徒困境"以及"竞相逐低"等制度失灵问题[15]。

杰克逊教授相对于彼得斯曼显然务实很多，其制度理论核心是将主权制度进行改良，通过国际制度设计来对各个国家的权力进行分配，将一些权限上移给国际组织，利用国际组织制度的一系列技术性的管理手段，建立不同国家之间的制度接口（system interface），这样就能将外交权力导向的传统国际经济法律体系转变成规则导向，按照规则行事的新体系。

需要指出的是，杰克逊教授虽然对制度的变革情有独钟，但是他并没有给出如何分配权利的具体方案，也没有给出主权分配的价值位阶，更没有说明相关的国际制度应该在什么时候对国家的利益进行限制以及限制程度。他把一切问题都推给了今后的 WTO 的具体实践，让大家拭目以待。不过，笔者可以仅就一个问题的权力分配表达出对他的"权力"分配层级理论的悲观。按照杰克逊曾经提出对于那些可能产生跨界损害的贸易问题，可以考虑将该问题交给较为上级的国际机构去进行管理。但是问题在于如何保证国际机构不被利益群体寻租，如何保证正确制定合适的标准，使各个国家均能接受且均能获益，又如何保证这种权力分配制度本身的民主基础？或许正如 John O.McGinnis 教授所担忧的那样"一个型号的制度不可能合适所有的人"[16]，这当然也包括杰克逊教授的权力分配体系。

三、凯斯的司法规制说

与前两位学者不同，凯斯并没有对国家的经济主权的不足之处做出直接的批评，相反她认为国家的主权是国际法上一个必不可少的制度，只是这种权力必须受到义务的约束。她从另外一个角度阐释了国际机构与主权国家的关系来构建其学说体系。其核心观点是，国际组织的立法处于一种供给不足的状态。那么对于国际社会的秩序、国家的行为若想使之合法化（legitimacy）就必须借助司法机构的力量对条约进行解释，而这正是国际组织权力对国家主权的一种限制，使得国家管理经济的权力开始向中心机构转移。这样就能确定国际机构的规则哪些是义务性的哪些是非义务性的。其次国际司法机构认为其有权来决定在传统上被认为是国家有权决定的事项，毫无疑问，这表明国家和国际贸易法的一种关系的转换。同时，国际司法机构可以确定国际法与国内法整合的层级。最后，国际司法机构可以通过事实查明的权力，从国家之外的民间机构获取事实与证据，以促进其裁决的民主基础。由此，凯斯得出结论，上诉机构正在通过司法性的争端解决制度，产生相应的司法解释构建了一种宪法体系，这个新的宪法体系，对成员方和国际机构的关系进行重新定位，在某种程度上既限制国际机构的权力，也限制了国家管理经济的权力[17]。

为了证明她的观点，凯斯教授运用了实证主义的方法，研究了 WTO 的相关案例来进行说明。首先在欧共体荷尔蒙案中，专家组和上诉机构均驳回了欧盟所主张的国际司法机构只能对成员方的立法进行合法性审查的主张，而采用了一种客观审查标准，这表明"国家对于贸易决策再也不是无拘无束的了。而必须受到专家组的监督。这体现了国际司法机构对于国家的司法谦抑主义，已经在慢慢动摇了。因此即便是现阶段的国家权力原封不动，但是他们的行使模式被永远的改变了。WTO 规则作为一种规则秩序被移植到了国家法律体系之上，不管这种变化有多么的细微，WTO 规则已经开始获得了相对于国内措施的宪法性权威。[18]" 在海龟和海虾案中，上诉机构认为争端的非当事方甚至是非政府组织对案件的事实查明也可以提供信息。因此 WTO 的事实查明具有很明显的纠问式倾向。举证责任不仅在当事方本身，而且裁决者可以对事实查明施加影响。

凯斯对国家经济主权的司法规制理论，无疑是一种十分聪明的解决问题的方法，她明智地避开了对国家权力和国际秩序以及个人权利孰高孰低进行价值判断这个无底的推理深渊，而采用程序确认和义务担当的方式来确定国家经济主权和国际机制之间的关系，巧妙地使用"宪法原理的合并"（amalgamation of constitutional doctrine）来对国家权力和国际组织权力分界进行了勘定，可以说从方法论上讲是具有革命性的。不过，她从司法实践出发，所依赖的逻辑基础与前提就是通过对条约的能动解释，来使得国家经济主权与国际机制之间的权限分界具有合法性，通过对事实的能动司法查明，使得国际经济法律制度获得民主基础，这都无可避免的导致她的理论陷入国际组织是否能够进行"能动司法"这个十分敏感而又难以把握的命题之中。对于能动司法，最主要的批评就来自于《关于争端解决规则与程序的谅解》（DSU）第 3 条第 2 款明确禁止为成员方增加义务。专家组和上诉机构对于条约的能动解释会不可避免地导致成员方义务的增加和减少。WTO 缺乏对司法机构的监督机制的这一缺陷，在采纳专家组或者上诉机构的报告的反向协商一致程序下显得尤为明显，一旦司法机构犯错，将可能是不可更改的。至于从非政府组织（NGO）那里获取相应的信息和证据，虽然从法理和民主政治的角度来看并无太大的问题，但是也不是毫无风险。杰克逊教授就曾对 NGO 过分参与 WTO 的争端解决表示过忧虑，例如 NGO 可能被利益群体控制以及过分浪费资源等。由于舆论的介入所导致的司法失去独立，极有可能破坏专家组和上诉机构客观判断的能力，最终造成错案的发生，影响国际机制的权威性。

　　纵观上述三位学者的观点，似乎都强调国际机制对国家经济主权的制约作用以及国家对国际机构的主权让渡。通过对国家管理经济的权力的限制来达到促进世界各国经济合作之目的。不过，对于大多数发展中国家学者而言，谈及被迫进行所谓的经济主权让渡似乎总是一件不那么让人心甘情愿的事情，总会感觉到这似乎又是西方国家对发展中国家使用的又一个"阴谋诡计"。因此，笔者认为对于国家的经济主权和国际经济机制之间的关系，如果舍去"零和博弈"①的模型来用一种主权加强的观念去认识国际机制和经济主权的关系，就可以得到更加符合现实的结论。

第四节　国际机制强化经济主权分析

　　通过前文论述表明主权内涵是不断变迁的和调整的。威斯特伐利亚的那种强调国家垄断性权力的主权不能够适应经济全球化，也不能够给国家带来最大收益。首先，全球化已成为不可逆转的趋势，那么传统意义上的国家主权是必然会受到一定程度的侵蚀。退一步讲即便假设权力垄断的模式可以存在，一个国家不接受任何外来的影响，但是其国内的利益群体对政府进行寻租，使这个国家的政府俨然成为了被"利益群体所捕获"的僵尸，此时政府作出的经济决策必然是对整个国家的公共福利进行限缩，试问其还有何主权而言？这显然是我们不愿意看到的政府。如果抛开民族情感和其他口号式的宣传因素以外经济主权，更应该是指一种状态，一种能够充分有效地、民主地掌控本国经济活动以及经济事务的状态。那么此时，加强国际合作，使用国际机构来限制自己的一些权力，从而使得国内的利益群体无法操控经济和政治的法律制度，不但丝毫没有减损主权，反而是加强主权的一种表现。在这种背景下，一个国家参与国际经济合作的程度越深入，那么其经济主权的程度也就越高。正如加州大学洛杉矶分校的 Raustiala 教授所说的那样："新主权的概念是建立在其对国内偏好的满足程度上的，其暗含了某种程度上的国家与社会的代理关系。此外，我们认为主权在最终意义上是国家作为国际体系中的一员，并因发挥作用的真实存在状态。换句话说，主权是一种国家对国际社会的参与的

---

　　① 所谓零和博弈，意指国际机构和国家处于一种不可调和、非此即彼的竞争状态，国际机构接受国家经济主权的让渡而获得的增加直接导致国家经济主权的单方面减少。

程度与状态。只有一个国家在国际系统内处于一种活跃的状态时，它才是真正主权的，而不是单纯独立而不受任何约束的无赖，才是拥有主权的主体。在国际系统中，其他国家对于主权体的所持有的态度，以及相互合作的程度，决定了一个国家是否真正的享有经济主权"[19]。

通过前面对经济主权的重新界定，我们应该认识到国家应当将国际经济合作的法律价值进行提升，利用国际规则以及通过承担相应国际义务，一方面"倒逼"国内利益群体放弃其寻租行为；另一方面是制定经济决策的过程中，将国内消费者的利益和国外产品生产者的利益纳入政策制定的考虑范围，并有效地进行协调。因此，在笔者看来，真正解决国家经济主权和国际经济机构的关系问题，既不能像彼得斯曼那样浪漫地设定虚无缥缈的个人权利，也不能像杰克逊那样过分的迷信制度，凯斯的司法规制也只应该成为经济主权和国际经济机构进行利益协调的手段之一。我们认为，只有从现有的机制出发，寻找国家经济主权与国际经济机制内部的一致性，同时探寻国家与国家，国家与国际组织之间的利益的最佳结合点，才能较好地解决这个问题。承担国际规则义务可以加强国家经济主权，体现为以下几个方面：

一、透明度原则对国家经济主权的加强作用

透明度原则被认为是 WTO 法律体系的基本原则之一，而最近西方学者认为其是判断一个国家是否进行"良好治理"（good governance）的几乎全部内容。WTO 将透明度原则定义为"贸易政策与实践以及这些政策与实践制定的过程的开放以及可预测程度，其可以支持多边贸易体制正确以及良好的功能，防止其受到不必要的贸易限制以及扭曲。同时还可以提供市场信息来避免不必要的贸易纠纷"[20]。透明度原则作为法律规则，主要体现在关贸总协定第 10 条，该条规定：缔约国有效实施的关于各种影响贸易的措施，以及一缔约国政府或政府机构与另一缔约国政府或政府机构之间缔结的影响国际贸易政策的现行规定，也必须加以公布。近几年，有关我国的贸易纠纷，引用该规则的案例也屡见不鲜。例如在原材料案中，欧盟指出中国没有公布一特定年度内锌的出口总配额，并且也没有公布任何利益企业可以获得锌出口配额条件的信息；以及中国是否按照 GATT 第 10.1 条规定及时通过其政府机构公布了关于原材料出口最低限价的要求。对于该两项指控，专家组的报告均作出裁定，认为中国没能履行关贸总协定信息公开的透明度要求[21]。

国际机构之所以将透明度作为一项基本法律原则和一项对于成员方的强制性法律义务，是因为"邪恶的贸易保护主义和政府的腐化行为总是喜欢在黑暗中翩翩起舞。"通过设定强制性的国际义务，让国家将决策过程以及行政决定结果阳光化，来大大增加利益群体的寻租成本，让隐性的贸易保护主义在日光的照耀下像德拉克拉那样消弭于无形。

二、规则导向的自由贸易对国家经济主权的加强作用

WTO 另外一个基本原则就是规则导向的自由贸易，根据关贸总协定第 11 条的规定，

任何国家不得采取数量限制的手段来限制贸易。将贸易自由作为一个国家的国际义务，使得国家不得不把权力向上分配。政府使用贸易协定，可以使其免于受贸易保护主义者"海妖歌声"的诱惑，将政策选择去政治化，使得他们能够在既定的法律原则的指引下，减少寻租者的利益和能量。根据公共选择理论，国际经济机制可以通过两种不同的方式加强而不是削弱国家主权。首先，国际经济机制可以免除国家不得不面对的某些政策选择两难，就像剥离围绕在粪便周围的苍蝇的那样，驱赶那些为了寻租而围绕在国家权力周围的私人行为者。这种驱除了寻租者的政策，表面上看是限制了国家的经济主权，但是与直觉相反恰恰是实现了更加可信的公共偏好的良性结果。在这种理论下公民才是主权的真正来源，因此，对公民群体的福利加大，便是对主权的加强。其次，在规则导向下，拥有国家监管权力的官员，可以适用国际经济机制来提高国家内部事务防御外来风险的能力。总之，对于主权威胁既来自内部也来自外部，而国际机构均能有效加以应对。彼得斯曼教授称此为"尤利西斯的智慧"，通过承担国际经济机构的国际法义务，使政府真正体现民主政治的有限权力委托原则，进而使作为最大多数的国内消费者的权利和福利得以实现，而这正是嵌入式自由主义国家所期待达成的最大的经济目标。

同时，对于一个出口国而言，规则导向下的贸易自由制度，可以使其能够产生合理的预期，并且按照这种预期安排国内的经济产业政策，同时促进其国内的就业与繁荣，这显然会增加出口国的国民福利，从而使其经济主权能够充分地得以实现。因此，规则导向下的自由贸易制度，是使出口方和进口方双方的经济主权目标得以最大化实现的核心制度。

三、例外规则对国家政策目标的实现作用

虽然 WTO 规则以自由贸易为其核心价值取向，但是其同时也承认一些其他的社会价值高于自由贸易。例如关贸总协定第 20 条所规定的"一般例外"，就体现了一种价值取向，即在何种情况下国际机制允许国家采取限制措施，实现其所坚持的更高价值目标。而这一规定也经常被各个国家在贸易实践中所援引。在加拿大诉欧共体石棉案中（1998年），欧盟就援引第 20 条（b）款和（g）对加拿大的诉求进行了抗辩，专家组和上诉机构进行审理后认为 WTO 成员有权决定他们认为合适的健康保护水平，法国选择的保护水平是阻止石棉产生的健康风险扩散，"控制使用石棉"的措施不足以实现法国所确定的健康保护水平，并不是合理有效的替代措施，因而采用石棉禁令是达到这一目的所必需的，法国的石棉禁令符合第 20 条（b）项的要求[22]。

由此可见，国际机制在某种意义上可以成为国家构建其经济政策的平衡器，透过"合理例外"这种机制的授权，国家不但完全可以维护自身经济利益，还可以充分利用贸易机制，维护自己的经济政策，以实现其更高的价值目标，这些无疑都是提升其经济主权能力的最好手段。

四、国际机构权限范围与国家主权的功能分工

虽然国际机构在国际法层面具有较强的立法能力，同时其甚至能够对成员方的纠纷享有自动的管辖权。但是需要强调的是，除了极少数的国际组织以外，绝大多数的国际组织并不是超国家的立法机构，国家加入一个国际组织与加入一个联邦，并成为联邦成员是有本质区别的。因此，确定国际机制的权限范围必须十分的小心，绝对不能让国际组织为少数强国所操纵，而成为损害其他国家的工具。从另一方面来看，国家经济主权，虽然从一方面可以被认为是一种对权力的向上分配，但是这种分配必须出于国家的一种明示同意，这与国内法社会契约理论的默示同意有着本质上的区别。

而且，从另一方面来讲，国际组织对于国家行为的绝对管辖仅仅体现为，国家相对于国际组织仅仅是丧失了事后的否决权（veto ex post），而对于一个正在出现的规则国家当然有权表示反对，并且可以以退出该国际机构的方式收回向上分配的权力。虽然，不可否认的是，向上分配的权力往往事实上是很难收回的。这是因为，退出制度在实践中往往意味着高昂的代价。例如，退出 WTO 机制可能意味着一个国家的外贸产业可能会受到毁灭性的打击，所以退出或改变这一个即将形成的规则，可能意味着是一项不可能完成的任务。但这不代表国家在其基本主权权力受到严重威胁和损害时不会采取壮士断腕的举动。换言之，国际机构的退出机制是国家维护经济主权的最后一道保险阀，保护了国家经济主权不会因为国际机构的过分膨胀而遭受严重的损害。

此外，国际机制还有一个绝对不能染指的，受国家所控制的"绝对领域"，那就是国家安全，这也被称为国际法的"阿喀琉斯之踵"，根据关贸总协定 21 条的规定，WTO任何规则不得解释为要求国家公布影响其安全利益的各种资料以及要求国家为了国家安全利益而采取的若干种行动之权利。对于什么是国家安全，目前国际上根本没有统一的定义，正如针对欧美关于赫尔姆斯伯顿法的争端，两位欧洲学者评价道：从历史、功能、国家实践还有文字来看，该条款强烈地表明，该规则的适用条件必须受制于应该被具体定义的概念，才能进行解释。在大多数情况下，这种定义的来源应该来自于采取该安全措施的国家。尤其是"国家安全"或者"实质上的安全利益"这些概念本质上属于国家主权的一个方面。因此，在司法诉讼以前，这些概念需要由国家做出具体化、个性化的解释。而对于 WTO 的成员，对于该问题是可以保留有一些定义和解释特权的。WTO 的司法机构即便要对此问题进行处理，也不得不去尊重引用该条款的国家之意见[23]。因此，可以认为只要有适当的理由，基本上国际机构无权否认国家的这项基本主权权力。

五、多边主义的国际机制对国家经济主权的维护作用

以 WTO 为例，该国际机构以最惠国待遇为基本原则，这样从立法层面来说，可以使一些小国、弱国避免直接面对强国的压力，坐等强国之间的谈判结果，从而直接享受相应的关税减让以及贸易优惠政策。此外，国际机构还规定一些特别的优待只能由发展中国家享受，而发达国家不能染指，将罗尔斯的第二级正义真正得以贯彻。在没有国际机构的"自然状态"下，弱国是不可能享有这些特别的优待的。

根据联合国宪章的第 2 条第 3 款的规定：各会员国应以和平方法解决其国际争端，避免危及国际和平、安全及正义。由此建立了和平解决国际争端的基本国际法准则。然而，在战后最初的国际争端通常都是通过外交途径，即谈判的方式来解决国与国之间的争端。但是毫无疑问，实力较强的一方在谈判过程中筹码必然比较弱的一方的筹码多上许多，最终的谈判结果可能会演变成弱者的单方面妥协。而以 WTO 为代表的国际组织的出现大大改变了这种现象，WTO 的准司法机制首先禁止未授权的单边报复，并且在争端解决程序中以法律规则为导向，不考虑国家的大小强弱，一切争议悉决于法。这无疑对于弱小国家来说是有利的。以赌博案为例，安提瓜岛和巴布达岛人口不足 9 万人，但其通过在 WTO 起诉美国并获得胜诉，已于 2009 年开始正式制裁美国。这种大卫击倒巨人的案例的出现可以被认为是人类文明史的重大进步。即便一个国家败诉，这个国家也可以从败诉中寻找教训，完善本国管理经济的具体政策和程序，亦不失为一件好事。

【本专题结论】

由于当今社会，技术、社会和制度的变革导致 21 世纪的世界的状态可能是在 18 世纪时的人难以想象的。这些生活方式的变革在很大程度上都影响了经济主权，并对其构成严重的挑战。但是，如果我们抛开传统的维斯特伐利亚式的经济主权观念，而将国际经济主权理解为国家所处的一种状态，看成是能够实现其所期待达成的经济目标的一种能力。那么我们就会在一定程度上转变我们的观念，将参与经济组织不再看成是仅仅与发达国家之间的博弈，而在更大程度上是对国内利益群体的限制，以增强国家对经济机制的控制能力并使得国内公共福利得以增加的一种手段。国际经济关系已经不可以简单地归结为仅包括国与国之间的关系，一个涵盖各种主体在内的国际经济社会已然形成。在这种复杂的社会网络下，国家越是参与国际经济组织并承担国际义务，越能更好地协调国内各种的利益，事实上是一种强化国家经济主权的做法。

综上，我们认为，与其说是向国际机构让渡主权，限制本国权力，不如说事实上正在加强已经被全球化侵蚀的主权；与其说是消灭主权，更不如说是使主权内涵变得更加巧妙。主权正在被定义成一种具有不同特质的社会契约，这个契约要求国家在全球化条件下，必须对日益增长和复杂的互动行为负责。而且新出现的人权规范，也正日渐成为一个国家是否属于善治和良好主权的一个重要评价基准。换句话说，"现代意义上的经济主权正在勾勒出公民、政府以及国际社会之间关系的一个清晰的轮廓"[24]。

【本专题参考文献】

[1] 博丹. 主权论[M]. 北京：北京大学出版社，2008：54.

[2] 王铁崖. 国际法资料选编[M]. 北京：法律出版社，1982：21.

[3] 马克思. 马克思恩格斯选集（第 1 卷）[M]. 北京：人民出版社，1995：276.

[4] Colombatto E，Macey J R. A public choice model of international economic cooperation and the decline of the Nation State[M]. Cardozo Law Review，1996：926.

[5] 汉密尔顿等，张晓庆译. 联邦党人文集（全新译本）[M]. 北京：中国社会科学出版社，2009：49-55.

[6] 乔尔·S.赫尔曼. 转型经济中对抗政府俘获和行政腐败的策略[J]. 经济社会体制比较，2009，（2）：89.

[7] Dan Sarooshi. Sovereignty, economic autonomy, the United States, and the international trading system[J]. European Journal of International law. 2004, （4）：657.

[8] 彼得斯曼. 国际经济法的宪法功能与宪法问题[M]. 北京：高等教育出版社，2004：168-169.

[9] Okogbule N S. Globalization, economic sovereignty and African development：from principles to realities[J]. Journal of Third World Studies，2008Spring：224.

[10] 朱毓朝. 国家主权原则：国际关系的柱石还是"有规则的虚伪". 中山大学政治学评论[M]. 北京：中央编译出版社，2009：87-90.

[11] Petersmann E U. International economic law in 21st century：constitutional pluralism and multilevel governance of interdependent public goods[M]. Hart Publishing，2012：504.

[12] Petersmann E U. Time for a United Nations 'global compact' for integrating human rights into the law of worldwide organizations：lessons from European integration[J]. European Journal of International law，2002，（3）：650.

[13] 左海聪. 直接适用条约问题研究[J]. 法学研究，2008，（3）：97.

[14] 杰克逊. 国家主权与WTO：变化中的国际法基础[M]. 北京：社会科学文献出版社，2009：76.

[15] Jackson J H. The WTO "constitution" and proposed reforms：seven mantras revisited[J]. Journal of International Economic law. 2001，No1：71.

[16] McGinnis J O. The world trade constitution[J]. Harvard Law Review，2000，（2）：552.

[17] Cass D Z. The constitutionalization of the World Trade Organization：legitimacy，democracy，and community in the international trade system[M]. Oxford University Press，2005：200-203.

[18] Cass D Z. The 'constitutionalization' of international trade law：judicial norm-generation as the engine of constitutional development in international trade European[J]. Journal of International Law. 2001，（1）：59-60.

[19] Raustiala K.rethinking the sovereignty debate in international economic law[J]. Journal of International Economic Law. 2003（4）：861.

[20] Weiss F.Good governance in the procedural Practice of the WTO. Problemie E Tendenze Del Deritto Internazionale Dell' Economia，Editoriale Scientificia[M]. 2011：484.

[21] Reports of the Panel. China-Measures Related to the Exportation of Various Raw Materials[R]. 2011，WT / DS394 / R，WT / DS395 / R，WT /DS398 / R：205，268，269.

[22] 申进忠. 从石棉案看WTO协调环境与贸易关系的未来走势[J]，中国海洋大学学报，2005，（4）：59.

[23] Schloemann H L，Ohlhof S. "Constitutionalization" & dispute settlement in the WTO：national security as an competence issue[J]. American Journal of International Law，1999，（2）：450.

[24] Stacy H. Relational sovereignty[J]. Stanford Law Review，2003，（2）：2044.

专题四　WTO 法的宪政化趋势专题

专题要旨：目前，世界贸易组织（WTO）正向着宪法化的方向迈进，以宪法化的方式解决其法治发展的根本问题，实现全球贸易法治的根本理想。WTO 宪法化理论建构就是要解决 WTO 法治面临的正当性问题。对此，有四种理论范式，分别是作为制度宪法主义的 WTO 宪法化理论——规则导向的正当性；作为规范宪法主义的 WTO 宪法化理论——权利导向的正当性；作为社会宪法主义的 WTO 宪法化理论——参与导向的正当性；以及统合上述路径的一种统一的 WTO 宪法化理论。这些理论或者以自由价值为基础或者以民主价值为基础解决 WTO 的正当性问题。而实际上，WTO 宪法化理论应当根据全球社会的现实需要不断地在自由和民主两个方面发挥自动纠偏的作用并展现与时俱进的生命力。

专题要点：WTO 宪法化；正当性；规则导向；权利导向；参与导向

第一节　WTO 正当性问题——WTO 宪法化理论建构的核心

自 20 世纪 60 年代杰克逊教授（John H. Jackson）提出 WTO 宪法化概念后，西方学界很多学者都跟进研究这一概念与现象，提出了若干理论，我国学者也对这些理论进行了深入的研究。然而，无论是这些理论本身，还是对这些理论所进行的研究，都给人以分散化的感觉：首先，各种理论自说自话，彼此独立，各成体系，从而给人造成了一种迷像，即它们既然使用了"WTO 宪法化"的语词，那么就应该存在一种共同的语境和目的，相互之间具有关联性和承继关系，或者说围绕一个共同的点进行展开，彼此之间取长补短，然而，现在人们却没有在这些理论中清晰地发现这样的一点。其次，我国学者对 WTO 宪法化理论的研究也具有分散性的特点，没有站在一个更高的角度，用一种统一的框架去整合并总结这些理论，例如研究杰克逊理论的便只是研究这一理论，研究彼德斯曼理论的便又只是研究这一理论，而没有跳脱杰克逊或彼德斯曼的研究范式、研究方法、研究工具去看待这些理论，更没有将各种 WTO 宪法化理论进行关联，以找到它们之间的公约数和分歧点，从而陷入了"不识庐山真面目，只缘身在此山中"的困境。总而言之，对于现有的 WTO 宪法化理论，我们无论是对这些理论进行研究，还是在此基础上建构 WTO 宪法化，都要首先回答如下问题：WTO 宪法化理论建构的主旨是什么，或者说要解决的问题是什么；围绕这一问题，不同的理论给出了哪些不同的解决方法；

针对各理论之间的分歧，我们应该如何看待这些差异性，并从中决定自身的立场。

一般而言，理论建构的关键在于寻找到一个"支点"，在这一点借力用力以撬动研究整体。而这一"点"，对于 WTO 宪法化理论建构来说，就是 WTO 正当性问题。无论我们是用"宪法化"这一术语来描述 WTO 制度的实践发展还是表达一种学术理想，都必然遭遇对 WTO 正当性问题的拷问，因此我们必须要为 WTO 制度确立一种得到普遍认可的正当性基础，从而使 WTO 法治的权威在全球共同体中获得承认。所以，对 WTO 正当性问题的解决，正是 WTO 宪法化理论建构的初衷，藉此完善 WTO 法治的发展。

WTO 法治发展面临的主要问题就是正当性（legitimacy）①问题。正当性赋予命令以权威或约束力的特性，从而将权力转化为权威，使得公民具有依从其统治系统的意愿，并实际服从于某个特定的国家或统治系统。[1]可见，WTO 实现法治化的根本在于人们内心对其权威正当性的确认。进而，对任何一种法律体系而言，其宪法规定性是确立正当性的根本依据，WTO 也不例外。WTO 宪法化在规范性上就是要建构符合宪法正当性要求的 WTO 制度的法律化，进而实现世界贸易秩序的法治化。

现有的 WTO 宪法化理论都是以上述正当性问题的解决为核心内容而建构，以实现 WTO 的法治化。现有的 WTO 宪法化理论主要分为四种类型——作为制度宪法主义的 WTO 宪法化理论、作为规范宪法主义的 WTO 宪法化理论、作为社会宪法主义的 WTO 宪法化理论以及一种统一性的 WTO 宪法化理论，这些理论围绕正当性问题的理论建构表现出了一些共通性与差异性。那么，它们对这一问题的解决方法有什么相同与不同之处呢？而我们又应该如何看待这些相同性与差异性，并从中决定自身的立场？对这两个问题的解答构成了文本的主要内容，其中，对第一个问题的回答是本专题的研究进路，而对第二个问题的回答乃是本专题的落脚点与写作目的。总体而言，本专题的主旨在于说明现有的 WTO 宪法化理论是要解决 WTO 制度的正当性问题；在解决这一问题的过程中，它们使用的方法与路径有所不同，方法上包括规则导向、权利导向和参与导向的差异，而在路径上又分为司法路径与民主参与路径；进而，一种较为完整和自洽的 WTO 宪法化理论的规范框架应当是通过上述所有方法和路径的有机结合而达成；最终，我们可以发现，很多人倾向于认为，将"宪法化"、"宪法主义"赋予 WTO 就会使得作为全球化驱动力的经济自由主义获得具有宪法般地位的正当性，从而被视为是一种不可逆转、无法抑制以及具有综合解释力的普世原则。那么，这样一来，有一种可能就是会引发人们对于 WTO 及其所代表的全球化现象的极大不满，因为 WTO 所代表的经济效率价值会与人们的社会权利、人权、环境利益、发展关切以及全球层面的分配正义等价值

---

① "在英语世界中，无论是政治学著述，还是法学文献，legitimacy 都是一个出现频率极为广泛的概念，中文译著一般把它翻译为'合法性'，但这样一来，就很难与英文中的另一个概念'legality'（合法性）相区别。在无政府的国际政治中，一般只有 legitimacy，而没有 legality。因此，legitimacy 可以翻译为'正当性'。应当说，'正当性'这个概念比较符合实际，在历史学中也一样，像美国革命、中国革命这样历史上的伟大的革命，一般都是以破坏旧的统治秩序或政权结构为特征，根本不可能具有 legality，但却没有人能够否认它们具有 legitimacy。"（[美]罗伯特·麦克洛斯基著，桑德福·列文森增订：《美国最高法院》（第三版）（任东来等译），北京：中国政法大学出版社 2005 年版，作者絮语第 7 页。）因此，*Legality and Legitimacy: Carl Schmitt, Hans Kelsen, and Hermann Heller in Weimar* 一书的中文版将 legitimacy 一词译为了"正当性"。（参见[加]大卫·戴岑豪斯，刘毅译：《合法性与正当性：魏玛时代的施米特、凯尔森与海勒》，北京：商务印书馆，2013 年）。所以，本专题中的"正当性"概念指的是英文中的"legitimacy"一词。

相冲突，并且，WTO 所推行的自上而下的全球化模式缺乏自下而上的全球民主基础。因此，WTO 制度的正当性要求民主论争和对多元价值的兼容并包。[2]总之，WTO 宪法化将加剧其正当性危机并驱使其对自身正当性问题做出恰当的回应。

本专题包括六个部分，第一部分作为引言介绍了本专题的主要问题和整体框架，并指出 WTO 宪法化理论建构都是围绕 WTO 正当性问题展开的；第二部分论述了杰克逊的作为制度宪法主义的 WTO 宪法化理论，并指出了该理论在解决 WTO 正当性问题时的理论建构与不足；第三部分论述了彼德斯曼的作为规范宪法主义的 WTO 宪法化理论，指出了该理论在解决 WTO 正当性问题时相对于杰克逊理论的改进，以及留存的问题；第四部分论述了丹诺夫与格哈特的作为社会宪法主义的 WTO 宪法化理论，这一理论是对杰克逊和彼德斯曼理论的批判与改进，将 WTO 正当性基础从自由价值和司法路径转向民主价值和参与路径；第五部分论述了凯斯的 WTO 宪法化理论，这一理论是整合司法路径和参与路径，并调和自由与民主两种价值的一种尝试；第六部分作为结语指出了WTO 制度在未来的发展走向，针对当下的全球共同体的现实需要，WTO 宪法化应当更多地将 WTO 法治的正当性构筑在民主价值（包括参与民主和实质民主）的基础之上。

第二节　作为制度宪法主义的 WTO 宪法化理论
——规则导向的正当性

所谓制度宪法主义，旨在通过制度设计使权力具有正当性。[3]一般而言，国际组织的宪法化是关于组织内的特定结构的分析（例如特定机构的决策功能），并提出关于这些机构能否等同于宪法功能的问题。尽管这种概念并非涉及到全球秩序，但是国际组织的权力行使会不可避免地逐渐超出组织本身，在超越民族国家的层面上进行全球治理，其影响会深入民族国家内部以及全球市民社会。[4]是一种从微观宪法主义向宏观宪法主义的过渡与转化。[5]因此，制度宪法主义为国际组织的具有不断扩展性、潜在侵入性和滥用性的权力设计相应的制度（例如权力之间的分配与制衡），以此为国际组织的权力提供法律限制，从而使其在全球范围内具有正当性，以便发挥全球宪法的功能。

具体到 WTO 领域，杰克逊（John H. Jackson）的 WTO 宪法化理论即可被命以制度宪法主义。杰克逊认为，GATT/WTO 体制是当今世界的国际贸易关系"宪法"。[6]宪法一词并非特指一个或几个文件或甚至是书面形式，而是在一种广泛的意义上被使用，普遍涉及那些规定一个特有的治理规则体系的框架的实践和文件。国际贸易宪法的基本功用在于为国内政策目标限定一个合法的范围，以阻止国内的利益群体以更广泛的共同福利为代价绑架国内的政策制定，并帮助成员国追寻共同的利益目标。对此，最为有效的方法就是建立国际贸易法的宪法框架与体制。而这种宪法的核心特征在于规则导向的路径，只有规则导向型的方法才能够为国际贸易的运行提供安全性和可预测性，避免国内政治的短视行为的干扰。在杰克逊看来，马拉喀什"宪章"建立的 WTO 组织的制度——WTO 组织包括一个由有所有 WTO 成员国组成的部长级会议，一个总理事会，一系列分理事会和委员会以及一个高度发达的争端解决机制——正是创造和维护这种规则导向路径的基础。[7]在这种基础之上，WTO 包括一系列规范、规则、管理技术和实践等正式或非正式的国际贸易制度，如同英国传统的不成文宪法，以规则导向的方法以及这种方法所衍生出的管理技术为 WTO 制度提供正当性。

首先，规则导向的方法取代传统的权力政治导向的国际贸易关系，使国际贸易的运行符合经济规律的要求，并具有可预见性，从而保障国际贸易关系的安全与有序。规则导向的国际贸易宪法能够减少和限制各种不同层次的政治互动与博弈，例如减少国际层面的国家之间的权力失衡对国际贸易造成的不利影响，国内层面的立法机构和行政机构受到国内特殊利益集团的影响而作出损害公共利益的经济政策。法律化能够有助于解决相互依赖的世界中的集体行动问题和协调相互竞争的政策目标防止受到特殊利益的挟持。[8]规则是 WTO 宪法的重要组成部分，并具有关键性作用，是 WTO 体系法律化的基本保障，没有规则，这一体系就会退回权力导向的反复与无常的外交模式。所以，如若没有规则，WTO 将不是法治，而是政治。规则为 WTO 提供了成为宪法的法律化特征和正当性基础。其次，WTO 宪法化的规则导向路径也包含一种倡导管理的贸易决策技术，例如相互竞争的价值的平衡，政治制度保留，协调和互惠等。管理的优势在于保持现状而非创造新的利益、新的职能领域或新的法律；管理服务于稳定国际贸易预期，加强其安全性；管理协调国家之间不同的国内政策，而无须创制新的国际标准。制度宪法主义以管理代替协商过程，以技术性要素规避政治性，避免 WTO 职能的过分扩张，在不同利益中居于中立，从而强化了 WTO 的正当性。[9]

杰克逊认为，"规则导向"的 WTO 宪法化特征的命题将不可避免地涉及到规则是如何（或是否）发挥作用以及规则的适用、解释和发展等问题，对此，WTO 争端解决机制是确保 WTO 规则导向的宪法化路径的重要一环。杰克逊认为，在国际法与国际制度中，WTO 争端解决机制无论是在当前还是在历史上，都是独一无二的，WTO 争端解决机制的运转对 WTO 而言是意义最为重大的活动，是 WTO 体制的"皇冠上的明珠"。[10]虽然学界普遍认为，杰克逊的 WTO 宪法化建构是类比和推广美国的三权分立式的宪政模式，并不断地将 GATT/WTO 制度与美国的宪法体系进行比较性的法律分析，试图构建WTO 组织中各项制度之间的分权与制衡的权力分配模式，使得争端解决机制与其他非争端解决机制（即司法性机构与政治性机构）之间保持着一种相互制约关系。[11]但是，相比于 WTO 内部各机构之间的权力平衡关系，杰克逊显然更为强调 WTO 争端解决机制的重要性和不可减损性，以确保 WTO 制度和争端解决程序的"规则导向"的完整性，避免WTO 制度从现有的卓有成效的法律化模式退回到传统的权力/外交模式。[12]

然而，杰克逊的 WTO 宪法化理论遭到了关于 WTO 制度正当性问题的攻讦：杰克逊的 WTO 宪法化理论的规则导向路径以及管理技术方法的前提都建立在认为自由贸易创造福利的观点理所当然的基础之上。杰克逊认为，在国际事务中，经济事务具有基础重要性，国际社会已然对经济的重要性和首要性达成共识，因此，WTO 的宪法化就具备了这样一种意义上的正当性。当然，其中最为关键的是作为 WTO 建立基础的经济学理论的合理性，该理论就是以比较优势理论为基础的贸易自由化思想能够创造全球福利增长。虽然杰克逊承认比较优势理论缺少确定的经验性证据证明其正确性，但他坚定地认为自由贸易能够使各国消费者得到更廉价的商品而获得更多的福利。[13]进而，以此为基础，WTO 制度通过改善其组织内部管制的一致性，根据国际法相关规范调整 WTO 管制的方式加强 WTO 的正当性。[14]然而，贸易自由化过程必然会造成成功者与失败者的分化，而杰克逊的宪法化理论却没有关注全球福利分配的问题，似乎在他看来，分配属于政治问题而非经济问题，而国际贸易法的主要目的在于以规避政治的方式实施经济政策。因此，他将分配问题、贫困和发展问题留给了各国政府通过国内措施来解决，而不对国际经济制度进行重新审视。[15]因此，根据杰克逊的理论，WTO 制度在更好地提供公共物品方面是存疑的，制度化的自由贸易同时具有增加福利和减少福利的双刃剑效果，这影响了 WTO 的正当性。[16]不仅如此，这种制度宪法主义立基于制度经济学，认为市场中所有行为者是相同的，无论他们在经济实力、政治制度或政治实力方面的实质性差异。这种对不平等的掩盖会损害协商过程，减损交流与对话的质量，使得表面上的 WTO 共同"界面"出现实质上的断层，限制了广泛的公民参与机会与途径。[17]

第三节　作为规范宪法主义的 WTO 宪法化理论
——权利导向的正当性

　　规范宪法主义以个人权利保护为核心，以此限制权力，从而为制度赋予正当性。规范宪法主义的出发点在于惧怕多数人的暴政，其对政治过程报有基本的怀疑。基本上所有规范宪法主义的倡导者都提倡一种具有特定的宪法性规范的国际法律秩序。国际法的主旨因此被认为逐渐从国家利益中心向个人权利中心转变，这种转变往往被视为是国际法的范式转换。规范宪法主义认为，国际公法已然从法律由主权国家的同意而生成的范式转变为了以特定的全球性价值为基础的自然性生长的范式。尽管不同的规范宪法主义者所认定的核心价值有所不同，但是他们的理论建构都援引了诸如"公共利益规范""基础规范"以及"国际共同体规范"等普遍性规范的名义。其中，大多数规范宪法主义者都将国际法的基本规范定位于个人的权利，尤其是人权。规范宪法主义主要是通过对政治权力的限制和制度化的方式达到保护人权的目的。[18]彼德斯曼（Ernst-Ulrich Petersmann）的 WTO 宪法化理论就是一种典型的规范宪法主义理论。彼德斯曼的理论是将贸易自由的价值纳入人权的范畴，将二者等同，即贸易与人权的一元论[19]，从而弥补了杰克逊的 WTO 宪法化理论所引发的 WTO 的正当性问题——全球市民社会对贸易自由作为一种普遍价值的怀疑。

　　彼德斯曼认为，WTO 的正当性危机主要是源于政府间主义的威斯特伐利亚式的国际法概念。成员国的政府代表和国内的利益集团共同驱动着 WTO，决定国际贸易政策取向，使 WTO 具有不充分的透明度并缺乏议会控制、民众参与和民主协商；在国内，宪法赋予行政机关过多的对外贸易决策权，受利益集团的影响，对外贸易政策具有任意性，歧视性的贸易限制和补贴措施损害了公共利益和个人自由。对此，公民束手无策，因为他们在政府间组织中没有民主参与的权利，地方和国家层面享有的参与和协商民主也因为缺少跨国民主参与的补充性的公民权利而受到减损。对于这种 WTO 的社会正当性危机，其解决途径应当是建立 WTO 法与人权法之间的关联性，根据人权和正义原则而宪政化 WTO，从而使得自由开放的全球市场经济、民主政治和国际经济法有机结合，成为解决 WTO 面临的正当性问题的有效工具。[20]进而，一般国际法和国内宪法、区域协定、多边协定以及政府间宣言反复重申的普遍的和不可分割的人权（包括自由、非歧视、法治、社会福利、信息自由、表达自由、财产权和契约自由）保护的个人自治和自由形成了贸易自由的人权。WTO 致力于保护这种贸易自由。所以，要确保 WTO 的正当性（源于欧盟经验），WTO 法就必须在人权背景中予以解释，并将 WTO 视为与其他国际和国内宪法并行的世界贸易宪法。（这也是彼德斯曼所谓的多层级宪法主义。）[21]WTO 应当利用它的"牙齿"（争端解决机制）保护人权，将人权保护纳入国际经济管制的考量中来。普遍承认的人权规则应作为 WTO 争端解决机构解释 WTO 规则的相关上下文加以适用，WTO 法也应以与 WTO 各成员方的人权义务相符合的方式来解释和适用。[22]并且，应当承认个人有权在国内法院直接援引 WTO 规则，以确保跨国市场中的货物、服务、人员和资本的自由流动在司法上具备强制力，从而使 WTO 的宪法功能得以实现。[23]

如此一来，彼德斯曼的贸易与人权的一元化理论将民主正当性、社会正义和全球统一法的构想都纳入到了 WTO 宪法化的建构中，希冀以此平息甚嚣尘上的反全球化的声音，建立起以规则为基础的全球贸易自由化的国际秩序。然而，他的这一理论构想反而招致了更多的批评。主要观点认为，彼德斯曼建构的以 WTO 的司法过程为中心的基本权利路径和他的理想的国际经济秩序事实上导致了对国内层面的经由民主程序制定的政策的更少的遵守。不仅如此，彼德斯曼也忽视了全球层面的民主参与及协商过程的必要性，以贸易自由为核心的人权概念能否得到全球市民社会的广泛支持尚存疑问，其人权概念是否包含为全球市民社会普遍关注的社会权利的部分（如发展权等），社会权利与经济权利在 WTO 法中如何协调也有待考察。而 WTO 制度结构与国内法律体系相比不够完善（在国内法中，法官作出的错误裁决能够被专门的立法机关撤销），在 WTO 中推翻一个不理想的规则或决定是极其困难的。[24]因此，彼德斯曼的这种未经由全球层面的民主协商过程讨论的人权概念在很大程度上实不符合全球宪法所要求的程序正当性。

第四节　作为社会宪法主义的 WTO 宪法化理论
——参与导向的正当性

社会宪法主义强调一种全球维度的参与导向的宪法主义理念，这种全球宪法主义维度的核心在于参与的概念。社会宪法主义的提倡者认为，国际法已经从国际共存法形态发展至国际合作法的形态，[25]在这一过程中，国际法的正当性基础发生了改变，从以国家中心、国家同意为正当性基础的主权国家之间的法律秩序转变为以全球共同体的利益和价值为正当性来源的全面的共存的法律秩序。[26]在这一过程中，一种新的关系——全球市民社会，已经出现，而无论是全球市民社会改造了国际法的形态，还是国际法形态的变化导致了全球市民社会的产生与发展，客观上，"全球市民社会"这一政治标签成为了全球层面的个人与非政府组织的民主参与的基础，并为这种参与提出了要求。进而，那些影响到全球市民社会的国际法要想获得正当性，就必须保障个人能够并且必须参与全球层面的宪法主题的讨论与协商，而当国际法提供了这种参与保障，也就具备了成为全球宪法的正当性基础，得以为全球共同体提供秩序框架，发挥规范全球市民社会行为的功能。[27]就 WTO 宪法化而言，丹诺夫（Jeffrey L. Dunoff）和格哈特（Peter M. Gerhart）是上述社会宪法主义的代表。

首先，丹诺夫认为，杰克逊和彼德斯曼的 WTO 宪法化理论虽然路径不同、主题不同，但具有一个共同的理论特点，就是以宪法化的话语和方法将塑造一个具有高度法律化、权威性和原则性的 WTO 制度体系，在国际贸易领域驱除政治角力。究其原因需要从如今国际法面临的困境的层面来解释。自"911"事件以后，反恐成为国际社会的核心任务，国际关系的现实主义路径占据明显优势，这种地缘政治环境给国际法造成了很大的压力，而 WTO 乃至整个国际法学科的宪法主义转向正是对这种国际法角色和地位担忧的一种回应。因此，上述 WTO 宪法化理论建构的共同目的在于引导或最小化世界贸易政治，将宪法主义作为使国际贸易运行远离政治博弈的机制。[28]杰克逊的理论尤其强调规则导向的贸易体系以代替权力基础的贸易体系，以法律代替国际贸易政治。彼德斯曼尤为珍视经济自由的价值（包括个人的贸易自由），将其上升到人权的范畴，并特别强调 WTO 对经济人权的保护职能。这种做法是对长久以来的关于经济价值和非经济价值政策目标之间的关系的协调问题的政治性争论的一种呼应，在诸多价值中将经济价值置于优先地位，以平息这种争论。[29]然而，丹诺夫认为 WTO 宪法化的这一目标注定是失败的，宪法主义反而会激发它所要避免的政治性，会更加放大 WTO 缺少正当性基础以及民主支持的窘境。[30]因为，在 GATT 时期，国际贸易体系实行俱乐部模式，规模小，参与国家少，由经济制度相似，价值相近，目标相同的国家以及这些国家的领导人、外交官和经济学家依赖私人关系组成的社交网络决定国际贸易制度走向，决策过程犹如黑匣子不为外界所知，国际贸易体系也与国际社会和国内民主相隔离。而在 WTO 阶段，国际贸易制度议题已经不仅仅局限在诸如降低关税的传统贸易领域，而是涉及知识产权、服务贸易、农业、健康、安全和环境等问题，不再是纯粹的技术性问题，而是实实在在的政治问题，是关涉每个人利益的民主政治问题。西雅图会议的反全球化抗议行动说明了国际贸易体系以及国际经济治理已经受到社会大众的密切关注，要求 WTO 的透明度和民主参与。[3]因此，丹诺夫建议，规避政治的 WTO 宪法化理论的方向应当回转，WTO 宪法化理论应当纳入民主参与和民主争论的要素，保障和扩大民主协商的决策过程。

其次，格哈特反对以杰克逊和彼德斯曼为代表的传统的 WTO 宪法化观点，他称之为 WTO 的内向型和经济型的观点。这种观点认为，WTO 建立的基石在于一种经济学理论，认为自由贸易对每个人、每个国家都是有益的，能够产生最大化的经济效益，符合民主国家中最大多数人的利益，代表最大多数人的民主意愿。为了保障这一价值的彰显和政策的实施，WTO 作为"最后的防线"，可以凭借自由贸易的有关原则和规则帮助成员国克服国内的利益集团和保护主义要求设置贸易壁垒的压力，避免政策失灵和政治短视，促进国内民主多数的力量，保护个人的经济自由和民主价值。[31]在格哈特看来，这种观点导致了两个问题的产生：一是自由贸易的价值并不能代表民主国家中大多数人的意愿，对很多人而言，很多非经济的目标更能体现其价值追求和宗教信仰，非经济目标的实现即使导致自身经济福利的削减，也能增加其个人福利和社会公共福利。二是WTO 如果仅仅被设计成为保护国内民主价值、限制国内利益集团的工具，就会引发全球化时代的民主赤字。在全球化时代，一国的贸易政策不仅影响到国内的生产者和消费者的利益，也影响到与其进行贸易往来的其他国家民众的利益，然而这些民众却不能参与该国的政策制定过程以改变对自身利益有害的政策，这不符合民主的精神。[32]所以，尽管这种观点的经济学理论是广为接受的，但它作为 WTO 宪法化的基础是存在缺陷的——在正当性方面值得怀疑。故而，格哈特提出了关于 WTO 宪法化的另一种观点——"外向型、参与型观点"，这种观点赋予了 WTO 以真正的民主性质。这种观点认为 WTO 发挥着监督国家政策的作用，任何国家、组织和个人都可以通过 WTO 制度影响他国的政策。WTO 应当是一个全球性的政治参与和协商的平台，为受到国与国之间贸易政策影响的本国民众和外国民众一个参与的通道，共同讨论 WTO 应当体现的价值，改变使其利益受损的政策。[33]格哈特认为，经济效率不能成为 WTO 所追求的唯一目标，事实上，WTO 以其他价值为代价而追求效率的做法正是其逐渐丧失合法性的原因。民主要求那些受到政策影响的人们有机会以某种形式参与到决策中去。这种民主过程能够确保 WTO 价值的多元化，从而确保其正当性。[1]总之，格哈特认为，国家中心的民主在一个相互联结的世界中仅仅具有正当性的外衣而没有正当性的实质。WTO 应当是一种所有个人的跨国代表和参与的形式。[34]

第五节　WTO 宪法化的理论整合：一种概念与两种路径

就 WTO 宪法化而言，上述每一种理论模式（制度宪法主义、规范宪法主义以及社会宪法主义），其方法（规则导向、权利导向与参与导向）与路径（司法路径与民主路径）都有其合理性，然而，上述每一种进路都未能在完整意义上解决 WTO 的正当性问题，而是各自陷入了"盲人摸象"式的困境。我们观察现实的能力受制于我们现实的理论视野，因此否认我们本身的宪法模式或者坚持某种特殊的宪法模式都限制了我们的观念。宪法就像寓言中六位盲人所摸到的象，每个人都以其触摸到的大象身体的不同部位为根据，勾勒他们心中的不同图景。要抓住 WTO 宪法的结构，我们就有必要辨认这头"大象"的各个部分，以此试着想象其整体。每个部分就其本身而言都很重要，但是不能脱离其整体来评价。[35]因此，凯斯（Deborah Z. Cass）归纳了最为普遍的宪法概念的六个核心要素，将其作为 WTO 宪法化概念的规范性框架，一种 WTO 宪法化理论只有完全符合了这些规范性要素，才能成为一种完备的理论。据此，她认为，只有将制度宪法主义、规范宪法主义以及社会宪法主义的有益经验有机结合在一起，才能建构出完整的、符合正当性要求的 WTO 宪法化理论。

首先，凯斯首先概括了WTO宪法化的规范性要素，根据凯斯的总结，宪法化由六个核心要素构成：第一，宪法化在最基本的层面上由一套约束经济和政治行为的社会实践组成，该社会实践可以是规则、法律规范、制度或原则，无论以何种形式出现，其功能都是相同的，即提供一套处理社会秩序核心问题的制度。第二，宪法化需要凭借一套新的基础规范的诞生，为分散的规则提供统一性和一致性，并提供确认下级规则是否合法的标准，使得原先分散的规则聚合成为一套自治性的法律体系。第三，宪法化的产生以一个政治共同体的存在为条件，该共同体授权宪法制定以代表其利益。共同体通常由政治意义上和经济意义上的公民组成，并具备共同体的信念，以及在制宪过程中表达一种信仰。另外，新的宪法实体的公民身份并不取代宪政共同体各组成部分的公民身份，而是承认并保留这种和而不同的特性。第四，协商立法过程是宪法实体建立和共同体成员成为立法主体的必要条件。协商过程旨在促进对话交流，保障公民参与，彰显民主程序，以增进宪法体系的正当性。第五，宪法化使得中央宪政实体与次级实体之间的关系重组成为必然。第六，宪法化必须具备社会正当性。社会正当性乃是指宪法实体得到政治共同体的认可和授权，不是立法的程序要素，而是宪法实体具备正当性的实质要素和外部要素。[36]

其次，凯斯根据上述理论框架检验了杰克逊、彼德斯曼以及她自己在前一阶段所提出的以司法路径建构WTO宪法化理论的进路。[37]凯斯认为，WTO上诉机构裁决对于WTO宪法化的推动表现为四个方面：第一，宪法主义的融合。WTO上诉机构从其他宪法领域借来宪法规则、原则和学说，将它们融入到裁决中成为判例法，从而使得国际贸易法与宪法越发趋近。第二，体系构成，即WTO上诉机构的裁决正在形成一个新的法律体系，其纠问式①的事实发现方法开创了一种法律体系类型，明显地具有审判性质。第三，主题并入。传统上被视为是属于国内宪法管辖的事项，例如公共健康，正出现在国际贸易法的司法裁决中，并逐渐被并入其司法管辖范围。第四，宪法价值联合。WTO上诉机构的法理不仅有赖于宪法规则，而且与宪法价值相联合。[38]总之，WTO争端解决机制通过作出司法解释而缔造宪法体系。这些解释正在改变国际贸易法律体系并导致该体系与宪法体系越发相似。[38]可见，以司法路径为核心的WTO宪法化理论建构在符合了WTO宪法化规范性框架的基本制度、新的基础规范的产生以及成员国与中央实体的关系重组的要素。然而，这一进路的问题在于缺少社会合法性、宪法共同体以及民主协商过程（其中，宪法共同体和民主协商过程是WTO宪法化具备社会合法性的必要条件）的宪法化核心要素。

再次，对这一问题，凯斯认为WTO宪法化的司法路径与民主路径应当相互补充，并行不悖，以此建构符合WTO宪法化规范性框架要求的全部要素。可以这样认为，凯斯的WTO宪法化理论在试图统一司法与民主两种路径，从而缔造出能够充分解决WTO正当性问题的WTO宪法化理论。据此，凯斯提出了弥补前一路径不足的贸易民主思想。

---

① 凯斯的司法造法的WTO宪法化理论认为上诉机构肯定了一种纠问式的事实认定模式，从而发展出了一种纠问式的法律体系，而所谓纠问式的法律体系（inquisitorial system）是指大陆法系中适用的一种证据获得体系，藉此法官主导审判，决定问什么问题，并规定纠问的范围和程序。这一体系主要盛行于大多数欧洲大陆国家、日本以及中美洲和南美洲等国家和地区。这种体系与英美法系的对抗制体系相对应。Black's Law Dictionary（9th ed. 2009）.

凯斯认为，"贸易民主"是 WTO 宪法化具备正当性的必要条件，是 WTO 宪法化必不可少的核心要素，是其生长的养分来源。

贸易民主包括两部分：第一，WTO 宪法化应当是程序变革的，以考虑同时代的国际社会条件，例如，国家作为唯一宪法化主体的衰落，全球化时代国家间关系的变化，以及全球治理形式和种类的增加与多样性。因此，WTO 不是经济改革机制，而是政治场所。"WTO 的正当性不在于其开放市场和帮助国家抑制特殊利益寻租的立法，而在于其驱动全球化下新形式的跨国参与和全球民主的成功。"[39]可见，凯斯引入了社会宪法主义的方法与路径，借鉴了丹诺夫与格哈特的理论经验。第二，除了上述程序（民主的）转变，贸易民主要将 WTO 重新定位于它的基本目标——发展。发展应当居于 WTO 宪法化的核心位置。作为贸易民主的实质要求的发展问题反映了国际贸易共同体真正的意愿，推动贸易与发展的相互促进是任何有效地、民主地、持续地解决国际经济秩序问题的关键。但这要求必须改变现有的长期存在的和较为顽固的关于国际贸易体系的假设，例如承认自由贸易并非 WTO 体系的不证自明的目标。协调 WTO 协议中存在的非歧视、多边主义、自由主义、透明度的原则和偏离这些原则甚至与这些原则相矛盾的政策之间的紧张关系的唯一可能的方法就是确认 WTO 的终极目的在于通过非歧视贸易的经济发展。[40]对此，凯斯仍然建议通过司法路径予以实施。她指出，WTO 司法机构应当根据 WTO 的终极目标——通过非歧视性贸易安排获得经济发展——解释 WTO 协定。"非歧视"可以在 WTO 争端解决程序中根据不同国家的发展需要进行解释，实际上这种方法已经处于实践中了。例如在欧共体——糖出口补贴案（DS265）中，专家小组报告认为欧共体对食糖出口进行补贴违反了其在农业协定项下的义务，专家小组建议欧共体采取措施使其食糖生产更为符合国内消费需求，并同时充分尊重其对于进口产品的国际义务，包括对于发展中国家的义务。[41]另外，国际收支平衡要求，保障措施以及反倾销条款都可以以另一种观点来看待。知识产权条款的解释可以明确地考虑社会福利关切，而非将它们委托给一些具有无关紧要的效果的、模糊定义的更高位阶的规范。[42]可见，凯斯没有完全抛弃 WTO 宪法化理论的司法路径，并认为司法路径仍然具有建构 WTO 宪法化的效用，毕竟通过这一路径建构的 WTO 宪法化符合了 WTO 宪法化规范性框架中的若干要素。

因此，凯斯认为，只有将上述司法路径与民主参与路径相结合，综合采纳制度宪法主义、规范宪法主义以及社会宪法主义的理念与方法，才能建构出符合规范性要求的 WTO 宪法化理论，以解决 WTO 制度的正当性问题，最终实现 WTO 的法治化。

第六节　WTO 宪法化进路：从精英主义到人民大众

审视国际法的发展沿革的历史，可以发现，国际法正在历经从国际共存法，经由国际合作法向着全球宪法主义发展的过程。[43]在这一过程中，国际法作为法律的效用越来越突出，其法律权威性的构筑基础越来越广泛，作为法律效力来源的正当性亦越发具有信服力。究其原因，全球宪法主义标志着国际法范式从传统的以民族国家为中心、以国家同意为法律效力来源以及以国家之间的关系为法律规范对象的范式转变为了以个人为中心、以全球普遍价值为法律权威基础以及以全球市民社会、国内社会、国家之间以及区域之间所交织而成的多层级全球性关系网络为法律规范对象的范式。国际法范式的这种转变在 WTO 中的表现尤为明显，而 WTO 宪法化的理论建构也正是对这一范式转换的回应，并在其中着重体现了人权价值和全球民主的重要性与基础性。

　　纵观现有的 WTO 宪法化理论，它们在诠释 WTO 制度的正当性时有一个从自由向民主的转变。杰克逊的制度宪法主义和彼德斯曼的规范宪法主义主要关注于个人的贸易自由，通过司法路径保障的规则导向方法和个人权利保护方法维护这种贸易自由不受国家政策的侵犯，这两种理论都是自由导向的模式。而丹诺夫和格哈特的社会宪法主义倡导一种参与导向的宪法方法，旨在通过民主过程实现全球市民社会最为普遍珍视的价值与最为普遍期待的利益，这种理论就是一种民主模式理论。[44]当然，自由与民主之间既有矛盾冲突又可以相辅相成，凯斯的理论正是在 WTO 中调和二者的一种尝试。

　　然而，第二次世界大战后的国际贸易体制的发展是从一种嵌入式的自由主义①到非嵌入式自由主义②的模式的演变，[45]到 20 世纪 90 年代后期，WTO 制度奉行的新自由主义思想遭到越来越多的批评，[46]西雅图反全球化运动正是这样一种印证，标志着全球市民社会对 WTO 体制的正当性基础的一种反思。WTO 在实践中和理论上主要存在着经济效率价值优先，而对其他受到自由贸易影响的普遍价值和社会问题兼顾不足，并缺乏民主参与（包括跨国层面和国内层面两个维度）和民主问责，未能体现分配正义，在制度设计与制度运行中难以体现公平公正的正当性问题。因此，WTO 制度在未来的发展中应当在兼顾自由的同时更为注重民主，不仅应当关注民主的形式方面——民主程序与透明度，而且更应关注民主的实质方面——发展和分配正义。对此，WTO 宪法化理论应当在自由和民主两个方面不断地发挥自动纠偏的作用和展现与时俱进的生命力。

【本专题参考文献】

[1] 安德鲁·海伍德. 政治学核心概念[M]. 吴勇译. 天津：天津人民出版社，2008：34-35.

[2] Howse R，Nicolaidis K. Enhancing WTO legitimacy：constitutionalization or global subsidiarity?[J]. Governance：An International Journal of Policy，Administration，and Institutions，2003，16（1）：73-94.

---

　　① GATT 体制代表着一种"嵌入式的自由主义"，即当贸易自由化的政策与国内的社会经济目标相冲突时，各国就会限制它们所承担的贸易自由化义务。因此，与 WTO 相比，GATT 体制的约束效力较弱。而从 GATT 到 WTO 的转变是从嵌入式自由主义向非嵌入式自由主义的实质变革。参见 Jane Ford. A Social Theory of the WTO：Trading Cultures [M]. New York：Palgrave Macmillan，2003：45-46。

　　② 从 GATT 向 WTO 的过渡标志了从"嵌入式自由主义/福利国家"向将政府干预限制在纠正市场失灵范围内的"非嵌入式自由主义"的转变，体现了"效率优先"的精神。这种转变的背景在于，全球经济一体化在 1980 年代和 1990 年代得到强有力的推进，而以新自由主义哲学为理论支撑的《华盛顿共识》巩固了这一进程，该进程的首要目标就是推动经济的快速增长。该共识认为，通过经济自由化而达致的全球经济一体化是实现全人类发展的最好的、最自然的以及最适当的路径。故而，自由贸易被赋予了凌驾于人权和环境等其他价值之上的优先权，该共识假设：自由贸易所创造的财富将最终逐渐惠及全社会，并可用于补偿对环境和资源的破坏；政治自由化将伴随经济自由化自然地实现，并最终实现对人权等其他价值的保护。参见 Jane Ford. A Social Theory of the WTO：Trading Cultures [M]. New York：Palgrave Macmillan，2003：45-46。

[3] Schwöbel C E J. Global constitutionalism in international legal perspective[M]. Leiden：Martinus Nijhoff Publishers，2011：21-22.

[4] Jackson J H. The World Trade Organization，constitution and jurisprudence[M]. London：Royal Institute of International Affairs，1998：129.

[5] 约翰·H. 杰克逊. 世界贸易体制——国际经济关系的法律与政策[M]. 张乃根译. 上海：复旦大学出版社，2001：32-33.

[6] 约翰·H. 杰克逊. 世界贸易体制——国际经济关系的法律与政策[M]. 张乃根译. 上海：复旦大学出版社，2001：370.

[7] Dunoff J L. Constitutional conceits：the WTO's "constitution" and the discipline of international law[J]. E.J.I.L.，2006，17（3）：647-675.

[8] Fakhri M. Reconstruing WTO legitimacy debates[J]. Notre Dame Journal of International & Comparative Law，2011，2（1）：64-100.

[9] Cass D Z. The constitutionalization of the World Trade Organization：legitimacy，democracy，and community in the international trading system[M]. New York：Oxford University Press，2005：116.

[10] Jackson J H. Sovereignty，the WTO and changing fundamentals of international law [M]. New York：Cambridge University Press，2006：134-135.

[11] Dunoff J F. Constitutional conceits：the WTO's "Constitution" and the Discipline of International Law[J]. E.J.I.L.，2006，17（3）：657.

[12] Jackson J H. Sovereignty，the WTO and changing fundamentals of international law[M]. New York：Cambridge University Press，2006：201-202.

[13] Fakhri M. Reconstruing WTO Legitimacy Debates[J]. Notre Dame Journal of International & Comparative Law，2011，2（1）：77.

[14] Fakhri M. Reconstruing WTO Legitimacy Debates[J]. Notre Dame Journal of International & Comparative Law，2011，2（1）：77-78.

[15] Fakhri M. Reconstruing WTO Legitimacy Debates[J]. Notre Dame Journal of International & Comparative Law，2011，2（1）：78-79.

[16] Cass D Z. The constitutionalization of the World Trade Organization：legitimacy，democracy，and community in the international trading system[M]. New York：Oxford University Press，2005：111.

[17] Cass D Z. The constitutionalization of the World Trade Organization：legitimacy，democracy，and community in the international trading system[M]. New York：Oxford University Press，2005：113-182.

[18] 约翰·H. 杰克逊. 世界贸易体制——国际经济关系的法律与政策[M]. 张乃根译. 上海：复旦大学出版社，2001：42-43.

[19] 陈喜峰. 以基本权利为核心的贸易与人权一元论——评彼德斯曼对贸易与人权关系的理论建构[J]. 现代法学，2009（2）：127-137.

[20] Petersmann E. International economic law in the 21st century：constitutional pluralism and multilevel governance of interdependent public goods[M]. Portland：Hart Publishing，2012：7-8.

[21] Fakhri M. Reconstruing WTO legitimacy debates[J]. Notre Dame Journal of International & Comparative Law，2011，2（1）：80-81.

[22] Petersmann E. Human rights and the law of World Trade Organization [J]. Journal of World Trade, 2003, 37（2）: 246-248.

[23] Dunoff J F. Constitutional conceits: the WTO's "constitution" and the discipline of international law [J]. E.J.I.L., 2006, 17（3）: 653-654.

[24] Zang D S. Textualism in GATT/WTO Jurisprudence: lessons for the constitutionalization debate [J]. Syracuse J. Int'l L. & Com., 2006, 33: 442.

[25] Friedmann W. The changing structure of international law [M]. New York: Columbia University Press, 1964.

[26] Pernice I. The global dimension of multilevel constitutionalism: a legal response to the challenges of globalisation [J]. Völkerrechtals Wertordnung/Common Values in International Law: Festschrift für Christian Tomuschat/Essays in Honour of Christian Tomuschat, 2006: 981.

[27] 杰克逊 J H, 张乃根译. 世界贸易体制——国际经济关系的法律与政策[M]. 上海: 复旦大学出版社, 2001: 21.

[28] Dunoff J L. Constitutional conceits: the WTO's "constitution" and the discipline of international law [J]. E.J.I.L., 2006, 17（3）: 649-650.

[29] Dunoff J L. The politics of international constitutions: the curious case of the World Trade Organization, in ruling the world? Constitutionalism, international law and global governance[M]. Cambridge: Cambridge University Press, 2009: 193-195.

[30] Dunoff J L. Constitutional conceits: the WTO's "constitution" and the discipline of international law [J]. E.J.I.L., 2006, 17（3）: 649.

[31] Dunoff J L. The politics of international constitutions: the curious case of the World Trade Organization, in ruling the world? Constitutionalism, international law and global governance[M]. Cambridge: Cambridge University Press, 2009: 195-196.

[32] Gerhart P M. The two constitutional visions of the World Trade Organizaiton [J]. U. Pa. J. Int'l Econ. L., 2003, 24: 17-18.

[33] Gerhart P M. The two constitutional visions of the World Trade Organizaiton [J]. U. Pa. J. Int'l Econ. L., 2003, 24: 2-3, 73-74.

[34] 左海聪, 范笑迎. WTO 宪政化: 从 "司法宪法论" 到 "贸易民主论" [J]. 当代法学, 2013（6）: 154.

[35] Trachtman J P. The constitutions of the WTO [J]. E.J.I.L., 2006, 17（3）: 623-624.

[36] Cass D Z. The constitutionalization of the World Trade Organization: legitimacy, democracy, and community in the international trading system [M]. New York: Oxford University Press, 2005: 31-38.

[37] 王玉婷. WTO 宪政理论研究[M]. 北京: 法律出版社, 2011: 75.

[38] Cass D Z. The 'constitutionalizaiton' of international trade law: judicial norm-generation as the engine of constitutional development in international trade [J]. Eroupean Journal of International Law, 2001, 12（1）: 51-52

[39] Gerhart P M. The two constitutional visions of the World Trade Organizaiton [J]. U. Pa. J. Int'l Econ. L., 2003, 24: 73.

[40] Cass D Z. The constitutionalization of the World Trade Organization: legitimacy, democracy, and community in the international trading system [M]. New York: Oxford University Press, 2005: 243-244.

[41] Report P. European Communities-Export Subsidies on Sugar, WTO Doc. WT/DS265/R[R]. 2014-10-15.

[42] Cass D Z. The constitutionalization of the World Trade Organization: legitimacy, democracy, and community in the international trading system [M]. New York: Oxford University Press, 2005: 244.

[43] Peters A. Global constitutionalism revisited [J]. Int'l Legal Theory, 2005, 11: 39.

[44] 杰克逊 J H. 世界贸易体制——国际经济关系的法律与政策[M]. 张乃根译. 上海: 复旦大学出版社, 2001: 49.

[45] Gathii J T. Re-characterizing the social in the constitutionalization of the WTO: a preliminary analysis [J]. Widener L. Symp. J., 2001, 7: 152.

[46] Lang A. World trade law after neoliberalism: reimagining the global economic order [M]. New York: Oxford University Press, 2011: 61.

专题五　国际经济法中的气候变化专题

专题要旨：气候环境对于人类社会而言属于公共物品的范畴，目前《京都议定书》的实施失败从根本上说是因为利益分化而形成的集体行动问题，且此行动问题直接造成了全球公共物品的供给不足。由于国际社会在应对气候变化方面存在着多重障碍，造成了在应对气候变化问题上，各国不陷入了不合作博弈的行为模式。这种策略选择直接导致了国际应对气候变化的制度失灵。

专题要点：气候变化；全球公共物品；集体行动困境；制度失灵

对于国际社会应对气候变化问题的进展缓慢甚至停滞的现象，我们必须超越法律条文来挖掘在法律背后隐藏着的各种深层次经济原因和政治原因。笔者认为气候变化法律制度的构建障碍可以从经济学上公共物品的理论视角予以审视和探究。

第一节　全球公共物品理论与气候变化关系研究回顾

气候环境是指人类所能接触到的大气环境中对人类生活具有影响力的层面，而对于气候环境问题中，最为严重的问题为由于温室气体排放而造成的气候变暖问题。在此语境之下，谈及气候环境问题可以理解为由于人类活动而造成的大气环境破坏等一系列大气环境问题。

本专题的逻辑起点是将应对气候变化的努力视为向国际社会供给一种全球公共物品。目前经济学界对公共物品的通常理解是：一种资源，并符合以下三种特性：第一，这种资源应该是每个人都能获取的，任何人不能通过对这种资源的使用来排除其他人对该资源的获取，即其具有非排他性特征。其二，这种资源不会因一个人的使用而减少他人使用这种资源的可能性，换言之，公共物品有在使用上的消费无竞争性。最后，公共物品是对人的生存发展有益的，对公共物品的破坏会对所有集体中所有成员的利益造成损害[1]。

国外经济学界已在应对气候变化的制度问题上开展了较多的工作，他们研究该问题所使用的核心工具是公共选择理论。南加州大学的 Sandler 教授提出应对气候变化的制度失灵本质上是"集体行动问题"在国际治理上的直观反映[2]。伦敦经济学院 Stern 在此基础上提出应对构建气候变化的"全球协议"（Global Deal）的思想，认为气候变化问题的解决有赖国际社会的公知和充分的国际合作。国际社会必须构建应对气候变化的集体行动协调机制来缓解应对气候变化的动机不足问题[3]。

在经济学相关成果的启发下，法学界的相关研讨也已开展。欧洲国际法杂志（EJIL）和国际经济法杂志（JIEL）在 2012 年出版了关于全球公共物品理论的争鸣专栏。气候变化是该栏目重点讨论的问题：Morgera 认为供给全球公共物品满足民众的环境权利是国家一项不可推卸的义务，公民对于国家应对气候变化的"公共行政能力"已形成了合理的期待，那么国家为了满足公民的这种权利需求，则必须通过向国际社会供给公共物品的方式来履行职责[4]。Kaul 教授则从问题的反面，认为气候变化等全球问题之所以会出现治理困境，核心原因是国际社会缺乏对国家约束的责信机制。这导致国家的利益观过度狭隘化，最终无法供给任何公共物品[5]。Esty 等认为应对气候变化的全球公共物品供给不足的本质是在供给机制上的集体行动问题，并提出了透过贸易方式来解决该问题的思路[6]。Shaffer 教授则指出，单一的行动路径无法解决气候变化这个极为复杂的问题。当下应对气候变化困境的实质是如何公正合理地在各国之间进行义务分摊，解决该问题显然不能仅靠贸易贸易制裁[7]。Bodansky 教授和 Petersmann 教授进一步将公共物品的种类进行了细分为"汇聚努力公共物品"（aggregate efforts public goods）、"最弱链接公共物品"（weakest link public goods），以及"最优注入公共物品"（Single-Best-Effort public goods）[8]。这三种公共物品恰好可以对应气候变化问题的三个侧面，维护不同种类的公共物品要采用不同的策略①。

可见，全球公共物品理论与应对气候变化之间的关系问题，在西方学界已经引起了充分的关注，而国内的相关研究仍然较为缺乏②。不过西方学者也只讨论到通过压制公共物品的外部性和集体行动问题等宏观层面问题，对气候作为公共物品的不同侧面在制度失灵方面的微观表现层面探讨不足。究竟是何原因导致京都议定书谈判的议而不决。现有法律机制究竟存在哪些制度不足？集体行动困境产生的根本机理是什么？这种制度不足对全球气候合作的阻碍的表现为何？而这将成为本论文讨论的重点。

第二节　气候变化中的全球公共物品供给的行动困境

在应对全球气候变化的问题上，由于国家集团间的利益分化和全球公共物品的特殊属性，使得在应对气候变化问题上各国几乎全部陷入困境，任何国家都无法单独解决气候变化问题。气候变化在经济学属性的这种公共物品的特殊性质是造成这种困境的核心

---

① 汇聚努力的公共物品，是指实现一种价值目标需要全体成员的共同努力，单一的努力并不能达成一项目标。最弱链接公共物品，是作为汇聚努力公共物品的一种反面的特别形态的描述，是指当集体在进行汇聚努力公共物品供给时，遭遇某一个成员的不合作，此时并不会产生多数压倒少数的博弈模型，而是最弱的一环导致其他所有成员的努力归于无效。最优注入公共物品，则是指那些通过单个成员的努力就可以使集体中全体成员获得好处，单个成员又不会付出过高代价的公共物品，这可能是解决集体行动问题最理想的供给模式。

② 通过 CNKI、万方、维普等学术工具，以气候变化和公共物品作为共同主题词进行搜索，检索的结果中没有一篇是从基本理论层面探讨两者内在联系的。

原因，具体来说，笔者认为，在自然状态下，应对气候变化的全球公共物品供给不足的核心原因可以归纳为以下四个方面：

首先，公共物品从其自身性质角度来看并非无限且供给成本较高。在传统经济观点看来，公共物品诸如环境要素，在生产中是可以不加考虑的因素。因为，环境相对于人类来说是无限广阔的，是故人在活动时无需考虑公共物品的供给问题。但是，气候现在正在越来越受到人类活动的改变，而且这种改变的敏感度正在变得愈来愈强。那么在这种情势之下，传统上对于公共物品的认识必须被加以扭转，这已然成为世界有识之士的共识。且人类的科学技术尚不能直接消除大气温室效应，例如，有气象工程学家提出，可以使用硫酸盐气溶胶技术来抵消温室气体所带来的温室效应。西方发达国家虽已开始了该项实验，但是其实际效果以及经济成本离大规模可实际应用的水准要求还相去甚远。可见，通过少数"精英国家"通过技术革新的方式，以承担较小的成本为代价来供给"最优注入公共物品"的构想距离实现可能还为时尚早。因此，公共物品的非无限性构成了公共物品在供给上可能产生不足现象的逻辑前提。

其次，由于全球并不存在一个统一的联合政府，在缺乏中央权威的前提下，对于公共物品的供给与管理很可能使得各个作为主权体的国家自行其是、各自为政。对于公地悲剧和"搭便车"现象，哈丁认为，其核心含义是指由于参与者不需要支付任何成本而可以享受到与支付者完全等价的物品效用。该行为模式影响着公共物品供给成本分担的公平性，以及公共物品供给能否持续和永久。具体来说，在一个集体中，个体的理性计算（rational calculation）因共享集体的资源将会造成整体环境的伤害。而气候环境的承载力则好比为一只"救生艇"（lifeboat）；人类对于气候的破坏就如同"向人满为患的救生艇上继续堆积货物"，若不能尽快改变这种情势，那么就会危及整艘船的安全[9]。但根据国家主权原则，各国完全可以自由的选择是否加入某个国际条约，自主地决定是否承担某项国际义务。在此条件之下，是否能够达成合作之目的要取决于各国能否从该种国际机制中获得足够多的好处，至少要抵消其所付出的成本。虽然从整体上来看，提供全球公共物品所带来的福利大于制造它的成本，但是从单个国家的角度来说，一个国家可能不能从提供公共物品中获得足够多的好处来回报其花费在这种情形下，只有确信其他国家先提供了公共物品，他才会采取相对应的行动。换言之，每个国家所期待得到的利益，除了要得到自己本国提供的公共物品所产生的好处之外，还必须要获得其他国家作为交换所供给的公共物品所能够产生的好处。那么各国相互希冀搭对方便车的心理，正是最终使全球公共物品的充分供给走向死胡同的根本原因。

由于某个人获得的公共物品也自动地为他人享有，一个人不可能排除他人享用他为自己提供的公共物品带来的收益。于是在大集体中存在着什么公共物品也提供不了的倾向，在小集体中也存在着只能提供低于最优水平的公共物品的倾向。在均等性的市场集体博弈模式中，往往会出现公共物品供给失灵的情况。因为对于集体中的单个个体来说，当提供某种集体性的服务时，其所获得的收益将低于他的投入，而且当不能有效排它时，当别人提供集体公共物品时，他也能获得。所以对于该个体来说没有动力去提供集体公共物品。这直接导致公共物品的提供陷入了困境：尽管集体中的所有成员都理性的知道应该提供集体公共物品，集体公共物品的提供对每个个体也确实有利，但由于协调成本实在太大，排他性成本也太大，故群体中的每个个体供给公共物品的个体动机严重不足[10]。就好比在一个小区中，每个住户都知道干净整洁的小区环境和充足的绿地对每个业主都是有利的，但在没有专门的公共机构的前提下，没有人愿意自己投入成本来使小区集体获益。因为这种努力所产生的偏好是及于每一个人的，成本却需要一个人来承担。

人类社会对于气候变化问题应对困境深深体现出上述模型所折射出的行为选择原理。防止气候变化对于国际社会中每个国家而言都是一种公共性的利好。但是站在每个具体国家的角度，节能减排意味着要加大国内的资源成本，被迫减缓经济增长的速度。在具有如此巨大意义的利益分配问题面前，世界不同国家集团对于供给全球公共物品的责任分摊，也有着不同的认识。在进行行为安排时，每个国家所期待得到的利益，往往是远远大于其自身付出的成本的。例如，针对《京都议定书》的减排责任分配，美国国会通过了著名的"博瑞德-海格尔决议"，宣布在发展中国家承担减排义务以前，美国绝不会批准《京都议定书》[11]。美国的此种犹疑和不负责任的态度具有恶劣的示范作用，其他许多国家对于温室气体的减排义务承担开始出现"竞相逐低"的行为模式。最终使得《京都议定书》未能发挥实效，全球气候变化的问题也由此愈发严重。可以说这中困境的出现就是一种典型的公地悲剧现象。

再次，由于对公共物品供给所产生的外部利益的不平均化也是导致公共物品供给困难的重要原因。集体行动困境的核心内涵是集体由于利益分化，导致的整体利益和个体收益的关系难以维系。具体到气候变化问题上，由于大气大尺度的流动，气候变化的冲击与影响是地理上不对应、不平均的。排放源国不会直接导致自身利益受损，减少温室气体的排放反而会对其产生个体不利。国际社会成员在进行节能减排的过程中，效益产出不会平均地反映出各国投入的努力和成本，而是不均衡地以复杂的过程相互作用。马绍尔群岛是一个以旅游业和珊瑚加工业为主要经济支柱的太平洋小国，其几乎没有温室气体排放，但是其却面临着由于海平面上升造成的国土消失危机和因珊瑚白化对其旅游经济和加工经济的双重打击[12]。此外，温室气体排放最多的工业化国家不会直接受到严重的冲击，甚至部分寒带国家，如加拿大因气候变化延长了可耕作时间，在农业上获得好处；俄罗斯更是获益于融化的北冰洋而在历史上第一次获得了不受封锁的大洋入口，实现了自彼得大帝以来挺入大洋的梦想。不进行温室气体减量而享受经济利益的国家，不仅可以免费享受他人努力的好处，还会使污染透过大气系统的全球流动造成全球恶害，影响积极减量的国家。排放与影响的不确定，使得污染者远离自己制造的污染后果，气候变化也因此成为外部成本，减低温室气体排放国参与行动的意愿，阻碍其进行管制的动机，最后便转化为集体行动困境。各国都以他人的努力为自身投入成本的前提，最后是没有国家积极率先地采取气候变化的措施应对。但最终人类会因为海平面的上升，海洋环境的变化以及岛国民众的流离失所而承受最终灾难。这恰恰是自然规律对人类不负责任地阻止全球公共物品供给的行为所施以的惩罚。

最后，国内利益群体对政府进行制度俘获加大了国家对于公共物品供给的不合作可能。传统民主决策理论强调决策的从属性原则（principle of subsidiary），该原则通常被理解为：政府进行决策的权力分配与行使应该尽量贴近选民，否则容易使决策脱离选民而丧失民主的正当性[13]。但是，这种决策模式却是有风险的，其很可能造成决策被利益群体扭曲，从而产生民主的悲剧。所谓"政府俘获"（state capture），是指私人组成的利益群体通过游说政府来实现其自己的个人利益或者团体利益。透过这种群体所具有的独特的"强烈的财政补贴的渴求"和"组织可能性"优势，来压制组织成本较高的公共群体利益。最后直接导致现有的民主机制就会吸纳更多的努力活动的"有组织者"的代理人成为公共部门的政府官员。那么很自然地，作为一种政治交换，这些官僚就会偏向于采取有利于俘获政府的利益群体的决策，以换得政治支持的最大化。那么这种基于利益群体的强化而侵犯"相对的少数者利益"的政治局面就会出现[14]。同样道理，减少温室气体排放会损害主要经济大国尤其是对于由于减少能源消耗而使得本国经济放缓、就业压力增大的情形下。国内相关的利益群体相对于其他私人游说集团来说更加容易占据道德的制高点，通过阻碍供给全球公共物品换取本国民众的支持。从而成为全球物品供给环节中的"最弱链接点"，进而使其他国家减少温室气体排放的努力归于无效。但是这种对全球利益的损害又极具伪装性，本国民众很容易会误以为不提供全球公共物品就是对民族利益的维护而大加支持，最终损害的却是自己和他国民众的长远利益和根本利益。因此，从公共选择的角度来讲，国内利益群体对国内决策机制的俘获，可以说是造成应对全球气候变化问题集体行动中最弱链接点的又一大根本诱因。

综上，我们可以看出，在目前国际社会的无政府的自然状态下，出现应对气候变化的行动困境，从实质上来说可以被解读为全球公共物品的供给的困境。在最优注入公共物品不能供给的前提下，要想达到全球公共物品的充分供给的目的，任何一个国家都无法通过国内法律制度的实施来取得决定性的进展成果，必须有赖全球的集体合作，通过汇聚努力的模式来提供公共物品。同时还要防止在公共物品的供给链上出现最弱链接点，最终通过协调一致的行为来逐步克服上述困难。这也恰恰呼应了经济学领域中公共物品供给的三种模式。那么，构建统一的国际法律规则作为全球公共物品的制造者和促进者，就成了不二的选择[15]。但是，在应对气候变化的问题上，各国是否能够达成一致，构建起这种统一的国际法律制度体系呢？

第三节　应对气候变化国际统一法律制度构建的障碍分析

前文探讨了在自然状态下，国家无法自发地通过制度演进的行为模式来应对气候变化问题。那么国际社会已经认识到问题的严重性和迫切性前提下，能否通过制度建构的模式来解决集体行动问题呢？通常国际社会为了解决一个全球性的问题，大多采取缔结国际条约的方式，向各国施加强制性的国际法义务。从政治学原理上来说，缔结国际条约事实上就是将国家权力向上分配，以防止各国出现政府俘获和国内制度失灵现象。《联合国气候变化框架公约》和《京都议定书》正是为此目的而产生的。但在实践中，构建行之有效的因应气候变化的统一的国际法律制度极度困难，尤其是《京都议定书》在事实上的失效和流产不啻为构建防治国际气候变化机制的一次巨大挫折①。本专题这一部分正是试图分析和解释国际社会在对气候变化的严峻性有了一定认识的前提下，构建相应国际法律制度却总是无法达到预期效果的原因。

造成上述局面的原因，从根本上说是因为现有国际法体制的权力导向性和自利的国家主权观在全球公共物品供给问题上的复合叠加效应所造成的。换句话说，阻碍行之有效的国际法律制度生成的主要障碍可以归纳为以下四个方面：组织构成障碍、观念障碍、意识形态障碍、法律机制障碍。

一、组织结构障碍

由于目前国际社会的多极化格局以及国家实力的不平衡性的双重作用，导致最优注入公共物品无法进行供给。最优注入公共物品的最大优势在于：在这种公共物品的供给模式下，搭便车可以成为一种可接受的正常状态。但是，若是想最优注入公共物品供给是有严格的组织结构条件的：须有一个国家的力量处于绝对领导地位，其有充分的能力，完全承担提供公共物品所带来的代价。就像第二次世界大战结束后以美元为主导建立"布雷顿森林体系"，美国承诺将美元与黄金挂钩就是在提供货币领域的全球公共物品，彼时的美国的国库无比充实，有充分的实力来保证美元持有国的黄金兑换权利。在此组织模式下，由于美国单方面的公共物品供给，导致各个国家的利益可以透过美国的利益牺牲来得到满足，从而构成了各个国家的行动能够与美国的行为相协调的"组织可能性"。或者另外一种组织可能是几个强有力的国家形成所谓的"公共利益共同体"。在此基础之上他们还能够相互监督，共同向国际社会提供某种公共物品。第二次世界大战结束后的联合国安理会机制就是这样一种组织模式的典型代表。由五个最强大的国家组成安理会的常任理事国集团，共同向国际社会提供集体安全的"最优注入"公共物品。同时，为了防止供给集体安全的组织结构被某些国家控制，联合国安理会还通过"大国一致"的方式来防止公共物品的供给机制被滥用。

从目前来看，建立统一的国际机制提供应对气候变化问题的"最优注入公共物品"的组织条件是不具备的。由于单方面减少温室气体排放意味着将可能造成国内能源短缺，从而影响经济的发展。美国等发达国家对减少排放的态度十分暧昧，往往是谈判伊始表现积极，但是一旦谈及具体义务就顾左右而言他，因此根本不可能通过发达国家的单方面减排来达到控制气候变化的目的；发达国家不能承担上述代价，那么发展中国家就更不可能，也没有义务通过单方面减排来提供治理全球气候变化的公共物品。根据数据显示，美、中、俄是全球温室气体排放最高的三个国家，这三个国家占到世界温室气体排放的70%以上的份额。该三国又都是安理会常任理事国，他们谁也不愿意通过单方面减排来解决气候变暖问题[16]。由此可见，由于多极化的国际关系格局的客观存在，无法再像第二次世界大战刚

---

① 根据该议定书的规定，所有《联合国气候变化框架公约》缔约国必须于 2012 年结束以前批准第二阶段的减排义务额度，但是时至今日，世界上除欧盟以外的所有温室气体排放大国均未批准议定书之实体性义务。因此，该议定书事实上已然失去了其法律权威性效力。

刚结束时，美国作为单极领导向世界提供公共物品。此外，多极化的世界格局和具有不同利益国家的实力的大抵相等决定了在供给公共物品上会出现大量的利益纷争和相互掣肘的现象，最终导致无法满足供给最优注入公共物品的基本组织条件。

因此，我们只能考虑次除最优注入公共物品以外的次优选择，即考虑采取汇聚努力公共物品的供给模式，但是汇聚努力的公共物品的供给必须同时防止最弱链接公共物品模型的出现。但事实上，下文的几个其他障碍决定了供给汇聚努力公共物品也是十分困难的。

二、观念认识障碍

由于人们对代际正义难以形成统一的认识观念，构成了对气候环境公共物品供给的观念障碍。温室气体排放从时间维度和代际维度来看，也可以被看做一种公共物品。由于温室气体时间累积的特性会产生排放和影响的时间落差，会造成代际正义问题与国际集体行动的困难。温室气体的排放后果具有一定的滞后性，往往必须经过数十年、甚至百年的时间才会明显地显现负面效果，这样的时间落差很容易产生代际正义问题。尽管我们已经看到了气候变化的许多影响，未来会发生怎样的变化仍是未定之数。我们现在牺牲利益、投注成本对抗气候变化的努力可能不会看到立即的成果，而是反映在下一代。有些人相信，未来科技定能找到更好的解决方法，根本不需要牺牲现在的利益。由此，我们认为这种在代际之间的利益分配问题产生了由于公共物品的利用的利益分化所形成的新集体行动问题。在这种认识的阻碍下，各国政府很难说服国内的民众通过承担法律上的国际义务来供给全球公共物品。

观念障碍的另一表现是人们对气候变化后果的科学不确定性抱有一定幻想。气候变化问题涉及顶尖科学领域的多方面问题，各个问题本身和各问题之间的关系又十分复杂，其中包括了温室气体的来源，以及它导致的种种现象，包括上升的温度增加水蒸发、增厚云层、融解永冻层、日照量的改变以及各种现象之间相互的影响及冲击。直到现在，科学界都对这些问题表象的深层次科学机理欠缺足够的理解与共识。科学家只是知道大气中温室气体是引起当前气候反常的原因，也知道温室气体来自人类数百年来工业活动的累积，但是对于变暖会带动哪些具体自然系统的变化，以及自然系统的变化是否会加速或影响气候变化和具体危害仍知之甚少，更遑论对抗气候变化的有效策略了。可以说，科学依据构成了国家理性判断气候变化国际规范立场与态度的基础，影响其对于成本与代价的估算。少了科学理性确认需求、正当化政策规范的功能，就给政治操作产生了更多的空间。被国内利益群体俘获的国家会以科学不确定作为获得道义正当性的筹码，阻碍气候变化规范共识的形成。从这个意义上来说，知识的贫乏导致公共物品提供的犹疑和不确定性，直接阻碍了国际社会供给全球物品的动机形成。

三、意识形态障碍

第二次世界大战结束以后，随着去殖民化运动的成功，世界上出现了大量的发展中国家。发展中国家在独立后一直存在着与发达国家相互对立、互不信任的现象，国内有学者将此称作"南北对立"[17]。从历史角度来看，在工业革命及殖民历史阶段下，发达国家主宰了生产资源和资本，形成国际经济上发展中国家对于发达国家的从属关系。随着去殖民运动以及全球化的开展，发展中国家渐渐意识到国际间的权力分配的不公，因此对发达国家日渐不满，质疑发达国发达国家主导各种国际环境议题和规则制定。发达国家也指责发展中国家应对全球问题上的不合作态度。两者之间的不信任感也因此与日俱增。在应对气候变化问题上，发展中国家或者指责发达国家所发展的资本主义才是气候变化的罪魁祸首，或者将国际环境规范的限制解读为发达国家用来垄断自然资源、压抑发展中国家经济成长而维持其竞争霸权优势的手段。两阵营之间的核心分歧体现为对利益分配和主导权的争夺。

以现行应对气候变化的国际机制为例，对于该问题，发达国家中的欧盟态度最为积极。而发展中国家则与之针锋相对，其核心分歧就是责任的分配问题。虽然国际社会已然形成了应对气候变等环境问题的"共同但有区别责任"的共识，但是发达国家更加强调该责任中责任的共同性，其认为共同（common）一词不仅指的是所有国家有共同的行为，同时考虑影响的范围也是国际社会成员的共同关注（common concerns）或是共同面对的威胁，因此是一个具有多重意义与法律概念的一个原则。由于温室效应是人类持续排放温室气体至大气之中所引发的，因此全球暖化是全人类共同造成的现象。全球变暖可能会影响到气候系统并危及到当代或下一代人类之利益，对人类及全部生态系造成负面冲击，所以全变暖化影响到气候系统的风险是人类共同要面对的威胁。人类继续排放温室气体到大气中所引发的全球温室效应是否会危及全球的气候系统认为是现在和未来人类所必须共同面对的问题[18]。

发展中国家则更加强调责任的区别性。其强调每个国家与区域的发展不同，而经济发展的差距也令各国应对气候变化冲击的能力（capacities）产生差距；各地方或国家面对气候变化的脆弱度（vulnerabilities）也不尽相同[19]。因此，发展中国家坚持所谓责任是各国互相提供协助，并考虑不同国家的经济、科技、财务等各项差异性，要让比较有能力的国家分担更多的义务与责任。因此，为了达到全球共同可持续发展的目的，发达国家给发展中国家，尤其是最不发达国家以相关技术、财力资源支持是其一项不可推卸的国际义务。并应当依照此原则来区分各个国家的责任[20]。同时，在责任分配时还应当考虑到历史责任问题（historical responsibilities）和地理位置条件。发展中国家强调所谓"共同义务"必须与经济发展历史相互联系。发达国家在工业发展过程中大量使用氟氯碳化物以及石化燃料，并积累了长达 200 年的超额工业利润，应该为气候变化负主要责任。另一方面，从地理位置来看，发展中国家多半位于容易受气候变化不利影响的地区，发达国家的温室气体排放并未给其造成特别显著的危害，反而是经常由发展中国家承担此种环境代价。可见，发达国家和发展中国家由于历史原因和利益原因产生了深深的隔阂，并产生了完全不同的立场行为逻辑，让两种有如此观念隔阂且行为逻辑迥异的国家群体进行高层次的合作来保障全球公共物品的提供，无疑是缘木求鱼的天方夜谭。笔者认为，这显然构成了全球公共物品供给的合作障碍。

四、法律机制障碍

现代国际法的逻辑起点是国家主权，国家自身就是"最高的法律秩序"；任何的制度构建都以国家利益和国家同意为有效性的前提[21]。将此逻辑推至极端就成了对国家的任何行为都认为具有合法性，其正当性则在所不问。此种自私且权力导向的国际法基本运行机制在事实上构成了应对气候变化机制向前推进的最大制度障碍。德国著名国际经济法专家 Petersmann 教授在批判 WTO 运行的体制弊端时曾一针见血地指出：现有的国际经济法体制的运行核心仍然是以国家利益为导向的。国际法律制度不过像是固定活页的"区别针"，并不能起到真正保护世界公民民主权利的作用。因此，在大凡遇到增加国际共同福利和偏好，但可能限制国家政府短期利益的时候和控制国家决策制度的利益群体时，现行的国际法律机制就会显得特别脆弱。从而面临"司法短缺"、"治理短缺"、"动机短缺"以及"参与短缺"的尴尬境地[22]。另一位著名的法哲学学者 Pogge 也批评现有的国际法律机制不过是富国为了维护其既得利益通过其巨大的权力来垄断国际规则制定的正当性装饰。虽然这些富国在抽象的法律上承认发展中国家人民的基本生存和发展的权利，但是在具体的法律制度上又具体地极力否认这些权利的实现。从正义论的角度来说，这是一种"一清二楚的不正义"[23]。在气候变化的问题上，此种"不义"更加凸显：由于主要大国的利益并不能达成一致，于是他们为了自身的利益考虑，阻碍法律制度的形成。其他国家要么因为实力有所不济，亦或是利益关联相对不大，采取了漠不关心的态度。这种对于全球长远利益的漠视必将导致各种应对气候变化的国际法律机制趋于无效化。提供全球公共物品不会给国家带来直接和个别的好处，而是通过增进全球偏好来实现各国的共同利益，但是现有的国际法律体制的承认规则从根本上仍然以追求国家个体利益为最终圭臬。在此体制之下，很难想象国家会通过为了实现全球的共同利益而舍弃自身利益去提供全球公共物品。同时，自私贪婪的国内利益群体会更加便利地借助对大国的政府俘获，将其自身利益转换为所谓的国家利益。再透过这种不公正的国际机制将其私利转化为"国际法律制度"，危害全人类的长远发展。此情形可以被称为公共物品供给的法律机制障碍。

总之，在最优注入公共物品供给不现实的前提下，由于各国的对全球公共物品和代际公共物品重要性的认识缺位和知识缺乏，不同国家阵营间的相互的不信任，以及片面追逐国家短期政府利益且国家权力导向的国际法律机制导致在应对气候变化的问题上出现了全球物品供给的"制度失灵"。国际社会的成员无力也不愿意承担应对气候变化所带来的利益成本，而各国又是完全独立的"主权体"，没有任何法律力量能够迫使这些国家来为了国际社会的公共利益进行善意的合作。这直接导致人类应对气候变化的难题无法在根本上得到解决。

【本专题结论】

大气气候作为全人类的公共物品和公共财产，由于各个国家乃至各个国家内部的利益群体的利益分化而产生了极为棘手的集体行动问题。在公共选择的行为逻辑模式下，各个利益主体总是寄希望于他人独自付出成本，而自己通过搭便车的方式坐享公共物品带来的好处。在这种思维模式的指引下，气候变化作为公共物品便会出现供给不足进而造成公地悲剧。此外，构建因应这种全球问题的国际机制却面临着前所未有的困难，这种困难可能来自于科学的不确定性以及发达国家和发展中国家的利益分歧，但是核心本质在于传统的国际法体制过分关注作为国际法主体的国家的利益，在国家间的利益无法取得一致的共识时，现有的国际法机制采取了一种消极的"葡萄园保护主义"（domaine reserve）的态度，对各国的利益分歧采取搁置争议以避免冲突的方针。这将大大降低了透过国际机制来实现全球共同利益和公共偏好的可及性与效率性[24]。从该意义上而言，现有的国际法机制从根本上来说还尚未能脱离传统的大国权力导向的根本运行机制和保障国家利益共存的价值目标。但事实上，早在20世纪60年代，著名国际法专家Wolfgang Friedman就提出国际法的整体结构正在处于变化之中，传统强调国家避免利益冲突的共存的国际法体系正在逐渐走向衰亡，而旨在强调国家间更好地合作实现更高位阶的价值目标的"共进的国际法"体系正在逐步形成并愈来愈开始展现和焕发活力[25]。那么在此客观规律需求的指引下，为了解决日渐严峻的气候变化形势，我们似乎应当思考如何改变我们的观念，考虑构建新的负责任的主权思维模式以及新的国际法律制度范式来解决此问题。

【本专题参考文献】

[1] Aldy J. Architectures for agreement：addressing global climate change in the post-Kyoto world [M]. New York：Cambridge University Press，2007：3-9.

[2] Sandler T. Economics of alliances：the lessons for collective action[J].Journal of Economic Literature，2001，（3）：870-873.

[3] Stern N. The economics of climate change [J].American Economic Review，2008，（2）：1-3.

[4] Morgera E. Bilateralism at the service of community interests? Non-judicial enforcement of global public goods in the context of global environmental law[J]. European Journal of International Law，2012，（3）：744-760.

[5] Kaul I. Global public goods：Explaining their under-provision[J].Journal of International Economic Law，2012，（3）：729-735.

[6] Esty E C et. Why climate change collective action has failed and what needs to be done within and without the trade regime[J]. Journal of International Economic Law，2012，（3）：777-791.

[7] Shaffer G. International law and global public goods in a legal pluralist world[J]. European Journal of International law，2012，（3）：670-690.

[8] Bodansky D. What's in a concept? Global public goods，international law，and legitimacy[J]. European Journal of International Law，2012，（3）.

[9] 盛盈仙. 全球气候变迁议题与国际关系理论[J]. 全球政治评论，2012，（39）：167.

[10] 奥尔森 M. 集体行动的逻辑[M]. 陈郁，等译. 上海：格致出版社，2011：12-15.

[11] 左海聪，宋阳. 超越国家利益：对经济主权概念的反思与重塑[J]. 学术界，2013，（4）：40.

[12] Muller P H. National communication regarding the relationship between human rights & the impacts of climate change[R]. Submitted to：United Nations Human Rights Council Geneva. 2008-12-31：17-19.

[13] Raustiala K. Rethinking the sovereignty debate in international economic law[J]. Journal of International Economic Law，2003，（4）：846-850.

[14] 宋阳. 国际机制强化国家经济主权——以主权内涵变迁为视角[J].安徽大学学报（哲学社会科学版），2013，（5）：137.

[15] Nollkaemper A. International adjudication of global public goods：the intersection of substance and procedure [J]. European Journal of International Law，2012，（3）：770-773.

[16] Feldt A. Climate change and human rights：creating norms to govern earth's atmosphere[D]. PHD Dissertation of Oklahoma University，2012：77-79.

[17] 陈安. 陈安论国际经济法学（第一卷）[M]. 上海：复旦大学出版社，2008：40.

[18] Serres D. The political economy of climate change mitigation policies：how to build a constituency to address global warming?[C]. OECD Economics Department Working Papers，No. 887，OECD Publishing，2011：13-16.

[19] 林春元. 超越内国行政法与国际法——气候变迁全球行政法的演变、形貌与影响[D]. 台湾大学博士学位论文，2012：34-37.

[20] 苏义渊. 从国际法观点检讨后哥本哈根时期气候变迁谈判[J]. 全球政治评论，2012，（37）：120-127.

[21] 陈喜峰. 宪政的国际法：全球治理的宪政转向[J]. 暨南学报（哲学社会科学版），2013，（1）：63-64.

[22] Petersmann E. The future of WTO，from authoritarian mercantilism to multilevel governance for benefits for citizens[J]. Asian Journal of WTO and International Health Law and Policy，2011，（1）：45-50.

[23] Pogge T. Recognized and violated by international law：the human rights of the global poor[J]. Leiden Journal of International Law，2005，（4）：717-745.

[24] Trachtman J. The international economic law revolution [J]. University Pennsylvania Journal of International Economic Law，1996，（1）：36-37.

[25] Friedman W. The changing structure of international law[M]. New York：Columbia University Press，1964：60-67.

专题六　人民币国际化法律问题专题

专题要旨：人民币国际化应当以金融法治建设为引领，为人民币国际化注入法治信用保障。法治在人民币国际化中的重要作用体现在三个方面：首先，人民币国际化的功能定位在于建立"公平、公正、兼容、有序的国际金融新秩序"，对此应当以货币权力的国家化和自主性为前提，以实现人民币对国际商品的定价权为路径，有关国际机制与国内立法对此发挥着重要的保障作用。其次，人民币国际化主要采取"协商货币"的发展模式，依靠国际协议的发展路径，必须强调协议、框架等国际法律机制在货币国际化进程中的重要性。最后，一国的法律既可以成为主权货币国际化的绊脚石，也可以成为助推器，我国应认真审视国内有关法律制度，适时革除人民币国际化发展中的法律障碍，使国内立法真正成为人民币国际化发展的助推器。

专题要点：人民币国际化；法治信用；功能定位；协商货币；法律障碍

【引论】

我国政府自 2009 年开始推进人民币国际化发展，旨在对内深化改革，对外扩大开放，并立足全球，建立国际金融新秩序，应对金融危机与美元霸权。在这一过程中，法治始终发挥着举足轻重的作用。对此，本专题详细论述了国内立法和国际机制对人民币国际化发展的积极作用，同时指出我国人民币国际化法治建设的未来走向。

第一节　人民币国际化发展应当"于法有据"

当前我国改革开放已进入攻坚阶段，人民币国际化作为撬动国内金融改革和对外开放的有力杠杆，对我国经济的稳定和长远发展意义重大，但同时，人民币国际化亦面临着诸多艰难险阻，因此，人民币国际化不能因循"摸着石头过河"的旧例，而应当以法治为保障，以立法为引领，确保程序透明，实体公正，树立人民币作为国际化货币的法治信用，将法治作为人民币国际化杠杆得以发挥作用的支点。

一、"凡属重大改革都要于法有据"作为人民币国际化的纲领

中国共产党第十八届四中全会提出的全面推进依法治国的决定明确要求，"实现立

法和改革决策相衔接，做到重大改革于法有据。"这一决定改变了以往改革先行，立法附随的做法，要求改革与法治并行，以法治的方式推进改革，法治不仅是改革的目标，更是改革的促进手段与秩序保障。[1]我国在经济改革的初期阶段，习惯于"摸着石头过河"，先在实践中摸索经验，而后渐进性地将成功的经验上升为法律规范，法治建设相对于经济发展始终呈现滞后性与被动性。然而，当前我国的经济改革进入到了攻坚阶段，人民币国际化即是一例，人民币国际化的发展一方面能够全方位带动我国贸易、投资、金融等领域的自由化、市场化和国际化改革，但另一方面，这一改革进程必然会遭遇阻碍，触及深层利益关系，难以形成社会共识。因此，适时理顺法治与改革的关系，以立法引领改革，以法治促进共识就显得尤为必要。

所以，为适应人民币国际化的需要，金融法律制度应当在顶层设计的基础上优先确立，进而引领与指导金融体制改革，转变以往的"摸着石头过河"的传统进路，以法治的权威与效力保障改革的顺利推进，制约政府权力，维护市场秩序，确保程序透明。

事实上，以立法引领改革，促进货币国际化的加速发展，在国际上已有成功经验可资借鉴。以日元国际化为例，从 20 世纪末至 21 世纪初，日本通过两次修订外汇法，为日元国际化发展提供法治动力与保障，放松对跨境资本流动的法律限制，发展促进日元计价的金融市场工具使用的法律制度，为国内金融市场自由化和日元国际化搭建法律平台。[2]当然，日本两次外汇法修订发挥的具体作用不同，20 世纪 80 年代，日元国际化的主要推动力是蓬勃的经济发展和广泛的市场参与，第一次外汇法修订是顺应这一潮流的产物；而在 20 世纪 90 年代至 21 世纪初期，日本经济形势下滑，为了确保日元国际化地位和东京的国际金融市场地位，第二次外汇法修订是作为政府强有力的宏观调控工具，试图以法律改革带动经济发展。[3]无论如何，日本两次外汇法修订对日元国际化进程起到了强有力的推动作用。[4]国际清算银行统计数据显示，从 1980 年至 1995 年，在离岸债券市场中新发行日元债券所占比例从不到 5%的水平迅速增长至 17%以上；1989 年，国际外汇市场上日元货币交易份额达到最高值 27%，日本国内非居民持有银行存款与证券的数量在整个 20 世纪 80 年代与 90 年代稳步上升；20 世纪 90 年代，日元作为储备货币在东亚各国的份额增至 17%以上，取代美元成为东亚各国最主要的对外借贷货币，同时，日元在国际债券市场中的份额与德国马克近似，成为美元和德国马克之外对各国央行而言最有吸引力的储备货币。[5]

二、人民币国际化发展根本在于"法治信用"

众所周知，人民币属于信用货币，而这种信用的产生根源上在于国家乃至国际法律的确认与保障，其货币信用的背后是法治权威的体现。《中华人民共和国中国人民银行法》明确规定了人民币（包括纸币和辅币）作为我国法定货币的地位，并规定在我国境内，任何单位与个人不得拒绝以人民币支付任何公共的和私人的债务，并不得通过印制、发售代币票券的方式影响人民币在我国市场上的流通性（第 16、19 条）。可见，人民币的货币信用得到了我国法律的有效保障：第一，人民币是用作国内结算和计价的唯一合法货币单位；第二，人民币具有无限支付能力，任何人不得拒绝接受；第三，人民币币值大小由国家法律确定，任何人无权改变。[6]显然，人民币作为法币的信用得益于法治的保障，这种信用的持久性取决于法律的科学性与有效性，如果法律不能促进经济的可持续发展，不能支撑法币的价值信用，则会被其他货币驱逐。[7]可见，人民币国际化发展在很大程度上有赖于我国法律制度的比较优势，因而首当其冲对我国相关法律制度的立、改、废工作提出要求，尤其是要完善国内金融市场监管等方面的法律法规，提高人民币在国内国际市场的信用度，取得相较于其他国际化货币的比较优势。[8]

事实上，人民币国际化进程与相应的法治建设是齐头并进的，我国自 2009 年开始接连出台一系列配套的法律法规，如 2009 年中国人民银行、财政部、商务部、海关总署、国家税务总局、银监会出台的《跨境贸易人民币结算试点管理办法》；中国人民银行出台的《跨境贸易人民币结算试点管理办法实施细则》；国家税务总局出台的《跨境贸易人民币结算出口货物退（免）税有关事项的通知》；海关总署出台的《跨境贸易人民币结算试点有关问题的通知》；2010 年中国人民银行、财政部、商务部、海关总署、国家税务总局、银监会出台的《关于扩大跨境贸易人民币结算试点有关问题的通知》；中国人民银行出台的《跨境直接投资人民币结算试点管理办法》；中国人民银行出台的《人民币跨境收付信息管理系统管理暂行办法》；2013 年中国人民银行出台的《关于简化跨境人民币业务流程和完善有关政策的通知》，等等。然而，尽管上述法律法规在人民币国际化发展初期具有开创性作用，但是在人民币国际化发展的深水期，这些法律制度暴露出诸多问题需要进一步改善。比如现有的法律法规大多停留在其他规范性文件的层次上，立法层次过低，法律效力不高，内容相对零散和不健全，各部门多头管理，立法缺乏系统性和前瞻性等问题。[9]因此，人民币国际化的国内法治建设仍然任重道远。

在国际法治层面，国际货币基金组织（IMF）批准人民币加入特别提款权（简称 SDR）货币篮子，这意味着，IMF 正式为人民币作为国际储备货币背书，人民币国际化地位得到了国际法的保障，有效加强了人民币背后的国际法治信用。人民币的国际储备货币地位得到国际机制的保障，能够激励全球各大央行、主权财富基金以及其他机构与个人主动吸纳并扩大持有人民币资产，促进人民币在跨境贸易和投资结算等方面的使用，提升国际大宗商品以人民币计价的比例，推动人民币多边互换的顺利进行。[10]因此，我国应当及时把握这一历史机遇，争取提高人民币在 SDR 的货币篮子所占的份额，扩大人民币在国际贸易、投资融资和国际储备中的使用规模，最终实现人民币国际化。[11]

总之，关于人民币国际化的国内和国际层面的法治发展会直接影响到国际社会对人民币的长远的信用预期。人民币国际化有赖于法治的引领与保障。

第二节　从人民币国际化的功能定位看法治的作用

我国开启人民币国际化进程始于应对全球金融危机的需要，通过本币的国际化，在增强本国货币政策独立性的同时，[12]最终建立一个"公平、公正、兼容、有序的国际金融新秩序"。[13]

众所周知，当发行国市场高度开放、经济实力强劲、政治长期稳定时，其主权货币相对于其他货币而言就会拥有更强的购买力、更高的信誉度，使用起来更为方便和安全，并在国际货币体系中逐渐占据支配地位（即遵循"良币驱逐劣币"这一信用纸币体系下的货币竞争法则），例如 20 世纪的美元和日元。[14]然而，国际化货币的良性要素除了上述传统的货币购买力、币值稳定性、国家经济实力和政治实力等，还应当包括货币所承载的道德信用。纸币之所以具有价值，本质上在于其信用性，这种信用不仅应当是经济上的，而且应当是道德上的。美元被国际金融资本操控，为攫取私利不择手段，导致世界金融危机频发，致使美元背后的道德信用被不断透支。正是由于美元的这种政治投机和道德赤字，人民币尤为需要在道德信用上填补美元的职能缺位。人民币国际化的功能定位应当是服务于本国国民经济乃至世界经济的稳定健康发展，人民币应当成为国际公共物品，承载着以中国国家信誉为担保的货币道德信用。对此，健全的法治保障仍然是人民币在国际化发展中始终保持道德信用的不二法门，无论是人民币的经济信用、政治信用还是道德信用，最终都要以法律的形式加以体现，整合为统一的法治信用。

一、从美元操控世界经济看人民币国际化的功能定位

人民币国际化的根本目的在于建立一个"公平、公正、兼容、有序的国际金融新秩序"，为中国和世界经济的稳健发展提供保障，人民币应当成为全球经济发展的"公共物品"。[15]这一点有别于以美元为中心的国际货币体系。事实上，美元作为最有影响力的国际货币，不仅未能实现第二次世界大战结束初期布雷顿森林体系确立的目标，反而助长了世界经济发展的不稳定因素。

自第二次世界大战结束以来，全球几次金融危机大都与美国资本集团操控美元货币权力密切相关。[16]在美国，操控货币权力的真正主体是美国资本集团（以洛克菲勒家族为主的美国垄断资本集团）。[17]资本家的天性就是追求利润的最大化，不择手段并不计后果，"如果有 10%的利润，它就保证到处被使用；有 20%的利润，它就活跃起来；有 50%的利润，它就铤而走险；为了 100%的利润，它就敢践踏人间的一切法律；有 300%的利润，它就敢犯任何罪行，甚至冒绞首的危险。"[18]因此，当他们控制了拥有世界货币霸权地位的美元权力时，就会交替制造通货膨胀和通货紧缩，向全世界转嫁经济危机。

在最根本上，美国资本集团借助西方国家发达的资本市场，利用自身强大的资金优势、市场运作经验和现代网络技术，凭借可以无限创造的金融市场衍生产品，不惜一切代价维护美元作为国际资本市场商品价格结算货币的地位，掌握对主要国际商品的定价权，进而操纵国际商品（包括石油）的价格，打破由国际市场供需关系决定定价权的一般规律。[19]例如，2000 年以后，国际石油价格一路高升至 100 美元以上，甚至达到 150 美元，背后的深层原因是中国掌握的世界第一大外汇储备，卡住了美国资本集团的咽喉。因此，他们利用中国经济发展需要进口石油的契机，将国际石油价格从 1986 年的 10 美元/每桶迅速拉升至 2008 年的 147 美元/每桶，[20]目的是要消耗掉中国巨大的外汇储备。对此，石油输出国组织（OPEC）一再强调国际原油供求平衡，价格上涨是由于人为操纵价格，与供需矛盾无关，不同意增加产量。

综上所述，国际商品定价权成为当前币缘政治竞争的主要内容，如果中国不能在未来的全球竞争中获得所需资源的定价权，人民币国际化的战略空间及其对中国经济发展的促进作用将十分有限。因此，人民币国际化要想实现其功能定位——服务于本国和世

界经济稳定发展，就要首先确定其目标定位——获取全球资源的定价权。[21]同时，我国在推进人民币国际化的同时要始终确保货币权力的国家化和货币政策的独立性，这是保障人民币国际化功能定位实现的前提条件。

二、以法治保障人民币国际化的功能定位

由前述分析可知，我国想要通过人民币国际化的方式达到改革国际金融秩序的功能定位，其前提条件首先是实现人民币对于国际商品的定价权。虽然人民币国际化在快速推进，但主要成就都集中在人民币跨境贸易结算领域。[22]而人民币国际化的发展势必要从结算货币向计价货币转变，从贸易进程向金融进程升级，逐步完成"贸易结算—贸易计价—金融计价—金融定价"的递进。

美元之所以成为国际商品的定价货币，主要因为美国主导的布雷顿森林体系确立了美元的国际主要结算、计价货币的地位，国际经济规则对于国际化货币地位的法律背书作用由此可见一斑。以历史为鉴，中国主导的"亚投行"与"一带一路"与布雷顿森林体系功能类似，中国亦可借助这两大国际机制重构定价规则与货币体系，在以中国为主导的区域性贸易规则体系中，通过贸易畅通、多边合作、资金融通的方式助推人民币国际化，通过区域贸易规则的实行影响人民币对于大宗商品的定价权。[23]

同时，我国可以从稀土入手，争取使人民币成为稀土的定价货币。我国是世界首屈一指的稀土出口国，出口量占世界总供应量的90%，由于我国不具有稀土出口的价格话语权，使得稀土即便作为全球军工与高科技领域的宝贵战略资源，其价格始终保持在10美元/公斤的较低水平。然而，由于稀土的计价权和定价权尚未被美元完全垄断，我国仍有机会争夺这一权力。为此，我国应当在遵守世界贸易组织有关协定和裁决的基础上，在国内建立并完善稀土储备的法律制度，适度地限制稀土出口，不仅能够有效维护我国的自然资源主权，同时也可以充分调控国际稀土市场价格，逐步争取人民币对稀土的国际定价权。[24]

不仅如此，人民币国际化功能定位的实现还需要以财政与货币权力的国家化和自主性为前提，杜绝国际金融资本的染指。我国应当通过立法保持货币政策的独立性，不盲目地与国际接轨。我国应当坚持《中华人民共和国中国人民银行法》的有关规定：中国人民银行的全部资本由国家出资，属于国家所有。中国人民银行在国务院的领导下依法独立制定并执行货币政策，以维护金融稳定，防范金融风险。中国人民银行履行职责和开展业务不受各级地方政府、政府部门、社会团体和个人的干涉（第2条，第4条，第7条和第8条）。在此基础之上，为了有效保障中国人民银行在货币政策方面的权力的国家性，还应特别强调不受外国势力的干涉，无论政府、组织或个人。

第三节　从人民币国际化的发展路径看法治的作用

政治经济学理论认为，国际货币分为"宗主国货币"、"顶级货币"、"中性货币"

以及"协商货币"四个类型，我国学者认为人民币的国际化属于"协商货币"的发展模式，主要路径包括为外交协商和提升区域影响力，国际法律机制对该模式的推进发挥着促进与保障的作用。

一、作为"协商货币"模式的人民币国际化

根据国际货币的不同发展进路,著名国际政治经济学家苏珊·斯特兰奇（Susan Strange）将国际货币分为四种类型，分别是："宗主国货币"（master money）、"顶级货币"（top currency）、"中性货币"（neutral currency）以及"协商货币"（negotiated currency）。[25]其中，宗主国货币是指通过对附属国或殖民地的政治统治迫使其他国家使用本国货币的货币发行国的货币，例如20世纪30年代英镑区的英镑。顶级货币是指在世界经济中占据绝对领先地位的货币发行国的货币，例如20世纪50年代的美元。中性货币是指在世界经济中具有优势但非主导地位，且缺乏货币国际化偏好的货币发行国的国币，例如战后时期的德国马克。协商货币是指其他国家出于自愿的原因（例如在政治和经济上的依赖或者平等互利的合作）而支持其货币的国际地位的货币发行国的货币，例如20世纪初，法国法郎和德国马克因为西欧地区其他国家与法国、德国密切的政治、经济交往而获得了国际化地位。[26]我国学者认为，中国政府对人民币国际化的推进战略符合协商货币的理论模式。[27]我国主要采用外交协商和推进区域合作一体化的方式促进人民币国际化发展。

自2008年金融危机爆发以来,我国外交中的重要内容即是以寻求政府间货币合作为目标的"货币外交"，目的在于通过搭建国家间的货币合作伙伴关系网络为人民币的国际使用寻求在官方层面上的政策配合与技术支持。[28]中国"货币外交"的"排头兵"即是我国与他国签署的一系列双边货币互换协议。货币互换协议通过鼓励签约政府在双边贸易中使用本国货币，为境外主体人民币使用提供流动性支持，能够有效促进本币贸易结算、离岸交易中心建设等更深层次的货币支持。

同时，我国政府利用自身影响力推进亚洲地区合作一体化是人民币国际化发展的有力杠杆，其龙头就是在中国主导下建立的亚洲基础设施投资银行（以下简称"亚投行"）。我国学者普遍认为，亚投行将成为人民币国际化发展进程的加速器。[29]亚投行作用的发挥建立在中国在亚洲地区乃至全球的重要经济、政治影响力，并反过来通过国际机制的作用模式提升中国在国际货币体系中的话语权与规则制定权，进而在人民币国际化中发挥重要作用：能够扩大人民币在项目建设、货物贸易以及服务贸易中的跨境结算和投融资规模，促进国际金融合作，提升人民币的国际认可度与流通性，丰富人民币币种的金融投资和衍生工具，并最终使人民币成为国际上通用的计价货币和国际储备货币。

二、法治对人民币国际化的"协商货币"路径的推动作用

人民币国际化的"协商货币"模式主要依靠国际协议的发展路径，国际法治在其中发挥了重要的促进与保障作用。国际协议的路径强调协议、框架等国际法律机制在货币国际化进程中的重要性。[30]人民币国际化正是通过双边货币互换协议和亚投行的国际法

律机制加强国际经贸与金融领域的合作与一体化，使人民币成为国际结算、计价和储备货币的选项之一，减少国际货币体系对美元的依赖。因此，国际协议路径应当成为人民币国际化的主要途径之一。

1. 双边货币互换协议对人民币国际化的促进作用

从 2009 年 4 月至 2016 年 2 月，中国人民银行与其他中央银行或货币当局陆续签署了 54 份双边本币互换协议，合作对象从周边国家和地区向西方发达经济体扩展，覆盖全球五大洲，总规模高达 3.3 万亿人民币。根据中国人民银行官方网站公布的数据，中国与其他中央银行/货币当局签订的 54 份货币互换协议情况如表 1 所示。

表 1　中国人民银行和其他中央银行或货币当局双边本币互换一览表（截至 2016 年 2 月）

单位：人民币元

时间	国家/地区	金额	期限	时间	国家/地区	金额
2009.1.20	中国香港	2000 亿		2013.10.1	印尼（续）	1000 亿
2009.2.8	马来西亚	800 亿		2013.10.8	欧央行	3500 亿
2009.3.11	白俄罗斯	200 亿		2014.4.25	新西兰（续）	250 亿
2009.3.23	印尼	1000 亿		2014.7.18	阿根廷（续）	700 亿
2009.4.2	阿根廷	700 亿		2014.7.21	瑞士	1500 亿
2009.4.20	韩国	1800 亿		2014.8.21	蒙古（续）	150 亿
2010.6.9	冰岛	35 亿		2014.9.16	斯里兰卡	100 亿
2010.7.23	新加坡	1500 亿		2014.10.11	韩国（续）	3600 亿
2011.4.18	新西兰	250 亿		2014.10.13	俄罗斯	1500 亿
2011.4.19	乌兹别克斯坦	7 亿		2014.11.3	卡塔尔	350 亿
2011.5.6	蒙古	50 亿		2014.11.8	加拿大	2000 亿
2011.6.13	哈萨克斯坦	70 亿		2014.11.22	香港（续）	4000 亿
2011.10.26	韩国（续）	3600 亿	3 年	2014.12.14	哈萨克斯坦（续）	70 亿
2011.11.22	中国香港（续）	4000 亿		2014.12.22	泰国（续）	700 亿
2011.12.22	泰国	700 亿		2014.12.23	巴基斯坦（续）	100 亿
2011.12.23	巴基斯坦	100 亿		2015.3.18	苏里南	10 亿
2012.1.17	阿联酋	350 亿		2015.3.25	亚美尼亚	10 亿
2012.2.8	马来西亚（续）	1800 亿		2015.3.30	澳大利亚（续）	2000 亿
2012.2.21	土耳其	100 亿		2015.4.10	南非	300 亿
2012.3.22	澳大利亚	2000 亿		2015.4.17	马来西亚（续）	1800 亿
2012.6.26	乌克兰	150 亿		2015.5.10	白俄罗斯（续）	70 亿
2013.3.26	巴西	1900 亿		2015.5.15	乌克兰（续）	150 亿
2013.6.22	英国	2000 亿		2015.5.25	智利	220 亿
2013.3.7	新加坡（续）	3000 亿		2015.9.3	塔吉克斯坦	30 亿
2013.9.9	匈牙利	100 亿		2015.9.26	土耳其（续）	120 亿
2013.9.11	冰岛（续）	35 亿		2015.10.20	英国（续）	3500 亿
2013.9.12	阿尔巴尼亚	20 亿		2015.12.14	阿联酋（续）	350 亿

总金额：33142 亿元人民币

数据来源：中国人民银行官方网站（http://www.pbc.gov.cn/），表格经作者整理编制。

我国在次贷危机爆发时期（2008.9.15-2011.9.30）签订双边货币互换协议的主要动因是加强区域金融合作，应对金融危机，维护金融市场稳定，降低对美元的依赖；而在次贷危机结束以后（2011.10.1-2015.9.3），推动人民币国际化已经成为我国政府签订双边货币互换协议的首要动因，这一转变从货币互换额度大小和合作对象中可以窥见。[31]

双边货币互换协议对人民币国际化的促进作用表现为：首先，由于人民币尚未实现完全自由兑换，获得人民币的途径局限于在香港金融市场上购买人民币债券或者与中国进行贸易。[32]在这种情况下，货币互换协议能够在短期内增加他国人民币持有量，提升人民币成为他国储备货币的可能性，鼓励他国在贸易中使用人民币进行结算，满足双边贸易、投融资活动中人民币结算支付和交易需求。其次，双边货币互换协议的签订鼓励我国贸易伙伴使用人民币，减少我国对美元的依赖，从而避免相应的汇率风险，[33]同时调节境外货币对人民币汇率平衡，维护金融市场稳定。再次，双边货币互换协议为进一步活跃离岸人民币交易提供空间，为搭建离岸人民币交易网络提供必要的基础设施，为人民币与境外货币直接交易创造条件，促进人民币可自由兑换的渐进发展。最后，双边货币互换协议体现了中国积极参与国际经济合作、稳步推进人民币国际化，引导构建多元化国际储备货币体系的深刻内涵。

2. 亚投行对人民币国际化的促进作用

亚投行是由中国发起成立的，从其筹备到运行，中国都发挥着主导作用，因此，亚投行是人民币国际化沿着"协商货币"路径发展的有力抓手。我国可以凭借亚投行章程保障的主导地位，通过多币种发债和推行软通货计价交易机制在亚投行体系中推进人民币国际化。

（1）中国主导地位是亚投行促进人民币国际化的前提

在国际金融机构中，成员国的决策权一般是由资本份额决定，因此，资本份额在成员国间的分配成为掌握国际金融机构主导权的关键因素。亚投行的资本分配方式为以GDP为基础决定成员国的资本份额，其中域内成员分得75%的资本认缴比例，域外成员分得25%的资本认缴比例。由于我国GDP总量占亚洲所有国家总量的1/3，因此，我国在亚投行中至少能够占有 25%的资本份额比例，有效确保了我国在亚投行的主导位置。[34]借助这种主导地位与话语权，中国可以在亚投行体系中推行多币种发债和推行软通货计价交易机制促进人民币国际化发展。

（2）多币种发债

亚投行需要通过发行债券的方式为亚洲国家和地区完善基础设施建设募集资金，为鼓励各国和地区特别是亚洲国家和地区积极认购债券，亚投行在国际硬通货（国际通行的主要外汇储备货币）以外还将选择部分软通货建立发债币种体系，即将经济发展处于良好势头、国际影响力持续攀升的国家的法定货币列入可以认购债券的币种集合。[35]例如，"金砖国家"货币虽然作为国际软通货，但由于其币值相对稳定，发行国经济走势良好，可以作为亚投行的认购债券币种。当然，亚投行在筛选相应的币种时会依据一定的机构标准，并充分尊重货币发行国的意愿。人民币作为价值较为稳定的软通货，能够成为亚投行中具有认购权的货币，对此，我国可以根据本国经济承载能力，通过利率优惠、收益加成等方式提升人民币认购规模，以此促进人民币的国际化发展。[36]

（3）推行软通货计价交易机制

众所周知，国际硬通货能够在各个国家和地区之间充当交易媒介和计价工具，然而，由于国际硬通货的可选择性有限，当货币发行国经济下行导致币值震荡幅度扩大时，其他某些币值相对稳定的软通货就有可能成为新的替代性国际结算货币。例如 2015 年 1 月 25 日伊朗央行宣布将在对外贸易中使用其他货币（包括人民币）代替美元进行结算。故而，软通货计价交易机制的推行，是通过亚投行体系促进亚太经济发展的必然趋势和内在要求，在理论与实践上均有其可行性，[37]人民币应当利用亚投行框架下的这一机制，努力成为亚投行业务中的关键性计价交易货币，借助该区域法律机制实现国际化战略的纵深发展。[38]

第四节　从人民币国际化的主要障碍看法治的作用

一国的法律既可以成为主权货币国际化的绊脚石，也可以成为助推器。以美元国际化历程为例，在美国《1913 年联邦储备法》通过之前，美国法律禁止美国银行建立海外机构并从事贸易信贷业务，致使美元的国际化程度与美国的国际经济地位不相匹配，而在《1913 年联邦储备法》通过之后，美国银行得以建立海外机构并买卖贸易票据，为金融市场提供流动性支持，极大地促进了美元的国际化发展。[39]由此可见，在人民币国际化发展进程中，我国亦应认真审视国内有关法律制度，适时革除人民币国际化发展中的法律桎梏，使法律成为人民币国际化发展的助推器。

一、人民币国际化面临的主要法律障碍

我国学者认为，有关人民币国际化的国内法律制度在开放资本项目、改革人民币汇率形成机制和发展国内金融市场三个方面存在障碍，成为现阶段人民币国际化发展的羁绊。[40]

人民币国际化总体而言有两种战略模式可资借鉴，一种是日元的"贸易结算+离岸市场"模式，另一种是美元与英磅的"资本输出+跨国公司"模式。其中，日本属于银行主导型金融体制，而美国与英国均为市场主导型金融体制，我国因为与日本同属银行主导型金融体制，故而在人民币国际化中采取了与日本相同的战略模式。[41]这种战略模式在人民币国际化发展初期取得了显著成效，但随着这一进程的深入推进，该模式所能发挥的效应已然触底，继续推进必然涉及开放资本项目、改革汇率形成机制和建立境内发达金融市场等深层次的金融体制改革问题。

人民币在国际交易中具备充足的流动性是其国际化的重要指标之一，否则人民币在国际市场中的投资货币功能就会受到限制。我国由于实行资本项目管制，限制了离岸市场人民币的流动性，造成离岸人民币 IPO（新股初始发行）走势乏力。例如 2011 年 4 月香港首只以人民币计价的基金——汇贤房地产信托投资基金公开招股，最终集资总额约

为104.8亿元，与当时香港4000亿人民币存量形成鲜明对比。[42]可见，改革我国资本项目管理制度对人民币国际化而言势在必行。

同时，由于持有港元的投资者需要兑换人民币，其股息回报也是以人民币计价结算，这对投资者而言不仅会增加交易费用，也会带来汇率风险，而在岸人民币与香港离岸人民币的价格和收益存在差异，在岸人民币（CNY）价格和香港离岸人民币（CNH）价格在汇率以及利率上的差异又为投资者注入了更多的投资风险，这也是首支离岸人民币IPO市场表现乏善可陈的主要原因之一。因此，我国应当考虑解决人民币"一币数价"的问题，人民币汇率和利率由市场统一定价。

除此之外，离岸人民币需要找到出口和去处，其迫切的投资需求对我国建立具有效率性、纵深性、流动性和广阔性的国内金融市场提出了要求。[43]对此，日元国际化的有关教训可以为我国提供警示。日本在20世纪八九十年代大力发展离岸金融市场（包括欧洲日元市场和东京离岸市场）自由化，而在国内金融市场开放与监管体制方面培育不足，最终，日本国内金融市场因其在金融市场开放、金融体制监管、金融和资本市场多样化以及国际金融人力资源等方面发展迟缓，逐渐与英美拉开差距，日元国际化水平与日本作为世界第二大经济体的角色难以匹配，东京的国际金融中心地位日渐衰落。[44]为改变这一局面，1996年底，首相桥本龙太郎宣布全面放松对国内金融市场的管制，通过大刀阔斧地革除国内金融法律壁垒，促进国内金融市场的竞争力，提升本国金融体制的有效性，全面推动日元国际化的可持续发展。[45]从日本的经验教训中可以得知，人民币国际化的持续发展最终需要依赖于我国建设出在自由程度与监管能力上都可比肩欧美国家的发达的金融市场，完善国内金融法律制度。

二、人民币国际化障碍的法治破题

1. 加强资本项下人民币可兑换的法律制度建设

资本项目可兑换是主权货币国际化的必由之路，资本账户的开放能够为人民币提供更多的流动性支持，促进人民币的持有和使用。改革开放至今，我国已在放松资本管制方面取得了长足的进步，基本实现了出入境外商投资自由化，然而，我国在资本账户管制方面（尤其是证券投资资本组合的跨境流动方面）与其他新兴市场国家（例如巴西和俄罗斯）相比仍然较为严格。[46]日元国际化的历史已经说明，在一国政府拥有较强的金融监管能力的前提下，国内资本账户的开放程度与主权货币国际化的程度在较大程度上呈正比关系，我国现阶段扩大资本项目可兑换能够有效促进人民币的储备货币功能和投资媒介功能的发展。[47]当然，我国在资本项目开放的范围和程度方面具有自主性，货币国际化发展并未要求发行国国内资本项目的完全开放。以美国为例，美国在证券发行注册豁免制度中排除了对非居民的小额发行豁免和非居民小企业证券注册豁免，与IMF要求的资本项目开放范围有所不同。[48]基于此，我国可以根据人民币国际化发展的需要和相关条件的成熟度选择资本项目开放的程度，并在外汇立法中有所体现。[49]基本思路就是，一方面，对于诸如期权、期货等投机性较强的特定种类的交易仍然要加强监管或保持禁止，减少资本流动不稳定的风险；另一方面，充分保障市场参与者和中央银行对建立人民币银行账户以及买卖人民币计价债券和股票的自由，并保障以促进投资组合平衡为目的发行新的人民币债券或股票的权利，使人民币能够自由买卖。从这两个方面最大限度地促进人民币的国际化并同时最小化由此而来的风险。

2. 改革人民币汇率和利率形成机制

如前所述，人民币的投资货币功能的充分发挥有赖于人民币离岸市场与在岸市场的无缝对接，这对人民币汇率的市场化改革提出了要求。同时，在人民币国际化发展的过程中，基于蒙代尔的三元悖论理论①，我国只能在货币政策独立、资本自由流动和汇率稳定三个目标中选择其二。从本专题前述分析可知，人民币国际化正是为了对抗美国资本集团利用美元操纵世界经济，建立国际金融新秩序，因此，保持我国货币政策的独立性是必需坚持的目标，同时，开放资本项目可兑换，增加人民币在国际市场中的流动性亦是人民币国际化的必由之路。所以，人民币汇率最终实行根据市场供求关系的自由浮动制已经可以预见。实际上，中国人民银行已于 2005 年 7 月 21 日发布《关于完善人民币汇率形成机制改革的公告》，宣布人民币实行有管理的浮动汇率制，人民币汇率不再紧盯美元，而是受市场供求关系影响，并参考一篮子货币，逐步提升人民币汇率的市场化程度。自此，人民币开启不断升值的过程，从 2005 年 7 月 21 日 1 美元兑换 8.11 元人民币升值为 2016 年 7 月 21 日 1 美元兑换 6.69 元人民币。[50]人民币的持续升值加之资本管制的放开，会导致外资大量涌入，出现经济泡沫，为避免重蹈日本在八九十年代的覆辙，我国应当通过修改有关法律法规，推动利率市场化改革，并加强人民币汇率和利率的联动机制，以短期利率操作为主，由利率变动来调控人民币汇率，以此控制商业银行信贷增速和海外资本流量。[51]

3. 建构金融市场开放与监管并重的法律制度

人民币国际化是以发展离岸金融市场为排头兵的，然而，随着这一进程的深入，适时建设开放、发达的国内金融市场势在必行，以保证离岸金融市场的巨额流动资本找到出口并不致冲击国内市场。但是，金融自由化的实施有可能导致泡沫经济，重蹈日本的覆辙。日本金融自由化改革之后，放宽了对公司债市场的限制，原先主要依靠银行贷款融资的大型企业（尤其是制造企业）开始通过发行公司债的方式进行资金融通，特别是可转股债券和附认股权债券的方式。对此，商业银行有两种策略应对信贷业务的缩减：一是开展混业经营，增加证券和信托业务；二是将传统信贷业务对象扩展至中小企业和房地产业等。但是，在证券行业的强烈反对之下，政府对商业银行分业经营的限制放松的改革进展缓慢，导致商业银行持续增加对房地产相关行业的信贷规模，造成了房地产行业的巨大泡沫，直接威胁到了日本的实体经济。[52]日本的教训说明，在推行资本项目可兑换和利率市场化的同时，我国政府可以考虑放松对商业银行分业经营的限制，适度

---

① 蒙代尔的三元悖论（The Impossible Trinity）认为，在货币政策独立、资本自由流动和汇率稳定三个目标之间，一国央行或金融当局最多只能实现两个，无法同时兼顾三者。张征. 美国的美元战略与中国的经济政策选择[J]，河北经贸大学学报，2012，（1）：70.

允许其进行混业经营。与此同时，我国应当改变对金融机构分业经营的传统监管模式，革新金融监管体制，与混业经营相适应，由微观审慎监管向宏观审慎监管转变，加强对金融体系系统性风险的监管和防范。[53]为此，我国应当制定《金融监管法》，规定由一个新的监管机构对金融业实行统一监管，或者从总体上加强中国人民银行的宏观审慎监管职权，对银行业、证券业和保险业进行统筹监管。[54]

【本专题结论】

强国需有强币，一国拥有强大的主权货币，既能够维护国家金融安全，保障国民经济稳定发展，亦能够在国际金融秩序中占据重要地位，抵抗货币霸权，构建全球政治经济新秩序。所以，人民币国际化是我国经济快速可持续发展的金融基石，是我国在国际政治经济秩序中的地位的体现，是民族复兴的必然要求。然而，人民币国际化不仅需要强大的经济支撑、稳定的政治环境以及对外开放的包容态度，更需要体现我国金融市场改革与开放的决心与信心的社会主义法治建设。在人民币国际化发展的物质基础之上，我国必须同时构建作为上层建筑的法律制度，将我国改革开放之"诚"、兼容并包之"和"、经济崛起之"强"、维护和平之"仁"书写在我国的金融法治建设之中，以法治权威为后盾，为人民币国际化注入源源不竭的信誉保障。

【本专题参考文献】

[1] 陈金钊. 对"以法治方式推进改革"的解读[J]. 河北法学，2014，（2）：17.

[2] Takagi S. "Internationalising the Yen，1984-2003：unfinished agenda or mission impossible?"[J]. BIS Papers，2011，（75）：61.

[3] Subacchi P. Expanding beyond borders：the Yen and the Yuan[J]. ADBI Working Paper Series，2013，（13）：450.

[4] Iwami T，Sato K. The internationalization of the Yen：with an emphasis on East Asia[J]. International Journal of Social Economics，1996，206：23.

[5] Cohen B J. "Will history repeat itself? Lessons for the Yuan". ADBI Working Paper Series 2014，（10）：453.

[6] 刘颖. 货币发展形态的法律分析——兼论电子货币对法律制度的影响[J]. 中国法学，2002，（1）：86.

[7] 弗里德 M，施瓦茨 A. 美国货币史（1867-1960）[M]. 巴曙松，等译. 北京大学出版社，2009：497.

[8] 涂永前，丘本. 人民币国际化的法律路径及法治建设[J]. 政法论丛，2015，（5）：15.

[9] 向雅萍. 人民币国际化的法律路径探析[J]. 河北法学，2013，（5）：122.

[10] 吴秀波.人民币加入 SDR 货币篮子的前景和意义[J]. 价格理论与实践，2015，（10）：23.

[11] 涂永前，丘本. 人民币国际化的法律路径及法治建设[J]. 政法论丛，2015，（5）：21.

[12] 聂召，李明.人民币国际化. 进展、现状与实施路径[J]. 国际经济合作，2014，（11）89.

[13] Mallaby S，Wethington O. The future of the Yuan：China's struggle to internationalize its currency[J]. Foreign Aff，2012，135：91.

[14] 杨虹. 对人民币国际化的思考——基于美元、日元、欧元国际化的比较[J]. 南京审计学院学报，2010，（3）：26.

[15] 左海聪, 范笑迎. 论日本外汇法改革对人民币国际化的启示[J]. 苏州大学学报（哲学社会科学版）, 2015, （4）: 73.

[16] 王泽群. 美国"货币权力"的经济学考察[J]. 求是学刊, 2014, （3）: 72.

[17] 宋鸿兵. 货币战争[M]. 北京: 中信出版社, 2011: 89, 155.

[18] 马克思. 资本论（第一卷）[M]. 中共中央马克思恩格斯列宁斯大林著作编译局译. 北京: 人民出版社, 2004: 871.

[19] 郎咸平. 看国际金融炒家如何掠夺财富[J]. IT 时代周刊, 2009, （6）: 11.

[20] 数据简报. 1970 年以来国际原油价格走势与大事记[OL], http: //intl.ce.cn/specials/zxxx/201307/31/ t20130731_ 24622321.shtml. 2016-4-11.

[21] 兰永海, 贾林州, 温铁军. 美元"币权"战略与中国之应对[J]. 世界经济与政治, 2012, （3）: 133.

[22] 涂永前, 陈磊. 加速推进人民币国际化需要修订多部法律[N]. 法制日报, 2015-7-29, 4 版.

[23] 胡俞越, 刘志超. 一带一路与大宗商品定价权[J]. 中国金融, 2015, （17）: 65.

[24] 宋玮. 大宗商品是人民币计价的突破点[J]. 中国金融, 2013, （23）: 56.

[25] Chey H. The concepts, consequences, and determinants of currency internationalization. GRIPS Discussion Paper, 2013, （5）: 13.

[26] 李艳丰. 人民币国际化的政治经济学分析[J]. 当代经济管理, 2015, （6）: 1.

[27] 曹勇. 人民币国际化的政治与经济双重视角分析[J]. 经济体制改革, 2010, （2）: 21.

[28] 李巍, 朱红宇. 货币伙伴外交与人民币崛起的战略支点国[J]. 外交评论, 2015, （1）: 27.

[29] 黄剑, 黄卫平. 亚投行引领人民币国际化研究[J]. 中国物价, 2015, （8）: 5.

[30] 李稻葵, 徐欣, 伏霖. 人民币国际化的路径研究[J]. 清华大学中国与世界经济研究中心研究报告, 2011, （42）: 9.

[31] 胡华锋. 中国货币互换协议的动因分析[J]. 国际金融研究, 2012, （6）: 12.

[32] Cartera M R, Little P D, et al. Poverty traps and natural disasters in Ethiopia and Honduras[J]. World Development, 2007, 835: 35.

[33] 刘轶, 高劲. 基于货币互换协议和跨境贸易人民币结算的人民币国际化研究[J]. 对外经贸, 2014, （3）: 96.

[34] 顾宾. 亚投行法律解读: 从章程到标准[J]. 金融法苑, 2015, （2）: 166.

[35] 王娟娟, 杜佳麟. 基于亚投行平台构建人民币国际化模型[J]. 经济问题, 2016, （2）: 51.

[36] 接玉芹. 基于亚投行体系探索人民币国际化新路径[J]. 中国流通经济, 2015, （7）: 111.

[37] 王娟娟, 杜佳麟. 基于亚投行平台构建人民币国际化模型[J]. 经济问题, 2016, （2）: 51.

[38] 接玉芹. 基于亚投行体系探索人民币国际化新路径[J]. 中国流通经济, 2015, （7）: 113.

[39] 韩龙. 美元崛起历程及对人民币国际化的启示[J]. 国际金融研究, 201, （10）: 38.

[40] 韩龙. 实现人民币国际化的法律障碍透视[J]. 苏州大学学报（哲学社会科学版）, 2015, （4）: 67.

[41] 涂永前. 人民币国际化亟需金融体制与法律完善[N]. 法制日报, 2013-10-9, 12 版.

[42] Terry E. Chang. Slow avalanche: internationalizing the renminbi and liberalizing China's capital account. Columbia Journal of Asian Law, 2012, 73: 25.

[43] 韩龙. 实现人民币国际化的法律障碍透视[J]. 苏州大学学报（哲学社会科学版）, 2015, （4）: 66.

[44] Murase T. The internationalisation of the Yen：eessential issues overlooked[J]. Pacific Economic Papers，2000：5：307.

[45] Murase T. The internationalisation of the Yen：essential issues overlooked. Pacific Economic Papers，2000：79：307.

[46] Lardy N，Douglass P.“Capital account liberalization and the role of the renminbi. Peterson Institute for International Economics Working Paper，2011：14：6-11.

[47] 左海聪，范笑迎. 论日本外汇法改革对人民币国际化的启示[J]. 苏州大学学报（哲学社会科学版），2015，（4）：78.

[48] OECD. OECD code of liberalization of capital movements. OECD，2013，134.

[49] 韩龙. 实现人民币国际化的法律障碍透视[J]. 苏州大学学报（哲学社会科学版），2015，（4）：68.

[50] 中国人民银行官方网站. http：//www.pbc.gov.cn/rmyh/108976/109428/index.html. 2016-8-11.

[51] 福本智之. 人民币国际化与国内金融改革——借鉴日本日元国际化与国内金融改革的经验[C]. 中国人民大学国际货币研究所. 布雷顿森林体系70年：国际货币体系重构与人民币国际化——2014国际货币论坛会议文集. 2014：220.

[52] 福本智之. 人民币国际化与国内金融改革——借鉴日本日元国际化与国内金融改革的经验[C]. 中国人民大学国际货币研究所. 布雷顿森林体系70年：国际货币体系重构与人民币国际化——2014国际货币论坛会议文集. 2014：221.

[53] 车亮亮. 论美国金融危机的法律成因及启示[J]. 当代法学，2010，（4）：124.

[54] 刘迎霜. 论我国中央银行金融监管职能的法制化——以宏观审慎监管为视角[J]. 当代法学，2014，（3）：122.

专题七　药物专利与公共健康问题的冲突与协调专题

专题要旨：知识产权作为一种私权利具有垄断性的特点，但是这种垄断特性与知识和发明作为公共物品的属性是相互冲突的。在经济社会全球一体化的今天，最贫困国家人民的健康权作为一种基本人权正在受到各种传染性疾病的威胁，已对全球公共健康造成巨大损害。这种情势的缓解需要对发达国家的制药寡头的知识产权垄断利益进行一定程度的限制，但这将与现有知识产权保护的单向棘轮趋势水火不容。国际社会需要通过利益协调的手段对现有知识产权机制进行制度转移，并将一些承载有正当利益诉求的非正式规范纳入到知识产权制度体系之中，从而满足国际社会底层民众获取药物和健康的基本诉求。

专题要点：药物知识产权；公共健康权；价值冲突；制度转移；利益协调

【引言】

知识产权制度被认为是西方文明走向繁荣与强大的根本基础，也是人类制度史上最伟大的发明之一。但是，对于知识产权保护的外部效应问题，学术界却有着较多地争论。我国大多数学者认为，从国际公约的序言规定以及该制度的立法目的上来看，知识产权从本质而言是一种私权利，即知识产权私有，这在制度层面上为私人提供了获取财产的新方式，从而构成一种无形财产权[1]。

但从另一个角度来说，知识产权虽然本身为私权，其保护客体从本质上说却以"知识"为标的。知识具有很强的公共物品属性，在知识产权制度出现以前，知识在不考虑传播的能力的前提下，都是作为一种"最优注入公共物品"（best-spots public goods）而存在的，发明与知识应毫无例外地造福全人类①。那么，最贫穷地区民众的健康权的实现应该是最迫切、最重要，也是最需要加以关注的。对此，很多学者，认为应当将知识产权划分两重属性，一重为私权利属性，而另一重则为公共领域属性[2]。但是，这种分

---

① 对于知识和发明的公共物品特性，美国总统杰佛逊有一段很经典的论述：如果说大自然有创造一种比其他事物更少受到专有财产影响的事物，那就是点子，当点子释放出去之后，它就会强迫自己成为每个人的财产，而且接收点子的人也没办法强将之夺取私有。没有人会少拥有点子，因为每个人都完整的拥有它。就像是一个点燃我的火柴的人，是在没有让我变暗得情况下接收了光线。那样的想法应该自由的散播到全球每个人身上，像是火，火可以扩散到许多地方不会在任何方面削减它的密度。而像是我们呼吸、行动、存在的空气，也没有办法限制或者是独自占有。转译自：Boyle J. The Public Domain：Enclosing the Commons of the Mind [M]. New Haven：Yale University Press，2008，17-19.

类一方面会模糊知识产权的权利属性，且不能较好地协调公共健康权利与药物知识产权之间的权利关系。笔者认为，两者之间并不能简单地从知识产权概念内部着手进行分析，而是应该从外部，即权利行使以及保护的社会效果出发，通过对其他社会价值与药物知识产权之间的价值衡量，最终寻找药物知识产权和公共健康权的最佳平衡点。同时，本专题创造性地提出，公共健康权应当被视为一种"不可克减"的集体人权加以保护，国际社会各个主体应本着负责任的行为模式，通过对现有国际法机制能动地解释和运用来积极地帮助实现该种人权。

第一节　知识产权与公共健康权利的价值冲突

对于知识产权与公共健康权的关系，学术界有两种截然相反的观点，一种观点认为：这两者之间从根本上来说是冲突的，而另一派认为两者之间从根本上是一致的[3]。对此，笔者认为，虽然从宏观和长远来看，对知识产权的保护的加强确实可以有效地通过时间界限和权利用尽制度来平衡社会的公共需求与私人财产权利之间的关系；不过从目前现有的证据出发，仅就公共健康权利与知识产权的关系而言，在微观层面和具体现阶段来看上，两者之间的冲突是明显的。对于知识产权，尤其是对药品专利保护的加强，往往会产生一种"权利的社会外部效应"，导致知识与科技的发展不但不能满足一些最贫困国家国民的经济与社会的需求，相反会让他们背上了沉重的负担[4]，另一方面，对于贫穷的国家而言，那里人民的健康权作为一种具有经济与社会性质的人权①，在很大程度上不得不依赖医学技术作为一种公共物品来有效地进行供给才能得以实现，这样强化知识产权保护与实现公共健康权之间便产生了某种意义上的冲突。

根据 WHO 的统计，在美国、挪威、和卢森堡等发达国家，人均健康成本在 7300 美元左右，而在厄立特里亚、埃塞俄比亚和刚果相应的数字仅仅是 9 美元。就连比较发达的南非，在 20 世纪 90 年代，由于艾滋病而被夺走生命的人数也远远超过了同时期全世界发生的所有内战的死亡人数的总和。然而，发达国家的制药商却由于药物专利赚而盈利颇丰。对此，我不禁怀疑，发展中国家如此可怜的医药费用是否能够支付得起西方国家专利垄断者的"高额红利"。此外，更有甚者，一些跨国制药公司更是利用其掌控的药品专利作为工具，进行明显的滥用专利权的垄断行为。他们通过在国外进行专利布局来达到划分市场的目的，并成功地阻止其他第三方的产品进入该国市场，而一些缺乏相应规制该行为能力的弱小国家政府对此叫苦不迭[5]。更讽刺的是，原本预想的通过保护无形财富权利来刺激健康发展也没有起到很好的作用，这是因为，满足公共健康需要的药品很有可能获利不是最高的，在 1975 年到 1996 年间，世界上共有 1223 种新药个体成分被发明出来，但是其中能够用于治疗非洲最不发达国家致死率最高的热带疾病的药品个体成分只有 11 种[6]。

正是由于知识产权制度所带来的这种"雅努斯之面"（the faces of Janus）效应，使

---

① 该种权利可以从《联合国经济社会与文化权利公约》第 12 条，《联合国人权宣言》第 3 条，第 25 条中明确解读出来.

我们不得不承认，对于公共健康权来说，传统的市场经济和产权模型从根本上来说是失灵的，现有制度对于知识产权的过度保护只能使得极少部分人获益。那么，这种不公平的态势是如何造成的，国际社会又究竟有没有正义的声音对此进行抨击与反对呢？

第二节　国际知识产权造法过程中二元利益集团的斗争

如前所述，知识产权制度的从本质上是公共物品转变为私人物品的并且市场化的过程，那么这就必然涉及知识产权的私权属性与公共物品属性的划分问题。在对利益划分的过程中，国际社会由于利益分化，出现了两类完全不同的利益集团。一个利益集团是发达国家的制药寡头。他们财力雄厚，有着对国家政府极强的游说能力，而他们的母国政府往往是政治实力、经济实力强悍的发达国家，在国际谈判的舞台上具有重要的影响力以及控制力。在他们的主导下，国际知识产权造法很明显地出现了一种竞相逐高的趋势，具体表现可以归纳为三个阶段的"圈地运动"。相对应地，国际市民社会中的人权组织作为第二类利益集团，则与之针锋相对，强调知识产权的国际造法必须平衡知识产权的私有性与公共健康的社会公共利益之间的关系，主张限制药品知识产权的垄断属性。这两类利益集团通过两种不同的路径，创造出两类价值截然相反的规则体系，反映了国际社会不同利益群体的价值诉求与冲突。

第三节　国际硬法机制的三次"圈地运动"

在英国率先实施专利立法之后的相当长的一段时间，知识产权的仅以一国领域为限，但是随着跨国经济交往的不断加深，知识产权的保护的需要必然要出现走出国门的倾向。在这种大背景下，在跨国公司的推动下，以西方发达国家为主导，国际上出现了三次影响较为显著的知识产权立法活动，可以说这三次立法每次都是私权利主体将知识私有化的圈地运动，且三次立法之间具有递加效果，呈现出一种"单向棘轮"（one-way ratchet）特征。

第一次圈地是以《巴黎公约》为最终成果的立法活动，在那之前世界各国的专利立法根本没有统一的标准，甚至有些国家就没有对专利进行保护的立法先例，譬如荷兰和瑞士就根本没有专利立法，而德国在国内也受到反专利运动的影响而对专利制度的引入心怀芥蒂。巴黎公约的缔结实际上是为了从国际层面协调世界各国主要是欧洲国家对知识产权的保护程度问题，对于保护什么样的技术及如何保护并未采取统一的标准，只是规定了对外国专利保护的非歧视标准。譬如，对于强制许可问题，巴黎公约认为这本质上属于国家的经济主权事项，对其限制规定得比较宽松，仅仅规定：在提出专利申请后的四年内或取得专利后三年届满前，不得允许以实施不足（insufficient working）做为申请强制授权之事由。

虽然巴黎公约对于知识产权的规定较为宽松，但仍然引起了发达国家和发展中国家之间的矛盾，数次关于修改该公约的谈判均以不欢而散收场，为了打破该僵局，被跨国公司控制的美国等发达国家试图在关贸总协定的体系之下，重新建立一种更有力的知识产权保护体系，世界贸易组织（WTO）建立后，《与贸易有关的知识产权协议》（TRIPS）作为 WTO 体制的一揽子协定之一正式生效并发挥作用，该协定一个突出特点是试图建立一种"全体成员一体均用"（one-size-fits-all）的超级体制[7]。该特点主要表现在以下三个方面：第一，TRIPS 采取了对于科技领域的非歧视保护标准，对于任何科技领域的成果只要符合协议的要求，成员方必须予以保护，其第 27 条明确规定："专利可授予所有技术领域的任何发明，无论是产品还是方法，只要它们具有新颖性、包含发明性步骤，并可供工业应用"。在此之前，许多国家，如印度，对药品成分不授予专利权，甚至一些发达国家，如奥地利、加拿大、意大利、日本、西班牙等国也对药品的制造方法和制造流程不授予专利权。那么在此之后，只要经过了协议所规定的过渡期，所有成员方必须按照协议的要求行事。第二，与《巴黎公约》相比 TRIPS 对于专利的强制许可，进行了严格的限制，并规定了一系列复杂的程序要求。例如，其第 31 条 b 款规定：成员方"必须努力从权利持有人处获得授权，但此类努力在合理时间内未获得成功，方可允许此类使用"。c 款则对强制许可的范围进行了进一步的限制："强制许可专利的范围和期限应仅限于被授权的目的"。e 款、f 款、g 款、h 款分别从授权范围、时间范围和经济补偿上从不同的角度对强制许可进行了进一步的限制。最后根据 a 款的规定，强制许可还必须一事一议，且要受到严格的司法审查。第三，TRIPS 第 39 条对为披露的信息也规定予以保护，而这种客体在以前的任何协议中都是未曾规定过的。其中对于公共健康权影响尤为突出的是 39（3）条，该条规定"作为批准销售使用新型化学个体制造的药品或农业化学物质产品的条件，需提交通过巨大努力取得的、未披露的试验数据或其他数据，则应保护该数据，以防止不正当的商业使用"。这个规定可以说从根本上堵住了发展中国家企业仿造药物的可能性，这是因为，"利用新的化学个体"（utilize new chemical entities）是制药的核心环节，发达国家的制药巨头可以通过对这种"化学个体"数据的控制对新型药物进行垄断性掌控[8]。

不过发达国家的国际寡头们仍不满足，他们认为 TRIPS 仍然不能保障他们在海外的巨大市场利益。他们游说政府，通过各种渠道推出了一系列超级 TRIPs 机制（TRIPS-plus），并通过区域贸易协定来进行推广，以满足其无休止的垄断欲望。这些机制的有以下几个共同特点：首先，不允许使用 TRIPS 第 7 条和第 8 条的灵活性条款。其次，对于侵犯专利的行为规定了远远高于 TRIPS 的惩罚措施。最后，知识产权的保护范围进一步扩大，相应地对合理使用以及强制许可等满足社会公共需求的安排进行了更加严苛的限制。这些规定无疑对贫穷国家获取实现公共健康所必须的通用药品产生了极大的负面效果[9]。

对此，德雷克大学余家明教授指出："知识产权不可能对所有的国家提出完全一致的要求，而不考虑具体国家的本地需求、国家利益、技术水平、制度能力以及公共健康的需要。因此，给予 TRIPS 以必要的灵活性是必须的"[10]。那么，TRIPS 中第 7 和第 8 条作为灵活性条款就显得尤为重要，但是，令人遗憾的是，由于发达国家和跨国制药寡头的阻挠，这两条规定制定得过分原则，且被施加了很大的限制，最终造成了"抽象的肯定，具体的否定"的尴尬结局。以第 8 条为例，该条规定："在制定或修改其法律和法规时，各成员可采用对保护公共健康和营养，促进对其社会经济和技术发展至关重要部门的公共利益所必需的措施"，但同时又规定"只要此类措施与本协定的其他规定相一致"。由此，在加拿大通用药品案中，针对加拿大提出的对该条款的援引，欧盟认为："公共健康、营养和其他公共利益应低于智慧财权的保护。此忽略该条主要在于确认会员的裁量空间的理解系误解该条之本旨，应不足採。"该主张得到了专家小组的片面支持，这当然会被国际人权组织所诟病[11]。

通过对以上国际造法过程的回顾，我们可以看出，之所以会出现整个国际法律机制的造法进程如此偏向于跨国制药寡头和发达国家利益的情势，从根本上来说源于现有的 WTO 运行机制所产生的公共选择效应。因为发达国家的制药企业对于药品专利保护具有极大的经济利益关联，为了维护其巨大的海外药物市场，在利益的驱使下，他们必然会选择说服其母国政府推行强化知识产权保护的政策措施。那么，发达国家政府此时被利益群体俘获，在国际谈判中就会充当这种利益的代言人，进而对发展中国家施加压力。与此相对应的，发展中国家多数贫穷落后，在国际舞台的发言力较低，无力与发达国家巨头相对抗。而且，对于发展中国家来说除了公共健康以外，往往还有许多其他的政策诉求。比如，发展中国家急于扩大本国的外贸出口以换取更多外汇。在 WTO 一揽子总括谈判的基础之上，发达国家大可以通过施以减让关税增加发展中国家出口配额来换取发展中国家的妥协。如此一来，发展中国家也不得不乖乖就范。这就解释了为何 TRIPS 以及其他具有正式渊源的国际人权法规则和协定，即便带有旨在实现发展中国家人民公共健康福利的条款，也语焉不详且限制多多的根本原因。总而言之，目前国际机制对知识产权的保护之所以出现竞相逐高的棘轮效应的根本原因，就在于"成员导向"的立法机制以及发达国家与贫穷国际实力的谈判实力的巨大差距。最终造成了作为富有强大者的跨国制药寡头对弱小贫困人民健康权利的压制与剥夺。面对这种压迫，国际社会究竟能否找到一种合适的路径来软化国际知识产权保护的硬法机制呢？

（二）国际市民社会对知识产权制度转移所做的努力

如前所述，传统的国家导向的国际机制面临一种十分尴尬的境地，在这种机制安排下，任何规则的形成都无不依赖于成员方之间的谈判所达成的协议。这就必然面临所谓的集体行动问题，各成员要想取得一致，必然要进行交易和妥协，但是这种交易和妥协很可能是以牺牲第三方和公共利益为代价的。此外，在交易和妥协的过程中，也难免会招致强国的权力导向和利益群体制度捕获的制度缺陷。而这种制度缺陷所造成的负面结果就是知识产权过度保护和对作为一种经济社会人权的健康权的选择性无视。为了缓和这种矛盾，国际社会正在努力试图构建一种"位于国家间经济政策和协议之上"的人权义务[12]。而在这种"制度转移"（regime shifting）中，国际市民社会作为与发达国家霸权对抗的力量正发挥出越来越大的作用，从而形成了第二类利益集团。许多民间组织和个人不分国界，通过各种诉愿手段，强调知识产权不应只成为满足制药寡头私利的工具，更应着眼于对公共健康权的满足。相对于传统的政府间国际组织，非政府组织等造法主体具有很多明显的优势：首先，他们的声音与民众最为接近，因此最能反映底层民众的民意。其次，由于他们数量众多，且相对分散，导致发达国家的利益群体对其进行俘获颇为不易。其次，由于非政府机构的组成成员往往是医药卫生领域的专家，这使得他们的意见可能更具权威性。最后，从中长远来看，某些国家的政府在一些具体的领域，尤其是人权的领域，的立场可能是与其本国人民的立场相悖的，所以相对于政府，国际社会可能更加乐于聆听非政府组织的意见，公共健康权领域当然也不例外。最重要的是，由于他们不是正式的国际法主体，所以在他们头顶上没有那么多的政治压力和国际义务，这能保证他们最大程度上地反映和提出国际社会所面临的真实问题和最具良心的解决方案。在这种斗争的过程中，各种非正式的实现公共健康规则（informal norms to public health）成为与知识产权硬法机制针锋相对的规则体系。

具体而言，非政府组织所产生的非正式规则从以下几个方面正在抵制知识产权的圈地趋势：

（1）非政府组织可以作为诉愿渠道来影响正式国际组织的立法与司法活动，在 WTO 成立不久以后所发生的的牛肉荷尔蒙案和海龟与海虾案中，专家组和上诉机构都主动听取了环境保护的非政府组织的意见，并把他们的意见作为一种证据事实来作为最终断案的根据[13]。南非国内法院审理 Hazel Tau v. Glaxo and Boehringer 案的过程中，艾滋病患者组成的民间团体也作为法庭之友参与了审判。2001 年，在非政府组织以及发展中国家政府的强烈要求之下，WTO 知识产权理事会正式通过了具有里程碑意义的"多哈宣言"，正式承认知识产权不能成为发展中国家维护公共健康而采取必要措施的障碍。可以预见，在今后涉及与知识产权与健康案件与立法与司法活动时，各种民间组织必然在其中发挥更加积极的作用。

（2）非政府机构正在逐步创造与正式国际法规则配套的非正式的二阶规则。根据哈特的理论，法律规则可以分为一阶规则和二阶规则，其中一阶规则是直接规定权利义务的规则，而二阶规则则是确定哪种行为是对该规则违反的规则。具体到人权领域，《世界人权宣言》和《联合国经济、社会与文化权利》公约都将健康权作为一种基本的人权，但是这些规定都无一例外地较为笼统，没有规定违反这些规则的责任性条款，更没有规定哪些行为可以归为对这些人权的侵害。这导致该人权文件在某种意义上成了形同虚设的道义装饰。为了解决此类问题，联合国建立了不具政府性质的独立调查员机构，这个组织受雇于联合国人权委员会，但不代表任何国家，只是负责对现有的国际法文件和国际问题作出独立的报告，人权法专家 Paul Hunt 担任首任负责健康权的调查员，在任期间，他提出了一系列有力的报告并起草了一系列规范性文件，他主张获得必要的药品救济是每个人应当立即享有的权利；任何发达国家以及大型制药企业都应该承担起救助贫困人民生命的义务；任何国家都不得强迫发展中国家接受超 TRIPs 义务；TRIPs 在实施时必须充分考虑发展中国家的特殊情况等等[14]。这些规范性文件以及报告，极大地丰富了人权法的内容，具有十分重要的理论与实践意义。

（3）一些非政府组织会主导起草一些与知识产权过度保护规则针锋相对的新规则。例如，2005 年 2 月，150 个非政府组织和专家要求 WHO 起草一个全新的《医疗研究与发展条约》（MRDT），该条约旨在建立一个新的法律框架来促进研究和开发药品和其他医疗手段，作为一种对垄断药品价格的回应。该条约强调医学知识的可开放获取性，并将投资转移到那些最需要救治，但不是获利最多的全球性传染疾病[15]。

通过对两类规则的对比，不难看出，这两类规则产生方式不同，且价值取向截然相反，正是由于两类利益集团不同的价值诉求的集中反映。虽从实证主义角度而言，前一类规则从形式上来说具有正式性和可强制执行性。特别是 TRIPS 作为 WTO 体制的一部分，其可以被具有强制管辖权的争端解决机制下直接适用，并由此产生出一套较为完整的二阶规则体系。相对地，第二类规则，属于国际市民社会所发展出的非正式规则，这种规则不具有直接的法律效力，在自给自足的 WTO 体制下也不可能得到直接适用，更遑论强制执行。这种情势的产生的根本原因源于两类集团力量的不平衡。但正是这种传统国际机制中大国导向和跨国制药寡头控制，造成现有的国际经济法体制出现了大量的民主赤字和正义赤字，过分关注富有群体的利益，而忽视了世界上最不幸人群的基本需要，这与人类正义观念和国际机制规则导向的初衷是不相容的。虽然从法律形式和权力属性上来看，两类规则一硬一软，根本不具什么可比性。但是西雅图的抗议浪潮使得我们不得不关注国际市民社会的这类诉求，并将这些诉求纳入到正式的国际法规则之中，从而有效地实现国际社会关系的有效协调。

第四节　知识产权与公共健康权协调平衡的机制设计

面对药品专利权和全球健康价值的冲突以及现有国际机制正当性的危机，我国以及西方很多学者都认识到，对这种利益群体和利益诉求是无法视而不见的，应当强调知识产权对公共健康权的实现，并且限制作为强者的制药寡头利益集团不断扩大垄断欲望。例如，欧洲大学的 Petersmann 教授从普世的人权主义出发，提出现有的国际经济法机制必须抛弃传统的国家导向的老旧范式，建立以公民为基本主体的新的体系结构，并将权利保护作为所有国际经济法规则之圭臬。通过对包括健康权在内的普世权利的保护来解决目前国际机制不能对国际社会供给国际公共物品的问题[16]。多伦多大学的 Forman 教授则从规则着眼，认为《联合国人权宣言》第 25 条和联合国《经济、社会、文化权利国际公约》第 12 条和 15 条具有国际强行法的性质，因此，世界各国包括制药跨国企业都有义务实现最不发达国家人民的公共健康权利[17]。我国学者则强调从价值角度来看，健康权作为一种道德权利具有当然高于作为一种财产权利的知识产权的价值，药品的需求关系到人的健康权这一基本人权。那么获取必须药品的规则就必然高于对知识产权保护的规则[18]。

以上方案都各有道理，却也都存在一定缺陷，Petersmann 的权利中心主义虽然极富野心，但在他的理论框架下，知识产权也很可能被归为一种基本人权。例如，Petersmann 就曾经在他的专著中将知识产权列为普世性的人权中的一种[19]。那么，西方发达国家的利益群体就可以堂而皇之地将"知识产权的棘轮运动"伪装成"人权的棘轮运动"[20]，从而为规避其社会责任提供正当性借口。另外，他试图推翻 WTO 现有的成员导向的根本机制也是不足取的。首先，WTO 及其前身已经运行了数十年，给国际社会带来了几十年的繁荣与和平，虽然这种机制存在很多缺陷，但是可以通过逐步改进来得到解决。从另一个角度来说，就算 TRIPs 协定在管理医药专利和协调国际社会健康权的问题上是失败的，就世界各国对其投入的沉没成本（sank costs）也不容我们随意将其抛弃。最后，WTO 作为一种国际机制，通过成员方之间的相互制衡，事实上确实限制了成员方的单边措施对健康权的侵害，如果没有 WTO 体制，西方强国的单边措施恐怕会更加肆无忌惮[①]，总之，在目前的国际格局下，他所构想的通过个人来制约国家政府以解决全球健康问题的想法恐怕一时难以实现。

Forman 教授则试图突破目前 WTO 机制自给自足的制度外壳，将一种高于 TRIPs 协议的国际宪法性规则义务施加于所有国家政府之上，从而彻底解决目前 WTO 规则对知识产权过度保护的问题。但首先健康权的人权规则是否具有强行法的性质就是值得怀疑的，这是因为从用语上看强行法规则是指那些不可减损的义务规则，那么从表述上就至少应该采用绝对拘束的语言来进行表达，但是不管是宣言还是公约使用的用语都使用了"采取步骤"、"有权享有"等非义务性、非拘束性的用语，因此很难认定这类规则就是《维也纳条约法公约》第 53 条所指的强行法规则。

同样，强调健康权的重要性的观点是值得肯定的，但是说健康权当然高于知识产权却显得些许武断和粗糙。这是因为现代社会关系强调对多种利益的理性刺激与调整，所以在构建规则体系时必须强调不同价值的合理边界。对此，法兰克福大学教授托依布纳提出一种"权利生态"的理论，他认为人权与其它的权利的冲突本质上来源于个人与社会环境的冲突，因此片面地强调人权是错误的，若想真正实现个人权利，那就必须依靠法律实现利益主体之间一种沟通的自我限制[21]。试想如果过分挤压知识产权的私权利属性，必然会导致制药厂商远离那些有助于解决国际公共健康权问题的药物，最终阻碍公共健康权的实现。

不过，可以肯定的是，目前对于知识产权的过分保护和不断加深的立法圈地趋势极大地阻碍了世界上最贫困民众获取必要药品的需求获得满足的可能性，以及实现基本公共健康权利的价值目标。国际社会有必要对知识产权的私权利属性和公共物品属性进行规则上的重新协调，来保证双方能够达到一种利益上的平衡。笔者认为可以考虑在国际知识产权造法运动中，通过对非政府组织的软法规则采取一种"柔性引入"的方式，将他们的价值诉求主动嵌入到国内造法以及国际造法的规则中去，进而建立一种多层次的知识产权协调体系来实现将两方利益诉求有效协调的目的。

首先，从国内法层面，政府应从鼓励承担社会责任的角度出发，对那些生产救治最不发达国家热带疾病的企业进行专项补贴，如果他们所研制的该类专利药物被其他国家所仿制并销往出现公共健康危机的国家时，应由国家对其进行补偿。同时，对于生产通用药物的非专利人企业，国家政府也可以考虑给予一定的补贴。

其次，从国际层面，应该积极展开有关健康权问题的谈判，适当降低治疗热带疾病

---

① 事实上，Petersmann 教授所推崇的人权保护模范——欧盟恰恰在为有损全球公共健康权的行为，例如欧盟 2003 年通过的 1383 号规章规定，欧盟可以不加提前通知，没收任何侵犯欧盟专利的过境产品，2008 到 2009 年之间荷兰海关根据此规定，没收了大量销往尼日利亚的抗艾滋病通用药物。参见：Monica Rosina and Lea Shaver．"Why Are Generic Drug Being Held up in Transit?"[J]，Journal of Law，Medicine & Ethic，40（2012）。

的专利保护水平，同时进一步细化与强化 TRIPS 中有关公共利益的条款，当发生公共健康危机时，允许简化与减少治疗对应疾病的药物的强制许可程序与限制。此外，应该试图构建药物与医学信息的共享机制，对于药物的制造方法和生产流程的专利授予范围与条件进行限缩与限制。对于药物成分的数据，除非研发者能够证明使用者是为了不正当的商业目的来使用该数据，否则对药物成分个体的使用应认定为合理使用。

更为重要的是，在现有 WTO 体制中，包括 TRIPS 以及《关税及贸易总协定》（GATT）都给专家组和上诉机构解释条约留下了充足的空间，这也充分构成了争端解决机构通过裁决来实现国际社会福利最大化的法律空间。同时作为 WTO 体制所借助的解释工具，《维也纳条约法公约》也要求对条约进行善意解释，整体解释，并要求充分考虑当事方的缔约意图，和条约的解释结果。那么这就要求我们从解决全球公共健康这个大背景出发，充分认识到知识产权过分保护所带来的社会福利缩减的不利后果。考虑在争端解决机制中，从某种程度上加大对知识产权保护的限制，尤其是在《多哈宣言》通过以后，必须充分认识该宣言对 TRIPS 规则解释所产生的指示作用。该宣言虽然不是正式的 WTO 规则，但是宣言中"同意"、"承认"等用语足以体现"缔约方的意图"，那么根据《维也纳条约法公约》对条约解释的规定，对 TRIPS 的解释就必须按照这种意图来进行解释。在这种背景下，应当认定该宣言是 WTO 所有成员方为实现公共健康权利而保留有对知识产权进行限制的权力，即便是与 TRIPS 其他规则的义务相冲突，只要没有超出比例性原则的限制，可以认定其他缔约方必须忍受为实现国际社会公共健康而对药物专利权进行限制的特别豁免。另一方面，鉴于 WTO 绝大多数成员都批准了联合国两个人权公约，那么这同样可能构成"证明当事方缔约意图的证据"以及"当事国间因缔结条约所订与条约有关之任何协定"。此外，在解决 WTO 规则下知识产权争端时，必须发挥司法能动性，将 TRIPS 其他条款和该协议第 7 条和第 8 条，以及 GATT 第 20 条的一般例外作为一个整体进行善意地综合性解释。专家组和上诉机构成员应当在审理过程中将实现国际社会的公共健康这一价值目标作为得出结论的重要考量依据，并应该积极听取相关利益主体，尤其是致力于解决全球健康问题的非政府组织的意见。

总之，若想协调硬法规则和非正式规则的价值冲突，专家组和上诉机构就有必要在解释规则时，把自己置身于实现公共健康福利的健康这一根本目标的语境之下而善意且动态地阐明规则之含义。可以肯定的是，这种思维模式是可以得到 WTO 争端解决机构裁决先例的支持的，例如在海龟与海虾案中，专家组对于解释什么是"可耗竭的自然资源"就采取了这种解释思路[22]。

【本专题结论】

1896 年《德国民法典》规定"任何权利的行使必须考虑其所可能产生的社会效果，否则便构成权利的滥用"。在经济全球化以及知识大爆炸的今天，知识产权作为刺激人类创新力的制度显然是无可厚非的。但是，这种权利的行使与保护同样必须考虑其所产生的外部社会效果。保护知识产权所带来的科技进步产生的最终效果应当是全体社会成员的共同繁荣与进步。那么在此目标之下，如果能够在一定程度上牺牲知识产权的私权性来救治数以万计最贫困人的生命与健康的话，那么对于知识产权的合理限制就会产生非常积极的社会效果。当然，这种牺牲也不能被无限放大，必须通过理性协调不同社会主体的利益与诉求来使得各方权利达到一种相对平衡的圆满状态。然而，在现有的 TRIPS 法律机制下，由于发达国家和跨国制药寡头等利益群体的控制，知识产权正在处于一种"过度保护"的状态。对此，应该引起所有善良人民的关注，国际社会的每个主体都应该以一种负责任的行为模式来进行彼此之间的权利沟通与限制。那么，依托现有 WTO 机制，将健康权作为核心的政策目标来对相关的 WTO 规则进行善意和能动的解释并通过相应的国内安排加以实施，无疑是成本最低且效果最好的一种路径。

【本专题参考文献】

[1] 吴汉东. 知识产权的私权与人权属性[J]. 法学研究，2003，（3）.

[2] 冯晓青. 知识产权法的公共领域理论[J]. 知识产权，2007，（3）.

[3] Helfer L R. Human rights and intellectual property：conflict or coexistence?[J]. Minnesota Intellectual Property Review，2003，（5）.

[4] Maskus K E，Reichman J H. The globalization of private knowledge goods and the privatization of global public goods[J]. Journal of International Economic Law，2004，（7）.

[5] Yelpaala K. Quo vadis WTO? The threat of TRIPS and the biodiversity convention to human health and food security[J]，Boston University International Law Journal，2012，（30）.

[6] Cullet P. Patents and medicines：the relationship between TRIPS and the human right to health[J]. International Affairs，2003：79.

[7] Boyle J. A Manifesto on WIPO and the future of intellectual property[J]. Duke Law and Technology Review，2004，（9）.

[8] Yu P K. The international enclosure movement[J]. Indiana Law Journal，2007，（82）.

[9] Oxfam 组织声明. Oxfam Statement regarding ACTA and Public Health.available[OL]. http：//www. oxfamsol.be/fr/IMG/pdf/ Oxfam_ACTA_analysis_FINAL.pdf. 2012-12-29.

[10] YuP K. The Objective and Principle of Trips Agreements[J]. Houston Law Review，2009，（46）.

[11] 倪贵荣. WTO 会员设定强制授权事由的权限[J]. 台大法学论丛，2010，（3）.

[12] Heifer L R. Regime shifting：the TRIPs agreement and new dynamics of international intellectual property lawmaking [J]. Yale Journal of International law，2004，（29）.

[13] Cass D Z, The "constitutionalization" of international trade law：judicial norm-generation as the engine of constitutional development in international trade[J]. European Journal of International Law，2001，（12）.

[14] Hein W，Moon S. Informal norms in global governance：human rights，intellectual property rules and access to medicines[M]. Surrey：Ashgate Publishing，2013：52-53.

[15] Helfer L R. Toward a human rights framework for intellectual property[J]. UC Davis Law Review，2007，（40）.

[16] Petersmann E. Methodological pluralisms and its critic in international economic law research[J]. Journal of International Economic Law，2012，（15）.

[17] Forman L. An elementary consideration of humanity? Linking trade-related intellectual property rights to the human right to health in international Law[J]. Journal of World Intellectual Property，2011，（14）.

[18] 贺然. 知识产权与健康权的冲突与协调——以 TRIPS 协议为视角[J]. 苏州大学学报，2010，（5）.

[19] Petersmann E. International economic law in the 21st century：constitutional pluralism and multilevel Governance of interdependent public goods[M]. Oregon：Hart Publishing，2012：192.

[20] Yu P K. Reconceptualizing intellectual property interests in a human rights framework [J]. UC Davis Law Review，2007，（40）.

[21] [德]托依布纳 G. 匿名的魔阵：跨国活动中"私人"对人权的侵犯[J]. 高鸿钧，等译. 清华法治论衡，2007，（2）.

[22] Marceau G. WTO dispute settlement and human rights[J]. European Journal of International Law，2002，（13）.

专题八　中国外汇法改革专题

专题要旨：人民币国际化对改革国际金融秩序、稳定世界经济发展具有重要作用。金融市场的路径是当前国际货币体系改革的呼声和根本所在，将是人民币国际化的核心选择。日本外汇法的两次修订使得日元的国际化进程在金融市场上取得的成绩尤为显著。对此，我国应当借鉴日本的经验，把握外汇法修订良机，整合我国的外汇立法，加强资本项目下人民币可兑换的法律制度建设，改进外汇监管体制，为我国金融市场发展奠定良好的法律基础，最终将人民币国际化发展推向深入。

专题要点：人民币国际化；金融市场；日元国际化；日本外汇法改革；我国外汇法改革

【引论】

2007 年的世界金融危机充分说明改革以美元为中心的国际货币体系已经成为了世界经济稳健发展的当务之急。[1]为此，我国领导人于 2008 年的 G20 峰会上呼吁建立一个"公平、公正、兼容、有序的国际金融新秩序"，我国人民币国际化的发展进程从而开启。[2]目前，我国通过鼓励在国际贸易中使用人民币结算以及签订双边货币互换协定的方式使人民币国际化的进程取得了较快发展，然而，在未来，人民币国际化的成功最终还需依靠我国金融市场的发展与成熟，那么，健全并完善我国的金融立法尤其是外汇立法，为人民币国际化发展清楚障碍并提供安全保障就显得尤为重要。对此，日本外汇法的两次修订在日元的国际化发展进程中发挥了重要作用，可以作为我国改革外汇立法从而促进人民币国际化的国际经验予以借鉴。

第一节　人民币国际化的金融路径选择及其法律限制

对于推进人民币国际化的可能路径，较为成熟的有三种以供选择，分别是：金融市场路径①、国际贸易路径②以及国际协议路径③。在实践中，人民币国际化进程在这三条

---

① 人民币国际化的金融市场路径主要要求资本账户的开放，国内信贷资源分配的控制弱化，以及弹性的汇率制度。参见 Frankel J. Internationalization of the RMB and Historical Precedents[J]. Journal of Economic Integration，September 2012，27（3）：330.

② 人民币国际化的国际贸易路径是指鼓励并促进人民币作为跨境贸易结算货币的使用份额。参见 Eichengreen B，Kawai M. Issues for Renminbi Internationalization：An Overview [J]. ADBI Working Paper，No. 454，2014：4.

③ 人民币国际化的国际协议路径是指中国以缔结一系列双边的以人民币计价的货币互换安排，以实现向外国货币当局提供人民币流动性资产的使用权，并以此鼓励它们授权其国内的银行和企业使用人民币。参见 Eichengreen B，Kawai M. Issues for Renminbi Internationalization：An Overview [J]. ADBI Working Paper，No. 454，2014：4.

道路上都有进展，并取得了一些成就。例如在国际贸易方面，人民币已经被蒙古、巴基斯坦、泰国以及越南接受为结算货币，[3]另外，伊朗也宣布在与外国进行贸易时以人民币等货币代替美元进行结算。而在国际协议方面，人民币双边互换协议不断深化，截至到 2013 年底，已经有 23 个国家和地区与我国央行签署了总规模超过 2.5 万亿元的货币互换协议，其中包括英国、欧元区、澳大利亚、韩国和香港等发达国家和地区，同时亦包括印尼、巴西等主要发展中国家。[4]进而，在金融市场方面，我国政府采取积极措施，放松资本管制，支持香港建设成为离岸人民币中心，[5]在上海自贸区鼓励和支持人民币跨境使用、开展双向人民币资金池等业务。[6]

实际上，人民币国际化的运行在金融市场、国际贸易以及国际协议三种路径上可以同时行进，并行不悖，并且可以彼此促进。但是，在国家政策层面，推动人民币国际化的发展亦需要把握重点，找到"抓手"，解决主要矛盾。对此，有观点认为，"金融市场的路径是当前国际货币体系改革的呼声和根本所在，将是人民币国际化的核心选择。"[7]本专题支持这一观点。该观点认为，首先，人民币国际化仅仅依靠国际贸易路径是比较困难的，因为中国出口的产品具有较强的可替代性，因而在国际贸易中的话语权相对较弱；同时，相对于我国巨大的贸易量，人民币的海外存量微乎其微。其次，就国际协议的路径而言，双边货币互换协议在客观上降低了缔约国在协议外储备人民币的需求。再次，将发展金融市场作为人民币国际化的主要路径的原因在于，第一，几乎所有人民币国际化的收益都来自于金融市场；第二，在当今世界经济中，货币最大的使用者是金融投资者，金融产品交易量往往是国际产品与服务贸易量的上百倍。所以，一种货币能够成为国际货币，需要该货币的发行国具有一个巨大的金融交易市场，能够使这种货币的持有者在这个金融市场中非常容易地从金融产品转换为现金，进而转为对产品的购买力。这不仅需要巨大的金融体系，还需要监管有力的、稳健的金融体制，这样一来，这些投资者所持有的资产才能够获得有保障的回报。[8]

基于此，反观作为核心路径的国内金融市场现状及其对人民币国际化的作用，我们可以发现，人民币国际化在目前已经取得了很大的成就，比如在涉及中国的人民币贸易结算和在香港发行以人民币计价的债券。然而，也应当看到，人民币的国际化也同时受限于很多因素，比如较为突出的资本账户监管制度。很多观点认为，人民币国际化的纵深发展势必要求建立由金融市场自由化以及有效的金融监管制度所支撑的资本账户自由化。[9]对此，我国应当尽快完善外汇管理体制的立法，克服人民币国际化的制约因素。①

第二节　推动日元国际化发展的日本外汇法改革的经验考察

日元的国际化主要依赖于金融市场的自由化与国际化政策：通过放开资本管制，日

---

① 有观点认为，当前我国外汇管理体制改革的滞后已经成为了人民币国际化的重要制约因素。参见向雅萍. 人民币国际化的法律路径探析[J]. 河北法学，2013（5），123.

本政府积极鼓励本国和海外金融机构参与和日元相关的金融资产交易，以金融渠道对外输出日元。[10]日本政府将日元的国际化定义为"日元在国际货币体系中不断扩张的地位以及在经常账户交易、资本账户交易以及外汇储备中日益加重的分量。"为了实现这一目标，金融市场的自由和高效是一个重要因素。[11]因此，从 20 世纪 80 年代到 21 世纪初，日本政府采取了一系列措施——放松对跨境资本流动的限制，发展新的以日元计价的市场和工具，以及保持东京作为主要的国际金融中心的地位。[12]对此，日本外汇法的两次修订为这些目标的达成搭建了法律平台，为日元国际化和金融市场自由化提供了法治保障。日元国际化的发展分为两个阶段，第一个阶段是在 1980 年代，这一阶段，主要的动力是经济的繁荣和市场参与者的推动，伴随的是外汇法的适时修改；第二个阶段是在 20 世纪 90 年代后期至 21 世纪早期，随着经济形势的下滑，主要以经济政策的推动为主，外汇法的第二次修改是政府宏观调控的有力工具。[13]

日本外汇法的两次修订使得日元的国际化进程在金融市场上取得的成绩尤为显著。随着金融市场管制的放松甚至取消，日元的国际化得以深入，日本的跨境金融业务取得里程碑式的发展。[14]根据国际清算银行统计的综合指数显示，1995 年，日元在国际资产市场的份额从 3%迅速上升至 12.4%，新发行的日元债券在离岸债券市场中所占的比例也很迅速增长，在 1980 年至 1995 年间增长了三倍多，从不到 5%增长至高于 17%。在 20世纪 90 年代，日元在债券市场中的比例与马克相匹。日元在东亚地区尤为通行，尤其是在印度尼西亚，韩国，马来西亚，菲律宾以及泰国，在东亚，日元代替了美元成为了对外借贷的主要工具。在日本国内，整个 20 世纪 80 年代和 90 年代非居民持有银行存款和证券的数量都在稳步上升。不仅如此，对各国中央银行分散投资风险的目的而言，日元成为了在美元和马克之外最有吸引力的储备货币。当然，日元作为存储货币最受欢迎的地区仍然是东亚国家，东亚各国对日元的储备份额到 1990 年超过了 17%。同样地，在外汇市场，日元的货币交易份额在 1989 年迅速达到了 27%的顶峰。日元作为全球贸易的结算工具亦从先前的非常低的水平快速增长，尽管主要都集中在东亚地区。[15]

一、日元国际化的第一次努力：适应经济发展要求的外汇法修订

日本政府并非从一开始就支持日元的国际化发展，相反地，在 20 世纪 80 年代之前，日本政府对日元的国际化发展始终采取限制的态度，慎重地保持着交易和资本管制。资本管制不仅是推动日元国际化的一种障碍，同时对日本政府来说也是操控汇率政策的一个重要的工具。例如，日本政府在日元存在升值压力时会放松流出管制并同时收紧流入管制，而当日元的贬值压力显著时，日本政府便采取相反的做法。与这种限制日元国际化的政策相对应的是日本贸易使用本国货币结算的份额始终保持在较低水平（1970 年出口方面为 0.9%，进口方面为 0.3%），并且，日元在金融交易方面的国际化实质上并未存在。[16]

直到 1980 年，日本 1949 年外汇与外贸管理法（下文简称外汇法）规制所有的外部交易，同时由与其相关联的 1950 年的外国投资法管理非本国居民从事股票交易、技术转让以及一年以上到期的金融资本流入。外汇法的目的是禁止所有的资本流动，除非经过

明确许可。外国投资法在外汇管理机制之下的基本作用是确保法律许可的投资的主要收益或清算所得汇回本国，以此促进对经济有益的资本和技术进口。而日本经济在之后的二三十年中的变化导致外汇法和相关的外国投资法迅速落后于时代的要求。20 世界 70 年代中期和整个 20 世纪 80 年代是日本经济强劲扩张时期，日元在外汇储备和贸易结算方面的使用迅速扩张。日元在贸易结算和货币储备方面的不断提升的地位对日本的金融市场的自由化提出了要求，对此，日本政府适时地采取了一些措施，逐步取消了以往繁琐的外汇限制。随着外汇限制被逐渐取消以及没有了对于可汇回国的款项的具有法律约束力的限制，外国投资法因此变得可有可无。对于外汇法的大量的修改以及临时增设的许可使得该法变得复杂和不透明，进而出现了在法律规定和政府主张之间的一个明显的冲突。因此，政府于 1978 年宣布他们试图修改外汇法，使其法律原则从"以禁止为原则"变为"以许可为原则"。[17]1980 年 12 月，修订后的外汇法正式生效，同时外国投资法被废除。

尽管坚持所有的对外交易都能够自由进行的原则，修订后的外汇法允许政府为国际收支平衡或汇率管理目的施以最小限度的必要控制。该法将资本交易分为四类：第一类是需要审批的交易；第二类是需要事先通知但是不需要政府审查的交易；第三类是需要事先通知并且有可能需要政府审查的交易；第四类是既不需要审批也不需要通知的交易。

首先，第一类属于事前管理的交易，例如居民之间的外汇交易；居民与非居民之间的存款与信托合同；外国非居民的欧洲日元债券发行。其次，第二类交易，例如，包括流入的外商直接投资，要求事先通知财政部长。在通常情况下，没有可预期的政府审查，但是外国投资者在三十天以内不能进行投资行为，在这一段时间内政府可以进行干预。有一个潜在的问题就是财政长官可以将审查期间从三十天延长至四个月（在外汇委员会的要求下也可以延长至 5 个月）。如果该投资被认定为具有负面效应，财政长官可以建议变更甚或终止。再次，第三类交易包含诸如流出的外商直接投资交易，涉外贷款，居民为在外国的非居民的证券发行提供的债务担保，以及日本境内的非居民的不动产的购买。对于这类交易，除了事先通知的要求以外，也理所当然地需要政府的审查。实际上，大部分的交易都属于上述第二类和第三类。最后，第四种既不要求批准也不要求通知的一类交易实际上包含由被授权的外汇银行作中间人的跨境交易和由被指定的证券公司作中间人的证券投资类交易。其中，财政部保留了限制外汇银行在国际汇兑方面的开放地位的权力，详细规定了其外汇业务的要求，并禁止其向非居民的日元存款支付利息。[18]

随着日本外汇法的修订，到 1990 年，日本出口的 40% 以及进口的 20% 都以日元进行结算。并且，由于日本银行在建立一个不断增值的可信货币方面的努力，主要经济体的中央银行逐渐开始在储备方面持有日元。同时，日元作为外汇储备的份额在整个 1980 年代迅速增长并在 1990 年达到 8% 的水平。更为重要的是，日本经由外汇法修改而推行的资本账户下日元交易自由化造就了新的日元市场和日元工具，例如以日元计价的银行家的接受市场以及各种金融期货和期权市场。[19]

然而，相比于美元和马克，日元的国际化水平还是较低的，因为在整个 1970 年代和 1980 年代的大部分时间里，日本的政策并不支持日元的国际化。尽管日本于 1980 年原则上实行了外汇交易自由化，阻碍国际资本自由流动的藩篱仍然存在。直到那时，日本政府仍然持有一种观点就是大规模的资本流入和流出破坏市场的稳定性，这种流动会通过削弱银行对于货币供应的掌控而损害货币政策的有效性。[20]但是，逐渐地，日本政府的主导政策足以提升日本与世界金融市场的融合度以及促进日元在投资和储备方面的使用。[21]

二、日元国际化的第二次努力：以外汇法修订带动日元国际化发展

日本 20 世纪 90 年代发生了旷日持久的经济停滞，宏观的经济政策也都未能发挥作用，从而，人们认为，在各个经济领域尤其是金融领域的结构性改革会有助于振兴日本的经济。同时，为了改变东京作为国际金融中心的地位和日元在全球外汇贸易中的份额从 20 世纪 80 年代全盛时期不断衰落的状况，日本首相桥本在 1996 年 12 月宣布对日本的金融市场全面放松管制。从而，这一时期被称为金融"大爆炸"时期，即计划通过消除现存的壁垒和障碍使日本的金融市场和金融体制能够更有竞争力和效率（日本政府的口号是"公平、自由和全球化"）。而外汇市场的改革顺理成章地成为了金融体系全面改革的先行者。[22]

1998 年 5 月，在亚太经合组织的财政部长会议上，日本财政部长松永光（Hikaru Matsunaga）宣布了日本政府推动日元国际化的目标："我们的政府计划采取积极措施提升日元的国际地位。日本现今正在实施金融体系改革，对此，作为改革的先行领域，我们已经于 4 月 1 日实施了新的外汇法，并使跨境交易全面自由化。我们将继续采取措施优化市场环境以改善日元作为储备和贸易结算工具的角色。"[23]

1997 年 11 月，日本外汇委员会向财政部长提交了一份报告，该报告阐明了改革的目标是于 2001 年之前恢复东京作为世界主要国际金融中心之一的地位。为了实现这一目的，该报告提出全面改革外汇法。报告建议：①通过取消事先批准或通知的要求实现跨境金融交易的完全自由化；②取消被授权外汇银行和制定的证券公司，通过允许自由进出的方式提升市场的深度；③对于流出的外商直接投资，原则上取消审批或通知要求。①因此，新的外汇与外贸法（"管理"的字眼从法的名称中被拿掉）于 1998 年 4 月 1 日正式生效。日本成为了一个在真正意义上的金融开放的经济体。[24]

修改后的外汇法基本上实现了外汇业务领域、资本交易领域、外商直接投资领域以及东京离案市场领域的全面自由化，只保留了很少的例外。②

第一，外汇法修改前，外汇业务（以外国货币和货币期权进行的交易等）只限于被授权的银行和指定的证券公司以及被授权的资金经理（酒店，旅行社等）。外汇法修改以后，任何人（包括制造商和贸易公司）都可以参与外汇业务。

第二，外汇法修改前，资本交易（外国存款、外币借款、证券投资和证券发行）和外币账户结算要求事前通知和财政部审批，而外汇法修改以后，这些交易只需要在事后

---

① 对于流出的外商直接投资，事前通知要求已经于 1992 年在原则上取消，只要求事后的报告。

② 外汇法修订后仍然保留的限制有：①海外进行的资本交易和在日本境内进行的银行与证券公司之间的交易的报告要求；②受经济制裁的国家之间的交易；③关于武器和毒品行业的投资限制；④禁止洗钱，例如要求消费者适当的身份证明。

报告即可。通过消除复杂的程序，新法便利了快速交易，并回应了新的市场条件。

第三，除了有限的行业如毒品行业外，流向海外的直接投资如在海外设立子公司、分支机构、工厂都只需要事后报告。不过，由于外商直接投资实际上是耗时冗长的活动，对其监管从事前通知变为事后报告不会显著地影响投资数量。

第四，东京离岸市场是一种国际金融市场，在其中，非居民能够自由地筹集和管理资金。东京离岸市场始建于1986年，其目标包括：①东京市场的国际化；②吸引外国金融机构；③为没有境外参与的银行提供便利的选择。该市场享有特惠措施例如没有存款准备金率和金融交易的预提税。在外汇法修改前，东京离岸市场银行只与非居民进行交易，允许他们的美元和欧洲日元的存储，为他们提供日元和外国货币的存储和借贷。而外汇法修改以后，证券公司能够承销非居民发行的债券以及将这些债券卖给非居民。[25]

在此之后，1998年12月，日本政府进一步宣布了便利日元国际化的措施，并实施了必要的法律安排和其他相关机制。所有这些举措对于日元的国际化都是重要的促进。[26]

从20世纪80年代中期开始的日元国际化的努力在这一意义上是成功的：将日本经济从阻碍资本自由流动的监管壁垒中解放出来，其结果是加速了日本和其他工业化国家的金融一体化。日元国际化成为了将利益冲突的各方联合在一起共同创造一个高度自由的金融体系的一面鲜明旗帜。[27]

然而，可惜的是，虽然日本政府全力推动日元国际化，但是已经错失良机。日本20世纪90年代初因土地和股市泡沫的破裂而造成的长期的经济停滞与衰退使得支撑日元国际化的经济基础已不复存在，单靠法律的推动已无能为力。毕竟金融法应当首先反映经济基础，之后才能在此前提下规范、引领、带动经济的进一步发展。[28]这一时期，日本的银行业危机和不断上升的政府债务使得市场参与者对日元的信心大幅下降，最终限制了外汇法对于推动日元国际化的作用。[29]

第三节　借鉴日本经验，完善我国外汇立法，推动人民币国际化发展

正如前文所述，金融市场自由化是撬动人民币国际化发展的杠杆，而其支点就是外汇体制的改革。然而，我国在外汇管理方面没有法律，只有一系列位阶较低的法规，其中最为核心的就是《中华人民共和国外汇管理条例》。对此，日本关于外汇立法的经验说明，拥有一部全面性的、整合性的以及先进性的《外汇法》是完善我国金融法律体系、促进金融市场发展的基本保障，更是加快推进人民币国际化的动力。一部完善的《外汇法》将有利于我国金融市场的自由化和安全性，提升透明度和监管效率，为人民币国际化发展保驾护航。具体而言，根据日本外汇法改革对日元国际化的作用的历史，以下几点经验、教训可以为我国以推动人民币国际化为目的改革外汇法方面提供一些启发：

第一，把握外汇法修订良机。从上文论述，我们可以发现，日本外汇法改革与日元国际化的最为主要的教训在于，日元国际化的最为根本的物质基础在于经济的良好发展，

巨大的贸易量以及外汇储备，在此基础之上才是金融市场的自由化，而外汇体制则构成了日元国际化发展的上层建筑，当经济基础允许时，应当适时地修改外汇法，以避免其成为制约日元国际化的藩篱，而当经济基础不存在时，仅仅依靠立法的推动就显得势单力薄，动力不足了。据此，反观我国人民币国际化的现状，我们可以发现，我国已经完全具备了经济基础。我国的经济总量已经超过日本，稳居世界第二，我国的外汇储备跃居世界第一，我国的贸易规模更是超过美国成为世界第一，这些都构成了人民币国际化的坚实的经济基础。在我国政府的大力推动下，人民币国际化已经主要沿着国际贸易的路径取得了显著的成就。而如果人民币国际化要取得更为深入的发展，就要着力增强人民币在国际范围的吸引力。然而，这种需求偏好无法依靠传统的因素比如经济规模来促成，经济规模已不足以确保人民币持续的竞争力，我国所拥有的广泛的贸易网络亦难以弥补人民币国际化所需要的"上层建筑"保障的缺失。[30]所以，我国传统上推动人民币国际化所依赖的"重心"将无法继续发挥主要作用，而良性发展的和开放的金融市场将在未来决定着人民币国际化的发展势头，除此以外，几乎没有其他可替代性路径。[31]然而，我国目前的外汇管理体制较为落后，在一定程度上制约了金融市场的发展，所以，我国适时改革外汇法，为金融市场发展清楚法律障碍，放开法律限制，加强法律保障，以此推动人民币国际化发展显得尤为必要。我国应当在外汇法修改方面加快步伐，把握良机。

第二，整合外汇立法。从日本外汇法的两次修改可以发现，日本的外汇制度在不断向着精简与整合的方向发展，一部高度统合性的《外汇法》具有促进金融市场运行的效率，增加透明度，简化行政程序，改善监管质量等方面的优势。对此，我国也可以在外汇立法方面做出改进。首先，在结构方面，可以以现有的《外汇管理条例》为主体，统领其他相应的外汇管理部门规章，共同整合成为一部完整全面《外汇法》。再根据部门规章的具体原则制定更为具体的规范性法律文件。[32]其次，在内容方面，根据人民币国际化的理论与实践需要，在《外汇法》中规定并解释如下概念，分别是：经常项目下人民币和资本项目下人民币，境内人民币市场和境外人民币市场，在岸人民币账户和离岸人民币账户。同时，在现行的外汇管理体制中，应当将作为投资和跨境贸易工具的人民币视为特殊的外汇，纳入其管辖范围。并且，外汇立法可以考虑将人民币国际化作为目标，并界定人民币国际化与资本项目自由化的关系，进一步为实践扫清障碍。[33]

第三，加强资本项下人民币可兑换的法律制度建设。在最低限度上，经常账户交易的可兑换是货币得以国际化的必然要求。那么，对于资本账户呢？正如日元国际化的历史所展示的那样，对于一种货币的广泛的跨境使用在繁杂的资本管制下也是可能的。日本开启的严格意义上的金融自由化实质上发生在日元已经得到广泛认可的时候。这意味着人民币的完全的可兑换绝非是必须的。但是同样清楚的是，如果日元能够更早地实现完全的自由兑换，那么日元的国际化成就将会更大，当然，其前提必须是政府充分保持着对国内金融环境的掌控能力。现今，我国面临着同样的权衡：一定程度地扩大资本账户可兑换对促进人民币作为投资媒介或储备货币的发展是必须的，然而，究竟在多大程度上放开资本账户可兑换是一种选择性问题。在最低限度上，市场参与者和中央银行需要被给予对建立人民币银行账户以及买卖选择的中国债券和股票以充分的自由，同样重要的还有在中国国内以促进投资组合平衡的目的发行新的人民币债券或股票的权利，因为如果人民币不能够被自由地买卖，那么以人民币计价的要求就很难展现出任何的吸引力。然而，与此同时，特定种类的交易，尤其是对于更加具有投机性的领域，例如期权、期货以及其他衍生工具，最好保持禁止或进行严格监管，以减少资本流动不稳定的风险。这一思路或许能够更大限度地促进人民币的国际化而同时最小化由此而来的风险。[34]过去的三十年里，中国已经在放松资本管制方面取得了很大的进步。我国政府强有力地自由化了入境外商直接投资，并已经实质上自由化了出境外商直接投资。然而，大多数实证研究表明，即使是跟其他新兴市场例如巴西和俄罗斯相比，我国在资本账户的管制方面仍然是相当严格的，特别是在证券投资资本组合的跨境流动方面。[35]对此，我国可以考虑在外汇立法中放开资本项目可兑换，并同时完善与此配套的金融制度建设，如加快利率市场化和汇率形成机制改革等。

总之，当下我国开放人民币资本项目可兑换是大势所趋：与 20 世纪 70 年代和 20 世纪 80 年代相比，在今天，越来越多的货币远实现了可兑换，为市场参与者和中央银行提供了更为广泛的机会，原则上，这对人民币国际化施加了更多的压力。鉴于我国在世界上的重要的经济地位，甚至是资本账户的部分的放开也会吸引人民币的更多的使用，与此同时，其他可行的选择会减慢人民币国际化的上升状态，理应成为次优性选择。实践中，在本国金融监管方面对于更具投机性的市场领域加以一定范围的限制，以促进人民币国际化和本国金融市场的良性发展，就可以抵御资本项目开放所带来的风险。[36]

第四，改进外汇监管体制，促进我国金融市场发展。对于人民币国际化而言，仅仅依靠资本项目的可兑换尚且不足，从日元的国际化经验来看，其更多的是依靠推动金融市场向着纵深和可调性的方向发展，以满足国际投资者和中央银行的需要，而开放资本项目的可兑换仅仅是一个开端。[37]然而，我国金融市场的自由、开放和健全发展的前提是我国金融监管体制的高度发展，这尤其对我国外汇监管体制提出了更高的要求，既要放得开，又要收的住，既要确保自由效率，又要保证安全秩序。对此，我国可以从以下几个方面着手改革外汇监管体制：首先，在监管目标方面，明确外汇监管的目的在于为跨境贸易和投资的汇兑提供便利，同时保证资金流出、流入的均衡。其次，在监管主体方面，引入市场控制和间接控制的理念，通过市场手段达到控制目的，明晰国家外汇管理局的监管职权，将部分具体业务审查的监管职能渐进转移至外汇指定银行和中介机构。不仅如此，还应当将所有外汇监管主体进行统筹整合与统一部署，以便对跨境资金的流动进行高效率全方位的监管。再次，在监管手段方面，应当通过提升非现场监管方法的监管水平来全面提升对跨境资金流出和流入的统计监测以及预警水平，同时，为预防大规模跨境资本流动引发的不良效应，应当建立、健全跨境交易项目事前、事中和事后的全流程监管体系。[38]

【本专题参考文献】

[1] 何帆. 人民币国际化的现实选择[J]. 国际经济评论，2009，（4）：8.

[2] Mallaby S, Wethington O. The future of the Yuan: China's struggle to internationalize its currency [J].
　　 Foreign Aff., 2012, 91（1）：135.

[3] Mallaby S，Wethington O. The future of the Yuan：China's struggle to internationalize its currency [J]. Foreign Aff.，2012，91（1）：136.

[4] 聂召，李明. 人民币国际化：进展、现状与实施路径[J]. 国际经济合作，2014，（11）：90.

[5] 王爱俭. 人民币国际化政策考量与理念创新[J]. 现代财经，2013，（9）：5.

[6] 聂召，李明. 人民币国际化：进展、现状与实施路径[J]. 国际经济合作，2014，（11）：90.

[7] Eichengreen B，Kawai M. Issues for renminbi internationalization：an overview [J]. ADBI Working Paper，2014，454：6.

[8] 赵柯. 工业竞争力、资本账户开放与货币国际化——德国马克的国际化为什么比日元成功[J]. 世界经济与政治，2013，（12）：7-12.

[9] Eichengreen B，Kawai M. Issues for renminbi internationalization：an overview [J]. ADBI Working Paper，2014，454：1.

[10] 赵柯. 工业竞争力、资本账户开放与货币国际化——德国马克的国际化为什么比日元成功[J]. 世界经济与政治，2013，（12）：140.

[11] Iwami T，Sato K. The internationalization of the Yen：with an emphasis on East Asia [J]. International Journal of Social Economics，1996，（23）：200.

[12] Takagi S. Internationalising the Yen，1984-2003：unfinished agenda or mission impossible? [J]. BIS Papers，2011，61：75.

[13] Subacchi P. Expanding beyond borders：the Yen and the Yuan [J]. ADBI Working Paper Series，2013，450：13.

[14] Iwami T，Sato K. The internationalization of the Yen：with an emphasis on East Asia [J]. International Journal of Social Economics，1996，（23）：206.

[15] Cohen B J. Will history repeat itself？Lessons for the Yuan [J]. ADBI Working Paper Series，2014，453：10-11.

[16] Takagi S. Internationalising the Yen，1984-2003：unfinished agenda or mission impossible? [J]. BIS Papers，2011，61：75-76.

[17] Takagi S. Internationalising the Yen，1984-2003：unfinished agenda or mission impossible? [J]. BIS Papers，2011，61：76.

[18] Takagi S. Internationalising the Yen，1984-2003：unfinished agenda or mission impossible? [J]. BIS Papers，2011，61：76-77.

[19] Subacchi P. Expanding beyond borders：the Yen and the Yuan[J]. ADBI Working Paper Series，2013，450：13-15.

[20] Eichengreen B，Kawai M. Issues for renminbi internationalization：an overview [J]. ADBI Working Paper，2014，454：14.

[21] Cohen B J. Will history repeat itself？Lessons for the Yuan [J]. ADBI Working Paper Series，2014，453：12.

[22] Takagi S. Internationalising the Yen，1984-2003：unfinished agenda or mission impossible? [J]. BIS Papers，2011，61：79.

[23] Murase T. The internationalisation of the Yen：essential issues overlooked [J]. Pacific Economic Papers，2000，307：2.

[24] Takagi S. Internationalising the Yen，1984-2003：unfinished agenda or mission impossible?[J]. BIS Papers，2011，61：78-79.

[25] Nakakubo F. Revision of the foreign exchange law and the possibility of capital outflow[J]. NLI Research Institute，1998，117：3-4.

[26] Murase T. The internationalisation of the Yen：essential issues overlooked [J]. Pacific Economic Papers，2000. 307：16-17.

[27] Takagi S. Internationalising the Yen，1984-2003：unfinished agenda or mission impossible? [J]. BIS Papers，2011，61：84.

[28] Subacchi P. Expanding beyond borders：the Yen and the Yuan [J]. ADBI Working Paper Series，2013. 450：15.

[29] Frankel J. Historical precedents for internationalization of the RMB [OL]. Council on foreign relations Press，2011[OL]. http：//www.cfr.org/china/historical-precedents-internationalization-rmb/p26293. 2015-6-9.

[30] Cohen B J. The Yuan tomorrow? Evaluating China's currency internationalisation strategy[J]. New Political Economy，2012，17（3）：370.

[31] Cohen B J. The Yuan's long march，in power in a changing world economy：lessons from East Asia[M]. Publisher：Routledge，2013：13.

[32] 林昌华. 中国外汇管理立法中亟待解决的几个问题[J]. 上海金融，2008，（6）：75.

[33] 向雅萍. 人民币国际化的法律路径探析[J]. 河北法学，2013，（5）：124.

[34] Cohen B J. Will history repeat itself? lessons for the Yuan[J]. ADBI Working Paper Series，2014，453：19.

[35] Lardy N，Douglass P. Capital account liberalization and the role of the renminbi [J]. Peterson Institute for International Economics Working Paper，2011. WP11-6：14.

[36] Cohen B J. Will history repeat itself? lessons for the Yuan [J]. ADBI Working Paper Series，2014，453：19.

[37] Cohen B J. Will history repeat itself? Lessons for the Yuan [J]. ADBI Working Paper Series，2014，453：20.

[38] 向雅萍. 人民币国际化的法律路径探析[J]. 河北法学，2013，（5）：124.

专题九　传媒产业知识产权保护与传媒产业规制专题

专题要旨：随着互联网经济的飞速发展，传统的许可申请——授权的版权制度模式已经逐渐不能满足知识传播以及合理使用的需要。本专题基于国外版权补偿制度的理论基础，结合中国实际构想并设计了一种数字版权自动许可—下载—收费补偿的模式以真正实现数字的版权的集中管理与自动授权许可，通过此制度与系统应该可以较好的协调数字版权人的私权利与互联网 2.0 体系下知识传播与共享之间的价值平衡；同时本专题也研究了在新经济条件下政府对传媒产业进行规制的新的政策制定模式和过程。

专题要点：数字版权，政府规制，自动许可，利益协调

【引论】

根据《辞海》的解释，传媒的含义是指报刊、广播、电视等传播媒介。其核心功能之一便是将信息和知识向公众进行传播。

在某种意义上来说，既然数字传媒产业的核心组成部分是私权利，其逻辑后果似乎可以通过私人自治的方式来达到数字产业中各种制度的系统的平衡。例如，美国佛罗里达大学的布鲁斯.本森教授就主张在数字环境下，应该弱化国家对数字产业的管理程度。他指出：其核心理由主要可以归纳为三个方面：第一，国内法律管辖的有限性。由于互联网超越了一国的国界，在一个国家内的行为，其影响却是及于其他国家的。换言之，互联网的行为是不受制于国家的地理和政治边界的。但是国内法律却原则上只能以一个国家的边界为限。如果超越了国家的疆域，就非常可能造成国家之间的冲突，将原本是个人之间的矛盾升级为国家之间的矛盾。第二，互联网的匿名性。他指出在互联网领域，由于交易和进行互动行为的各方都具有匿名性的特点。往往一个行为主体的行为可能并不出于其本身的意志。在计算机领域很多病毒可以控制其他的计算机的行为，那么此时这种行为所产生的法律后果并不应该由行为人来承担。寻找真正的控制者在技术上是非常复杂的。因此，将国内法的治理模式套用到互联网领域将会产生十分负面的效果。第三，政府的执法成本过高[1]。相对而言，在互联网领域制定法律相对来说还是比较容易的。但是伴随而来的一个问题是如何将这些法律落在实处。与在现实社会中的执法不同，互联网上执法的成本要高上很多。这就要求政府要投入大量的人力物力来管理互联网上的私人主体。而且这种成本的投入很容易便会被同样具有技术能力的被执法者规避。从经济效益上来说是得不偿失的。此外，执法如果轻易地被规避，会导致人们对法律的效

力产生怀疑甚至完全无视法律，造成"令而不行，则令不法也"[2]现象的出现。但是，也有学者认为应该加强对数字产业和虚拟空间的管控，为网络传媒产业构建良好的权利生态体系。有必要整合数字内容产业监管权责，建立专门的数字内容产业监管部门，并建立数字内容产业网络监管中心。促进各种权利主体之间利益的有机平衡[3]。

　　那么顺理成章地，这样一个问题便摆在了我们面前，那就是如何有效地平衡大数据经济条件下的各种利益。在政府制定法律政策时，哪些领域需要超出现有的规则制度的框架来设定相应的政策策略。本专题试图透过行政法学和产业经济学上的规制理论来就数字传媒产业中的两个重点问题展开讨论。

第一节　问题研究的理论基础

　　正如前文所探到的那样，对于数字传媒产业来说，政策的制定的过程无非有两种：一种是透过市场主体的自治行为来进行自我调控。而另一种途径则是透过政府积极地干预来实现某种政策目的。但是这两种调控路径各有自己的弊端。首先，对于自由市场和私主体自治的方式来进行调控的方法很有可能导致"市场失灵"的现象出现。在数字传媒领域这种现象的主要体现是主体的强弱差异明显而且极容易处于不对称的博弈状态。当数字作品未在数字环境中传播时，信息或者相关作品的持有者处于一种强势的状态。其可以利用信息不对称的优势强化自己在行业产业链中的优势地位。强迫合同的相对方接受不公正的合同条件。但是，一旦信息和作品进入了网络信息空间，作品的作者的强势地位就会发生逆转。这就造成了经济发展的不稳定以及产业走向的无序化、混乱化。另一种，制度的构建方式是通过政府积极干预的方式来实现制度的构建和政策目的的实现。但是在这种情况下，又容易导致国家在进行干预时采用了错误的方法和手段。在著名自由主义经济学家哈耶克看来，任何人包括国家的统治精英，他们的知识和能力是有限的。"人对于文明运行所赖以为基础的诸多因素往往处于不可避免的无知（unavoidable ignorance）状态，然而这一基本事实却始终未引起人们的关注。哲学家和研究社会的学者，一般而言，往往会敷衍此一事态，并视人的这种无知为一种可以忽略不计的小缺陷。但是值得我们注意的是，尽管以完全知识（perfect knowledge）预设为基础而展开的关于道德问题或社会问题的讨论，作为一种初步的逻辑探究，偶尔也会起些作用，然而试图用它们来解释真实世界，那么我们就必须承认，它们的作用实在是微乎其微。这里的根本问题乃在于这样一个实际困难，即我们的知识在事实上远非完全。科学家倾向于强调我们确知的东西，这可能是极为自然的事情；但是在社会领域中，却往往是那些并不为我们所知的东西更具有重要意义，因此在研究社会的过程中采取科学家那种强调已知之物的取向，很可能会导致极具误导性的结果。诸多乌托邦式的建构方案（utopian constructions）之所以毫无价值，乃是因为它们都出自于那些预设了我们拥有完全知识的理论家之手"[4]。因此，在哈耶克教授看来，国家对于能够自治的领域进行干预是"不经济"和"不理性"的。哈耶克教授看来："总是使一个国家变成人间地狱的东西，恰恰是人们试图是他变成天堂"[5]。

从另一个角度来说，政府的干预也给利益群体的"政府俘获"创造了很大的机会。传统民主决策理论强调决策的"从属性原则"该原则通常被理解为：政府进行决策的权力分配与做出应该尽量贴近选民，否则容易使决策脱离选民而被扭曲。但在18世纪的美国，这种观点遭到了以汉密尔顿、杰伊、麦迪逊等人的激烈批评。在《联邦党人文集》第10篇中，麦迪逊主张，类似于希腊城邦式的直接民主不能治愈利益群体的纷争，相反会促进其增长。当一部分人因为利益的诉求和情感的联系而结合起来反对另一派人时，那么就会出现民主的悲剧。民主决策的扭曲恰恰正是利益群体捕获决策者的目的[6]。在数字传媒领域，相关的决策非常有可能被相关的利益群体所捕获。例如，支付宝和余额宝作为一种重要的网络支付手段和广告传媒媒介，就因为侵犯了银行业的利益而受到了银行业的狙击。在央行颁布的《非银行支付机构网络支付业务管理办法》中对于支付宝这种对于消费者和投资者都相当便利的支付媒介手段采取了专断的限制措施①。再如，还有立法机构对于BBS微博等公共传媒进行了过于严苛的限制，甚至对信息任意删除，这极大地阻碍了数字传媒产业的发展。造成了"公共福利"的缩减。虽然，利益群体在进行"政府俘获"的过程中往往可以拿出十分冠冕堂皇的理由。或许正因为这个原因，哈耶克教授特别强调发挥水平的自生型秩序的作用。哈耶克教授称之为"kosmos"。他指出这种秩序是不应该被破坏的，并应该构成制度与秩序的构建基础：我们可以毫不夸张地说，社会理论始于-并且拥有一种对象，只是因为-这样一种发现，即人类社会中存在着种种有序的结构，但它们是许多人的行动的产物，而不是人之设计的结果。在某些领域，这一发现现在已得到了人们的普遍接受。尽管人们曾一度认为，甚至语言和道德也是由过去的某个天才"发明出来的"，但是现在所有的人已认识到它们是进化过程的产物，而该过程的结果则不是任何人曾预见的或设计的。然而在其他领域，仍有许多人以怀疑的眼光看待这样一种主张，即众多人之间的互动模式能够显示出一种并非任何人刻意创造的秩序；特别是在经济领域，一些批评者仍在对亚当·斯密"看不见的手"（invisible hand）的说法进行不可思议的嘲弄，但是需要指出的是，亚当·斯密乃是依照他那个时代的语言风格，用"看不见的手"这个说法去描述人们是如何被引导去"实现那些并非出于其意图的目的的。"如果义愤填膺的改革者仍然抱怨经济事态的混乱，以为它毫无秩序可言，那么这在一方面是因为他们未能认识到一种并非刻意创造的秩序，而在另一方面则是因为他们认为一种秩序所旨在实现的乃是某种具体目的，然而正如我们将在下文中所见的那样，一种自生自发的秩序所旨在实现的并不是特定的目的[7]。在互联网传媒产业中，往往也是存在有其行业发展的自身规律性的规则，如果政府肆意地干预就会破坏产业的良性发展。所以，在进行制度构建之初，就似乎唯有屏蔽外部势力

①　央行意见稿的第十六条规定，支付机构给个人开户，如果是消费类账户，需要三个机构为用户做身份验证。如果是具备理财、转账功能的综合账户，则需要五个机构来验证。而目前的支付宝、微信支付等主流的支付机构，都还达不到央行的规定，而且，这一规定对非银行类支付机构来说，几乎是一个不可能完成的任务。此外，根据该办法第十七条的规定，根据规定，用户通过网络支付账户只能给自己的银行卡转账了。想给老家的父母孝敬点生活费，可能要去银行排队；老板给员工发工资也只能一家家银行卡去倒腾了。城市用户可去营业厅柜台、ATM机、手机银行或者网银进行方便转账，但很多农村地区只支持邮局和农村信用合作社，有些地方小银行也没有网银，所以没法用手机银行转账，现在把网络支付也封掉了，就只能去银行汇款了。还有，改版还对适用支付宝余额的转账功能进行了数额限制。

的不良干预与影响，才能使得正常的产业政策不至于被利益群体所扭曲。

此时，我们将不得不面临一个实在的问题，那就是如何调和上述两种教义之间的冲突。换言之，我们不得不调和两种理论或学说背后所隐含的两种价值冲突。因此，笔者认为有必要构建一种宪政性的规则制度体系。以便确认各种规则与价值是否能够适用是否应该予以保护以及保护的层级与地位。唯有如此才能使整个国际经济法体系中的各种价值各种规则之间不会因为平衡的失范而导致整个体系的功能性崩溃。这就要求某种最能调和、平衡两种价值以及不同利益主体的诉求的"最大公约数规则"从一般规则中分化出来，而遵守这些规则的国家便通过此项规则而具有了实施某一行动的能力[8]。

而这种最大公约数规则就是政府规制规则理论，所谓政府规制理论，顾名思义就是通过确定性的规则来规定某个行业中不同主体的行为，并他们之间形成良好的权利与利益生态。在彼此都能够接受和忍受的前提下达到一种"共存"与"共进"关系。"政府规制"一词来源于英文"government regulation"，是日本经济学家创造的译名。在通常含义上是指广义上是指政府对行业具体行为主体活动的控制，包含有规范制约、管理与监督以及治理的意思。不过，笔者认为该概念似乎有过于狭隘之嫌，只强调政府对行业产业主体的单方面监管和治理似乎并不足够。规制的核心是透过规制来达到某种目的，亦或是说达到某种价值追求。但是在追寻该价值的过程中，似乎更应强调治理的双向性。即政府在制定规则的过程中和规则被制定出来以后更应该受到规则的约束与限制。这也是规则约束力和既定力原则的根本体现。因此，笔者试图通过分析互联网经济条件下政府制定政策时所面临的两个实际问题作为分析的着眼点，试图探讨并进一步揭示出政府在制定传媒产业相关规则时所应尊重的一般规律。

第二节　web 2.0 条件下数字传媒产业版权的治理结构重构

在传统的意义的法律上，不论是一般意义上的作品还是传媒业中的作品，并无实质意义上的不同，都被归入一种私权的范畴之中。例如，根据《著作权法》第 3 条的规定明确将文字性作品、影视类作品、以及计算机软件等可能与传媒行业发生关联的相关作品归入著作权法的保护范围之内。同时该法第二节明确规定作品的著作权利归属于个人即作者，同时规定了著作权权利人的认定问题。因此，从著作权的基调上来看，著作权本质上属于一种私权，即著作权私有。那么，从这个意义上来说数字领域的知识产权便局限于个人权利的限域之内。这在某种程度上与传媒产业本身所需求的传播、受众两大价值吁求产生了冲突。特别是在 web2.0 时代，传媒产业呈现出了高度数字化以及开放性的特征。作者在网络空间中会产生极大的异化作用。而且从另一个角度来说，对数字传媒的版权的限制也更为复杂。因为互联网的无性系以及跨国性使得版权拥有者对于版权的控制力大大减弱。以中国为例，据中国互联网络信息中心 CNNIC 在 2008 年 7 月统计，我国网络音乐的使用率达到 84.5%用户量高达 2.14 亿人；网络视频的使用率为 71%，用户量已经达到 1.8 亿人。在这些人中，绝大部分上网获取的视频音频都是从没有经过授权非法运营商处获取的，尤其是 P2P 下载软件普及以后这种情况变得更为严重。由此可见，网络信息时代的版权制度必须进行与时具进的改良与重构。但是，互联网对版权制度的挑战并不能改变版权的私权利的根本属性，既然作为私权利的一种，那么在进行规制制度设计时，就有必要借鉴传统民法的自助制度显然是可以作为版权保护的手段的。不过需要指出的是，与传统民法理论体系中的自助的根本区别在于，电子版权制度中的自助制度更加倾向于对版权标的作品有可能受到的侵权行为的一种事先的防御性手段，而不是一般自助行为的事后对已经造成的侵权行为进行的一种反制与制控。简而言之，在数字版权中的自助就是由版权人自己采取相应的措施来防止他人非法复制使用自己的作品。根据联合国在《伯尔尼公约》约基础之上制定的《世界版权公约》(WIPO Copyrights Treaty，WCT) 就借鉴了该种制度。此外，从经济和社会角度来看，如果严格按照传统的版权理论对互联网上的电子版权进行保护的话，会给互联网的发展和网络使用者的生活带来极大的不便。这是因为，传统版权意义上的复制行为，在计算机的使用中几乎无时不刻不在发生着，只要浏览器一旦浏览某作品，该作品的数字信息必然会进入到计算机的缓存之中。而且，普通的网络使用者只是为了个人目的而使用作品，具有很明显的经常性、普遍性的特点，而对这种复制按照传统意义的要求复制必先获许可的规则来讲显然是不可能的。即便是法律如此规定，也不可能被虚拟环境中的个人用户所遵守。从版权所有人角度来看，通过谈判甚至诉讼来获得版权利益也明显会面临着"市场失灵"的尴尬境地，这是因为，正如前面所述的那样，版权虽属私权，但是作品一旦发表便会进入公共领域具有公共产品的属性。公共产品属性使得作品的使用和传播必然产生"搭便车"和"外部性"问题。"搭便车"用来指得到一种物品的利益但避开为其支付对价。外部性，是指某种活动给与这项活动无关的第三方带来的影响。"搭便车"和"外部性"造成的结果是，版权作品生产的数量可能小于社会需求总量，市场配置资源得不到有效配置，而通过传统的谈判——许可模式又不得不面对科斯定理中的"交易成本"。利益各方能否通过私人谈判解决外部性问题，取决于交易成本。很明显，只有当交易后，新增加的价值大于交易所花费的成本时，交易活动才有可能而且有交换的意义。若交易所带来的收益等于交易费用或不及交易费用，则交易活动难以进行。由于交易成本的存在，私人谈判往往不能解决外部性所引起的问题。当利益各方人数众多时，达成有效协议更加困难，因为协调每个人的代价更高昂，再加上由于作品不能满足社会的巨大需求，即便是版权所有人采取了加密等技术自助手段，但是这些技术手段也面临着被更加高明的黑客所破解的风险。显然，私人复制属于市场失灵的领域，由于交易成本过高使得私人谈判没有效率而无法实行。如果版权所有人在市场之外，通过诉讼进行权利救济，也只有针对少数人才能符合效率的要求。反之，起诉数量巨大而又分散的个人消费者，同样会是不经济的。因此，私人复制是一个无法通过私人谈判而消除外部性的领域[9]。总之，新兴互联网产业始终追求传播效率，即以最低成本追求传播范围的最大化，因而主张法律应与传播技术的发展相适应，不得阻碍传播技术发挥最大效用。这与传统传播产业需要通过许可效率来实现发展，即以最低成本追求许可收益的最大化的基本特征是完全不同的[10]。

因此，在网络经济条件下，著作权制度适应 Web 2.0 的首要目标，是在兼顾许可效率与传播效率的前提下，把网络服务提供者与最终用户纳入到权利配置的范畴中，放弃以往将两者简单视为侵权人或容忍其自由使用作品的做法，尝试以著作权集体管理制度实现版权产业与互联网产业的合作。引入集体管理制度的主要方式，是将网络服务提供者作为新的集体管理组织加以规制，并把集体管理的对象扩大到网络最终用户。在网络服务提供者的类型中，内容提供者与平台服务提供者都直接涉及作品利用，前者直接向网络用户提供作品的复制或信息网络传播，例如传统的门户网站和各类网络音乐、影视和软件"在线商店"，后者则为"用户创造内容"提供网络平台，例如维基百科和 Facebook 等社交网站。实践中的网络服务提供者以往更多注重下游最终用户数量的增长，而忽略了对上游著作权人的保护，这也是著作权人与网络服务提供者在间接责任注意义务的界定上产生分歧的原因。因此，将网络服务提供者视为集体管理组织，改变了以往集体管理组织由权利人组成的惯例，既使得网络服务提供者规制管理用户利用作品的行为具有了合法性，也迫使网络服务提供者承担获取著作权人授权的义务，让著作权人、网络服务提供者和最终用户之间，得以在不动摇既有著作财产权体系的基础上通过合同构建其法律关系[11]。

总之，在对网络传媒产业进行规制制度设计时，必须着重对互联网私权利人和传播人以及互联网使用者之间的利益平衡。同时，政府应该遵循"制度中立"以及"产权中立"的原则。构建起数字传媒产业中不同利益群体彼此均能接受的良好权利生态。

第三节　数字传媒产业政府规制模式转变

面对互联网大潮的冲击，传统新闻出版与广电媒体与网络媒体相互整合、共存共赢乃大势所趋。数字技术的发展为新旧媒体"融合"奠定了基础，也为传媒业进一步发展提供了契机。各种媒体之间的整合交融，形成能应对不同受众的传播新模式，来满足受众个性化、大容量的信息需求。在 Web2.0 的条件下，由于信息网络上信息的高速流动以及内容获取的高度"可及性"造成了数字传媒产业本身与国家传统监管模式的巨大内在制度冲突。如果这个问题不能加以很好地处理，将会对数字传媒产业的发展造成巨大的阻碍作用。

在传统上，我国对媒体的控制非常严格。将"党管媒体"作为对传媒产业规制的最高准则与根本基石。根据中央 2001 年的中央 17 号文件规定：传媒出版业既有一般行业属性，又有意识形态属性，既是大众媒体，又是党的宣传思想阵地，事关国家的安全和政治稳定，负有重要责任。无论什么情况下，党和人民的喉舌的性质不能变，党管媒体不能变，党管干部不能变，正确的舆论导向不能变。这个文件还规定，新闻媒体由国家主办经营，不吸收外资和私人资本。按照这个文件，党管媒体体制最主要之点就是：党必须始终掌握对重大事项的决策权，对资产配置的控制权，对新闻宣传业务的审核权，对主要领导干部的任免权[12]。

但是，随着数字传媒产业的发展，上述规制方法已经严重地不能适应数字传媒产业中信息流动的特点与趋势。2003 年的 SARs 事件、2004 年的孙志刚事件以及 2012 年郭美美事件都暴露出传统政府的"泛政治化"与"泛意识形态化"监管的重大弊端。实践证明，中国传媒行业迄今为止依然沿用计划经济体制时代的管控思维，保持着旨在使传媒一律成为宣传者、组织者、鼓动者的管理模式，过多地强调所谓"喉舌"作用，对传媒仍然保持高度集中的统一控制。由于这种体制的束缚，传媒产业发展的内在动力明显被压抑。尽管传媒体制属于意识形态色彩较强的政治领域，但其自身也有发展的自主性与需要尊重的新闻传播规律。对这一问题的解决思路应该实现"从政治化到行政化"的转变，遇到具体问题就针对这个问题研究具体的解决方案，而不是先进行意识形态的归类与定位[13]。这已经根本不能适应互联网这种新的媒体技术的发展的客观需要。历史规律表明：每一次传播技术的进步都意味着是对政府控制权的消减。"无线广播的出现，使公众与执政者可以同时获知重大事件的进展，也使执政者失去了对信息的独占权。电视的出现，特别是直播电视的风行，使得执政者与公众同时'亲临'现场，从而部分失去了对信息流动与传播的直接控制权。而互联网特别是短信的出现，使每个人都可以成为发布者，控制信息流动与传播成为几乎难以有效实施的事[14]"。因此，传统的单纯将传媒产业视为"意识形态阵地"和"喉舌"的方式显然应该让位与技术化、中立化以及法治化的新型监管模式。过去的以条例、通知、规定、领导人讲话、座谈会纪要等新闻政策进行管理的方式应该让位于依据事先制定的；而且权利义务相统一的国家法律来对数字传媒产业进行监管与规制。

　　这就要求新的政府规制体制在对数字传媒产业进行监管时，必须注重法治化。所谓"法治化"就是要求确立"法律至上"的理念。对于政府的权力进行限制，构建传媒领域的有限政府。具体而言，政府的权力、程序、决定方法都必须事先依照法律程序进行公开透明地公示。让每个社会群体都能够知晓政府作为范围，从而合理地安排自身的行为。同时，注重公众对制度的参与保障。不允许政府单方面决定传媒产业所传播的信息内容。此外，要通过法律对传媒传播的信息中所可能危害或危及的"公共利益"以及"不良信息"范围作出明且羁束性规定。不允许政府对这些根本概念进行任意性地扩大解释。

　　强调法治化和去政治化还要求同时发挥传媒产业自身的自我监管职能。调动产业自身监管的积极性。例如，英国设立了相对独立的英国广播公司、独立电视委员会、广播电台管理委员会等机构来负责行使传媒产业的监管职能。这样既可以减轻政府的行政压力，又可以更加方便地采取各种技术手段来对数字传媒产业的"突发事件"进行有效地监管与规制。

　　此外，必须建立有效的司法体制应对传媒产业中所可能出现的各种法律争端。通过对以往司法案例的整理，我们发现对于在数字传媒领域的案件来说，民事案件远远多于行政案件。大多以名誉侵权案件和财产性侵权案件（如盗链行为）为多。在案件审理的过程中往往依据民法的一般性规则来进行裁断。这在很大程度上反映了我国司法机构对于传媒产业的准备不足。现代传媒产业的特征要求法院必须加强司法能力，使用更加贴近互联网产业的规则去裁断案件。另一方面，司法制度也应该允许公民和企业能够以行政诉讼的方式来起诉政府监管部门，以维护自己的合法权益。

　　总而言之，政府规制探讨的主要是与市场资源配置相契合的权力规则的设定问题，规制体制则主要是对市场经济条件下政府规制职能定位、权力分配规则以及权力运行机制等的设计与规范。在进行制度设计时，必须兼顾互联网传媒产业利益多元化、复杂化的客观特点，对各种利益进行法治化的权衡。在维护传媒巩固意识形态这一根本目的的同时强化法律制度在监管中的作用，使得监管在不危害国家政治安全的同时尽量中立化、技术化、体制化。唯有此，才能真正树立我国政府在媒体规则领域的良好形象，同时为我国的和平崛起提供有力的舆论支持。

第四节　互联网条件下版权保护模式的创新

基于互联网本身的特点，作品的传播模式已经出现了革命性的变革。在以纸为媒介的一百多年的时间内，内容和工具之间一直相安无事，版权人和造纸商之间几乎没有发生过冲突而且相互依存。但是当技术的发展将媒介从纸变成磁媒介或者数字媒介时，内容和工具之间的蜜月期结束了，他们之间的纷争开始加剧，因为工具的进步打破了两者之间长达一百多年的默契或者默示的协定。给传统的版权制度带来了极大的挑战。为了解决本问题，有必要采用一种新的体制构建一个新型的综合性的解决方案，以应对互联网的开放性对传统版权制度所带来的挑战。

那么如何从技术层面实现电子版权的集体管理呢？数字版权权利管理系统（Digital Rights Management，DRM）技术通常被认为是一种简便安全的版权保护技术。Kalker Ton（2006）认为使用 DRM 技术是保护数字版权最常用的一种方法与策略，其可以有效的防止数字作品被非法使用以及非法进入，可以极好地保护数字作品著作权人的权益。

不过反对数字版权 DRM 技术的学者则认为，使用 DRM 集中版权管理技术可能极大地限制社会公众对数字的作品的合理使用影响知识的传播与学术交流，如 Ahn 就针锋相对地提出，只有版权保护制度十分完善或者搭便车现象极为严重的情况下，DRM 才能够最好地起到版权保护的效果，否则 DRM 只会让出版传播公司受益，与其话费大笔的研发费用投入到随时可能被破解的 DRM 技术身上，不如由政府加大知识产权保护的执法力度，从而让正版的使用者获得最大利益[15]。

版权本质上是一种私权，换言之，即版权私有。必须有某个具体的主体来享有版权。但是版权又具有很强的公众性，因为版权的客体从某种意义上就是一种知识，而知识是应当在社会中进行自由传播的。这时私权利和公众需求产生了矛盾。这种矛盾在互联网出现以后变得尤为突出，因为互联网的无性系以及跨国性使得版权拥有者对于版权的控制力大大减弱。以中国为例，据中国互联网络信息中心 CNNIC 在 2008 年 7 月统计，我国网络音乐的使用率达到 84.5%，用户量高达 2.14 亿人；网络视频的使用率为 71%，用户量已经达到 1.8 亿人。在这些人中，绝大部分上网获取的视频音频都是从没有经过授权非法运营商处获取的，尤其是 P2P 下载软件普及以后这种情况变得更为严重。由此可见，网络信息时代的版权制度必须进行与时具进的改良与重构。

但是，互联网对版权制度的挑战并不能改变版权的私权利的根本属性，既然作为私权利的一种，那么传统民法的自助制度显然是可以作为版权保护的手段的。不过需要指出的是，与传统民法理论体系中的自助的根本区别在于，电子版权制度中的自助制度更加倾向于对版权标的作品有可能受到的侵权行为的一种事先的防御性手段，而不是一般自助行为的事后对已经造成的侵权行为进行的一种反制与制控。简而言之，在数字版权中的自助就是由版权人自己采取相应的措施来防止他人非法复制使用自己的作品。根据联合国在《伯尔尼公约》约基础之上指定的 WIPO Copyright Treaty（WCT）首次写入了承认信息与通讯技术的发展和组合对文学和艺术作品创造与使用的深刻影响条款，并且明确规定了在互联网上的发行权、传输权、以及技术保护措施权利和管理信息权条款，以应对互联网发展中所带来作品著作权的保护问题。由此可见，版权的技术自助手段已经被国际社会所承认。那么，在我们的集中管理系统中没有理由不把该手段放在一个核心的地位之上。此外从功利角度而言，这也是解决由于互联网带来的由于信息跨越国界进行转移而带来的诸如法院管辖权、判决的执行，证据收集一系列法律问题最经济的方法。

但是，我们在重视版权私权利的同时也绝对不能忽视公共获取知识，使用作品的权利。根据德国和法国的版权法律制度，公众获得并使用作品和版权人所拥有的版权权利同属于"天赋人权"，是不容剥夺的。特别是随着 Web 2.0 技术的应用，互联网已经从某种意义上超出了作为一种信息媒介工具的意义范围，其更强调用户的交互作用，用户既是网站内容的浏览者，也是网站内容的制造者。作品作为一种知识进行传播以后往往可以获得更大的价值。例如，美国著名的游戏软件公司 BLIZZARD 开发的魔兽争霸游戏，在开放了源代码以后，被很多 MOD 小组进行改进，衍生出了以 DOTA 为代表的一系列优秀作品，极大的提高魔兽争霸的游戏寿命，也给 BLIZZARD 公司带来了丰厚的回报。

此外，从经济和社会角度来看，如果严格按照传统的版权理论对互联网上的电子版权进行保护的话，会给互联网的发展和网络使用者的生活带来极大的不便。这是因为，传统版权意义上的复制行为，在计算机的使用中几乎无时不刻不在发生着，只要浏览器一旦浏览某作品，该作品的数字信息必然会进入到计算机的缓存之中。而且，普通的网络使用者只是为了个人目的而使用作品，具有很明显的经常性、普遍性的特点，而对这种复制按照传统意义的要求复制必先获许可的规则来讲显然是不可能的。即便是法律如此规定，也不可能被虚拟环境中的个人用户所遵守。从版权所有人角度来看，通过谈判甚至诉讼来获得版权利益也明显会面临着"市场失灵"的尴尬境地，这是因为，正如前面所述的那样，版权虽属私权，但是作品一旦发表便会进入公共领域具有公共产品的属性。公共产品属性使得作品的使用和传播必然产生"搭便车"和"外部性"问题。"搭便车"用来指得到一种物品的利益但避开为其支付对价。外部性，是指某种活动给与这项活动无关的第三方带来的影响。"搭便车"和"外部性"造成的结果是，版权作品生产的数量可能小于社会需求总量，市场配置资源得不到有效配置，而通过传统的谈判——许可模式又不得不面对科斯定理中的"交易成本"。现实生活中，交易是需要成本的，有时成本还是昂贵的。利益各方能否通过私人谈判解决外部性问题，取决于交易成本。很明显，只有当交易后，新增加的价值大于交易所花费的成本时，交易活动才有可能而且有交换的意义。若交易所带来的收益等于交易费用或不及交易费用，则交易活动难以进行。由于交易成本的存在，私人谈判往往不能解决外部性所引起的问题。当利益各方人数众多时，达成有效协议更加困难，因为协调每个人的代价更高昂，再加上由于作品不能满足社会的巨大需求，即便是版权所有人采取了加密等技术自助手段，但是这些技术手段也面临着被更加高明的黑客所破解的必然命运[①]。显然，私人复制属于市场失灵的领域，由于交易成本过高使得私人谈判没有效率而无法实行。如果版权所有人在市场之外，通过诉讼进行权利救济，也只有针对少数人才能符合效率的要求。反之，起诉数量巨大而又分散的个人消费者，同样会是不经济的。因此，私人复制是一个无法通过私人谈判而消除外部性的领域。

但是，进行知识分享也必须保证版权人获得充分的利益，否则会导致没有人进行作品的创作或者不愿意将自己的作品公诸于世。因此对于版权的保护必须在一定范围内借鉴公共政策的帮助，即此时政府应该从获益者处进行征税并补偿给版权的所有者。在德国早在上个世纪就出现了版权补偿金的判例，2007年9月21日，德国参议院通过了《规范信息社会著作权的第二部法律》。该法于2008年1月1日生效。这次法律改革的主要内容包括：数字形式的包括网络环境的私人复制原则上为法律所许可。对私人复制给著作权人带来的损害仍然实行一揽子补偿。根据新的法律，负有缴费义务的是所有通常提供复制服务提供下载资源以及制造存储介质的企业。该制度创造性的将自愿许可原则排除于网络数字媒介之外，采用了一种补偿制度。这种制度看似是对作者权利的限制，然而，由于集体管理的保障，作者所得到的版权最重要的价值——经济利益，比起徒有无法控制的专有权有效益得多。

早在20世纪欧盟就提出建立DRM技术体系，将电子版权纳入集中管理模式。并且欧盟通过其强大的跨国立法能力对其成员国的国内法进行制控。例如其制定的"信息社会中的版权指令"、"信息社会中的版权服务指令"等。这些指令明确规定了"向公众传播和向公众提供信息"是欧盟所承认的一项基本法律权利。其根本价值在于使得公众获得一种access right。换言之，公众对于信息的获取是无需承担侵权责任的。

美国则通过判例对"合理使用"的概念加以强化，认为公共为了非商业目的而使用作品是符合美国宪法精神，进而给予了保护。

日本在1992年针对数字式复制建立补偿金制度，规定对数字复制机器和复制媒介的生产商、进口商收取一定比例的补偿金用于支付版权人，并对补偿金的授权分发等管理作了规定。《日本著作权法》第30条"个人使用的复制"规定，允许以个人使用目的进行录音、录像，但必须支付相当金额的补偿金给版权人。其第5章"个人录音录像补偿金"规定，仅可由特定的管理团体收取补偿金；特定机器和记录媒体的购买者在购买时一次性支付，补偿金的额度由文化厅长官认可特定机器和记录媒体的制造者或进口者对补偿金的支付请求和领取必须予以协助。

综上，西方发达国家在版权管理方面已经初步形成了集中管理的模式，并通过补偿金制度协调知识公众传播和版权作为一种私权而进行保护的这一矛盾。而中国与之相比较，差距较为明显，在中国，版权服务体系不健全，社会非政府组织的第三部门发展不健全。在我国，由于版权制度建立的较晚，因而在版权公共服务方面的运行和基础设施建设都有待进一步的发展和完善。而数字网络环境快速发展，大力推进公共管理与服务

[①] 根据统计，一个软件在市场出现后，一般1个月内必然会遭到破解，目前世界上有100多个国家都有黑客破解小组，他们的工作十分出色，破解了大量软件，在中国，破解软件的市场要远远大于正版软件的市场，这一比例甚至达到了惊人的100：1.

体系的确立与健康运行以促进版权市场交易和版权产业发展的要求迫在眉睫。中国版权要素市场和版权中介服务机构发育并不健全，中介组织的自主性和独立性并不强。由此可见，中国必须建立版权集体管理的服务体系。

面对版权的外部性以及共享性，本专题认为，在制度设计中必须尊重以下价值：

A. 尊重与保护著作权人各项基本权利。著作权分为人身权和财产权两大类，集中管理仅仅在某种程度上限制了版权人许可他人使用作品的权利，对于版权的人身权和其他财产权利还是必须要加以保护的，在这方面必须加强版权权利管理信息的重要性，因为这种信息就是作品的 ID 卡。一旦出现侵权行为，这种信息将会成为支持侵权诉讼的最有利证据。

B. 鼓励作品的自由传播，扩大自由使用和法定许可的适用范围，使用获得作品无需获得版权人的事先许可，只需要事后对权利人进行补偿。

C. 管理和规制对象集中于作品的提供下载方，而对于进入获得作品的用户，除非证明其恶意侵犯版权，否则免责。

D. 作品进行演绎后，原作品著作权人和新作品著作权有权对演绎作品的价值进行分享。

E. 在 DRM 的使用过程中必须尽量减少对版权人以及用户的其他权利的侵犯。例如，在进行集中管理的过程中，不可避免的会获得客户的个人信息，对于这些信息必须采用严格的管理与保密措施，防止泄露给用户带来困扰。

【本专题结论】

在网络高度发达的今天，政府越来越发现其控制互联网内所有的主体是一件非常困难的事情了。因为，在互联网空间中所有主体都具有匿名性、转化性的特征。但是，国家又不能对互联网中发生的事情"放任自流"。那样，互联网中的危险因素的涓涓细流也会因为信息的高速流动与力量汇聚而转化成一种难以抗拒的破坏力量。党的十六大的报告决定中指出："要高度重视互联网等新型传媒对社会舆论的影响，加快建立法律规范、行政监管、行业自律、技术保障相结合的管理体制，加强互联网宣传队伍建设，形成网上正面舆论的强势"。但是，具体来说我们必须通过具体的制度建设来实现上述目标。笔者认为，对数字传媒产业的放任和过度干预都不是解决传媒产业具体实际的问题的最优路径。必须构建灵活多元的制度架构，平衡数字传媒产业中不同利益主体之间以及数字传媒产业中的平台、企业以及政府之间的利益。实现政治目的有时不能直接使用强硬的政治手段。使用中立的法律手段照顾与平衡各个主体之间的利益，实现主体之间最大公约数化的价值平衡，最终促进传媒产业各个主体的"共存"与"共进"，或许才是真正繁荣传媒同时保证舆论稳定的最佳路径选择。

需要指出的是，本专题前面所列举的需要进行制度重构的两个领域，虽看似彼此无甚关联。但如果抛开这两件事物之表象，就可以很清晰地发现在制度构建中二者之间所应当遵循的共同价值规律。那就是构建良性的权利生态是数字传媒产业在制度构建的过程中所应当保有的最根本的目的追求。

【本专题参考文献】

[1] Benson B L. The spontaneous evolution of cyber law: norms, property rights, contracting, dispute resolution and enforcement without the state. Journal of Law, Economics and Policy, 2005, 1（2）: 333-337.

[2] 管仲. 《管子·法法》第十六篇.

[3] 郑燕平, 沈传尧, 陆宝益. 我国加强数字内容产业监管的思考[J]. 图书情报工作, 2010, （3）: 17-18.

[4] 哈耶克. 自由秩序原理[M], 邓正来, 等译. 北京: 中国大百科全书出版社, 1997: 24-25.

[5] 哈耶克. 通往奴役之路[M], 王明毅, 等译. 北京: 中国社会科学出版社, 1997: 11.

[6] 宋阳. 国际机制强化国家经济主权——以主权内涵变迁为视角[J]. 安徽大学学报, 2013, （5）: 136.

[7] 哈耶克, 法律立法与自由（第一卷）[M]. 邓正来, 等译. 北京: 中国大百科全书出版社, 2001: 67-68.

[8] 宋阳. 国际经济法规则宪法化理论初探[J]. 政法学刊, 2012, （5）: 15.

[9] 宋阳. 互联网环境下基于集中管理模式的数字版权自动许可与补偿制度[J]. 石家庄铁道大学学报, 2012, （2）: 65-66.

[10] 熊琦. 互联网产业驱动下的著作权规则变革[J]. 中国法学, 2013, （6）: 79.

[11] 熊琦. Web2.0时代的著作权法: 问题、争议与应对[J]. 政法论坛, 2014, （4）: 92.

[12] 刘伯高. 新媒体条件下党管媒体的环境适应性研究[J]. 山西大学学报, 2012, （4）: 139.

[13] 郭海英. 传媒行业政府规制体制研究[D]. 2013年南开大学博士学位论文, 162。

[14] 陆小华. 作为执政能力构成的舆论影响力与传媒运用能力[J]. 声屏世界, 2005, （4）: 7.

[15] Tommy A. Altalus I, The Copy rights in internet what is the paint?[J]. Intellectual Property Law Journal, 2012, （6）: 91-92.

专题十 我国参与国际规则制定专题

专题要旨：近年来，国内外学界对中国参与国际体系问题的学术关注与理论研究日趋增多，已取得不菲成果。这些文献研究了中国参与国际体系的历史演进、指导思想、总体效果、不利因素、战略决策和未来角色，有助于学术增长和外交实践。然而现有研究仍有可待改进的地方，学界应当以开阔的理论视野、恰当的研究方法和精准的实践洞察进一步深化中国参与国际体系问题的研究。

【引论】

自改革开放始，中国开启了全面、积极地参与国际体系的历程。中国日益增强的经济实力和不断攀升的政治影响力使得中国在参与国际体系的过程中取得了较大的成就。迄今，中国参加了 100 多个政府间国际组织，签署了 300 多个国际公约，已经成为国际体系的主要参与方和重要影响者。对此，国内学界进行了有益的理论总结，国外学界也给予了相当的学术关注，有关文献较为丰硕。截止到本专题写作时，笔者搜索到的相关文献中，外文论文 27 篇[1]，外文专著四部，中文论文 63 篇[2]，中文论文集一部。这些文献广泛研究了中国参与国际体系的历史演进、指导思想、总体效果、影响因素、战略决策和未来角色。本专题试图对国内外学界关于中国参与国际体系问题的研究进行回顾、反思与展望，旨在将这一研究引向深入。

第一节 研究现状：主要内容与理论观点

国内外学界就中国参与国际体系问题的研究主要围绕以下几个方面展开，并提出了相应的理论观点与实践对策：

一、关于中国参与国际体系的历史演进

学界对中国参与国际体系问题的研究一般始于对中国参与国际体系的历史演变的梳理。国内学界普遍认为，自近代以来的中国尽管在融入国际社会还是闭关自守之间几经

---

① 对发表在 SSCI 期刊上的关于中国参与国际体系问题研究的外文文章数的统计结果。
② 对发表在 CSSCI 期刊上的关于中国参与国际体系问题研究的中文文章数的统计结果。

摇摆，但没有停止深化与国际体系接轨的脚步，中国选择全面、积极参与国际体系战略是一个历史性的结论。[1]中国自 1978 年开始，至 1985 年完成了对外政策的转变，开启了全面外交时代，改善与周边国家的关系，稳定中美关系，发展与西方国家的政治经济关系。[2]多边外交逐渐成为中国独立自主的和平外交政策的一个重要组成部分。[3]中国在多边制度安排基础上处理全球与地区公共问题的理念。[4]总之，中国已经从国际体系之外的政治革命性大国转变为了维护现有国际体系稳定的经济发展中国家，[5]并寻求与国际体系的"包容性合作关系"，[6]在此基础之上争取建构国际政治经济新秩序。

国外学者以中国学者对中国参与国际体系历史严格的概述为基础，展开了对中国对外政策转变的原因和这种转变的可持续性的研究。有学者运用建构主义理论解读中国外交政策的转向，认为国际规范与国际行为体之间具有互动作用，改变了中国领导人与外交家的观念，从而推动对外战略的调整。[7]也有学者从中国国家利益的角度出发，认为中国积极参与国际体系有助于消除中国威胁论、加强共产党的合法性和推动国内体制改革。[8]然而，有国外学者对中国多边外交政策的可持续性持较为悲观的看法，认为中国的政治精英担心过多地融入国际体系会导致外国对中国的不当干预，损害政治稳定性等问题。一旦中国发现有任何的威胁，就会消减参与热情、放慢参与步伐。[7]

二、关于中国参与国际体系的指导思想

我国学界对中国参与国际体系的指导思想存在是继续坚持并发展"韬光养晦，有所作为"还是摒弃"韬光养晦"、"不结盟"的意见分歧。王缉思认为，中国"虽强犹弱"的现实决定了中国对外战略必须继续坚持邓小平提出的"韬光养晦，有所作为"的思想，并进行一定程度的发展。但是，"韬光养晦"据其含义不适合在公开场合宣讲，只应在内部传达，更好的对外表达方式是"谦虚谨慎"。[9]阎学通则认为，中国如今面对的国际环境和中国自身实力决定中国应当摒弃"韬光养晦"和"不结盟"政策，发展"全天候的战略伙伴"关系。[10]

对于胡锦涛主席提出的"和谐世界"的理念，我国学者认为，这一理念是对西方主流价值观的扬弃，强调价值多元，文明共存，各国共同繁荣与发展，[11]符合建立国际政治经济新秩序所依据的国际法基本准则并促进了这种新秩序的建立。[12]"和谐世界"的提出，标示了中国对外战略的转型：从国际秩序的批判者、打碎者、边缘者到有保留的认同者、建设性的融入者、重要影响者；从怀疑、抵制国际机制和多边主义，到积极倡导和维护多边主义，努力创建和参与国际机制。[13]

阎学通提出应当借鉴先秦"王道之治"的思想，以丰富现有的国际关系理论，深化对现实国际政治的理解，指导现实政策以及预测国际政治未来走向。中国在当今国际关系中要充当实施"王道之治"的主导大国的角色，通过带头执行和维护国际规范而更具影响力、亲和力和感召力。[14]

国外学者认为，虽然中国逐渐扩大并加深了对国际体系的参与，重视国际组织的作用与力量，但是本质上指导中国对外政策实践的主要思想仍然是现实主义，[8]中国的和谐世界理念在本质上也是国家中心主义的。[15]

三、关于中国参与国际体系的效果评估

国内学者和国外学者对于中国参与国际体系的动机、行为、能力和影响作出了截然不同的评价。

国内学者认为，中国在全球治理中的行为动机是合作最大化，中国在遵守国际承诺上具有较强的可信度。[16]中国持有的体现发展中国家利益诉求的立场使中国构建国际制度的行为具有世界范围的合理性，同时，中国树立的负责任大国的形象为其主张提供了国际合法性基础。[17]总之，中国对国际体系的参与、维护和完善必将得到更多的国际支持、赢得更高的国际声望。

然而，国外学者认为，中国宣称的外交理念与实际的外交实践不一致，具有两面性：中国反对扩大联合国安理会常任理事国的范围不符合它所提出的民主化理念；中国的出口品对其他发展中国家的国内市场造成的损害不符合它所提出的平等发展、共同繁荣的理念。中国的外交实践始终秉持国家中心主义和实力政治主义，中国参与国际体系是为了最大限度地获取国家利益。从自由民主主义的角度，特别是从美国的角度看，中国还不是一个负责任的国家。中国对国际责任只是是消极回应而非积极负责，对国际规则只是被动学习而非灵活掌握。[18]虽然中国对国际事务施加了很多影响，但中国在国际事务中还远远不具支配性地位。[19]

四、关于中国参与国际体系的不利因素

中国参与国际体系主要面临着心态转变，身份矛盾，能力欠缺，研究乏力，贡献不足，政策不稳，美国制约的不利因素。

第一，中国参与国际体系的心态需要转变。中国需要转变国际关系的等级化认知，转而适应国际关系的无政府状态；中国需要转变强调国家主权的传统观念，转而适应全球治理要求的弱化国家主权观。

第二，中国参与国际体系的身份需要明晰。中国是社会主义国家和发展中国家，同时又是核大国和联合国常任理事国；中国是最具活力的金砖国家，同时又是人均所得排名靠后的人口大国。中国身份认知的矛盾性决定了国家利益的复杂性，从而导致了国际立场的模糊性。

第三，中国参与国际体系的能力需要强化。中国参与国际体系的能力与西方国家相比处于劣势，对全球治理没有一套完备的替代方案。中国外交官面对"社会的世界"能力不足。中国国内非政府组织弱小，使中国在全球治理中只能一条腿走路。[20]

第四，中国参与国际体系的理论需要提升。中国参与国际体系的理论研究需要与外交实践处于脱节状态，理论研究数量巨大但孤芳自赏，使外交实践始终缺少质量上乘且实用性强的理论支持。

第五，中国参与国际体系的贡献需要加大。中国提供的物质性公共产品占国民生产总值的比重小，中国人担任国际组织领导人比例低，中国提供的非物质性公共产品很少，并且没有在国际机制中成功输出中国理念。

第六，中国参与国际体系的政策需要稳固。中国现有外交战略的长期性和稳定性存在国内政治和国外局势两方面的制约因素，导致其他国家的诸多顾虑，影响中国在国际体系的可信度和领导力。

第七，中国参与国际体系需要处理好与美国的关系。中国与美国在国际体系中存在利益冲突，[21]价值观、意识形态、国内政治经济制度和全球治理理念的对立，美国对中国崛起有所忌惮，大力鼓吹"中国威胁论"，企图遏制中国发展。如何处理好与世界唯一超级大国的关系决定了中国未来在国际体系中的地位。

五、关于中国参与国际体系的战略决策

在宏观战略层面上，总体目标应当是促进国际机制趋向民主化、合理化，创造和谐的国际大环境；基本原则应当是在维护国家利益的前提下与国际社会接轨，放眼长远利益；基本步骤应当是参与所有国际组织并发挥主导性作用，成为负责任大国，在亚洲秩序中发挥建设性作用，反对国际霸权主义，促进国际社会的机制化、民主化。[22]

在国际法规范上，中国应当将和谐的主张贯穿到具体国际法律事务的态度和处理上，通过切实的努力促进和谐世界的实现，关注和推动国际法治进程，经由国际法治建构和谐世界。

在国际组织中，中国应当继续坚持多边外交战略，提升在国际组织中的地位和影响力，加强议程设定能力和组织动员能力；推动中国周边的地区性国际组织的发展，为自身打造一个安全稳定和谐的地区秩序。[23]

在外交理念上，中国应当继续坚持"和谐世界"的全球治理观，加强宣传，使其成为大多数国家共享的价值理念，并将该理念具体化和可操作化，在此基础上逐步实施和谐国家、和谐地区和和谐世界的三步走战略。[24]

在外交策略上，中国应当既要超越当下的"韬光养晦"和搭便车的外交策略，又要走不同于西方国家"国强必霸"的老路，而是"创造性介入"国际事务。创造性介入是有选择性的、建设性的和量力而行的，对时机、方式和内涵有精心的选取，而非简单依靠军事上的打压或直接的对抗博弈。[25]另外，中国应当坚持走多边外交路线，并不断增强运用多边外交手段解决国际事务的能力，将声誉、责任与公正作为优化中国多边外交的重要突破口。[26]

在提升软实力方面，中国应当全面强化制度建设、议程设置、政治动员和联盟的能力。另外，中国应当积极发展公共外交，[27]鼓励民间组织在国际事务中发出"中国声音"，贡献中国力量，通过政府以外的第二条路线扩大中国国际影响力，提升中国形象，传播中国理念与文化。中国政府、外交部和官员也应当重视非政府间国际组织的作用，并提高应对非政府间国际组织的能力。

在区域治理中，中国应当积极运用周边制度安排，在合作的制度性框架下建设性地解决区域冲突，超越现实主义思维，摆脱旧时东亚政治逻辑。[28]

在全球环境治理中，中国应当发挥承担责任、客观公正和积极推动的作用，为此，中国可以采取行动与话语相结合，维护发展权利与说明减排困难将结合以及承担减排义

务与说明经济社会发展对排放的依赖相结合的策略。[29]

六、关于中国参与国际体系的未来角色

中国参与国际体系的未来角色，学者们使用了这样一些关键词：维护者、建设者、管理者和主导者。

在宏观层面上，中国不仅维护现存国际秩序的合理成分，还致力于改善其不合理、不公正的成分，提出可行的替代方案，保障世界稳定和国际格局的平稳过渡，促进各个文明的和谐共处，发挥在地区体系建构和联系中的作用。[30][31]考察中国不同于传统的英美发展模式的经济增长方式（一种新型的国家干预模式），可以发现，这种被外国学者称为"北京共识"的中国式增长模式的独特性在客观上决定了中国势必对现有国际系统提出改革要求以适应中国的发展模式，体现中国的国家利益，它向其他发展中国家输出的经验也影响着其他发展中国家对国际体系的认识和期望。所以，中国应当输出中国模式中内嵌的"合作"的组织原则和伦理道德观，为国际秩序建构的理念和组织原则输入新鲜血液。[32]

在国际法律规范方面，中国既要遵循和适应现状实现崛起，又要倡导和推动滞后于时代的国际法规范的改造，最终为中国的和平崛起创造和谐的国际法环境。[33]

在国际组织中，中国应当利用国际组织的平台完善和创新全球治理架构，推动国际组织改革，强化与区域性国际组织的合作，团结广大发展中国家，促进全球资源的更合理和有效的配置。[34]

在国际经济领域，中国已经经历了从融入到积极参与再到管理世界经济体系的角色的转变。在未来十年，中国应当致力于降低贸易顺差，维护国际金融稳定和推进国际经济界重大改革的任务。[35]

在全球环境治理领域，中国应当塑造自身承担责任的形象、客观公正的形象和积极推动的形象。

然而，也有西方学者认为，中国的提案设定能力较低，不能提出可替代美国和欧洲偏好的方案，这决定了中国至少在可预见的未来不能领导世界，中国只能选择加入并顺应现有的国际秩序，接受西方的价值观念，并在此影响下加快转变国内制度，而全球化是这一过程的催化剂。

第二节　研究评价：学术贡献与不足之处

国内外学界对中国参与国际体系问题的研究，是在全球治理问题空前突出，国际体系亟需变革，中国参与国际体系的能力增强，国际地位大幅攀升，但进一步参与国际体系遭遇瓶颈，面临障碍，呼吁理论研究的深入与拓展，以给予有力的学术支持的背景下展开的。其研究目的在于增强中国参与国际体系的能力，提升中国的国际声誉和影响力，

改善中国与周边国家的关系，最终为中国的和平崛起找到方向。总体而言，国内外学界的现有研究成果为学术增长作了良好的积累，并对实践发展提供了有益的指导。

首先，拓展了学界关于中国参与国际体系问题的研究空间。国际体系主要包括联合国体系、布雷顿森林体系、气候变化框架、核不扩散国际机制、G20 体系和一些重要的区域国际体系。国际体系是一种多边制度安排，中国参与国际体系是中国开展外交事务的高级层次，也是中国参与全球治理的主要途径。改革开放初期是中国开始以合作的姿态融入国际体系的时期，这一时期，中国经济蓬勃发展，逐渐成为了世界经济强国，所以，在这一阶段，学界较为重视中国参与国际经济体系的研究。另外，我国学界对国际体系的研究刚开始起步，还处于学习国际体系的基本规则，研究其他世界主要国家参与国际体系的策略的准备阶段。进入 21 世纪，中国的经济实力快速增长，随之而来的是中国的国际地位的提升和国际影响力的扩大，中国不仅在国际经济领域举足轻重，在国际体系的其他领域也都有一席之地，成为国际社会不可忽视的重要力量。学界开始重视对中国参与各个领域国际体系的研究，但这种研究是一种分领域的具体化、分散化的研究，虽然有助于对具体领域问题的细致、深入的发掘，但是缺少各领域之间的横向联系，以及提纲挈领式地整体把握，容易遭遇研究瓶颈。所以，学界最终又将研究转向对中国参与国际体系问题的整体研究上来，以一种全局观、历史感研究中国参与国际体系的理念与目标，困难与障碍，战略与决策，理论联系实际，希望对中国参与国际体系给予统筹全局式的指导。可见，学界对该问题的研究层次不断提升，研究视角不断增多，研究空间不断拓宽。

其次，深化了学界关于中国参与国际体系的指导思想的研究。最初，学界关于中国参与国际体系的研究更为重视现实问题与实践策略，这种"兵来将挡水来土掩"、"面对问题各个击破"式的研究方法始终缺少"抓手"，即理论指导，使得研究无的放矢。中国作为全面参与国际体系的大国，需要有一套纲领式、系统化的指导思想作支撑，保证中国的外交实践具有延续性和规律性，并能够解决不断出现的新问题。邓小平同志提出的"冷静观察、沉着应对、稳住阵脚、韬光养晦、有所作为"的外交思想成为了我国学界关于中国参与国际体系的指导思想的研究核心，然而，邓小平同志的外交方针的提出毕竟是在 20 世纪 80 年代末和 90 年代初的国际风云激变的严峻形势下提出的，[36]有一定的特殊性，对此，学界根据变化了的国际新形势和中国自身的实力增长对这一思想内涵进行了相当程度的发展，并探讨变革的可能性。2005 年，胡锦涛主席提出了"和谐世界"的全球治理观，再次引发了学界的研究热情，对这一概念的内涵、外延以及与西方理念的异同进行了探讨，并设计这一理念落实成为中国参与国际体系的战略决策的具体路径。不仅如此，学界还主动联系中国历史，探讨将先秦思想古为今用的可能性，以及批判性地运用西方国际关系理论解决中国对外关系实践问题的方法。总之，学界越发重视在这一问题研究中的理论思考与学理提升，提出了一些颇具洞见与富有启发性的思想，深化了中国参与国际体系指导思想的研究。

再次，丰富了学界关于中国参与国际体系问题的研究视角。在研究视角方面，学界有三点改变引人注目：第一，学界从以往研究中国如何应对国际体系中的规则到现在设想中国以强国姿态主动运用国际体系规则设定议题，在全球治理中发挥领导作用的转变，这是对中国改革开放三十年国力的迅速增长，中国国际地位的大幅跃升，更加倾向于以合作而非斗争的态度理解的国际关系的大背景、大现实的一种学术回应。第二，学界从以往研究中国政府外交到现在研究非政府组织与公共外交的转变。对国际体系的研究应当放置在国际社会的大环境中进行，应当注意到国际行为体不仅仅是各主权国家，还有形形色色、数以万计的非政府组织，[37]它们的活动会对国际体系中的国家关系、议题设定和规则制定构成重要影响，所以充分认知国际非政府组织，学习如何应对非政府组织，并尝试打破西方国家对非政府组织的垄断，培养中国自己的非政府组织参与国际事务，表达东方的思想与理念，发展公共外交成为了研究的当务之急。[38]第三，学界从以往研究中国参与国际体系的硬实力到现在研究软实力的转变。一国的软实力依赖三种基本资源：文化是否具有吸引力，政治价值观是否具有感召力以及对外政策是否合法且具有道德权威。当一国发挥软实力时，就可以依赖对其他国家的吸引力而非强制力驱使其他国家的行为符合本国的政策目标。[39]以美国为代表的西方国家之所以在国际体系中居于主导地位，不仅是依靠硬实力，更是依靠软实力的结果。所以，中国要在国际体系中发挥影响力，也要学习对这种软实力的有效运用，软实力是民族文化影响力在国际关系中的反映，也是中国和平崛起的重要倚仗，如何加强中国软实力的建设已经成为中国参与国际体系问题研究的重要课题。[40]

最后，中国参与国际体系研究的成果比较丰硕，为今后的进一步研究奠定了基础。然而，现有研究也存在可以增进的地方，为更广泛和更深入的研究留下了空间。具体而论，现有研究存在的问题主要有：

第一，中国参与国际体系的战略研究实用性有待加强。王逸舟认为中国的外交理论和外交实践严重脱节，一方面，是研究和教学机构及各种课题项目大增，另一方面，是外交实际操作部门又感到缺乏高质量又实用的理论成果，外交理论研究与外交实践在很大程度上仍是互不相干的"两张皮"。[20]相应地，中国参与国际体系的研究与实践也存在这样的问题。比如中国学者提出的中国参与国际体系的战略在一定程度上可以说是美好的愿景，高度性的理论建构和具体的实施方案略显匮乏，对理论上和实践中的合理性与可行性的论证较为欠缺，对指导国家外交实践稍显乏力。

第二，中国参与国际体系的指导思想研究的理论性、系统性、联系实际性不足。现有的研究主要是对国家领导人提出的中国对外战略思想的讲话、文件进行分析、再阐述与总结概括，虽然有所发展与改进，但是不能提出一整套具有严密体系性和完整论证性的理论纲领。现有的研究既缺乏哲学思想的指导，也缺少对中国历史文化与民族精神、政治价值观的深入挖掘、系统阐释和高度概括，更缺少对已有的较为成熟的国际关系三大理论（现实主义、自由主义与建构主义）的批判地借鉴与运用，这种状况致使现有研究始终缺乏理论的高度和深度。另外，对中国参与国际体系指导思想的研究目的在于指导实践，而现有研究还停留在理论层面的分析与阐释，缺少从理论到实践的衔接，没有形成具体的行动纲领和实践指南，更不存在从实践再到理论的检验与改进过程，所以应当在理论研究的同时针对实际问题提出切实可行的解决方案以体现理论研究的价值。

第三，中国参与国际体系问题研究的视角较为单一。关于中国参与国际体系问题的研究人员目前集中在国际关系学界，这种知识结构的单一性不可避免地造成研究视角单一，思路稍显固化，亟需新的分析视角和思考方式的注入。具体而言，中国参与国际体系的历史演进应当有历史学者参与研究，总结中国参与由西方主导的国际体系的各个阶段的经验与教训，总结中国式的参与模式，比较当代国际体系与历史上东亚的朝贡体系的异同；中国参与国际体系的理念与态度应当有哲学家参与研究，深入挖掘中国古代外交思想的精华，古为今用，并比较东西方哲学的异同，借鉴西方哲学思想中的先进部分，洋为中用；中国参与国际体系的途径、中美关系以及中国参与国际政治、经济和环境治理体系的研究应当有国际法学者参与研究，研究国际法在国际关系中的作用，探讨中国如何运用国际法规则处理国际关系，解决国际问题，维护本国利益，构想中国如何发挥建设者与领导者的作用，引领国际社会变革现有的不平等的国际政治经济旧秩序，构建更加民主、平等、正义的国际政治经济新秩序。

第四，中国参与国际体系问题的研究未成体系。现有关于中国参与国际体系问题研究的形式主要以论文为主，关注的问题点较为单一和分散，缺少聚合性和体系性，缺少从理论到实践，从安全领域到经济领域再到文化领域的经纬交织的完整研究框架。具体而言，对这一问题的研究应当分为三个部分：首先是对中国参与国际体系的一般问题研究，具体包括历史演进、指导思想、参与模式、参与目标、参与途径等；其次是对中国参与国际体系的主要矛盾——中美关系的重点研究，研究中美在国际体系中的不同地位、角色、理念和行为方式，探讨中美在国际体系中的竞争与合作关系；再次是对中国参与国际体系各领域的具体问题的研究，包括中国参与国际政治体系（联合国体系、核不扩散机制、G20 体系、朝核六方会谈、上海合作组织）研究，中国参与国际经济体系（WTO体系、国际货币体系、国际金融体系、东亚和亚太区域经济一体化系统、国际投资多边体系）的研究以及中国参与国际环境资源体系的研究。

第三节　研究前景：论题价值与深化方向

无可否认，当今世界处于全球化时代，各国政府和人民的联系日益密切，蝴蝶效应在全球每一个角落发生作用，传统的威斯特伐利亚主权观已经过时和不再可信，[41]各国都必须在国际合作与多边安排中解决本国的问题，寻求本国的发展，扩展本国的利益。国家主权不再是指国家有独立行动的自由以及所谓的私利，而是一种地位，证明国家作为国际体系的成员而存在，对于国家来说，唯一可以表达并实现专权的方法就是通过参与国际体系的各项制度。[42]因此，中国参与国际体系是增长本国实力，寻求和平发展的唯一出路。然而，中国处在美国单极独霸的世界中，中国国家实力的增长已经被认为对美国的霸权地位构成威胁，以现实主义理论的观点来看，中美两国之间会因为实力的逐渐接近而引发战争。[43]与此同时，中美两国分属不同社会制度的国家，彼此在文化、价值观、政治制度等方面差异较大，战略互信难以建立，利益分歧较多，这种关系对中国走和平与发展的道路造成诸多障碍。[44]另外，中国融入并参与国际体系的时间不长，经验不足，对于现有的国际体系规则的学习尚需时日，面对西方国家主导的国际秩序不能够提出一套建设性的替代方案，以体现东方国家的价值观与发展中国家的利益。再者，中国在国际社会中的身份的多重性使得中国不能够清晰地表明自身的利益，坚持一贯的立场，阐述一套有吸引力的理念与模式，这种状况导致其他国家对中国提出的和平发展道路与构建和谐世界的外交理念抱有疑虑，对中国在国际体系中的话语和行为怀有防范。这些问题无疑对中国自身实力的进一步增强，提升在国际体系中的地位和影响，改善中国在国际社会中的声誉和威望，促成中国在全球治理中发挥建设者与领导者的作用造成阻碍。所以，中国参与国际体系问题研究具有重大的现实意义和学术价值，是国际学术研究的前沿问题之一。学界应当以开阔的理论视野、恰当的研究方法和精准的实践洞察从以下四个方面深化中国参与国际体系问题的研究：

第一，客观分析中国参与国际体系的成绩、不足和障碍，发现问题，提出解决方案。我国学界对中国参与国际体系的效果评估略失客观，较少关注国外学者对中国参与国际体系的理念和实践的批评。这些批评有些是站在对立的价值观、意识形态和文化的基础上提出的，有失公允，难以克服，可以不予考虑，而有些批评则是客观的和可以解决的，应当予以研究。中国学者较多地关注中国外交实践的成绩，较少地进行冷静、客观的思考，从而无法发现问题并解决问题，国外学者虽然发现问题，但没有给出政策建议。

第二，深入研究中国参与国际体系的转型原因和心态，说明现有政策的长期性与稳定性，消除其他国家的疑虑。学界对中国外交政策和实践变化的原因研究尚不充分，国外政府和学者对中国的外交政策是否具有稳定性和延续性充满疑虑，[45]而中国学者对此进行的研究有些浅尝辄止，注重历史的研究，方法是描述性的，缺乏深入的理论研究。中国学者应当给出既有理论深度和事实论证，又不失客观性的解释，以消除其他国家的疑虑，使它们对中国将长期坚持多边和平外交政策充满信心。

第三，加强对中国参与国际组织的问题研究。国际组织是国际体系的核心部分，是承载国际多边制度安排和国际交往的主要平台，一国在国际组织中的成员身份、地位和影响是体现一国权力的重要标志，以美国为代表的西方国家善于利用国际组织的代理人角色实现本国利益。不仅如此，国际组织时常会脱离国家的控制，成为具有独立性的国际权威体，[46]对各国主权施以限制，影响国家的观念与行为，国际组织时常表现出背离国家同意模式的造法功能，成为法律的自治性主体，改变国际法的内容和造法过程。[47]因此，国际组织的宪政化，国际组织成员国之间的民主与平等，国际组织与国家的关系成为学界研究的热点问题。学界对中国参与国际体系问题的研究也不应忽视对国际组织的研究，应当开展对中国在国际组织中的议题设定、组织动员、掌握话语权能力的研究，如何在国际组织中代表发展中国家对现有制度进行改革的研究，以及如何协调国际组织与国家主权的关系的研究，在保障国际利益的同时利用国际组织的资源与权威参与全球治理与国际合作，助益本国利益在全球范围内的实现。

第四，提出中国参与国际体系的模式和在全球治理中充当的角色。中国参与国际体现的实践颇具特色，可以初步概括为"有耐心"，"重长远"，"不树敌"，"善幕后"，"讲务实"，"义利并重"等，这种不同于西方国家的模式有待于理论的深入挖掘、高度概括和客观评估，形成指导中国未来实践的一套成熟的，既能体现中国传统哲学思想，又能回应现实问题的行动纲领。全球治理是当今世界的主要课题之一，世界各主要国家和区域如美国与欧盟都有一套较为成熟的全球治理理念与主张，希冀在全球治理中发挥领导者的角色。中国作为世界强国，也应当提出本国的全球治理观，更加代表发展中国家的利益，更能体现国际民主与公正，更加弘扬东方的思想与文化，以区别于西方的全球治理观，这将使得中国在未来国际体系的改革中掌握更大的话语权与更高的影响力，与本国的实力相匹配。

【本专题参考文献】

[1] 门洪华. 压力、认知与国际形象——关于中国参与国际制度战略的历史解释[J]. 世界经济与政治，2005，（4）.

[2] 章百家. 改变自己 影响世界——20世纪中国外交基本线索刍议[J]. 中国社会科学，2002，（1）.

[3] 尤洪波. 中国的多边外交[J]. 经济与社会发展，2009，（2）.

[4] 苏长和. 发现中国新外交——多边国际制度与中国外交新思维[J].世界经济与政治，2005，（4）.

[5] 秦亚青. 国家身份、战略文化和安全利益——关于中国与国际社会关系的三个假设[J]. 世界经济与政治，2003，（1）.

[6] 苏长和. 中国与国际体系：寻求包容性的合作关系[J]. 外交评论，2011，（1）.

[7] Yang，Xiangfeng. Alastair Iain Johnston，social states：China in international institutions，1980-2000[J]. J OF CHIN POLIT SCI，2011，16.

[8] Wang，Hongying，Rosenau J N. China and global governance[J]. Asian Perspective，2009，33：3.

[9] 王缉思. 中国的国际定位问题与"韬光养晦、有所作为"的战略思想[J].国际问题研究，2011，（2）.

[10] 阎学通. 从南海问题说到中国外交调整[J].世界知识，2012，（1）.

[11] 何志鹏. 从"和平与发展"到"和谐发展"——国际法价值观的演进与中国立场调适[J]. 吉林大学社会科学学报，2011，（4）.

[12] 马冉. 从国际新秩序角度看中国和平发展的国际法意义[J]. 中州学刊，2009，（2）.

[13] 蔡拓. 和谐世界与中国对外战略的转型.吉林大学社会科学学报[J]，2006，（5）.

[14] 阎学通. 借鉴先秦思想创新国际关系理论[J]. 国际政治科学，2009，（3）.

[15] Chan L，Lee P K，Chan G. Rethinking global governance：a China model in the making?[J]. Contemporary Politics，2008，14：1.

[16] 苏长和. 中国与全球治理——进程、行为、结构与知识[J]. 国际政治研究（季刊），2011，（1）.

[17] 张骥、王宏斌. 论和平崛起的中国对构建当代国际制度的建设性影响[J]. 当代世界与社会主义（双月刊），2005，（2）.

[18] Paradise J F. China's compliance in global affairs：trade，arms control，environmental protection，human rights[J]. The China Quarterly，2006.

[19] Cheng J Y，Sutter R G. Chinese foreign relations——power and policy since the cold war[J]. J OF CHIN POLIT SCI，2011，16.

[20] 苏长和. 中国的软权力——以国际制度与中国的关系为例[J]. 国际观察，2007，（2）.

[21] Chin G，Thakur R. Will China change the rules of global order?[J]. The Washington Quarterly，2010，33：4.

[22] 门洪华. 国际机制与中国的战略选择[J]. 中国社会科学，2001，（2）.

[23] 蒲俜. 全球化时代的国际组织变迁与中国的战略选择[J]. 教学与研究，2012，（1）.

[24] 王永贵，李沛武.全球化挑战与中国构建和谐世界的对外战略选择[J]. 当代世界与社会主义（双月刊），2007，（3）.

[25] 苏长和. 中国模式与世界秩序[J]. 外交评论，2009，（4）.

[26] 刘宏松. 声誉、责任与公正：中国多边外交的三种需求[J]. 国际观察，2004，（4）.

[27] 赵长峰、左祥云.中国参与国际体系变革进程的战略规划[J]. 社会主义研究，2011，（5）.

[28] 苏长和. 周边制度与周边主义——东亚区域治理中的中国途径[J]. 世界经济与政治，2006，（1）.

[29] 杨晨曦. 全球气候治理与中国大国形象塑造[J]. 长白学刊，2010，（5）.

[30] 庞中英.中国在国际体系中的地位与作用[J]. 现代国际关系，2006，（4）.

[31] 王缉思.当代世界政治发展趋势与中国的全球角色[J]. 北京大学学报（哲学社会科学版），2009，（1）.

[32] 苏长和. 中国模式与世界秩序[J].外交评论，2009，（4）.

[33] 蔡高强.大国崛起与国际法的发展——兼谈中国和平崛起的国际法环境[J].湘潭大学学报（哲学社会科学版），2009，（4）.

[34] 潘国俊.中国参与提供全球性公共产品的战略与政策[J].财政研究，2011，（1）.

[35] 李稻葵.富国、穷国和中国——全球治理与中国的责任[J].国际经济评论，2011，（4）.

[36] 杨成绪.试论邓小平外交思想[J].国际问题研究，2004，（6）.

[37] 入江昭.全球共同体[M]. 北京：社会科学文献出版社，2009：102.

[38] 王逸舟. 中国外交的思考与前瞻[J]. 国际经济评论，2008，（7-8）.

[39] N J S. The power we must not squander[J]. New York Times 3，2000：1.

[40] 俞新天. 软实力建设与中国对外战略[J]. 国际问题研究，2008，（2）.

[41] 杰克逊　J H. 国家主权与WTO：变化中的国际法基础[M]. 北京：社会科学文献出版社，2009：73.

[42] Chayes A，Chayes H A. The new sovereignty[M]. Cambridge，MA：Harvard University Press，1995：277.

[43] Glaser C. Will China's rise lead to war? Why realism does not mean pessimism[J]. Foreign Affairs，2011，3/4.

[44] Wang L K J. Addressing U.S.-China strategic distrust[M]. Brookings：John L. Thornton China Center 4：3，2012：35.

[45] Medeiros E S，Fravel M T. China's new diplomacy[J]. Foreign Affairs，2003，11/12.

[46] 巴特尼　M，芬尼莫尔　M. 为世界定规则：全球政治中的国际组织[M]. 上海：上海人民出版社，2009：6.

[47] 阿尔瓦雷斯　H E. 作为造法者的国际组织[M]. 北京：法律出版社，2011：10.

第二编　国际商法前沿问题

专题一　国际商法发展史专题

专题要旨：国际商法在一开始确实是以一种"自治的惯例"形式出现的。不过，这并不是因为商业惯例本身是一种调整跨国商事行为的最优规则体系。而是因为在某一具体的时间段，由于国家的机能不够完善，或者是国家忙于其他事务而对商事规则的制定无暇顾及。因此，才会使商人社会不得不自发地产生一种临时性的商业规则。而且，也不能对这种自治性规则的作用过分地夸大。一旦国家强大起来，并且有兴趣和动力去提供商业法律规则，自治性规则就会萎缩甚至消失。商人对这种情形并不排斥，相反会积极欢迎。近代民族国家的出现导致中世纪的"商人法"被纳入到国家的法律体系之中，并不是一种法律倒退，应被认为是一种进步。

专题要点：国际商法；自治性惯例；国家立法；历史发展；法律转型

【引论】

任何一个与人类社会日常生活紧密相关的社会管理性法律部门往往都需要经过长期发展和历史的反复选择才可能逐渐趋于成熟，并发挥其真正的实效。作为调整跨越国界的商事交易的法律部门，国际商法经历了超过 2000 年的历史进程。那么，我们若想真正了解与把握国际商法的发展规律，并对其未来之发展趋势做出精准的预测，就不得不借助历史的分析方法，透过对国际商事交易规则不同历史阶段的形貌与发展规律的梳理，将国际商法规律性的东西展现在今世之研究者和立法者眼前。

第一节　对国际商法发展历史脉络的梳理

公元 476 年，不可一世的西罗马帝国被日耳曼所灭亡，分裂为大小十余个国家。整个欧洲进入了所谓的"黑暗时代"。日耳曼人的入侵对于商人社会的法律来说就像一把双刃剑，一方面日耳曼人的军队打破了强大的罗马帝国对法律的垄断，使得商人们之间的交易制度能够不再依附于国家的法律体系和外事裁判官的权力。另一方面，代替罗马帝国的强权法兰克帝国并不是一种拥有海上贸易的地中海文明，而是一种以土地为中心的经济文明。而且其实力与罗马相比也不在一个数量级上，周围还强敌环伺。这就必然导致国家的职能有所收缩，而将调整商事社会的交易的职能还给商人社会自身。另一方面，商人社会自身的力量在这一段时期也大大加强，这种现象尤其到了 11 世纪以后愈发地明显。对于产生这种现象的原因，可能是以下几个事实综合作用的结果：

首先，农业经济的改造和欧洲城镇化的发展是商人群体得以发展的重要经济条件。中世纪时西欧的城镇化运动，使得大量的农民离开土地进入城市进行谋生。这些脱离了庄园农民的有的变成了工匠，但是也有不少的人则选择了商人这个社会角色来作为自己终身的职业。

"在1050年，西欧大约200万的人口中，约有几十万人生活在几百个城镇中（这些城镇很少有居民超过几千人的），而截至1200年，在4000万人口中，就约有几百万人生活在约几百个城镇中（它们中有许多人口超过2万，甚至人口在10万以上）。人口密度的加大导致对商业的需求变得十分迫切，同样以人口进行对比在1050年，西欧商人阶级的数量只有几千人，但是到1200年，他的数量竟达几十万人"[1]。

而且，在农业经济向城镇经济转型的过程中，商人群体的内部构成也发生了明显的变化。在中世纪以前乃至中世纪初期，商人的人员所属的阶层较为低下，大多是破产者和无家可归的外邦人。一方面，他们身份低贱被当时社会所鄙视，另一方他们不具有职业性的特征，一旦能够改换门庭，他们就会毫不犹豫地选择稳定的生活。但这种情况，在中世纪中期和后期得到了极大的改变。主要是当时贵族群体中出现了分化，一些贵族由于常年的战争和奢侈的生活濒临破产，但是他们又不愿意放弃奢侈的生活。为了摆脱这种经济窘境，贵族对从事商业的兴趣逐渐浓厚[2]。这种社会阶层间的流动极大地改变了商人阶层内部的构成。社会中的精英人物开始从事商人这个职业。毫无疑问，这必然会大大加强商人社会作为一个群体的力量。

我们可以清楚地发现一个稳定的商人阶级就逐渐形成并固定了下来，而且人数不断发展，规模不断扩大，质量稳步提高，已经形成了一股较为强大的社会力量。其中一些商人同盟甚至强大到可以和国家对抗的程度。例如，中世纪时期由商人组成的强大商会，如汉萨商业同盟等就曾经对于那些不尊重商会成员财产权的封建政府进行了以贸易禁运等措施作为报复手段以获取赔偿，甚至一些商会还通过战争手段来迫使地方封建政府与他们签署了合约[3]。

其次，十字军东征带来的交通大发展给商人社会带来了便利的技术条件。在中世纪的欧洲，虽然各国之间纷争不断，相互攻伐不止，但是他们却有两个共同的敌人：一个是伊斯兰世界的异教徒，另一个是被视为持异端邪说的叛教者拜占庭人。为了进行东征，十字军征发了大量人力在欧洲修筑了为数不少的栈道和驿站，这些军事用途的基础设施却为商人们所利用，变成了他们从事商业往来的重要依托。而为了寻找传说中东方的基督徒皇帝约翰，又有大量的海船下海远航，这从很大程度上带动了海上航运业的发展。在西元11-15世纪这几百年内，单单法国境内就开辟了两万五千公里的道路，自1297年起，欧洲的商船就控制了欧洲北部以及地中海乃至非洲中部的海上贸易。最早的通商运河也在波罗的海与易北河之间开辟了[4]。

再次，世俗权力与教会之间的竞争给了商人群体壮大自身实力的机会。在中世纪时期，欧洲的王权自始至终就没有中国的皇权那样的强势。相对地，教会的实力在中世纪时期发展到了顶点，他们掌握着"赦罪权"和欧洲几乎一半的土地财产权。此外，教会还经常通过支持豪强市民（potientores burgense）来压制与限制封建王权的权威[5]。这种强势的权力使得欧洲的君主们都感到惴惴不安。为了自身的利益，欧洲的君主开始寻求与商人构建同盟。爱德华三世、路易十一等君主都大力鼓励商业的发展，给予了商人群体不少有利的优惠条件。从 11 世纪开始，西欧各地的国王、君主批准建立集市的文告迅速增多，在西欧一下涌现出几千个规模较大的集市。到了 13 世纪，集市已经遍布欧洲各地，同时行商也受到了各种积极的保护[6]。

随着商人阶层的固定并逐渐强大，也激发商事造法的活动动机与动力。由于商事实践的反复性和逐利性，当时商人社会的立法活动是完全以商业惯例作为核心的。正如一位美国学者所总结的那样："在阿尔玛菲、比萨、热那亚、威尼斯、马赛、巴塞罗那、黎凡特地区、汉萨商事同盟城市，商事法律并不是通过立法活动建立起来的。法律的形成是一个过程，一个自然生长的过程"[7]。同时为了使这些不成文的惯例为人所广泛熟知，商人社会也开始了对惯例成文化的编纂工作，例如在第一次十字军东征时期，由意大利商人自发组织起草的《阿尔玛菲表》就得到了意大利沿岸几乎所有共和国的承认。又如，西班牙商人起草并被巴塞罗那领事法庭所遵行的《康索拉多海事法典》（Consolato del Mare）被认为是中世纪时期对商人交易惯例，尤其是在地中海地区进行海上贸易的惯例之编纂的里程碑式的工作[8]。此外《维斯比法典》和《奥莱龙法》也是商人制定并在波罗的海航线为商人们广为遵守的惯例汇编。

更加重要的是，在这一时期欧洲出现了真正自治的商事法院。与古罗马时期的商事法庭不同，中世纪时期的商人法院没有任何官方背景，而完全是由商人组成的。商事法院包括市场法院、商人行会法院和城市法院组成。这些法院在行使职能时适用的通常是商人们的自治性规则而非王侯所制定的法律。

其他各种类型的商事法院终于也在西方各地逐渐发展出来。在英格兰、威尔士和爱尔兰，所谓的贸易中心城镇法院在 14 个城镇中得以建立。这 14 个城镇是英国在某些"主要"产品——尤其是羊毛、皮革和铅方面进行频繁贸易的渠道。弗兰德和德国商人和银行家经营着大量这种贸易。按照 1353 年《贸易中心城镇法》的规定，每一个贸易中心城镇的商人及其仆人，在所有涉及贸易中心城镇的事情上都应该"由商法所支配，而不是由国家的普通法支配，也不是由城市、自治城市或其他城镇的习俗所支配"[9]。

以上是在中世纪时期，跨越国界的商人法已经完全超越甚至取代了封建政府制定的法律，成为当时支配商人群体自治法律的证据。伯尔曼教授甚至认为，西方强调法律面前人人平等、权利互惠以及契约精神的法律传统就是在那个时期形成的。而这些在很大程度上得益于这样一个历史事实：商人们构成了一种自治的社会共同体，这种共同体被划为宗教兄弟会、行会和其他社团[10]。该社团事实上就是一种稳固的社会群体，他们可以自发地产生并通过自己独有的司法程序来执行他们自己的，而非来自封建城邦政府的法律制度。伯尔曼教授的观点影响了后世许多学者，以至于形成了"自治性商法浪漫学派"。这些学者往往在构建自治性的商法体系的理论时，用中世纪的商人法作为其历史正当性的依据。例如，施米托夫教授认为，旧的商人习惯法为国际性人所共知，几乎到了"不必赘述"的程度。他把旧的商人习惯法能够保持统一归结为以下四个原因："集市法的统一性；海事惯例的普遍性；处理商事纠纷的专门法院；以及公证人的各项活动[11]。"在他看来，由于自治性的商人习惯法不必受到主权国家立法的约束，加之商人的流动性以及自发的组织性，决定了商人群体内部必然会形成一种"共识"。换言之，商人这个群体会共同承认某类习惯性的规则。因此，这种习惯性的规则就能够成为整个商人社会所普遍适用的法律规则。澳大利亚著名学者里昂·特拉克曼教授也持同样的观点，他引用杰拉德·马力纳在 1622 年发表的一段经典言论来支持其观点："我将此书命名为'商人法'是根据其古老的名称 Lex Mercatoria 而不是 Ius Mercatorum，因为此法律本质上是一种习惯，是被所有的王国和共同体的商人所认可的"[12]。另外一位权威的国际商法学者布鲁斯·本森在编写商人法词条时直接将商人法定义为一种自发形成的普遍性规则："商人法，一般是指掌控中世纪整个欧洲商事交易的习惯性法律。尽管其具有习惯性的本质，然而，中世纪的商人法确实构建起了一整套的法律制度体系。事实上，欧洲商业交易的每一个方面都受到了这种私人制造的、私人裁判的、和私人实施的法律体系的调整长达几个世纪之久"[13]。约翰内斯堡大学的查尔·雨果教授则从法律运作的角度指出："在本质上，商人法是一种在商人法庭中被普遍适用的法律规则，这种普遍性体现在商人群体之中。从这个意义上来说，其可以被描述成在超国家的层面进行运作的法律"[14]。国内学者左海聪教授也认为："中世纪的商人法所具有的普遍性和优于一般法律的潜在特征，使它在中世纪成为扩大整个西方世界商事交往的基础，直到西方资本主义革命时期。[15]"姜世波教授也持相似的观点："此时的商人习惯法即事实上支配那些往返于商业交易所在的文明世界的各港口、集市之间的国际商业界普通适用的国际习惯法规则。这些商人习惯法的国际性及其在中世纪始终保持统一主要体现在集市法的统一性、海事惯例的普通性、处理商事纠纷的专门法院以及公证人公证的大量标准合同"[16]。总结起来，以上学者的一个共同观点是：在中世纪时期，商人社会的法律规则是自治的且普遍接受的，能够自我运行并自我调整商人之间的一切交易争端。

可是，上述观点实在无法解释一个问题。既然自治性的商人法如此"理想"又如此"美好"。那何以在民族国家出现之后就轻易的被"打倒了"呢①？即便是施米托夫教授也承认，在民族国家出现后国家的法律替代了商人法的作用成为了调整民商事交易的主要法律渊源。商人法只能以一种精神性的形态继续存在于各国的民商事法律体系之中[17]。那么，我们不禁反思究竟是什么原因让这种美好又完美的规则体系一下子消失于无形呢？恐怕很多人都会怀疑这种规则是不是本身出了什么问题呢？通过研究，我们发现至少在以下几个层面，作为自治习惯性规则的商人法是存在巨大的瑕疵的：

1. 中世纪时期的"商人法"缺乏普遍性

在展开讨论前，笔者需要申明的是：由于缺乏相应的史料支持，对于希腊时期的国际商事法的具体发展状况无法深入地展开论述。不过可以肯定的，中世纪时期的商人法规则的发展程度肯定远远高于古希腊时期的相对应的自治性法律规则的发展状态。因此，笔者如果将中世纪时期的国际商法所存在的缺陷分析列举清楚的话，那么根据举轻明重的原则。更为原始和简单的古希腊时期之自治性商事规则所存在的缺陷以及其被罗马法所取代的原因就可以大体地被推断出来了。

---

① "打倒"是戈德曼教授评价商人法两度消失，又两度复活时所使用的比喻性说法。

　　事实上中世纪的所谓"商人法"的普遍性特征根本没有上述学者想象的那么简单。近年来，西方有学者对位于英国的圣埃文斯法院（St. Ives Court）所存留的中世纪时期的法院判决文稿进行了综合性、整体性的研究①。他们发现在该法庭中确实适用了所谓"商人准据法"（secundum legem mercatoriam），这个词事实上就是 lex mercatoria 的变形②。但这类规则从实际的适用情况来看，其所指向的并不是所谓的在西方世界普遍适用且具有统一性的法律体系。而是在一个个具体的案件中，模糊地强调某种对这些具体案件所应该特别适用的原则和规则。这些原则和规则混合了本地的习惯和所谓的公平交易的原则。在适用这些原则或规则时法官往往会强调"根据商人法"，并且声称这些规则是"普遍适用于所有商人之间的规则"。事实上，法庭的资料并没有留下十分充分的证据证明这些规则与当时英国的城镇习惯有什么本质的区别。正好相反，这些商事习惯带有很强的本地色彩。不同的法庭很可能对商人法的规则存在不同的认识。但是学者们却错误地将其误认为是一种单一的、普遍的适用于整个商人社会的统一法律体系了，这无疑是一种误解[18]。而且，在该法庭长达几百年的案卷中，真正适用所谓商人法的案件也是不多的，而且基本和国际商事交易中实体性规则关联不大，大多都是程序上的一些规范。根据耶鲁大学史蒂芬·萨克斯教授的统计，在该法院中只有 7 个案件适用的所谓的商人法规则来对案件的实体性争议进行了裁决，适用的事项分别是："货物扣押（其中又包含：包括有几个起誓的帮手要求对他们索赔，这些仆人们在他们主人的位置时是否会这样做，货物被卖掉后偿还债务的时限）；通过支付定金达成销售协议；在宣誓断讼法过程中需要质押；当提起诉讼时需要指定一个王朝年份；蜡封的之债的有效性；国王对假冒甘草销售进行索赔；第三方屠户有权干预鱼和肉的销售[19]"。显然，从实证主义的角度来看，当时所谓的商人法根本不涉及远途的国际商事交易，而是一些本地化的、特定事项的习惯。

　　美国西北大学的艾米丽·凯登斯教授同样发现，中世纪商人法并不存在统一性的特征。这一点在商事习惯层面表现得尤为明显，在凯登斯教授看来，中世纪时期的商事习惯从本质上来说是没有约束力的，而且这些习惯在不同的地方不同的国家也是不一样的。她认为："如果硬要说中世纪时期存在跨越国界的商人法的话，那这种法律也不是由商人间的可以反复适用并默示同意的习惯所所组成的。所谓的商人群体之间透过习惯达成的统一性法律不过是一种后人臆想出来的幻象而已"。

　　凯登斯教授首先对商事习惯进行了定义，她借用了著名学者巴托鲁斯对于构成法律的习惯的定义：若想使一个规则构成一项具有法律约束力的习惯，必须证明一个群体默示地同意这种规则所要求的行为模式，当有人违反这项规则时，必须导致法律上的不利

---

① 圣埃文斯法院是英国在中世纪时期最为著名的商人法庭之一，该法庭存留有欧洲最为完整的案件判决与执行的文稿。因此，引起了西方学者对其进行实证性研究的兴趣。现任耶鲁大学的史蒂芬. 爱德华. 萨克斯教授在 2002 年提交的他在哈佛大学历史系所完成的学士论文就是关于这个法院的集中性研究。参见：Stephen Edward Sachs, The 'Law Merchant' and the Fair Court of St. Ives 1270-1324, Harvard AB Thesis, 2002.
② 对于这两个词的区别，德国 18 世纪的格罗斯（Gross）律师专门进行了考证，最终他指出这两个词的区别就在于一个是应然存在的法律规则，一个是经过法庭识别后可以适用的商人法。于是他将 secundum legem mercatoriam 翻译为：根据商人法（according lex mercatoria）。参见：Stephen Edward Sachs, The 'Law Merchant' and the Fair Court of St. Ives 1270-1324, Harvard AB Thesis, 2002：30.

后果。否则，即便一种行为模式再普遍，那么其也只能构成一种通例或者是商业技术手段，而不能称之为构成法律的习惯。然后，她通过分析整理中世纪时期的商人习惯证据，指出过去将中世纪商人法理解为商人之间的习惯性法律规则的说法是证据不足且无说服力的[20]。

有实证性的考证指出，根本没有证据表明在中世纪时期商人社会中存在明显的自治性的习惯法律规则。

"在中世纪的贸易文献中我们找不到任何有关货物买卖或者贸易的任何商事习惯的证据。在 14 世纪，一个叫佛兰希克斯·彼加洛蒂的佛罗伦萨商人书写了一个很长的'行商指南'。他花了大把的篇幅书写了大量的交易规则，诸如如何称重和丈量、货币的兑换、以及票据的使用的技巧等等。但是其中没有任何关于买卖货物的习惯的记载。无独有偶，一个名叫约翰·布朗利的布里斯托商人在 16 世纪晚期写给他的儿子一本生意手册，在这本手册中他同样写了很多商业实践中要注意的事项，对于交易要遵循的规则，这位商人却告诫他的儿子到了一个地方，要遵守当地的法律，而且特别强调要询问四周的人'当地'的'交易习惯'。在 1643 年，位于荷兰安特卫普的一家叫范·科伦·格罗特的公司所编写的交易手册同样记录了大量的货物质量、称重方法以及货币兑换的规则，但是同样没有记录任何货物买卖的交易习惯"。

而且，凯登斯从另外一个角度指出，如果说欧洲中世纪时期确实存在民间的商业习惯，但是这种习惯无疑是缺乏统一性的：在不同的地区、不同的行业、不同的行业协会甚至不同的商人之间就存在着完全不同的商业交易习惯。

"例如，在不同地区的商人所遵循的商事习惯就有所不同。在 16 世纪的安德卫普，作为卖方的商人向法庭提交了 11 名专家的意见，如果买方欺诈并且将货物转移给了第三方，根据"安德卫普的商业习惯"，没有拿到货款的买方可以扣留和取回货物，而不论这批货物是在买方手中还是在第三方的手中。而作为接受货物的第三方，则针锋相对地，找到 6 名律师证明，根据交易地勃艮第的习惯，受骗的卖方只能在货物处于欺诈的买方手中时才能享有扣押和取回货物的权利。又如，在 17 世纪时一名叫马提亚斯·马雷沙尔的律师讲述了这样一个故事：一个巴黎的商人从一个鲁昂的商人那里得到了一张票据，当票据到期三天后，巴黎的商人要求付款。但是他却得不到任何款项，因为票据的付款人已经破产了。这样由谁来承担这种商业风险就引发了纠纷。由于一个地方和一个地方的商业惯例根本就不一样。巴黎最高法院在裁决的时候不得不征询巴黎和鲁昂两地商人的意见。而到了最后马雷沙尔写到，连商人也不能给出一个清晰和统一的意见"[21]。

凯登斯教授对此总结道：在中世纪时期，所谓的商人交易习惯是属于一个特定范围内的群体的。中世纪的商人们相信商业习惯是属于个人的而不是国际的。在进行交易的时候商人想到的并不是所谓的国际交易惯例而是本地的习惯和地方成文的法律①。另一方面，从商人组织的角度来看。虽然，当时的欧洲存在有规模很大的商会组织。这很可能为商人们之间分享和使用共同的交易规则创造了条件。但是，这些规则很可能只是在

---

① 一个 17 世纪英国的学者曾对中世纪的票据商事交易作出了这样一种总结：对于签发一张汇票来说，如果当事人和经纪人没有明确提出其他的条件的话，那么处理这张汇票必须按照"票据尚所指明的地点之交易习惯和法律"，来确定支付时间、支付种类等支付事项和支付行为。

商会内部适用, 对于其他商会可能完全不适用。有证据表明, 为了与其他商会做出区分, 甚至很多商会故意使自己商会的规则与其他商会不同来突出该商会的个性[22]。

2. 中世纪的商人法的非体系性和不明确性

许多学者认为, 中世纪的商人法是一种自发演进出来的法律体系。由于当时的国内法律不能满足商人们进行国际贸易的特殊需要。于是商人自己通过自身的交易行为, 标准合同来自发地演化出一种自治性的法律秩序[23~25]。

这种学说认为, 商人们的交易是反复普遍的。因此通过反复的交易实践, 一种固定的行为模式便会从交易中分化出来。从而成为商人们普遍遵守的规则。商法的规则是自成体系的, 规则之间的差异只是细节上的, 商法的主要原则和最重要的规则别无二致, 或者说是"趋于同一的"。早期商人法发展出来的这种国际性特征实际上是商品交易关系的法律写照。"哪里有贸易, 哪里就有法律"、"地方性习惯法—地域性习惯法—国际性习惯法"的法律发展路径, 实际上也是商贸活动的发展轨迹。正如拉德布鲁赫所说: "没有任何领域比商法更能使人清楚地观察到经济事实是如何转化为法律关系的"[26]。

事实上, 这恐怕只是学者们的一厢情愿。这是因为, 交易的规则虽然大体上可能是相同的, 但是在具体细节上却是五花八门的。商人在没有明确的约定的前提下, 不可能在任何细节上达成一致。事实上这也是当事人之间会产生争议的根本原因。在这种情况下, 自发产生的商事规则, 显然是难以满足填补当事人意思空缺, 进而解决当事人之间的商事法律的争端的要求的。

通常在谈及中世纪的商人法的有效性和体系性时, 学者往往都先验地坚信: 商人们的交易实践会产生一种精密的交易秩序, 通过商人之间的交往和自律, 这种规则就能够起到维护交易安全、建立交易秩序的作用。有这样一个故事来证明他们的这个观点:

"1292 年, 一个叫卢卡斯的伦敦商人从一个德国商人那里买了 31 英镑的货物, 没有付钱就偷偷离开了里恩的集市, 也没有按照商法到集市法庭去回应对他的指控, 此后, 任何异国商人都不愿意在伦敦市民未付足货款时把东西卖给他们。卢斯卡从里恩逃到圣博托尔夫, 然后又逃到林肯、赫尔, 最后逃回伦敦, 那个德国商人则一路追来。在担心名誉受损的伦敦商人们的提议下, 卢斯卡被关进了伦敦塔, 他的案件最终根据人身保护状由国王的政务会加以复审"[27]。

笔者认为这个实例对于中世纪时期自治性的商事交易规则的证明力是值得怀疑的。在这个案例中, 卡卢斯已经提走了货物, 而故意不付货款。这种行为的恶劣性已经超越了商人们所能够容忍的底线, 几乎到了"人神共愤"的程度。并不能因此证明国际商法是一种行之有效的普遍性规则。事实上, 大部分争议显然不会在商人们中间引发如此的"轩然大波"和"一致共识"。实际的情况往往是双方都各执一词, 甚至都一些道理是站得住脚的。在这种情况下, 自发性产生的商事习惯能在多大程度上真正解决争议, 不管是在中世纪时期还是在今天显然都是一个值得怀疑的问题。

在中世纪时期, 卖方负责送货是当时一个普遍为人所知的交易习惯。但是, 在中世纪时期经常有关于送货的争议发生。有时, 因为卖方离卖方太远, 而导致卖方拒绝送货。也有就送货的具体位置发生了争议。还有的时候, 由于买方临时变换了营业地, 而要求卖方转移送货的地方，从而引发了双方的龃龉。总之，情况五花八门，根本很难用既有自治性习惯法来解决这类争端。对于这个问题，坚信中世纪时期商人法自治性的学者辩称：在当时，有商人们自治性组建的商人法庭来解决这些争端，他们会澄清既有的商事习惯规则。事实上，中世纪的商人法庭也确实有这样的诉讼程序来证明某种商事惯例的存在。在 1276 年的一个关于送货义务产生的纠纷中，法庭组织了由 6~10 名商人组成的陪审团，这个陪审团在当时被叫做"图尔巴"（turba）。这十名商人被法官要求诉说他们所知道的当地的交易习惯是否存在，并且要解释这些交易习惯的具体内容。但是，事实在这个案件中，图尔巴的成员对于交易习惯的内容的理解是完全不一样的①。

甚至在有些时候，对于一些基本的商事交易原则，商人们也可能产生不同的理解。例如通常认为，诚实信用地进行交易是商人社会之间通行的行为准则。在一个案件中，一个日耳曼的客商将一匹驴子卖给了一个英国商人。但是这个驴子的眼睛有毛病。日耳曼的客商明知道这一点，但是没有告知买受人。买受人没有对驴子进行检验就付款并将驴子牵走了。后买受人发现了驴子的瑕疵要求退货，遭到拒绝。法官发现商人们之间的交易习惯根本无法确认这种交易行为是否违背了所谓诚信交易的交易习惯，最终还是适用了罗马法来裁决了案件[28]。而事实上，罗马法也确实一直构成了中世纪时期商人进行交易的规则基础。我们可以想见：在商业交易需要精细化规则的大前提下，法学家和立法者都不可能解决的规则供给问题。没有受过专门法律训练，每天专注于赚取金钱的商人是不可能解决得比法学家更好的。

此外，如前文所提及的商人们自发起草的《海事法典》等成文性的法律规范。姑且不论这些法律具有明显的特别法的性质，而且通过对其内容的研究，我们会发现，这些规则的基本内容基本是以罗马法为根本皈依的。几乎所有的规则都可以在罗马法中找到根源和根据②。

此外，又有学者辩护说欧洲中世纪时期的商人法庭对统一化、体系化的商人法的形成起到了至关重要的作用：商事法院在具体适用这些商人们公认的"习惯"去处理、解决商事纠纷和争议时，形成了一系列的商事判例，这些"判例"通过城市国家的汇编和广泛传播并系统化地发展成为"惯例"，在诉讼中无须再对这些"惯例"进行举证，从而也具有了普遍约束力[29]。这些学者认为商人法庭有时会以"公正公平"的原则来处理案件，从而形成体系化的判例系统。但是，我们可以想见，在国际高度一体化和信息技术高度发达的今天，一个国家和仲裁机构的权威经典裁决尚不能影响全球的所有法院和

---

① 一个商人认为，只有在离卖方不超过 6 个街区的情况下，卖方才有送货义务。另外一个商人则认为，要取决于货物的多少，如果货物多，那么送货的距离就应该短。反之，就应该远一些。又一个商人认为，送货的不应超出这个城镇的城墙，因为他从来没听说过有谁将货物送到了城墙外面。最后一个商人认为，不管多远，卖方都应该送货，因为他是一个鞋匠，当然希望人们多走些路。参见：Hubert Hall，Selected Cases Concerning the Law Merchant. Selden Society Publishing，1930：43.

② 有学者对中世纪的商人法典进行了研究，发现其内容大多和国家法律的规则并无二致。例如：无非是当事方自治、善意原则、合同必须信守、通知与合作原则。一些具体的制度诸如私人保证、物的取回、商事留置等等，这些规则与罗马法的精神和原理是高度一致的。中世纪商人法正是在"扬弃"罗马法制度成果（主要是"万民法"）的基础上才得以发展和完善的，它的概念体系、原理体系、价值体系、方法体系都与罗马法存在着深刻的内在联系；另一方面，前已述及，天主教会对商事交易的宽容政策是商人阶层突起和商贸活动兴旺的意识形态前提。参见 Celia Wasserstein Fassberg，Lex Mercatoria-Hoist with Its Own Petard?，Chicago Journal of International Law，Vol.5，2004（1）：80.

仲裁机构。在信息闭塞、交通不畅的中世纪，商人临时性搭建的灰脚法庭怎么可能超越现在的条件构建起统一的判例法体系呢？所以我们认为，即便中世纪时期商人的商人法具有一定的自治性，但是其必然是零散的、且不成体系的。

3. 中世纪商人法执行力较弱

当一个商人违反了所谓的商人法规则时，如何强制执行这种自治性的商事规则，显然又成为一个自治性商人法难以逾越的问题。本森教授在谈及中世纪商人法时，认为自治性的习惯法规则体系从总体上来说的核心在于自愿执行（voluntary enforcement）[30]。笔者对此怀疑也抱有很大的怀疑，这种没有外部的强制执行的规则体系究竟真的可以称为法律否？著名法学家奥斯丁对法律的定性时反复强调："如果你表达或宣布一个要求（wish），意思是我应该做什么，或者不得做什么，而且当我没有服从你的要求的时候，你会用对我不利的后果来处罚我，那么你所表达的或宣布的要求，就是一个'命令'"……"一个命令区别于其他种类的要求的特征，不在于表达要求的方式，而在于命令一方在自己的要求没有被服从的情形下，可以对另外一方施加不利的后果，或者痛苦，并且具有施加的力量，以及目的[31]。此观点虽然被哈特予以驳斥，但是我们仍然不得不承认其具有相当程度的正确性和合理性。

一个规则体系，其若想生存必须具备一种保障机制，那就是必须鼓励别人去遵守它。那么，对违反其的人的惩罚或者强制执行就是使其维持活力的一个重要机能。我们姑且认为自治性的规则体系可以完美的形成，在正常的情况下也能够得到社会成员的遵守。在这种情况下，某个社会成员对规则的违反，我们也可以认同对规则的悖逆不会影响规则本身的法律性。但是，当社会成员对规则的违反没有受到任何的制裁，或者没有受到与其违反规则性质相适应的制裁时。那么其他成员对于这个规则的信心就会产生怀疑。最终使这个规则体现逐步没落甚至无效化。在中世纪时期，由于没有统一强制执行机构，商人法的执行往往依赖于商人行会和商人自身来强制执行这种法律规则。

通常情况下，商人们通过自己的行会解决纠纷，而不是求助于封建官僚或教会的司法系统。行会的处罚规则是:为了保护每一个诚信商人的利益，违反商行规定的人将被驱逐出组织，即使不被驱逐也要接受罚款。违法者通常选择接受罚款，因为被驱逐出行会将给他们带来更大的经济损失。在一些情况下，这个规则也适用于那些未经行会同意擅自帮助非行会成员，削弱了商人对于商行所提供的安全保障信心的人当一个商人感到被欺骗或注意到有商人在逃避抗击侵略者的战争时，他就可以通过散布此冒犯者的流言蜚语来建立一个制裁，这样此冒犯者的声誉便会受到影响。这种通过散布流言蜚语来建立一个信用机制的方式是对违反者的有效处罚，因为没人愿意同不可靠的商人进行贸易往来。另外，商行成员还可以通过对其成员的不合理行为表示反对和抵触来建立一个商誉规则来区分令人讨厌的商人和值得信赖的商人[32]。

但是，笔者认为，这种制裁方式并不是真正法律意义上的制裁。而是类似于社会对于违法者的一种"放逐"。就像在日常生活中，一个人不讲信用，没有人愿意和他进行交往，但这并不能等同于这个人承担了法律上的责任。当一个人的某个违法行为，在很长的一段时间才能承受因此而带来的不利的法律后果时，人们往往会淡化他的违法行为和所承担的法律后果之间的联系。进而对行为所应当依照的法律制度体系之实效性产生怀疑和不信任。

从另一个角度来说，商会对于不遵守规则的成员的惩罚的力度和效果也是令人怀疑的。商会对于商会内部的商人和外部的商人采取不甚相同的态度。12世纪中期，法国的一个行会法规规定："成为其中一个成员的敌人的外国人将被看作是其所有成员的敌人"。这个规则意味着，即使是最不诚信的商人也必须得到行会的保护，只要他是其成员之一。因为并不是违法者所在行会的所有成员都想切断与其他行会的贸易关系，这是对违反不同商行组织间规则的商人通常的处罚方式。但是在实践中，由于不同地区商行间的往来较少，缺少促使跨行商人遵守其他商行规则的强制制度。各商行具有相对自足的封闭性和排他性，在不同商行的商人之间发生贸易摩擦时也没有相对成熟的争端解决方式，更没有力量能保证履行应该遵守的承诺，所以这种"以一及百"的规则对来自不同商行的商人之间是很难实施的[33]。

总之，中世纪所谓的跨国商人法并不是像有些学者所指称的那样完美，其具有很多非常明显的缺陷。事实上，是不能完全满足商人社会的需求的。因此，随着民族国家的兴起，国家透过国家的立法行为，来对民族国家内部市场以及与市场相匹配的法律规则进行统一和精细化成为了法律的重要进步。对此，商人社会显然是没有理由对法律规则的国家化持一种排斥的态度的。

自16世纪开始，民族国家作为欧洲最大的政治力量登上了历史的舞台。在这期间，由于具有相同的信仰、文化起源以及先天的血脉联系，这些国家与以前的封建诸侯国相比，其向心力和团结力是不可同日而语的。几乎与之同步地，国家主权也成为了这个时代国际法的核心基石。其核心标志是欧洲三十年战争和威斯特伐利亚合约确认欧洲各国对领土内的事务具有绝对的权力。在此思想的指引下，法律国家主义的倾向越来越强。那么国际商法这种产生于商事商人之间，并非由国家主权者制定的所谓"法律规则体系"的命运可想而知①。

在此时代背景下，国际商法作为一个独立的法律体系受到了极大的动摇，大量的国家制定的规则取代了国际商法的地位，各国法院开始不太愿意直接适用国际商法和商事习惯作为断案的依据。相应地，各种商事法庭也渐渐地由于其职能被国内法院所取代而衰落消失。但是值得一提的是，此法律进程在欧洲各国国家的表现是不尽相同的。而且，不同学者对此进程的认知观点也不尽相同。例如，对于商人法于此阶段是否仍保有其本质重要性概念，发展上究竟是一种潜在的继续发展还是受到了压制？戈德曼教授和施米托夫教授就此阶段商人法为向前发展或向后退步就抱持有不同意见。戈德曼教授认为在16世纪民族国家与主权概念凸显后的前半段时期，国家的特色并不鲜明。此阶段的集权主义国家并非现代意义上所说的民族国家，真正含有民族特性之国家乃是在19世纪产生，17~19世纪之国家法律对商人法的衰退扮演致命性伤害角色，因其阻碍了商人间自主性贸易规范。在戈德曼教授看来，国际商法存在的核心价值和核心意义在于创造一种无政府之法律体制，在此前提之下，自治的国际商法体系如果被纳入到国内法律体制之中则是

---

① 在法律实证主义者和当时的主流思想看来，一切权力都应归属于主权国家。只有在必要时才可能出于礼让的目的来适用外来规则。国际商法在当时的统治者看来都不属于外国主权者制定的规则，所以其地位甚至比不上外国法。参见：Friedrich Juenger, Choice of law and Multi-justice, Martinus Nijhoff Publishing, 1993: 20-22.

与这种体制水火不容的。因此，他认为此阶段的法律国家化会毁灭商人法最重要的自发性发展之生命力[34]。

相比之下，施米托夫教授对于近代国际商法国家化运动则持有一种微妙且辩证的态度。一方面，他承认将国际商法纳入到国家的法律体系中，确实破坏了国际商法本身的自治性和生命活力。他引用了安德雷·童克教授和施莱辛格教授的观点来印证其这种观点："把民族主义纳入到法学领域是法国的法典编纂和德国历史法学中令人遗憾的产物"。"源于法典编纂所造成的各国法律制度在理解力方面产生了相互孤立的情形"[35]。

但是同时，其也坚持赋予近代商人法阶段发展正向之意义，他认为此阶段商人法更具系统化以及更有效率，而其认为此阶段是综合内国法、政府间的机构以及国际贸易实务。此时之商人法是表面存在于国家立法机构底下，仍然没有改变商人自发性的造法特色。这是因为：

"没有任何一个国家把国际商法完全纳入到国内法，即便在这一时期（指近代），商法的国际性的痕迹依然存在，凡是了解国际商法的渊源和性质的人都能看到这一点。曼斯菲尔德本人也没有打算把商人习惯法与他的古老渊源割裂开来。恰恰相反，他反复表明商人习惯法是国际性的。"

因此，笔者试图通过对不同国家把国际商法纳入国内法律体系的过程进行历史性的梳理，来判断和研究这一历史阶段下民族国家和商人社会之间的复杂关系的现实情况是否能够印证施米托夫教授和戈德曼教授的论断。

1. 法国

施米托夫教授认为法国全国性的法典编纂起源于路易十四时期的 1673 年的《商事条例》和 1681 年科尔伯特的《海商条例》。后来因为法国大革命而中断，到了 19 世纪这项工作重新开始，并于 1807 年颁布了拿破仑时期的《商法典》，拿破仑法典被称为第三等级的胜利。正如我们所了解的那样，商人和自由职业者是构成第三等级的重要部分[36]。

但是，施米托夫教授并没有分析法典编纂的背后原因和具体的历史进程，因而笔者认为这是个难以令人信服的结论。事实上，法国民法典的编纂背后的推动者并不像施米托夫教授所想象的那么简单，而是有更为复杂的原因。首先需要指明的是，在法国法典的体系中，《商法典》所占有的仅仅是一部分，国际商法中最重要的核心部分——"合同"的相关规则并没有规定在法国的《商法典》中①，而是规定在《民法典》中，适用民法中"债编"的有关规定。这就要求我们在研究国际商法和法国国内法的关系过程中必须把《法国民法典》而不是《商法典》作为核心的研究对象②。其次，在整

---

① 事实上，法国商法典在起草之初的 1801 年文本中确实将第一篇列为"商事交易篇"。但后来，在正式的文本中，将此章节改为"商事总则"。而且，在正式文本中将原来起主导地位的"商行为"改为"商事件"而挪到裁判规则一章中，作为商事法庭行使管辖权的管辖规则。而总则的具体篇目为：第一编，商事件；第二编，商人；第三编，经纪人代理商、运输商、商业代理人和独立销售商；第四编，商业资产。没有直接规定商人进行交易的规则。其核心动机为试图突出商事交易的一般性普遍适用性地位。如果，将商人交易的规则独立于普通交易规则，将会导致国内法制的不统一。参见聂卫锋.《法国商法典》总则述评——历史与当下[J]，比较法研究，2012，（3）：123-135.

② 当然，也有学者指出在商人交往的实际过程中，民法和商法之间的分野并不是那么明显，即便在民商分立的国家中，这种分别也不应被夸大。参见 Philip De Ly，International Business Law and Lex Mercatoria，North Holland Publisher，1992：41.

个立法过程中，《法国民法典》和《法国商法典》的编纂极大地受到了法国人文主义法学派的影响，商人在法典编纂的过程中始终处于一种被动的地位。第三，法国法典的编纂的核心价值是与商人群体不谋而合的。本专题将利用相关历史事实来印证上述观点。

事实上，在法国进行法典编纂以前，由于长时间的受到封建割据的影响，法国虽然名为一个统一国家，但是其内部的法律制度五花八门并不统一。例如，光是在法国境内就有超过 300 多个习惯法律体系，这些规则往往是相互冲突的，而且这类习惯法往往存在着大量的法律漏洞（law gaps）。这些相互不统一的习惯法规则对于法国的民商事交往以及合同的确定性产生了极为不利的影响。虽然，早在中世纪以前商人群体就通过自治的方式形成了自己群体内部的统一规则。然而政治形势的变迁导致这种内部的统一规则向更高的位阶升华，从而在国家内部首先形成一个完全统一的大市场。而这个任务对于商人群体在当时的条件下，显然还是一个不可能完成的任务。因此，在当时的社会环境下，由民族国家来对不统一的法律体系来进行统一化是再合适不过的了。

自 16 世纪开始，在欧洲大陆就兴起了一场恢复"古代文明"传统的文艺复兴运动。这场运动在法律领域的表现就是对"罗马法"的回归呼吁。在当时的人看来，任何和习惯有关的法律制度都是落后的愚昧的，这与罗马文明的法律格格不入。在法国，这种呼声相对于其他欧洲国家而言更为响亮。在当时，法国最有影响力的当属前文述及的"人文主义法学派"。该学派的在法典编纂方面的代表人物是 17 世纪的让·多马（Jean Domat，1625-1696 年）和 18 世纪的波蒂埃（Robert-Joseph Pothier，1699-1772 年）。他们强调通过还原罗马法的传统，发现真正的罗马法并且通过对罗马法能动地改造来适应法国当时的需要。人文主义法学派的核心工作是试图通过对传统合同领域的相关规则进行改造而建立一个体系化的私法制度来为法国国家服务。这在多马的著作中得到很好的体现，并被波蒂埃所发扬光大[37]，他们的这些工作最终形成了法国民法典①。必须承认的是，正是法国国家的兴起和大革命的需要导致法国民众要求将革命的成果以"国家大法"的形式记录下来而不再更改②。同时，该法典也是为了满足当时法国对于一个统一的法律体系的需要，这个法律体系使得在统一地域下，商事交易能够按照同一个规则来进行。这恰恰满足了商人对交易确定性的渴求。此外《法国民法典》（包括商法典）之所以被称为"第三等级的胜利"，是因为其从根本上体现了 1789 年《人权宣言》所主张的自由、平等、个人意志等核心的价值观，从而彻底否认了封建时期

---

① 1804 年《法国民法典》草案的起草仅用了 4 个月时间。按照法国学者的说法，在这么短的时间里法典的起草人们根本无法创造出别出心裁的作品，于是需要从旧法提供的素材中寻求最好的解决办法。当时对此最具影响力的无疑是多马的著作和波蒂埃的著作。此外，根据 1824 年《波蒂埃全集》的编者在《全集》的最后一卷附录的 1804 年《法国民法典》与波蒂埃著作相关部分的对照表统计，1804 年《法国民法典》总计 2281 条条文中共有 1137 条可以从波蒂埃的著作中找到直接相关的出处。有学者甚至断言，波氏的《债权法》一书提供了法国民法典关于合同法方面四分之三以上的材料。参见陈颐：《16 世纪法国人文主义法学与法律科学的体系化》，何勤华主编：《多元的法律文化》，法律出版社 2007 年版，第 477 页。

② 到 1880 年以前，法国虽然历经更迭，但是其核心内容并未根本上被改变。甚至时至今日，该法典仍然有效。到 2004 年为止，法国民法典共 2281 个条款中的 1200 个条款保持了其原来的样貌未变。参见：Catherine Delplanque，Origins and impact of the French Civil Code，http：//www.afhj.fr/ressources/french-code-civil.pdf.2014 年 4 月 4 日访问。

的等级规则思想①。毫无疑问，这恰恰是当时的商人社会所求之不得的东西。因此，商人社会显然毫无必要去另起炉灶地创设一套独立于当时法国国家的法律。另一方面，虽然这种国内法典化运动可能会给商事交易规则带来僵化性和不灵活性，但是在当时的政治环境下，这种缺陷也显得那么不值一提。

2. 德国

德国的情况可能与法国有些不同。自欧洲三十年战争和威斯特伐利亚条约的签订以后，本就貌合神离的神圣罗马帝国基本解体。德意志随之变成一个地理学上的概念。这个欧洲中部的国家由于受到外部因素的干预和内部矛盾而纷争不止，并最终导致拿破仑皇帝在 1806 年对这片土地的肆意蹂躏。面对着破败分裂的祖国，德国著名诗人席勒发出这样的考问："德意志，你在哪里？我找不到那个地方"[38]。歌德也同样发出"没有一个城市，甚至一块地方，使我们坚定地指出，这就是德国。如果你在维也纳问这是哪里，那里的人会告诉你这是奥地利。如果你在柏林问这是哪里，那里的人会告诉你是普鲁士。"的无奈感慨。当时的德国，几百个邦国、上千种货币、几千道税收关卡导致国家经济体系四分五裂无法统一。面对当时的情境，德国伟大经济学家李斯特提出建立统一的德意志经济体的思想。终于在德意志精英的领导下，德国通过德意志内部的自由贸易和军事行动取得了统一。而在此过程中，法律的统一被认为是经济统一的重要助推力。因此，德国在法律编纂的时候特别重视"统一"这一对于德意志来所最为重要的价值诉求。例如，早在德国统一以前的 1834 年，德意志关税同盟就制定了统一的《德意志票据法》。1856 年，德意志联邦首次召开了编纂统一商法和合同法的会议，1861 年草案出台，该法律在今天的奥地利仍然有效[39]。

国际商法作为商人群体的法律在这个时期看来，其存在是那么的不合时宜，这是因为这种法律规则很容易被德意志各个邦国的法院任意解释而使得法律与统一的需要背道而驰。因此，德国的法典在起草之时便将体系化和统一放在了首先考虑的价值上，而将自治性商人法这种自下而上产生的规则排除在外。

19 世纪 50 年代以后，有必要统一法律，渐成为大多数人的信念。当然，如何达到统一，哪些部分的法律最适合于统一等问题仍有待解决。另一方面，保守派反对法典的思想也有变化，保守主义派别中有人指出，法典化有助于克服各邦单独立法的危险（这曾是自由主义者的观点）；还有人指出，法典化有助于加强邦联的力量，以反对"革命的"民族主义[40]。在 1848 年以前，德意志联邦由于其松散的组织结构，甚至连名义上的中央政府也不存在。这使得德国根本无法推进任何民族主义的统一化运动。1848 年后，与统一思想最离心离德的南方三邦都认识到法律改革与加强邦联之间的密切联系的重要性。最终，几乎所有德意志邦联的成员都接受了统一的《商事法典》，这也就是前文所

①　虽然早在路易十四时期法国就统一了司法规则，但是民商事的实体规则却没有统一。法国的立法处于一种多元化的状态，而唯一的统一点则是王权，法国民法典和商法典出现彻底改变了这一现象。法国民法典和商法典自一开始就强调其普遍适用性，不论身份如何财产多少，都必须按照统一的标准来适用规则。但是也有学者指出，这种一体适用性也有可能导致其不灵活不能适应多变的国际商业环境。参见：Volker Gessner ed., Contractual Certainty in International Trade, Hart Publishing, 2009: 19-20.

提及的 1861 年《德意志商法草案》得以通过的根本原因。

在法律内容上，德国法律基本采用的由各邦立法，然后由国家进行协调统一的方法，属于典型的自上而下的立法模式，在立法逻辑上属于非常严谨的演绎式的推理模式，是人类法律逻辑思维推理的集大成之作。从民族文化上来看，德意志民族善于理性思维的特性在德国的民商法典中被体现得淋漓尽致。同时，从德国的法律传统上来看，自上而下地制定法律也是有着其深深的社会基础的。

中世纪末期以来，德国在继受罗马法、教会法的基础上，逐渐形成一种在全德国境内适用的法，称为普通法（gemeines recht）。与普通法相对的是地方特别法（partikularreckt）。起初，普通法只居于补充地方法的地位。在普通法里，以罗马法为基础的私法占主要部分。由于这一部分主要来自罗马法大全（Corpus Juris Civilis）中的《学说汇纂》（Pandectae），于是普通法中的私法部分又特称为潘德克顿。1495 年，德国设立了帝国宫廷法院（Reichskammeryericht），作为帝国最高法院。法院中法官依普通法裁判案件，于是构成潘德克顿的内容的罗马法，在德国取得了越来越重要的地位，这种情况，北德在 15 世纪末，南德在 16 世纪中完成[41]。

因此，我们似乎可以发现，在德国民商法典的编纂的过程中，采取的是自上而下的国家立法模式。而且在法律制定的过程中，法学家占据了主导的地位，商人几乎没有参与到立法的过程中去。而且在德国的立法上，政治化因素特别明显，其立法的核心在于排除非国家制定的商事习惯规则，将分散在民间的习惯性规则集中到德国的整体的国家意志之上。这样就使得自治性习惯规则几乎无法获得适用。在涉外商事交往层面，当时德国国际私法学说正是萨维尼的法律关系本座说居于绝对统治地位的时代。通过寻找法律关系的本座来适用相应的法律规则是当时德国法院适用国际私法规则的圭臬[42]。国际商法这种非国家制定的"无本之木"，由于缺乏和法律关系相应的连接点，而根本无法作为所谓的"本座法"来进行适用。因此，德国的法律在《民法典》、《商法典》编纂前后是极端民族主义和排斥外来法的。

3. 对欧洲大陆两大国内法典化进程的简单比较

通过对德国民商事立法的活动的梳理。我们认识到，与法国的立法过程是两种进路，且价值取向以及商人的参与程度均是不一样的。相对于法国那种在大革命之后急需将已有的革命成果以法律的方式稳固下来的做法，德国的法典化进程更加倾向于一种有目的的渐进式的法律制定。其编纂的核心目的在于统一原本各不相同的德意志各邦的法律，而统一的基础在各邦对于罗马法的认同基础之上。用一个不太恰当的比方来说，法国民法典和商法典的编纂类似于一座火山的爆发，经过长期的力量积累，然后自发地突然爆发，看似一蹴而就地制定了法国的两大法典。而德国的法典编纂更像是有意识地进行一项工程，经过长期的准备，最终的法典便水到渠成了。

另外，两者在商人的参与程度上也是有所不同的。法国民商法典的制定是法国大革命的成果，而在法国大革命中，商人是重要的参与群体，他们也是所谓的"第三等级"中一股最重要的力量。而德国的法典化推动的主要力量来自于德国封建的容克集团，这些人的社会地位与商人相差较远，因此德国的民商法典对商人的参与以及商事习惯的排斥程度是远远大于法国民法典的。

虽然，两者存在以上的不同，但是两者之间却是有着一个很明显的共同点的。那就是他们都统一了当时法国、德国四分五裂且相互冲突的法律体系；并且增强了当时商人社会交易行为的法律确定性；同时极大地促进了当时德国法国内部统一市场的形成。而且由民族国家政府机构来保障法律的实施和依据法律所做出的裁决的执行，其可靠程度以及效率性都大大由于原来的商人法庭。在这种优势以及当时的社会生活条件大变迁的背景下，不能适用商人自己产生的法律规则与法典化、法制统一化的好处相比显得是那么的微不足道。因此，笔者认为，戈德曼教授关于"商人社会"国家化有害于国际商法法制体制的观点是过于局限的。德国和法国的法典编纂虽然使得国际商法失去了其原有的独立性，但是对于商人群体却是远远利大于弊的。同时，笔者认为施米托夫教授所说的国际商法在法制国家化的进程中没有受到损害的观点也是需要进一步予以澄清的。国家对法典的起草和编纂从形式意义上来说显然从根本上动摇了商人适用自治性的国际商事规则的可能性。而且在法典起草的过程中主要是法学家在进行相关的工作，商人们几乎没有参与进来。自这些法典生效之后，在国家的领土范围内，商人的任何交易活动必须适用主权国家的民商事法律。但是，在当时的社会背景下，这种自治性规范的暂时让位不但没有损害到商人们的根本利益，反而是强化了当时商人们的核心利益。因此，商人社会对这种国家的立法成果显然是乐见其成的。

4. 英国

对于英国将商事习惯纳入国内法的原因与动机，施米托夫教授简单直观地认为主要是由于经济原因。因为，英国是一个海上贸易国家，因此海上贸易已成为国家生活的一部分[43]。但是，在笔者看来，施米托夫教授又有将这一过程过度简单化的嫌疑。事实上，将国际商法规则纳入到国内法的进程，早在15世纪末到16世纪初就已经开始了。众所周知的，普通法是在英国既有习惯上发展出来的一种法律体系。是普通法法官在新的程序性规则的框架下，通过司法实践对过去的习惯进行辨识、承继、修正、加工整合之后形成的一套法律体系，其主要体现形式为判例。但在15世纪有史料表明，当时普通法处于一种极为混乱、不统一的状态。很多源于罗马人、皮克特人、撒克逊人、丹麦人等的习惯法规则相互之间根本不能自洽，这使得普通法成为了根本无法适用解决法律争端的规则体系。因此，当时的英国迫切的需要一种新的规则体系来修正旧有的英国普通法。因此，衡平法和衡平法院作为回应社会需要的新的法律规则体系登上历史舞台。

衡平法庭的兴起与作为衡平法官的御前大臣（后被称大法官）及其权力的性质与演变是直接相关的。简言之，大法官行使的实际上是国王的保留司法权。国王是一切公平正义的源泉，其司法权并不因为普通法法庭的建立而被穷尽。因此，当当事人的权益因为各种原因（如普通法自身在程序方面的缺陷、对方当事人的强大影响力等）而无法在普通法法庭得到救济时，他就可以直接将纠纷诉诸国王及其咨政议会，后者逐渐将这类纠纷转给大法官处理。大法官在司法过程中并不依循普通法的程序（非不依循普通法），而是采取了与教会法院类似的程序，通过刮擦当事人的良心（scrape one's conscience）来探明事实，并依此作出判决，因此也被称为良心法庭（court of conscience）[44]。

　　随着衡平法院的日趋强势，使得旧有的英格兰习惯法在很大程度上被取代了。在取代的过程中，各种商事习惯也被视为习惯的一种而被排除于衡平法之外。而且，当时的英国的很多地方民族主义情绪开始越来越强，对于国际商法这种外来的东西他们也是非常反感。因此，他们也反对把外来的国际商法规则作为衡平法的一部分纳入到国内法的体系中去[45]。此外，自 17 世纪开始，英国开始强化法院的权力，原有的商人法庭逐步让位给英国国家的各种法院。尽管个别的灰脚法庭在名义上存在到了 19 世纪，但早已失去了其原有的功能[46]。从这个意义上来说，英国将国际商事规则纳入国内的法律体系，更多的是用一种新的法律体系即衡平法法律体系取代了旧有的全部习惯法规则。在这个过程中，由于民族情绪等因素的干扰，使得原本不应该被取代的国际商法规则成为了本不应该的受害者。自此，国际商法规则作为习惯的一种在法院进行审判时仅被认定为一种事实，而不是法律。

　　但是，时间推移到了 18 世纪，当时的英国已经完全取代西班牙等老牌的海上强国成为了世界第一大海上贸易强国，其殖民地遍布五大洲四大洋。此时，商人更需要一种更加确定的法律规则体系，而不是由法官任意决定的所谓"良心的裁决"①。面对这种需求，于 1756 年登上英国王座法院首席大法官的曼斯菲尔德在审理 Pillans v. Van Mierop 案中，第一次将国际商事习惯规则这一国际商法的核心渊源认定为法律而不是事实。从而在将国际商法纳入到英国的普通法法律体系中。这一举动，看似进一步将国际商法纳入到国内法体系中，但事实上，其毫无疑问地强化了国际商法的法律地位。因为自此之后，由法院宣告的商事裁决中所确认的商事习惯正式具有了法律效力，并且可以被反复适用。商人的交易习惯被正式赋予了法律的强制力。而且，英国法院的裁决也会随时关注国际商事交易的新实践，并在解释商事惯例时考虑新的交易习惯。一旦法院宣告了某一交易习惯是具有约束力的，那么对于交易习惯的不同理解和不同于交易的做法将不被认可具有法律效力。这一点对于国际商法的发展的意义是极为重大的，这意味着商人法规则将可能被正式地统一，并被赋予确定的含义。其结果是，英国法院通过这种方法发展出一种与商法典几乎功能一致的商法体系，而这种商法体系再加上一系列的单行的商事法规的补充，构成了英国完整而又独特的商法体系[47]。

　　综上，英国将商人法规则纳入国内法的路径与大陆法国家那种通过立法的模式来完成这一历史过程的方式不同。英国将国际商法纳入到国内法体系中的方法是一种通过司法的方式逐步纳入的方法。作为典型海洋法国家，英国历来重视法院判例的作用，在国际商法的问题上也概莫能外。通过司法判例，英国法院成功地解决了传统普通法不能有效地解决国际商事争端这一缺陷。通过对商事惯例的承认，英国成功解决了商事惯例不统一且缺乏确定性的弊端。通过对判例的公布，极大地促进了商事法律规则的可预测性，这显然是商人社会的商人们所求之不得的。英国作为当时最大的海上强国，对于贸易尤其是海上贸易的依赖程度是空前的。因此，从一定程度上来说，商人群体的利益几乎是

---

　　① 16 世纪至 18 世纪早期，在解决国际商事交易的争端过程中，法官有时也会采纳商人的交易的一般实践作为裁决案件的根据。但是，在裁决中，往往需要当事人证明这种实践的存在，而且即便证明了这种实践的存在法官也要结合案件的综合案情来判断是否能够采纳这种实践。这就使得裁决的随意性非常的大，这显然不会为商人社会所乐于接受。参见 Mary Bateson，Borough Customs，Publications of the Selden Society，1906：77-79.

可以和英国的国家利益划上等号的。因此，英国看似通过司法权的放大剥夺了商人社会自己制定规则的权力，但事实上仍然使商人获得了事实上的好处。国际商法被纳入到英国普通法后丧失了其"国际性的特征"，施米托夫教授也对此进行了辩护，他引用曼斯菲尔德大法官在审理 Pelly v. Royal Exchange Assurance 案中的判决来证明商法在全世界的一致性[48]，借此来证明商法在近代的民族化对其国际性是影响甚微的。但是笔者看来，即便认同英国的法院将国际商法"英国化"的观点，也对当时英国商人群体甚至整个欧洲的商人社会无所损害。英国作为当时的海上霸主，控制着几乎全球的海上贸易。那么其法律规则本身就是具有国际性的，即便是英国的舰队无法控制的地方，由于英国法律的先进性，很多商人自愿地选择英国法律作为他们进行商事交易的准据法[49]。因此，可以认为在那个时候英国的法律可以说就是当时海上贸易的共同法。这同时也从另外一个角度证明了，任何所谓自治性的规则，要想真正取得统治地位以及真正地发挥实效，是绝对离不开国家的推动和国内法律的承认与强化作用的。而事实上，被推广为"所有商人和国家均接受的规则"也几乎无不带有明显的国内法律的印记。只不过推行这种规则的霸权国家为了强化这类规则的"正当性"（legitimacy），将这类规则宣传为"所有商人都接受的共同习惯"，并以此达到推广这类规则的目的。

总之，我们不得不怀疑施米托夫教授所说的国际商法的独立性在近代没有受到影响的观点是值得商榷的。但同时，戈德曼教授所认定的国际商法在这个时期被"打倒"的观点同样也是站不住脚的。总的来说，在近代，虽然主要国家国际商法被纳入国内法的路径和原因有所不同，但共同的结果是国际商法作为法律体系而言确实由于被纳入到国内法律的体系中，基本上丧失了其独立性。但是在这个阶段国际商法独立性的丧失并没有在多大程度上损害商人社会的根本利益，甚至由于这个阶段国家商事法律能够提供商人社会所很难提供的"公共物品"（public goods）的缘由而大大加强了商人社会的整体获益。虽然没有直接的证据能够证明商人推动了国际商法的国家化，但是至少可以认为商人对这种国家化至少是不反对的。所以说在此阶段，国际商法不论其存在状态是什么，其核心的价值是已然被潜移默化地实现了。

第二节 对商法发展的历史推动因素分析

通过前文的论述，我们梳理了国际商法的历史发展。那么，这样一种现象不难被我们发现：国际商法时而在一定程度上独立于国内法律，表现出一种极强的自治性特征。但是，有的时候国际商法又会依附于国内法律。笔者认为有必要透过此种现象来探寻其背后隐藏的客观规律。

一、商人社会组织性与对规则的需求

在传统的自然经济社会条件下，人们通常被束缚在土地上，人与人的交往的机会和

频率显然不能与现今的经济条件和技术条件下的情况相提并论。但是，商人作为一个特殊的群体，他们的天生使命就是与其他商人等客户进行交往。因此，他们对于规范交易行为规则是特别的热衷与需要的。这是因为，当一个群体内部的成员交往得越频繁，发生摩擦和龃龉的可能性就越大。而规则就是使他们能够相互之间的平衡权利义务，并维持今后的交易。而且，由于商人将交易作为自己的终身职业，那么基于这种职业性的特征，商人的组织性显然会比其他的社会职业人群更为紧密。相对地，其他职业人群由于当时交通条件和生活条件所限，一方面组织成本相对于商人而言要高出很多。此外，由于其日常生活范围的局限，他们对于规则的"需求动机"显然是与商人不能相提并论的①。这在一定程度上解释了，为何当国家不能提供商人间行之有效的规则时，商人便会自发地形成独立于国内法律秩序之外的规则。

另外，我们也必须弄清商人社会到底需要什么样的规则体系。笔者认为，商人对于规则的需求的着眼点并不在于规则产生于他们自身的群体内部还是产生于群体外部的国家。他们只关心规则能否有助于实现他们的财富进取心。商人社会之所以会自发性地演化出自治性的商法规则，并不是由于商人们自身就具有立法兴趣，而是当其外部不能供给他们所需要的规则；或者是外部的规则阻碍了他们获取财产利益。这时他们才会自发地演化出相应的法律规则来超越或者补充外部的——即国家的主权商业立法。正如英国著名哲学家边沁所指出的那样："法律规则和财产是同生共死的"[50]。商人们对于规则的需求是为了满足其财富进取心，为了获取与维护他们的财富，他们对法律规则的需求往往是相对于其他社会群体更为强烈的。但至于规则来源于何处，规则又是如何产生的并不是商人所最重视的要素。

但可以肯定的是，商人社会最为关注以下两种价值：首先是法律的统一性。如果能够构建成功跨越国界的统一规则，且这种规则能够超越地域主义并能够被反复适用，这无疑是对商人们的重大利好。因为这有利于扩大他们的活动范围，减少他们的交易费用和交易风险。其次，交易规则确定性也是商人们所极力追求的。试想一个商人远离自己的国家到另外一个国家去进行交易。那么他首先必须要了解那里的交易规则，并且确定这种交易规则是不会更改的。如果还有进一步奢望的话，他可能会希望有一种规则是他走到哪里都可以适用的。事实上，在国际商事交易中，统一性和确定性很可能是统一的价值概念。因为，统一意味着在一个较大的空间市场中交易规则都是一样的。当出现争议时，对于同样的情况会以同样的态度和处理方式来对争议进行处理。至于我们如果询问商人，这种规则是希望来自于商人社会自身还是国家，恐怕得到的答案一定是"无所谓"。

但是，同时，他们又不希望这些规则过于僵化和严格而过度干预他们的交易。因为，

---

① 试想当一个人生活的圈子较为狭小，其接触的人较为有限的情况下，那么对于他而言，所接触的人就会形成一个"熟人圈"。对于熟人圈而言，发生摩擦的概率显然要比与生人交往的概率低。而且，即便发生了摩擦，也往往会采取一种息事宁人的方法来解决争端。这种行为方式深深地印射在欧洲人的日常行为方式之中，例如《圣经新约路加福音》第6章第29节明确指出：主说有人想要告你，要拿你的里衣，连外衣也由他拿去。有人想打你的左脸，那就右脸也让他去打。又如在《哥林多前书》中，使徒保罗也说："你们彼此告状，这已经是你们的大错了。为什么不情愿受欺呢？为什么不情愿吃亏呢？"参见《圣经新约哥林多前书》第6章第7节。笔者认为这些都正是当时欧洲封建社会中平民道德在宗教中的反映。由于商人的行为方式与一般人的不同，所以商人在当时的欧洲宗教被视为"一群甘愿灵魂堕落的人。"

商人们是国际社会中最为活跃的群体，财富进取心会挤压他们自发地发明各种各样的交易方式和交易技术来寻找交易机会。交易的创新也是他们获取财富的最核心手段。但是法律规定往往是固定且严格的。这时法律便有可能成为商人进行交易的障碍，减少他们交易的灵活性。正如一份对加拿大的合同法的报告所指出的那样："在我们的报告中，有这样一条主线：确定性并不是合同法中唯一的重要价值。在很多情况下，我们必须制定相应的解决方案使确定性价值与灵活性相匹配。原有的法律规则在有些情况下，已经变得又过时又古板以致成为了交易的障碍"[51]。总而言之，商人的上述看似相互矛盾的需求事实上构成了国际商法规则变化所遵循的基本逻辑规律。

二、商人群体和国家力量的此消彼长影响了国际商法的存在形貌

商人群体，虽然可能自发地形成自己的自治性规则。但是在历史上，这种自治性的规则却随时受到了国家政府所制定的法律的影响。通过前文的历史梳理，我们似乎可以很清晰地发现这样一条脉络。那就是，当国家的实力较为弱小、国土上又战乱频仍时，国家就会无暇顾及商人群体内的行为规则的制定工作。那么此时，商人群体之间的规则的自治性就会变得相对重要一些。当国家实力变得强大且国家有意愿将商事交易纳入到国家管制的范畴之中时，那么国际商法的存在形态就会更多地以国家法的形态存在，其自治性就会减弱。

如果纵向分析国际商法存在形貌变化的每个时间节点，我们又可以很清楚地发现上述规律历史变化所对应的转折事件。古希腊时期之所以在地中海上形成自治性的海上交易规则，是因为当时的古希腊城邦处于一种分裂状态，任何一个城邦都无法垄断海上航线。另外，商人们通过贸易带来的财富也有利于希腊城邦的领主们抵抗外来的强大敌人波斯帝国。因此，当时的希腊城邦政府很乐于以一种不干预的姿态对待商人们间的交易。但到了古罗马时期，强大的罗马帝国在外部已没有任何实质上的敌人，其国家职能远远超出了四分五裂的希腊小国。再加上古罗马的法律已经几乎达到人类对于法律问题理性思考的巅峰。此时的商人群体显然难以也没有理由再另起炉灶地维持一套独立的自治性法律体系。况且古罗马的政府也考虑到商人的特殊需要，以万民法的方式对商人群体的吁求做出了变通性的妥协与照顾。我们认为这种思路能够很好地解释为何罗马法在其自身体系之内会形成市民法和万民法这种二元的法律渊源存在。

在中世纪到来以前的公元476年，强大的西罗马帝国几乎在一夜之间土崩瓦解。欧洲的中心分裂为无数小的封建王国。而且相互之间又开始攻伐不止。权力的中心一下子被分散了[52]。但是商人们对交易规则的需求是长存的。因此，这种国家规则的缺失所造成的法律真空。商人们就有自发地通过实践的经验来总结和产生相应的规则来进行递补的动机。并且通过自发组织相应的裁决机构来适用和执行他们自己的商事规则。此时的国际商法形貌就会在一定程度上向自治性倾斜。换言之，由于欧洲政治版图的分裂和国家力量的相对削弱，导致商人群体的法律会或多或少地以自治性规则填补国家法律的制度真空。这种规则的核心特点是独立于国家的政治体制之外，规则的产生并不受制于封建王公的喜好，主要反映的是商人对于交易方式的偏好和交易的客

观需要。同时，我们必须透过这种法律现象看到其本质原因。这是因为，由于国家的权力中心偏向分散。这种权力的中心分散趋势必然会影响到市场的统一性。市场的统一是商人们展开贸易的一个重要的积极条件。那么为了维护这种统一性，商人必然会想方设法地超越封建王侯的政治边界划分，自发地演化出超越政治疆域边界的各种规则，并由商人组织自己对这些规则进行编纂和汇集。只有如此，才能够减小他们在进行远距离交易所承担的制度成本。为此，商人建立起了行会，甚至武装力量来保护自身的利益不受封建贵族和教会僧侣的盘剥①。同时，为了解决当时的教会法庭和世俗法庭不能有效地解决商业纠纷的积弊，商人们还建立了属于其自身的商业法庭。在这种条件下，独立于国家之外的法律体系具备了"立法"、"司法"到对"确认财产的武力保障"这些法律体系所独立存在的所有前提要素。这种所谓的民间的法律体系可能在一定程度上具备了脱离国家法律体系的基本条件。但是，可能只是可能，我们并无法排除其他的合理怀疑确认这种规则就是像商法浪漫主义者所说的那样已然是完全独立和自治于国家法律之外的。就像有学者所指出的那样，尽管有许多人相信中世纪的商人法的存在，但是人们却很难真正揭示出这种一般自治性实体规则（商人法）真实存在的决定性证据[53]。

到了近代随着民族国家的兴起，国家以身份和信仰彼此认同的民族群体为核心，组建起向心力极强的民族国家。此时，这种新兴的政治体，必然要通过收纳权力的方式来证明其主权的正当性。因此，商人社会在新兴的民族国家的主权面前是显得那样的弱势。此外，国家将商人社会自发形成的法律纳入到国内法律体系内的动力还起源于国家产生了一种远远大于商业利益的"需求动机"。这种动机在不同的国家表现可能是不同的。正如本专题前面所叙述的那样：法国将商人社会的规则纳入到国内法的法律体系内的原因主要是为了捍卫和巩固法国大革命的胜利结果，同时用国家法律的形式来取悦和维护商人群体的利益。从很大程度上来说其复兴了罗马法的内在要求，并且统一了法国各个省之间不同的法律制度。相对于原来所谓的习惯性商事规则更加有助于增进国内的统一市场的形成以及增加交易的确定性。这些对于商人们来说显然是非常欢迎的。而且，法国强调个人的意志自由在某种意义上也尊重了商人们的交易习惯。这些都决定了商人们是会非常乐于接受这种正式性法律来对自治性的商人规则进行取代的。相对于法国，德国的纳入则更加带有强制性的色彩。如同德国铁血宰相俾斯麦要通过铁与血来统一德意志一样，德国对自治性的国际商法规则的纳入带有明显的强制性和专断性。正如前文所述的那样，德国已经分裂得太久了，必须有一个强有力的中心政权来掌控一切。在法律的语境下，体现个人意志自由的自治性规则和民间的商业习惯都是不利于德国的统一的。所以说，由于此时出现了自身实力无比强大的民族国家，且民族国家的具有强烈的将法律进行统一的动机。在这种大的社会背景下，要求商人社会自我维持一套完全独立和自治的法律体系，显然是不现实的。

---

① 例如在 1184 年，由于不堪政府的盘剥，以商人为核心的法国革命派在法国经过暴力斗争，接管了一个城镇的主要建筑物，尽管后来遭到了镇压，命令他们"放弃已经建立的公社和阴谋圈子"。但遭到了商人们的拒绝，因此被一些大主教称为"豪强商人"（potentiors burgenes）。这样的事例在中世纪的欧洲屡见不鲜。这很好地印证了当时商人群体的强大，已经有能力和当时的政府和教会相抗衡。参见郑远民：现代商人法研究，法律出版社 2001 年版，第 159 页。

同时也必须看到，不论是德国、法国还是英国在将自治性的商事规则纳入到国内法的过程中都有一个共同特征，那就是大量地借鉴了罗马法的法学原理进行立法。从这个意义上来说，虽然在这些国内法典制定的过程中，我们无法确认他们在多大程度上参考了商人们之间的交易惯例，又在多大的程度上听取了商人们的意见。一种比较可信的观点是对商人法这种原始而又粗糙的规则的借鉴可以说是微乎其微的[54]。反倒可以肯定的是采取罗马法的法律规则符合了商人群体的根本利益，因此必会受到商人群体的支持和拥戴。国家制定的法律具有很强的确定性和统一性，在民族国家强大的国家机器力量的保证下也显得比较可靠与高效。因此，各国的商人对于自治性的商事法律规则被纳入到国内法律的体系内的"大势"也并未采取什么抵制措施，反而是以一种较为欢迎的态度来接受的。

三、国家制定法才是推动国际商法向前发展的核心动力

通过前面的分析，我们发现：所谓中世纪时期被商人们通过自我实践、自我执行、自我发展所幻化出的普遍性的商人法体系的结论是不周密且值得商榷的。在某种意义上来说，中世纪的商人法只能说是一种不具备法律基本特征的商业实践和商业技术而已。自治的商人法是一种零散的、无体系的商业习惯的综合体，其最终的命运必然是被正式的国家立法所取代。这绝不是像施米托夫和戈德曼等商法浪漫主义者所哀叹的是一种退步和灾难。而应被视作是一种进步性的整合。在主权国家出现后，随着国家机能的完善，国家法律体系作为更加精密、可靠、稳定的规则体系必然在调整国际商事交易中发挥主导作用。习惯性的、自治性的规则就只能在有限的领域发挥辅助性的作用。因此，对于国际商事法律体系的构建应该采用一种以国内法以及在国内法基础上衍生出来的国际商事条约为核心的统一思路。同时，辅之以各种国家制定法之外的规则进路来作为软化与灵活的辅助性手段，透过多元的和弹性的方针路径来构建相应的国际商事规则体系。但在这个体系中，我们必须分清主次。在构建新的国际商事法律体系的过程中，只能以对国内法的协调和整合作为国际商事法律体系建构的主导方法，将国内法和各种国际商事条约为统一规则的核心基础与控制基准，有限地整合与考虑商人社会的自发、自治性规则。这才是较为理性和稳妥的做法。

第三节 自治性和国家性——探寻商法发展的双螺旋遗传密码

纵观前文的探讨，我们似乎走入了一个迷宫。国际商事法律体系的核心内涵到底是什么？其历史发展的路径和动力又来源于何处？在这个问题上，笔者坚信法律的发展是有其固定的规律的，但是这种规律往往又会受到不同因素的影响而呈现出复杂性的局面。法律规则和法律现象总是受到多元因素的影响。而这些多元因素的影响，决定了商人法在发展的过程中，甚至在每一个具体时间都呈现出非常复杂的存在方式与

存在形态。

商人作为一个职业群体，他们的核心利益就是如何更多地赚取金钱和财富。法律规则只是他们赚取利润的手段和外部保障。至于由谁来提供这种规则和保障并不是他们首先关心的事情。而且，他们对规则的需求又是多重的。一方面他们希望规则要足够灵活，能够宽容地将他们的新点子，甚至是有点离经叛道的做法，并将其合法化给予保护，从而在一定程度上冲破当时封建制度的枷锁[55]。另一方面，他们又希望这种规则足够的精细和确定，以免他们在从事商业活动时缺乏确定的指引，进而引发争议和其他法律风险。最后，商人们对于法律的统一性的需要比其他任何人都要强烈，因为商人的天职就是行走天涯，不统一的法律会给商人在不同地方的交易带来太多的不确定性。商人们对于法律规则的以上三种价值的呼求恐怕构成了我们理解商人法规则历史变迁以及法律规则的在某一个时间点上的形貌的关键性线索。

当然，以上只是商人群体一厢情愿的想法，商人法的发展还要受到诸多外部因素的影响。其中，国家当然是最重要的因素之一。如果国家没有提供法律规则这种公共物品，那么商人们肯定会自发地形成一些法律规则。虽然这些规则极为可能是非常原始，不甚精密的。但是，这至少能够满足商人们最基本的需要。此时的商人法形态是较为简单的，商人们只要组织起来单方面供给简单的商业交易规则制度就可以了。在古希腊时期和古罗马早期的一些自治性规则的成功就是对以上客观规律的最好证明。

随着历史的发展，一方面商业交易的形式和内容日趋复杂；另一方面，国家作为一个政治性的组织也日渐成熟。此时，商人群体和国家之间必然产生一系列的摩擦和碰撞。应该看到，商人群体的利益和国家的利益有重合的一面。国家的统治阶层显然希望商业能够繁荣，因为这样会给他们带来巨大的经济利益。不过，统治者也不希望商人过分活跃，因为这样可能会给他们的统治带来威胁。在古罗马时期，这种矛盾不是那么的尖锐，因为古罗马帝国的强大的实力以及精细无比的罗马法压制了商人独立立法的可能与动机，但又充分满足了商人们对规则的需要，商人们使用罗马法的市民法和万民法就几乎可以满足其交易的所有需求。

可到了中世纪时期，情况就不一样了，当时的商业交易和古罗马时期相比要复杂许多，同时，当时国家的法律固化僵硬，很多甚至体现着封建的特权。从商人的角度来看，他们的思想无疑是最活跃的，因为他们总需要找到更新的方法来提高他们的经营和交易的效率。即便是坚决否认中世纪商人习惯法存在的凯登斯教授也承认：中世纪的商人们发明了很多"商业技术"来方便他们之间的交易，例如"汇票"、"提单"、"海事保险"等商业制度，这些实践都是根本没有在罗马法和当时任何的国内法中存在的[56]。虽然凯登斯教授总是极力否认这些商业制度的法律性和普遍性，认为这些只是商人们之间通过合同而明示同意达成的权利义务关系，缺乏构成法律的那种"默示的同意性"（tacit consent）以及强制执行性[57]。但她也不得不承认，这些规则确实在当时欧洲普遍存在且跨越了国家的政治领土界限的。笔者认为，如何减少交易成本是商人们之间永恒不变的追求，正是在这种追求的激发下，商人们会持续不断地进行交易方法的创新，这种创新和跨越国家政治疆域的交易使得商人之间的实践总是有超越国内法的倾向。正是这种超越，构成商人法不断地向前发展的根本动力。

　　不过，我们也同样必须认识到，中世纪自治的国际商法本身也是有其非常明显的缺陷的。一方面，如前文所述，完全自治性的商人法的普遍性可能并不像现今学者所想象的那样理想。商人们之间的规则也不可能那样精细和体系化。商人法庭在不具备统一的领导和便利的交流体系的情况下更不可能发展出完整的判例法体系。商人们的交易甚至可能因为商人对所谓惯例理解的不同而更加杂乱无章。此时商人们的一个巨大的愿望就是有人能够帮助他们将法律体系化、成文化、统一化起来。民族国家恰在近代粉墨登场，承担起这个任务。虽然国家将构建统一的商业交易的法律体系可能是缘起于非服务于商人群体利益的动机。但是，我们再也找不到比民族国家更加合适的其他主体来完成这一任务了。这一过程事实上就是国家将商人法纳入国内法的过程。因此，笔者认为将商人法纳入国内法的体系绝不是像施米托夫教授和戈德曼教授所说的是一场商法的倒退，而是商人法的一次浴火重生。虽然各国家将商人法纳入国家进路各不相同，但是事实上都使各国的商人阶层的利益得到了满足。

　　在笔者看来，商人法和国内法的发展就像生命科学中基因的双螺旋结构。两者虽然在虽然表面上来看在渊源属性上相互分离，在作用强度上此消彼长。但从历史的发展视角来看两者是不可能完全独立的。在一些节点上甚至会出现完全的重合的现象。而且从功能上来看，两者之间有存在相互补充、相互加强的现象，并共同构成了国际商事规则的法律体系。事实上这也就是国际商法发展的根本的遗传密码。国际商法双螺旋结构中的一条结构链是商人社会发展法律的自治性进路，而另一条则是国家对于国际商法的理性建构进路。这两者之间是有机联系和相互加强的。其中自治性的进路是辅助性的进路，其虽然一直试图突破国内法的限制，但是却总是由于各种原因反过来被国内法所吞噬与吸收。因此，我们必须尊重这种结构规律，研究自治性的商人法规则决不能忽视国家和国内法的作用。从法学理论来看，法的自发演进和法的理性建构是法律发展的一体两面。在法律发展的过程中，一方面法律的发展是与社会的发展相适应的，另一方面法律也会具有一定的建构性从而推动社会向前发展[58]。国际商法的发展也概莫能外，国际商法的自治性不可能完全脱离国家的法律而单独地获得发展。历史的规律告诉我们，自治性的国际商事规则从来没有也不可能脱离国内法律的掌控而单独在正式法律的真空中形成自己的体系。虽然自治性的商事规则可能在有限的时间和领域内范围内形成与国内法律规定在细节上有所分歧，但这个系统很快就会被国家的法律所制约和控制。因此其永远不可能脱离开国家的法律而单独地向前发展，只能是以一种辅助性的进路来弥补国内法律的滞后性和僵化性等不足之处。

【本专题参考文献】

[1] 哈罗德·伯尔曼. 法律与革命——西方法律传统的形成[M]. 贺卫方译. 北京：中国大百科全书出版社，1993：408-409.

[2] 张薇薇. 中世纪西欧商人兴起与法律：11-16 世纪[D]. 2005 年北京大学博士论文，2005：41.

[3] Greif A. Contract enforceability and economic institutions in early trade: the maghribi traders' coalition[J]. American Economic Review, 1993, 83（3）：525-548.

[4] 布瓦松纳. 中世纪欧洲生活和劳动：五至十五世纪[M]. 潘原来译. 北京：商务印书馆，1985：292.

[5] 泰格 M E. 法律与资本主义的兴起[M]. 纪琨译. 北京：学林出版社，1996：94.

[6] 张又惺. 西洋经济史[M]. 中国文化服务社，1948：72.

[7] Howe W W. Jus gentium and law merchant[J]. American Law Register，1902，50（7）：384.

[8] Kent J. Comment on American law[J]. O. Halsted，1832，3：10.

[9] 伯尔曼 H. 法律与革命：西方法律传统的形成[M]. 贺卫方，等译. 北京：中国大百科全书出版社，1993：422.

[10] 伯尔曼 H. 法律与革命：西方法律传统的形成[M]. 贺卫方，等译. 北京：中国大百科全书出版社，1993：421.

[11] 施米托夫 C. 国际贸易法文选[M]. 赵秀文，等译. 北京：中国大百科全书出版社，1993：5.

[12] Trakman L E. From the medieval law merchant to e-merchant law[J]. University of Toronto Law Journal，2003，53（3）：271.

[13] Benson B L. Law merchant in the new palgrave dictionary of economics and the law[J]. London：Palgrave Macmillan，2004：500.

[14] Hugo C. The legal nature of the uniform customs and practice for documentary credits：lex mercatoria，custom，or contracts?[J]. South Africa Mercantile Law Journal，1994，6（2）：144-145.

[15] 左海聪. 国际商法[M]. 北京：法律出版社，2013：6.

[16] 姜世波. 商法的国际化[J]. 大连海事大学学报，2006，（2）：14-15.

[17] 施米托夫 C. 国际贸易法文选[M]. 赵秀文，等译. 北京：中国大百科全书出版社，1993：23.

[18] Sachs S E. The modern distortion of the medieval "law merchant"[J]. American University International Law Review，2006，21（5）：694-695.

[19] Sachs S E. The Modern Distortionof The Medieval "Law Merchant"[J]. American University International Law Review，2006，21（5）：730-731.

[20] Kadens E. The myth of the customary law merchant[J]. Texas Law Review，2012，90（5）：1170-1176.

[21] Emily Kadens，The Myth of the Customary Law Merchant[J]. Texas Law Review，2012，90（5）：1180.

[22] Volkcart O，Mangels A. Are modern lex mercatoria really rooted in medieval?[J]. Southern Economic Journal，1999，65（3）：439.

[23] Berthold Goldman. The Applicable Law：General Principles of Law-The Lex Mercatoria[M]//Lew J D M. Contemporary problems in international arbitraion. London：Queen Mary，1986：113.

[24] Benson B L. The spontaneous evolution of commercial law[J]. Southern Economic Journal，1989，55（3）.

[25] 郭翠星，唐郁恺. 商人法产生的背景、特征及现代商人法的兴起[J]. 湖北社会科学，2003，（5）：28-29.

[26] 毛健铭. 西方商事法起源探析—对中世纪欧洲商人法的历史考察[J]，清华法治论衡，2004：439.

[27] 伯尔曼 H. 法律与革命：西方法律传统的形成[M]. 贺卫方，等译. 北京：中国大百科全书出版社，1993：418.

[28] Elcin M. The applicable law to international commercial contracts and the status of lex mercatoria-with a special emphasis on choice of law rules in the European community. Albuquerque：Dissertation.com Publishing，2010：17-19.

[29] 毛健铭. 商法探源——论中世纪的商人法[J]. 法制与社会发展，2003，（4）：132.

[30] Benson B. The enterprise of law：the justice without the state[M]. Pacific Research Institute Publishing，1990：11-19.

[31] John Austin，The province of jurisprudence determined，Cambridge University Press，1995.转引自甘德怀. 从命令到规则：哈特对奥斯丁的批判——读哈特《法律的概念》[M]，法制与社会发展，2007，（5）：34.

[32] 姜世波，范佳佳. 中世纪商人法真的是现代商人法的渊源吗?[M]. 民间法，2010：338.

[33] 姜世波，范佳佳. 中世纪商人法真的是现代商人法的渊源吗?[M]. 民间法，2010：339.

[34] Nikitas E. Hatzimihail，The Many Lives and Faces of Lex Mercatoria：History as Genealogy in International Business Law，Law and Contemporary Problems，Vol.71，2008（3）：179.

[35] 克里夫·施米托夫，赵秀文，等译. 国际贸易法文选[M]. 中国大百科全书出版社，1993：10.

[36] 克里夫·施米托夫，赵秀文，等译. 国际贸易法文选[M]. 中国大百科全书出版社，1993：9.

[37] Donahue. Jr H. Private law without the state and during its formation[J]. American Journal of Comparative Law，2008，56（3）：557.

[38] 席勒. 席勒诗选[M]. 王国维译. 长春：时代文艺出版社，2012：38.

[39] 施米托夫 C. 国际贸易法文选[M]. 赵秀文，等译. 北京：中国大百科全书出版社，1993：9.

[40] 张梅. 德国民法典的制定与经过[J]. 比较法研究，1997，（4）：401.

[41] 谢怀栻. 大陆法国家民法典研究（续）[J]. 外国法译评，1994，（4）：4-5.

[42] 韩德培. 国际私法（修订本）[M]. 武汉：武汉大学出版社，1983：45.

[43] 施米托夫 C. 国际贸易法文选[M]. 赵秀文，等译. 北京：中国大百科全书出版社，1993：10.

[44] 李红海. 自足的普通法与不自足的衡平法——论英国普通法与衡平法的关系[J]. 清华法学，2010，（6）：23.

[45] Donahue.Jr H. Private law without the state and during its formation[J]. American Journal of Comparative Law，2008，56（3）：555.

[46] 赵立新. 论中世纪的"灰脚法庭"[J]. 复旦学报，2008，（1）：99.

[47] Bederman D J. Custom as a source of law[M]. London：Cambridge University Press，2010：122.

[48] 克里夫·施米托夫. 国际贸易法文选[M]. 赵秀文，等译. 北京：中国大百科全书出版社，1993：11.

[49] 董安生. 新编英国商法[M]. 上海：复旦大学出版社，2009：2.

[50] Bentham J. Works，Vol. 1[J]. Benson B L. The spontaneous evolution of commercial Law. Southern Economic Journal，1989，55（3）：644.

[51] Jukier R. Flexibility and certainty as competing contract values：a civil lawyer's reaction to the ontario law reform commission's recommendations on amendments to the law of contract[J]. Canadian Business Law Journal，1988，14（1）：14.

[52] 夏遇南. 罗马帝国[M]. 西安：三秦出版社，2000：438.

[53] Cranston R. Theorizing transnational commercial law[J]. Texas International Law Journal，2007，42（3）：602.

[54] Silva J D. The new law merchant：fact or fiction?[J]. Sri Lanka Journal of International Law，2005，17（1）：176-177.

[55] Daniels D. The concept of law from a transnational perspective[M]. Farnham: Ashgate Publishing, 2010: 24-25.

[56] Berman H J, Kaufman C. The law of international commercial transactions (lex mercatoria)[J]. Harvard International Law Journal, 1978, 19 (1): 226.

[57] Kadens E. The myth of the customary law merchant[J]. Texas Law Review, 2012, 90 (5): 1161-1171.

[58] 张文显. 法理学[M]. 北京: 高等教育出版社, 2007: 206-207.

专题二 国际商法中的新法律渊源专题

专题要旨：国际商法本质上属于国际法的一个分支，与国内法相比其法律渊源具有很强的特殊性。只要能够以法的形式约束与规制国际商事主体活动的规范来源都应该属于国际商法渊源的一种。在全球经济一体化的今天，由于国际标准体系符合国际商法渊源概念的基本特征要素；并且在事实上对国际商事活动发挥了调整作用，所以在某种程度上可以被视为一种特殊的国际商法渊源。

关键要点：国际商法渊源；国际标准；特征要素

国际商法的渊源是这门学科的一个基本概念，任何一本教材都会谈及此问题，但是目前国际商法的相关著作都只是从内部分析的层面来探讨国际贸易法渊源的问题。通常先验地将某些规范形式认定为国际贸易法的法律渊源，再分别对这些具体的渊源进行说明；而对于国际商法法律渊源的认定要素以及具体的内涵却缺乏深入地研究。这就使这门学科的法律渊源成为了一个相对封闭的概念体系。笔者认为同其他法律部门一样，国际商法的相关的概念同样应该有一个较为清晰的内涵范畴，其外延也应是不断丰富与扩展的。因此，本专题试图从法理学角度对法律渊源的一般定义出发，结合国际商法本身的特殊性，对国际贸易法渊源的认定方法提出自己的观点，进而对于国际标准（包括技术标准、劳工标准、环境标准等）能否作为一种特殊的国际商法渊源做出一番试探性的探讨。

第一节　对法律渊源概念的分析

在法学论著中使用"法律渊源"这个概念最早可以追溯到古代罗马时期。那时人们使用这个概念主要是从实在法的角度出发的："法律渊源是法制发展自有的或直接的组织，换言之，是借以将法律规范确定为实在的和强制性规范的那些方式。[1]"这种定义将法的渊源界定为法的外在表现形式，即什么样的文件可以被视为法律，或某种规范性法律文件的效力来源。目前我国绝大部分学者都因袭这种理论，将法律渊源和法的外在表现形式或效力来源等同起来。例如，中国社科院法学所主编的《法律词典》将法律渊源定义为："法律渊源，又称法源、法的渊源，或立法形式。具有法的效力的作用和意义的法的外在表现形式"。孙国华教授认为法律渊源即指法的效力来源，包括法的创制方式和法律规范的外部表现形式[2]。而张文显教授主编的《法理学》教材更是把法律渊源作为单独的一章取消，并将有关内容合并进"法的形式与效力"一章。

目前国内的这种"通说"从根本上来说是从国家主权者的角度出发，将法律的来源归结为立法者单边的立法活动。虽然这有益于加强法律的权威性与严肃性，但无疑混淆了法律渊源与法律效力以及法律形式之间的界限，在很多问题上有难以自圆其说的弊端。事实上从辞源来看，渊源是指水流的来源源头，即这股水是怎么来的，其源于何处。当发现一股泉水时，好奇心会驱使我们探求这股水流的发源地。同样地在研究一个法律规则时，我们也需要探求这个规则从哪里起源，又是如何被赋予法的效力的。这种探求过程与法的效力及其效力的来源本身应当是不尽相同的两个概念。正如美国著名法理学家格雷（Gray）所指出的那样，法律与"法律渊源"两者之间应该有着严格的界限，法律乃是由法院以权威性的方式在其判决中加以规定的规则组成的，而关于法律渊源，则应该当从法官们在制定构成法律的规则时所通常诉诸的某些法律资料与非法律资料中去寻找。因此，笔者认为法律渊源这个概念应该是和寻找与发现能够规制当事人的法律规则相关联的一个范畴。

事实上，我国学界之所以将这两个概念相等同，从根本上是受我国成文的国内法法律体系和苏联绝对的国家立法中心主义的影响。在我国的法律运行体系中，法官以及法律工作者在适用或者研究法律规范时只需要去寻找各种成文的法律条文和相关的司法解释就足够了，所做的法律推理也必须严格遵循这些成文法的立法精神，因此寻找与发现法律所需要的时间几乎为零。所以，大部分人将法律渊源等同于法律规范的存在形式也就是顺理成章的事情了。但是，这种思维模式假如进一步向国际法体系中扩展，去解释国际层面的相应法律问题时便会显得有些捉襟见肘。这是由于国际法部门中的各个分支与国内法从本质上处于两个不同的维度，导致两类概念是不能互相通用的。因此，有必要对国际商法的法律渊源单独做出界定。

第二节　国际商法渊源的特殊性

一般认为，国际商法是调整国际商事活动的法律规则与原则的总称。虽然在19世纪时国际商法曾一度被纳入到国内法的范围之中，但是随着经济全球化的不断深入，人们开始对于以往那种被夸大了的主权学说进行了批判，转而把国际主义重新作为国际商法的根本基调。因此，我们认为国际商法本质上属于国际法的一个独立分支。那么作为国际法中的一个分支其与国内法相比在法律渊源上有什么样的区别呢？笔者认为可以归纳为如下几个方面：

（一）作用范围不同。国际商法既然是调整国际商事关系的法律部门，那么从调整范围上看，它的作用范围必然是超越一国国界的，也就是说一个国家的法律在有些情况下不可能覆盖国际商事关系的全部要素。而根据传统的立法中心视角下对法律渊源的定义：法律渊源是国家不同的立法机构，以不同的立法程序制订的具有不同效力等级的各种类别的法律规范。这时便会出现一个难以解释的问题，既然任何一个国家的法律不可能调整不处于其管辖范围的国际商事关系要素；而在主权国家之上又不存在一个世界政府来保证能在全球范围内发挥效力的法的制定与实施，那么，国际商法是如何发挥其法的作用的？其又是如何规制当事人的行为的？这似乎就变成了一个难以解释的问题。因此，既然我们坚持国际法和国内法的二元学说，就应该在法律渊源上同样用二元的视角来对待国际商法的法律渊源问题，将国际商法的渊源概念与一般法理学中所研究的国内法的法律渊源区别开来，单独研究其性质与特点。

（二）形成过程不同。与国内法有国家立法机关通过严格的立法程序将规则上升为法律再由强大的国家公权力机器保证实施不同，国际商法自产生那天起就表现出其极强的"私人自治性"。其中最突出的表现就是国际商事关系由一种具有自我调控机制的商人习惯法支配，而不是只受主权者法律的管辖。这种国际商人习惯法是由中世纪欧洲的国际商人团体的习惯做法和惯例发展起来的。商事惯例在其发展过程中得到了由商人们自己组建并自任裁判者的商事法院的认可。商人法主要是依靠商人们自己实施的，他们自己组成相关的行业行会，建立了商人法院，通过行业内自律的方式保证他们的这些规则得以实施。因此，在商人们看来，他们调整与规制他们行为主要法律的"来源"是他们之间在长期交往中所形成的交易惯例。正是这样一些交易的习惯做法使他们可以很清楚地预测他们交易相对方的行为，并且安排自己的下一步行动。一旦某个商人不按照交易习惯行事，那么所有的商人乃至行会都会认为他违反了他所应该遵守的"法律"。虽然在后来的时间里，出现了现代意义的民族国家，国家把大部分的商人习惯都纳入到他们的商法典之内，使国际"商人法"披上了国家法典的外衣，但是随着经济全球化的进一步推进，整个国际商法体系已然重新回归到国际主义这一时代的"主旋律"上。因此，国际商事惯例必然重新成为国际商法最主要的法律渊源。而这类法律规范的产生地并不是在国家的议会的表决席上，而是在每天都繁忙无比的国际交易市场上。

（三）存在方式不同。在使用国内法解决争端时，法官所需要做的事情无非是在弄清案件的事实以后查明法律，然后通过各种推理方式把各种成文的法律进行适用。而在国际商法中大量法律规范是以不成文的"国际商事惯例"的形式存在的。虽然，有很多的国际组织在对各种商事惯例进行编纂，但是这并不能涵盖国际上存在的所有国际商事惯例。再者国际惯例随着商事交易的不断发展其自身也是在不断变化着的，相关国际组织的这种成文化活动则很可能会显得相对滞后。另外需要特别指出的是进行编纂活动的各种国际组织中有很多也属于非政府性组织（NGOs），它们汇编惯例所产生的文件在很大程度上只具有"示范法"的性质。所以，在国际商事争端解决中法官和仲裁员们可能面临一种"不知法"的困境。在这种情况下商事争端解决程序不得不要求当事人进行举证来证明某个法律规则的存在或是由法官去主动寻找可以适用的法律。

另外在很多时候，一些商事合同中的法律选择条款非常模糊，如约定采用"一般法律原则"，"自然正义"等来解决争端，而且国际商事仲裁员在进行仲裁时也倾向于进行非国内化的解决，尽量适用普遍接受的法律原则，譬如采用"公平合理的原则"（ex aequo et bono）、"自体法"等。

那么在适用国际商法规则时，当事人和法官们必须要从法律的形成过程中去寻找对当事人有拘束力的法律规则。即证明某个具体的国际商事规则是存在而且是被普遍接受的。因此，用传统法律渊源的概念很难解释国际商法的法律规则的存在方式。

总之，与国内法那种以国家为主导的一元法律模式不同，国际商法的存在与发展具有很强的"二元性"。一方面，国家作为主权者可以通过国际条约、国内立法的方式规制处于其主权范围内的商事活动；另一方面，国际市民社会通过意思自治原则来进行立法的活动对国际商法的产生与发展也有着至少不亚于国家的推动作用。这是由于虽然各国的根本政治经济制度不同，但是因为商人是一个特殊群体，支配他们的规则往往超越了国家法律制度的差别，而表现出惊人的一致性，以至于一位波兰的法学家十分肯定地说：世界各国的商法学者和商人们都在讲"一种共同的语言。"因此，我们在讨论国际商法渊源时必须摒弃那种以国家为中心的思维模式，将国际商法的研究重点更多地转移到国际商事活动的当事人身上。既然国际商法就是被国际商事活动主体所普遍接受，并以法的形式规制调整国际商事活动主体行为的法律部门，那么国际商法渊源的概念就应该是：可以证明某个规则或原则以法的形式规制、调整国际商事行为的一切证据来源的总称①。

第三节　国际商法渊源的特征要素与国际标准的渊源特性

对于研究一个概念来说，仅仅有一个定义是不够的，要想使之体系化并具有可操作性，就必须通过确认其特征要素来划定其外延范围。根据前文的论述，我们在进行这项工作时，似乎应注意以下几点：首先，既然国际商法的渊源是与国际商法规范的寻找相关联的范畴，这样它本身就应该是一个动态而开放的体系。其次，由于国际商法本身的特殊性，在研究其法律渊源时，我们应当尽量淡化其国家法律中心主义色彩。最后，研究国际商法渊源，不能偏离这个概念自身"法"的本质，而去喧宾夺主地过分强调渊源在这个概念中的地位。

我国著名法理学家周旺生教授在研究法律渊源这个概念时回避了法律渊源的形式要件，创造性地提出了"资源、进路、动因"的三要素说[3]，非常明晰地揭示了人们寻找法律规范时所因循的路径。本专题站在周先生巨人肩膀之上，对他的学说做出了一点浅显的补充，认为这个理论应该加入法律渊源"广泛性"这一要素可能会更加臻于完美。对于国际商法的法律渊源来说此四个要素同样是必不可少的。因此，如果我们能够确认国际标准具有上述四个要素，就可以认定其具有了国际商法的法律渊源的基本特征（为了行文清晰，笔者将在后文中结合国际标准来对这四个要素进行分别论述）。

国际标准在本专题中特指国际技术标准、国际劳工标准、国际环境标准等具体标准的总称，是一个抽象的概念。根据国际标准化组织（ISO）的定义，所谓标准是指："一种或一系列具有一定强制性要求或指导性功能,内容含有细节性要求和有关方案的文件,其目的是让相关的产品或服务达到一定的安全要求或市场准入的要求。"而国际标准就

---

① 笔者如此定义国际商法渊源并非有意否认国家制定认可的国内法以及国际条约作为国际商法渊源这一事实；相反这类规范由于寻找较为容易且内容确定，在解决国际商事争端中的证据效力更为强大。

是在国际市场对国际商事活动主体的此类具体化的要求体系。对于标准的作用，根据西方学者的描述，认为它是世界经济顺利运转并得以突破各种"瓶颈""障碍"的助推器与润滑剂。本专题认为标准在经济全球化的今天必将在国际商事活动中发挥越来越重要的作用，甚至已经表现出符合国际商法渊源要素的一些特征。

（1）标准具有当前国际商法的"资源要素"特征。所谓资源要素，是国际商法的基本要素，具体是指国际商法制度据以形成的原料。而国际标准在很多时候已经成为了国际商事制度的有机组成部分，发挥着规制国际商事活动主体的行为的作用，成为了国际商法制度的重要资源来源之一。

一般认为标准主要可以分为两类：法定标准（de jure standards）和事实标准（de facto standards）。其中法定标准是指那些经过国家政府认可并以国家的强制力保证实施的标准。例如，1987 年 ISO 推出 9000 质量标准认证体系以后，欧共体对此立刻表示接受，并要求其潜在的贸易伙伴的产品必须通过这种质量标准体系的认证，否则不得进入欧共体市场。这说明政府可以通过认可的方式把国际标准纳入到它们的法制体系之中，使之成为其国内法律制度的一部分。而事实标准是指那些没有被国家所认同但是在产业界普遍认同接受的标准。此类标准虽然没有得到官方的认可，具有自愿的性质；但在经济全球化的今天，法律所起的规制作用是多层面以及多元化的。如本专题前面所述，国际商法所产生发展的基本过程是融于国际市民会的市场活动中的。因此，国际商法的规制作用可能不仅仅来自于政府，更来自于某个产业的市场本身。ISO 制定的许多标准并没有被一些国家的官方机构所承认，但在这些国家中的成千上万的企业都在默默地执行这些标准，从而在市场中形成了同样有效的事实约束机制。在这个规制体系中行业协会发挥着十分突出的桥梁作用。此类规范体系并没有使用传统意义上的"命令—控制"的规制技术，而是采用激励、引导等手段，使那些局外企业自发地接受这些行业标准，最终达到协调各经济体之间的经济行为，扩大其合作的目的。当某一种事实标准普遍为市场所接受以后，那么这类标准就已然成为了国际商事活动法律制度的一部分。它们的法律效力来自于业内企业对该标准的一种认同，而默示地将这类标准纳入到该行业交易合同的条款之中，如果一个商事主体不按照公认的一般事实标准交付货物，那么法院或者仲裁庭就可以将该行为定性为一种违反合同默示条款，侵害其相对人信赖利益的行为。

（2）国际标准符合国际商法的"进路要素"特征。所谓进路要素，是指国际商法得以形成的途径要素，即其是通过何种途径来得以从外部以法的形式拘束国际商事活动的当事人的。而这个问题对于国际标准来说同样需要进行分别性地讨论。

就法律标准而言，其形成途径比较简单，就是单纯地来源于国家的国内或国际立法行为。这种立法行为既可以是国内立法机关的立法行为，也可以是经过该国宪法授权的外交机构对国际条约的签订。这种正式的立法行为可以使标准具有正式的法律拘束力，从而成为国际商法的法律渊源。同样的，对于法定标准而言，也就是国家权威的立法机关对国际标准本身的一种认可，从而使其上升为法律，并由国家机器保障其权威性。

而就企业所制定的事实标准来说，其进路要素显得相对比较复杂。自始至终没有明显的外在强制力来保证这类标准对国际商事主体活动的法律拘束性。不过，如果换一个角度，从国际法的形成来理解这个问题，或许我们会对此问题有一些新的认识。王铁崖先生在论述国际习惯法的形成问题时指出国际习惯法是由两个基本的构成要件所组成的，其一是国际法主体在交往过程中反复类似的行为，其二为国际法主体对于这种行为模式的"法律确念"。对于国际商法的产生而言恐怕也有着相类似的过程，各个商事主体在交往的过程中，出于交易的需要将一些具体的标准确信为一般标准，如果不符合该标准那么他们就不会接受此批货物。在经过若干轮这样的交易后，在利益这双看不见的手的驱使下各商事主体就会自发地设法使自己的行为契合于国际标准这种国际市场的社会性规范，来谋求自己的生存与发展。这样我们似乎可以把事实标准的法律渊源进路要素归结为一种国际商事交往的过程。

（3）对国际标准的"动因要素"的确认。所谓动因要素，是指法基于一定的动力和原因而形成的。而这些动因要素可以包罗哪些事物，各个法学流派有不同的观点，自然法学派认为法来自所谓的自然正义；实证主义法学派认为国家的统治行为是法的唯一源泉；而苏联法学家则认为法所产生与发展的根本原因与动力是统治阶级所依赖的物质生活条件。可是，以上几种观点哪种都无法解释国际标准能够作为国际商法渊源的根本动力原因。这是因为，国际标准发挥其作用本身是一个纯技术性的问题，与人类的理性和政治要求并无多大联系。

对于经济发展而言，使产品生产从多样走向统一是人类所追求的根本目标之一。产品的统一化可以大大便利规模化生产，使单位产品的成本大大降低，进而促进社会劳动的分工进而提高劳动生产效率。标准恰好是起到这种"穿针引线"作用的基本工具。西方经济学家在谈论标准时甚至将其比喻为保证一件产品适合于另外一件产品，一个产业适合于另外一个产业，一个国家符合另外一个国家的"螺丝与螺母"。因此，笔者认为国际标准作为国际商法的渊源的根本动力来源于商人在从事跨国生产与跨国经营中的一种统一化的需要，这种需要是具有深层次的经济原因的，正是这种经济上的推动力使得国际标准逐渐被国际市民社会接纳发展为法律，并认真地遵守之。

（四）对国际标准的广泛性特征要素的探讨。任何事物成为法律渊源的另外一个重要条件就是它必须具有一定的规范性，就像合同条款本身不能称之为法律渊源一样，如果不能证明国际标准具有广泛的约束力并且可以反复被适用的话，那么把国际标准归纳为国际商法渊源的一种无疑是有些草率的。而事实上，问题也就出在这个地方。虽然从目前来看，有一些标准，诸如微软公司的软件标准，英特尔公司的芯片标准已经在他们所在的行业内牢牢站稳了脚跟，并成为了其他企业所共同接受的事实标准。但这并不意味着所有的国际标准都是公认且被所有业内的运营主体所认可接受的。相反，很多标准体系的建立还处于竞争与博弈的阶段，究竟哪种标准体系能取得压倒性的优势还是一件"悬而未决"事情。再者，在国际标准的制定与确立的过程中往往可能会触及到国家的利益，从而面临被国内法或者国际条约反规制的危险。这些问题在其背后往往具有深层次而又复杂的各种经济利益原因，似乎超出了法学所能够研究的范围。仅从这个角度来看，难免会有人对国际标准在法律上的规制作用提出质疑，认为称国际标准为国际商法的法律渊源尚且为时过早。不过可以肯定的是，国际标准体系正在逐步地迈向成熟，并已经在用自己独特的方式来规制与约束国际商事主体的行为。因此，从这个意义上说，国际标准又确实在某种程度上发挥着国际商法法律渊源的作用。

【本专题结论】

　　综上所述，虽然把国际标准作为一个国际商法的渊源体系还存在这样或那样的不足。但仅从最基本的一些方面来看，国际标准已经开始具备了国际商法渊源的某些雏形性特征。随着经济全球一体化的进程的进一步深入，国际商事活动的进一步扩展，国际市民社会正在努力逐步推动国际市场趋于统一。而在这个过程之中，十分需要一种特别的规范形式来从微观层面协调各商事主体生产产品、提供服务的行为，使各种经济要素能够在全球范围内自由而有序地流动，所以产业国际化与全球化的大趋势在呼唤相关的国际统一标准。在可以预见的未来，国际标准很可能会以一种更加活跃的状态存在于国际商事法律体系之中。随着对某些国际标准的行业认可度的不断提高，相信会出现一些国际标准成为国际业界的公认准则，从而被认定为基本的国际商法渊源。因此，我们从现在开始就必须特别关注国际标准的形成走向，加大对国内相关产业制度改革的力度，积极参与国际标准的立法活动，以便牢牢把握住在标准国际立法问题上的话语权。

【本专题参考文献】

[1] 彭梵德. 罗马法教科书[M]. 黄风译. 北京：中国政法大学出版社，1992：16.

[2] 孙国华. 法理学教程[M]. 北京：人民大学出版社，1997：392.

[3] 周旺生. 重新研究法的渊源[J]. 比较法研究，2005，（4）：3-7.

专题三　国际商法与主权国家立法关系问题专题

专题要旨：在经济全球一体化的今天，国家不可能完全垄断国际商事规则的制定工作。国际商事社会自身会在一定程度上通过一种与国家立法不尽相同的行为逻辑模式自发地生成商人法规则。这些规则从本质上是相对独立于主权国家立法的。但是，不容否认的是，商人法规则具备一些先天性的缺陷，必须借助国家和国家立法对其进行完善与支持。国家为了自身利益和世界的共同繁荣会对此需求大力合作。最终商人法与国家和国家立法形成了一种彼此支撑的稳定三角结构，共同形成国际商事规则体系，并使各自的作用得到相互加强。

专题要点：国际商事规则；商人法；主权国家立法；商事社会；相互加强

任何社会关系都应不同程度地受到规则的调整，通过规则的设定或生成来达到一定的目的便是治理的应有之意。而在调整的过程中规则会以多种形态存在并分别发挥作用，那么我们似乎有必要对这些规则之间的关系及其特点进行深入地探讨。

第一节　对国际商事规则体系的初步界定

对于国际经济交往法律关系以及规则体系，国内存在诸多学说，其中一种学说认为国际经济交往中由于秩序的分层性而导致规则也相对应地呈现两种性质，一种涉及主权国家之公权力，体现了对国家管制经济的权力的反向限制，而另一种则仅仅直接体现规范不同商事主体之间私法交易规则①。就国际商事治理而言，本应将两种规则体系进行覆盖性研究以体现治理之外部性含义。但是，这将不可避免地混淆国际商事关系秩序与国际经济关系秩序的分层界面，导致我们不能清晰地认识商事法律关系的核心本质。因此，本专题将商人法体系锚定于国际商人社会的范畴之上。

---

① 对于国际经济规则体系的分层性国内学者已多有著述，例如何志鹏. 国际经济法的基本理论[M]，北京：中国社会科学文献出版社，2010：36-38，左海聪. 国际商法是独立的法律部门——兼谈国际商法学是独立的法学部门[J]，法商研究，2005，（2），再如王彦志. 再论国际经济法学的基石范畴——一个跨国经济（公）法的视角[J]，法制与社会发展，2009，（5）。

就国际商事规则体系而言，目前国内和国外大多学者都从法律渊源上进行分类分别研究，但是对规则的性质分类却少有深入地探讨。这种对国际商事规则的探讨会导致混淆该法律体系的内涵与外延并最终导致对国际商事规则的性质产生错误的认识。例如，对于国际商事的性质，有学者认为从起源上看其肇始于古罗马的万民法，就其性质而言是国内法的一种对外国人的延伸，其中包含有大量的古希腊法的成分[1]。又有学者认为，国际商事规则由于本质上属于规范国际间平等主体交往的法律体系，国际惯例是该规则体系的核心内容，因此，国际公法中所说的国际习惯就理应构成国际商事规则的一部分[2]。还有一类学者坚持狭义的国际商事规则观点，认为国际商事规则是从各国法律中所抽象出的一般法律规则，属于一种普遍性的法律原则[3]（lex universalis）。又有学者认为，国际商事规则体系是一个伪命题，是法学学者的主观推测和法律原则的综合，不能构成完整的法律体系[4]。

以上这些似是而非的观点都从一个侧面反映了国际商事规则体系的特性，但是都有管中窥豹之嫌。在当前经济全球一体化的格局下，国际商事关系本身呈现出日益复杂的趋势，这就从本质上决定了国际商事规则体系必然具有多重特性来契合其所调整的社会关系[5]。笔者认为，与传统意义上的国内法律规范体系不同，国际商事规则体系内部存在着商事社会立法（商人法）和国家立法的二元属性，而这两种属性的交互作用才是我们去理解和掌握国际商事规则体系的真正钥匙。

第二节　对商人法规则的非国家法律生成因素分析

笔者认为，从历史角度来看，跨越不同地域的商事交易早在中古时代便产生了，在现代意义上的主权国家出现前，商人们就已经开始熟练地运用国际商事规则进行交易和解决纠纷，那么，至少这个意义上讲，国家的立法从时空角度而言就不能涵盖国际商事法律体系。因此，我们似乎可以得出这样一个假设：国际商事规则是由于来自不同国家的商人的交往需要而在不断发展的过程中被催生出来的，是产生于商事社会之中的法律，其产生的主要动力来源于商业圈内的人通过长时间的实践，集合各种一般的交易条件、贸易惯例、仲裁裁决来确立自己的规范，这些规范并不能完全等同于国家的贸易法，从根本上来说，这种规范体系是依靠市场的力量来建立其商人社会的统一规则[6]。

具体来说，笔者认为国际商事规则体系之所以能够相对脱离国家的主权立法而以一种相对独立的第三种法律秩序的状态而存在，主要表现出以下三个方面的特性。

一、国家立法对国际商事规则体系制度供给的有限性

虽然，国际商事规则所调整的是国际间交易，但是国家事实上在其中发挥的作用是十分有限的。从历史上看，在17世纪以前，欧洲几乎没有任何与国际商事活动相关的法律规则存在。相应地，在波罗的海和地中海等贸易发达的领域出现了大量的大量的海事

惯例，例如：《罗德法》《奥莱龙法》《维斯比海事法》这些法典是商人自发地发展起来的，它不是各地王侯的法律[7]。究其原因，主要是因为当时的欧洲王侯国家处于一种分裂的割据状态，政府职能非常有限，根本无暇顾及复杂的海上贸易。这种现象随着现代意义的主权民族国家的出现，得到了很大改变，以法国商法典、德国商法典为代表的一大批优秀的商事法典都将国际商事交往纳入到调整范围之内，即便是具有强烈判例传统的国家也对海上贸易进行了成文的立法活动。当一项国际交易出现争议面临可能适用不同国家的法律所产生的法律冲突时，则由法院地国的冲突法来进行指引。很明显，在这种大的立法背景下，国际商事法律规范所能够发挥作用的空间被大大缩减了。但是，第二次世界大战结束以后，随着和平的到来以及战后重建工作的展开，国际商事交往空前活跃。而且，随着科学技术的不断进步，以及金融行业突飞猛进式的发展，主要针对国内法律关系的商事立法和通过以空间管辖为根本范式的冲突法规则体系变得越来越不能满足日益复杂的国际商事交易的需要。正如 Berger 教授所总结的那样：美国的法院所使用的冲突法规则正遭到激烈的批评，通过冲突法寻找准据法本质上与炼金术无异，冲突法的整个方法论就像一个充满泥浆的沼泽，只有博学而古怪的法学教授才能真正理解根据其结论而得到的判决结果。比如在 BOT 建设合同和跨国股票掉期交易这样的国际商事交易中，这些交易可能会包含很多性质完全不同的合同，在没有法律选择条款的情况下，冲突法和某一个国家的国内法将难以圆满的解决其中复杂又相互矛盾的法律问题，最流行的最密切联系原则和法律关系分割法所选择的所谓最合适的准据法会破坏合同的经济一体性，最终导致合同争议的解决进入一种死循环[8]。

总之，随着经济交往的加深，国际商事交易对规则的需求呈现不断加深的趋势，当主权国家的立法所提供的制度不能满足商事规则的需要时，商事交易并不会进入一种"法律真空"状态。因此，我们认为，传统实证主义法学中所坚信的只有国家才能为社会立法的以及在纠纷中只能适用国家所制定的法律的观点是十分值得怀疑的。尤其是，随着经济全球一体化趋势的加强，各国相对独立的法律制度体系更是在很大程度上成为了国际商事交往的一种障碍，传统的冲突法解决方法并不能从根本上解决上述问题。国际商事社会正迫切地呼唤统一性的实体规则的出现，而这种统一性的实体规则从本质上不应受制于国家的政治边界，"经济全球化正在让国家的政治边界变的毫无意义，法律去边界化正在使得传统的冲突法遭遇到前所未有的挑战，国家最多只能作为一个规则提供者而存在，且并不是唯一的规则提供者。国际商事规则正在不可逆转地呈现出多元化的趋势，单个国家的"政府利益"也逐步地让位于商事社会的全球利益之下，换言之，一种全球化的商事秩序正在形成，这种法律的形成过程并不依赖于传统的国家正式立法行为[9]。显然，这种完全不同的法律秩序是以商事社会中商人之间的高度自由与意思自治为核心的，国际上通常称这种规则为商人法规则（lex mercatoria rules 或 law of merchants rules）。

二、国际商人法规则生成逻辑路径的独立性

国际商事规则之所以能够相对独立的另外一个原因在于，其与国家立法生成逻辑模式不尽相同。传统的国家立法采用的是一种自上而下的结构模式。国家立法机关通过对

社会需求的观察，然后将自身对于该社会关系的理解加入到法律规则之中，在这种法律生成模式下，整个法律架构是从外部被塑造出来的。而国际商事规则与此不同，其构建核心在于交易双方的高度契合性（high engagement）和互惠（reciprocal gains），商人通过反复的交易从而使得另外一方产生了相应的合理预期。为了获得自身财富的增加，交易的双方不得不承认对双方均可接受的交易规则，这些交易规则从本质上是不需要国家来进行强制规定与执行的。承认一项涉及财产交易的法律规则并不因为有一个强有力的个人或者机构在用强制力来威胁以保证实施，而是因为其他这个组织中其他的个体在按照其预期来安排自己的行为，商事行为的基础便植根于这种相互的期待，当这种对特定的行为模式的期待被扩散开来后一种独特的商事社会的规则机制就逐渐成熟并能够发挥作用了[10]。

美国著名学者 Fuller 认为，相对于国家权利下的"垂直规范的系统"还存在一种"水平的规范形式"。相对于垂直规范系统，水平规范系统之可预测性所借助的即非是强制力。Fuller 教授认为在市场中一定会有法律规范是与市场状态融合，二者不会脱钩而分离，规范市场之法律是由市场逐步形成之，并非单由立法程序运作即可一蹴而就，此时仅会造成规范和现实的冲突，否则法律仅为未予现实的规范阻碍[11]。还有学者指出，国际商事规则不应过分考虑国家的利益，应当重点发挥商事社会本身的作用来解决问题，例如 Petersmann 教授指出：对于国际商事争端的解决，很多律师都倾向于思考此争端究竟该归入哪个国家管辖，会影响哪个国家的利益，而没有充分考虑当事方自治的这种宪法性权利以及争端解决中国家的权力界限问题。有充分的证据表明，欧洲从中世纪开始就有这样一种传统：商事规则的实施在很大程度上依赖于非国家强制力以及社会惩罚的作用，这些规则往往倾向于将自己看成是当事方的代理人和合同自由的维系者，而较少地去考虑国家等第三方的利益[12]。

总之，国际商事规则的形成的根本着力点在于当事方的意思自治，通过彼此之间意思的相互沟通以及知识的扩散与传播，来形成一种交相呼应的规则机制，最终形成规则体系。换言之，与国家法律的形成模式不同，国际商事规则更多的是通过：接触（engagement）—沟通（communication）—形成（formation）—扩散（diffusion）—承认（reorganization）这种生成模式而逐渐产生的。在此过程之中，周而复始的交易和商人之间逐步形成的行为的互信会使得一种通用的行为模式逐步地被异化出来而自我形成规则体系。从这个意义上讲，法律是可以自我繁殖的，一次交易成功所产生的经验片段会透过国际网络进行传播。正如著名法社会学家托依布纳教授所指出的：国际商事规则便代表了全球经济法的一部分，这种经济法在外缘运行，直接与全球的经济组织和交易在"结构上耦合"。它是一种从律师业务中形成的规则，这种规则产生于"法律的边缘"，在它的边界围绕着的是经济与技术过程[13]，法律不过是对社会主体经过沟通而在内部所形成的反复行为既成事实的一种速记而已[14]。

三、国际商人法规则生成后所发挥的独立功能

一般而言，国家立法更多的体现了其国内的文化特色和民族特性，例如，大部分伊

斯兰国家由于宗教原因禁止收取违约金的逾期利息。非洲一些国家，如阿尔及利亚的法律禁止出口商退运或转卖在途货物。这些规则毫无疑问是有碍国际贸易顺利进行的。退一步说，即便上述的现象不具代表性，那么国家所制定的法律在很大程度上必须对其所需要规范的社会关系具有普遍性的意义，虽然普遍适用是法律区别于其他规范的一个根本特征。然而，过于抽象和僵化的规则对于各具特色的具体行业所能够发挥的作用是十分值得怀疑的。例如，国际石油合同对于政治和技术因素的影响非常敏感，因此，通过长期的交易实践，石油供销商和买家通过合同制定了非常复杂和详细的违约责任和不可抗力条款，甚至规定了完整的合同解释规则，这些规则甚至已经完全超出任何一个国家的合同法所能规定的语义极限。又如，在国际工程建筑合同中，复杂的技术和施工标准已经远远超出了一般合同制度所能够承受的极限范围，一些合同法中的规定可能在大型工程施工中变得毫无意义。因此，相对独立于国家一般合同的法的新的规则便势在必行了。FIDIC 条款就是这样一种将施工事实法律化的典型代表，其必须充分并且多才多艺地适应国际工程建筑合同的背景文化，为了节约交易成本，任何一个当事方都不可能对于每个建设合同进行重新谈判，那么事实上，FIDIC 标准条款作为一种高度专业化的规则体系，事实上就发挥着和法律一样的作用[15]。

可见，与传统的国家立法不同，国际商事交往往往对规则的要求更加具体更加具有专业性。在那些特别专业的领域，那么，国际商人法规则中的某些规范可能会发挥更加巨大的作用进而解决不同国家的文化差异和法律冲突等复杂棘手的问题。

通过以上论证，我们可以很清楚地发现，与传统的法律生成模式不同，国际商人法规则以一种极为特殊的状态而独立地产生并演进着。这清楚的告诉我们，在国际商业交往的过程中，法律的多元形态表现得十分明显，国家并不是商事活动唯一的立法主体。相反，国际商事社会在国际商事治理的规则制定过程中发挥着更加巨大的作用。虽然表现的形式不尽相同，发挥作用的渠道略有差别，但是这些非国家治理规则显然属于法律的范畴，能够为各商事活动主体甚至是国家设定法律上的权利与义务。

第三节　国家和国家法对国际商事规则的双重支持作用

前文已经解释了为何商人法与一般的国家立法的相对独立特征。但是另外一个更加重要的问题是：国家在国际商事规则体系的构筑中究竟能够起到什么作用？毋庸置疑，在目前的国际社会现实下，国家仍然控制着整个国际社会最核心的力量。很难想象，一个规则体系能够在没有国家支持的情况下而健康地发展并发挥作用[16]。在此，笔者强调，国家和国家法律对于商人法的生成与发展具有双重支持的作用；相对应地，商人法也并不排斥国家法律，并能够对国家法律的发展产生积极的反作用。

国际商事规则体系之所以需要国家力量对其进行支撑，一个重要原因便在于国际商事规则作为一种国际商事社会的自治性规则，其本身具有一定程度上的缺陷，这些缺陷也是为对商人法的怀疑论者所诟病和攻击的。作为一种能够调整国际商事关系的法律规则，其理应具备法律应有的六个特征，即可适用性、公正性、可预见性、权威性、延续性以及可直接强制执行性，传统意义上的商人法规则很难符合这六个特征中的后四种[17]。由于商人法从刚刚产生开始往往以惯例和习惯的形式存在，那么在这种情况下其可预见性、权威性以及延续性便会大打折扣，甚至被攻击为"一群学究在黑暗中进行的法律戏法"。因此，他们得出商人法至少不是一般意义上可以被适用的法律的结论。对此，一位美国学者总结道：商事习惯和法律之间的界限还是很明显的，后者是通过法条表现出来的，而前者是通过反复的不可见的行为被折射出来的。法律可以直接通过国家所提供的"公共物品"来得以直接的强制执行，而所谓的商事规则则必须依赖于商事群体的自觉接受，换句话说，商事习惯规则的拘束力的本质不是自上而下的强制力，而是取决于这个群体的其他成员的行为，因此，法律和商事习惯从这个意义上来说还是存在很明显的界限的[18]。

对于以上对商人法规则的怀疑的观点，我们可以看出商人法要想取得真正的正当性，必须要尽量满足前述六要件中后四要件的基本要求，那么整个商事治理规则的发展就至少要从以下两个方面取得突破。首先，不论形式如何，其至少必须被成文化和正式化，并广泛传播。其次，虽然我们强调商事社会共同体对违反商事治理规则的间接处罚作用，但不容否认的是任何规则体系获得高效的强制执行手段是保持其生命活力的重要因素。那么，获得直接的强制力执行保证就是必要和必需的①。而国家对商人法的支持就能很好的解决前述问题。令人欣慰的是，国家的愿望与国际商事社会的愿望不谋而合。世界主要国家都认识到，现有的国家之间的商事法律冲突将阻碍各国之间的经济交往，这对谁来说都是无益的。而制定统一的商事规则是繁荣世界经济的重要举措，是一个多赢的安排。在此，有必要纠正一个错误观念：国家和国家的法律在商人法体系构建中是并不是同一的。根据柯里提出政府利益分析说，国家利益和适用那个国家的法律是一致的，即适用了哪个国家的利益哪个国家的利益就能够得到满足，否则这个国家的利益将受到损害[19]。这种观念，在目前经济全球一体化的大背景下，对于各国之间的商事交往来说是十分苍白的。适用取代国内商法的国际统一的商事规则，不但不会给国家利益带来损害，反而会繁荣本国经济，增强商人信心，进而强化国家对经济的掌控能力。从实践来看，从 CISG 公约的起草、生效以及实施；到对 UNIDROIT 的讨论、宣传乃至适用，世界主要国家都采取了一种非常积极的态度。这些规则毫无疑问都是对以往不成文的商人法的编纂与升华。以我国为例，我国开始对 CISG 条约也心存芥蒂，并对其中很多条款提出了质疑。但经过实践证明，该条约对于发展我国经济实力，促进外贸发展的积极意义是巨大的，因此我国对该条约的态度就变得愈发积极，2013 年 1 月，我国正式通知联合国秘书长撤回对 CISG 公约中第 11 条关于合同形式的保留，这看似放弃了我国在条约中的进行自主选择的权利，但事实上，这是使我国法律与国际商事规则真正接轨的重要举措，此举意义重大，也为其他国家做出了表率。

另一方面，商人法的实施的根本渠道是透过国际商事仲裁进行的，国家对国际商事仲裁的支持从某种意义上就体现了国家对商人法的支持。自 1958 年《纽约公约》缔结以

---

① 虽然有学者认为，中世纪时行业协会可以提供商事规则执行所需的公共物品，但这种模式显然不能套用在现在日趋复杂的商事交易中。参见：Oliver Volckart. Are the Roots of the Modern Lex Mercatoria Really Medieval?，Southern Economic Journal，Vol.65，No.3，1999：437-442.

来，世界几乎所有的经济贸易大国对此公约都采取了比较积极的态度，到目前为止，已有148个国家参加了该公约。虽然该公约也允许成员国对依据商人法作出的裁决不予执行，但是各国对不予执行裁决的作出都采取了十分慎重的态度。以美国为例，自1970年以来，美国只有2次拒绝根据国际商事规则作出的仲裁裁决，且仅仅是部分拒绝。尤其在是利比亚石油公司诉美国太阳石油公司仲裁案（Libya V. Sun Oil）中，美国高等法院甚至驳回了太阳石油公司根据国家安全为理由对由国际商会依据国际商事规则而做出的裁决不予执行的抗辩[20]。我国也对涉外仲裁裁决采取了坚定支持的态度，根据最高人民法院《关于人民法院处理与涉外仲裁及外国仲裁事项有关问题的通知》中的规定：如果认定仲裁裁决具备民事诉讼法第260条情形之一，或承认执行仲裁裁决不符合我国参加的国际公约的规定或者不符合互惠原则的，在做出不予承认执行的裁定前，必须逐级上报最高人民法院，待最高人民法院答复后，方可裁定不予执行。由此可见，国家对于构建统一跨国商事合作法律体系的决心是十分坚决的。

但是，同时需要指出的是，从长远和宏观来看，如果商人法在发展的过程中完全不尊重国家立法。那么在长期的国际经济合作中，也会大大加大国家的立法与司法成本，这样也同样会导致国家对商人法产生厌恶感。由此，我们认为一方面，国际商事规则的出现本身并在某种程度上替代国家立法的作用本身不会对国家的根本利益造成巨大的冲击，而另一方面国际商事规则又必须从某种程度上借用国内法已然成熟的一些优秀规则。从实践来看，商人法在发展的过程中也确实在着力借鉴各个法律的优秀规则要素。美国康奈尔大学法学院曾经将UNIDROIT中的所有规则进行了比较性研究，发现其中83%的规则可以从主要国家的商事立法中找到踪迹[21]。此外，施米托夫教授在进行CISG条款起草时也充分考虑了大陆法、英美法乃至社会主义法各自的规定，以保证该公约出台后能够得到广泛的认同。当然，相应地，国内法也完全可能受到商人法的影响，来不断完善自己，以我国为例，我国1999年的《合同法》就在很大程度上借鉴了CISG公约的先进规定，其中将电子商务合同视为合同的书面形式更是走在了国际立法的前沿，这些都是与国际商事规则对国家立法的渗透分不开的。

通过上述分析我们应该可以认识到，虽然，在某种程度上。国际商事规则的重要组成部分："商人法"是相对独立于国家立法存在的，即国家的立法更多地体现了政治上的割据和国家统治阶层的主权，而商人法更多地体现了经济上的一体化趋势。但这并不能表明，国际商事规则作为一个整体可以完全脱离国家而存在，更不可能完全的排斥国家的立法，相反我们看到的是国家和商事社会在商人法中的良性互动，国家对于国际商事规则的支持是这个规则体系能够进一步发展的必要前提。从来就不存在无国家的商事规则，但这种独特的规则体系之发展与繁荣恰恰是为了超越国家边界以及各国国内法律的一种状态[22]。

【本专题结论】

工程学上认为，三角结构系统是最稳定、最可靠的空间结构，其核心原理是通过彼此独立的两个杆件的相互支撑，且根部被固定在水平面上的支撑点并加以相互强化而形成的稳定系统。在国际商事领域，国家和商人法与国家就应该形成此结构方可使得各方稳定的获益。一方面，商人法代表国际商事社会通过反复实践和接触，最终形成一种互惠规则体系，但是这种规则体系由于其不确定性和不能被直接强制执行的缺陷而难以单独发挥作用，此时便需要国家对这种缺陷加以补强。另一方面，商人法也必须在一定程度上尊重国家的商事立法，保证不过分加大国家由于接受这种外部的非国家规则而产生的立法与司法成本。相应地，国家也可以透过研究与转化甚至直接适用商人法，促进本国法律体系的完善与进步。总之，国家立法与国际商事社会的商事立法既相互独立，又相互支持形成一种稳定的三角结构，进而形成一种独特的国际商事法律体系，而他们的共同基础便是最广大、最壮丽的国际商事交往实践。

【本专题参考文献】

[1] Juenger F. The lex mercatoria and private international law[J]. Louisiana Law Review，2000，60（4）：1133-1134.

[2] Pryles M. Application of the lex mercatoria in international commercial arbitration[J]. UNSW Law Journal，2008，31（1）：320.

[3] Wilkinson V. The new lex mercatoria reality or academic fantasy?[J]. Journal of International Arbitration，1995，12（2）：108.

[4] Ly F D. International business law and lex mercatoria[M]. North Holland：Amsterdam，1992：152-159.

[5] Gessner V. Contractual certainty in international trade[M]. Oxford：Hart Publishing，2009：7-8.

[6] 宋阳，刘霖. 刍论跨国商法———一种新的国际商事规则体系初探[J]. 河北师范大学学报，2009，（6）：42.

[7] 施米托夫 C. 国际贸易法文选[M]. 赵秀文，等译. 北京：中国大百科全书出版社，1993：6.

[8] Berger P. The creeping codification of lex mercatoria[M]. Hague：Kluwer Law International，1999：11-13.

[9] Lehmann M. From conflict of laws to global justice[J]. SJD Thesis of Columbia University，2011：135-138.

[10] Druzin B. Law without the state：the theory of high engagement and emergence of spontaneous legal order within commercial systems[J]. Georgetown Journal of International Law，2010，41（1）：567-568.

[11] 许乔茹. 新现代商人法之概念与实用[D]. 台北：台湾大学硕士学位论文，2011：37.

[12] Petersmann E. Constitutional pluralism and multilevel governance of interdependent public goods[M]. Oxford：Hart Publishing，2012：275.

[13]托依布纳 G. "全球的布科维纳"世界的法律多元主义[J]. 高鸿钧译. 清华法治论衡，2007，（2）：254.

[14]托依布纳 G. 法律：一个自创生系统[M]. 张骐译. 北京：北京大学出版社，2004：53-56.

[15] Douglas M. The lex mercatoria and the culture of transnational industry[J]. U. Miami International Law & Comparative Law Review，2006，13（1）：389-390.

[16] Michaels R. The Mirage of Non-State Governance[J]. Utah Law Review，2010，53（1）：33-34.

[17] Highet K. The enigma of the lex mercatoria[J]. Tulane Law Review，1989，63（1）：623-626.

[18] Kadens E. The myth of the customary law merchant[J]. Texas Law Review，2012，90（1）：1163-1164.

[19] 温考普 M. 冲突法中的政策与实用主义[M]. 阎愚译. 北京：北京师范大学出版集团，2012：16-19.

[20] Sweet A. The new lex mercatoria and transnational governance[J]. Journal of European Public Policy，2006，13（5）：639.

[21] Bonell M. Towards a legislative codification of the UNIDROIT principles?[J]. Uniform Law Review，2007，12（2）：234-238.

[22] Michaels R. The true lex mercatoria law beyond the state[J]. Indiana Journal of Global Legal Studies，2007，14（2）：465-466.

专题四　国际商事惯例性质专题

专题要旨：国际商事惯例作为一种自治性规则，只有在普遍接受以及法律明文授权的情况下，才能由司法机构依职权予以直接适用。在大部分场合中，国际商事惯例对当事人的约束力，有赖于当事人的证明。因此这类规范带有明显的事实性特征。但是，随着商事交易实践的深入，国际商事惯例的事实性也可能向规范性转化。因此，不应机械地设定国际商事惯例在司法过程中的适用地位。

专题要点：国际商事惯例　事实性规则　司法适用地位

根据权威的《布莱克法律词典》的解释，国际商事惯例是在商人社会中基于交易实践而自发形成的规则。在司法中，一个非常重要的问题就是：如何看待这种自发性和民间性规则的性质和效力；以及其与国际商事法律制度中其他法律渊源间的适用顺序。如果这两个问题弄不清楚，很容易导致在商事司法审判的过程中，错误地适用这类自治性规则，从而破坏商事法律关系的稳定性和可预测性。

第一节　国际商事惯例的分类及效力层次

国际商事惯例是一个比较宽泛和综合的概念，其最初的核心内涵是指商人之间在国际商事交易的过程中通过实践而自发形成的一种惯常性的做法。CISG 第 9 条赋予了这类做法以法律地位："（1）双方当事人业已同意的任何惯例和他们之间确立的任何习惯做法，对双方当事人均有约束力。（2）除非另有协议，双方当事人应视为已默示地同意对他们的合同或合同的订立适用双方当事人已知道或理应知道的惯例，而这种惯例，在国际贸易上，已为有关特定贸易所涉同类合同的当事人所广泛知道并为他们所经常遵守"。但很明显，该法条也指明了商事惯例具有明显的分层性。

第一类惯例是具体的交易当事人可以通过明示或者默示的行为建立起一种惯常性做法。这种做法就会对建立该种做法的当事人的后续行为产生约束力。

第二类惯例是如果某种习惯性做法不能满足前述条件，那么这种做法就必须在双方都知道或理应知道且默示地同意，且该习惯性做法必须在国际贸易上为贸易所涉的合同的当事人广泛知道并为他们经常遵守。

因此，我们可以很清楚地认识到在国际商事交易中惯例应该是分层次的：第一层次的惯例是特定当事人之间的习惯性做法，这种习惯性的做法只要在特定当事人之间已然确立，就可以对双方当事人产生约束力。例如在"意大利科玛克股份公司与上海迅维机电设备有限公司国际货物买卖合同纠纷案"中，法院认为当事人在 2006 年至 2007 年两年间建立的长期委托代理关系就构成了他们之间已然确立的习惯做法，因此判定意大利的公司违反了合同的默示性约定[1]。

第二层次惯例不是在特定的当事人之间所形成的，而是在商人社会和商事交往中形成的普遍性惯例，则需在两种情况下才能对当事人产生约束力。要么，这种惯例被当事人所选择作为一种共同的同意来适用于他们的交易关系；要么，就是某种惯例必须发展到一定程度以至于为"特定贸易所涉同类合同的当事人所广泛知道并为他们所经常遵守"。此时，即便不经当事人选择也可确认其法律约束力。

故此，国际贸易惯例从内涵上可以分为如下三大类：①特定当事人之间的习惯性做法（practice），②普通的贸易惯例（usage），③为特定贸易当事人广泛知晓并普遍默示遵守的贸易惯例，为行文区分笔者称之为国际贸易习惯（convention）①。这三者对商人社会的约束力是不尽相同的。虽然有学者主张，贸易惯例似乎应该都对当事人产生普遍的、同等的法律约束力[2]。譬如，左海聪教授认为如何判定何种国际商事惯例具有法律确信而成为国际商事习惯是一个困难的问题。商事主体在遵守惯例和习惯时，通常并不考虑其是惯例还是习惯，而是同样遵守。仅凭惯例践行者彼此存在某种可推定的期待，就可足以产生遵守的义务[3]。对此笔者认为，该观点只能说反映了国际惯例发展的一种最理想的可能，但却肯定是与实际的法律现状不吻合的。该观点还有把问题理想化、简单化的嫌疑。首先，惯常性做法仅仅是当事人之间的某种已然存在的事实，并不是具有普遍约束力的法律规则，其也不可能直接发展为法律。只能说是在特定的当事人之间的一种可以推定的期待。其次，如果当事人没有明示地选择适用某种在商事社会形成的惯例的情况下，要想认定该惯例对于当事人有约束力，必须证明该惯例是为人所"广泛熟知"的②，且双方当时都应该知道该惯例，并明示或默示地愿意接受其约束③。但这种惯例能否被司法机构采纳，通常要由主张该惯例具有约束力的当事人来予以举证证明。除非法律明确授权，通常不能由法院依职权加以适用[4]。事实上，在商事交往中往往会形成很多习惯性的做法，但是这种做法并不都是当然地能够对当事人产生约束力的，往往需要很长的一段时间来获得普遍的认同，在此过程中，主张适用的某种惯例的一方往往

---

① 布莱克法律大辞典对这两种惯例有明确的区分，且在贸易法中做了特别的强调：虽然很多规则都是在 Usage 的基础上形成的，不过其不具有法律的性质与效力；但 Conventions 则不同，其具有默示的强制性，除非当事人合意排除。参见 Black Law dictionary，2009 editions.

② 在奥地利最高法院的一个裁决中，法院认定泰赛根法（Tegernseer Gebräuche）是为德国和奥地利木材商所广泛熟知的惯例，该法要求买方必须接收货物，如果其认为货物不符合合同约定，其必须在验货后或者可能验货后 14 天内，向卖方发出其认为木材不符合合同约定的书面通知，否则其将可能丧失索赔的权利。参见 Oberster Gerichtsh of Austria，21 Mar.2000，available at：http：//www.cisg.law.pace.edu/cases/000321a3.html

③ 在美国华盛顿州立法院的一个判决中，法院认为在华盛顿州，所有的商人都认为如果附有一张带有销售条款的票据的口头订货构成了一种单方的允诺，一旦卖方按照买方的要求发货，合同便已然成立。参见 Barbara Berry，S.A. de C.V. v. Ken M. Spooner Farms，Inc.，（W.D. Wash. Apr. 13，2006）；District Court for the Western District of Washington United States 13 Apr. 2006，available at：http：//www.cisg.law.pace.edu/cases/060413u1.html

很难得到有权机关的支持。对方只要主张并举证某些负责任的商人未按照所声称的惯例行事便可轻易地推翻某种惯例的适用。例如 CIF 价格条件在很早便在合同中采用，但是它的真正性质和法律效果直到 1911 年才被英格兰法院所承认[5]。

即便是已然形成惯例在某些情况下也并不是为全体商事社会成员所当然接受的，不同地区的商事惯例甚至比不同国家的法律相互冲突的情况还要明显。在国际商法最为辉煌的中世纪时期，即使是那些早已汇编成册的所谓商事习惯，例如共同海损的理算，也有证据表明在至少中世纪时期没有获得商人们的普遍同意[6]。这种情况延续到今天也没有什么改变，哪怕是最为商人们所广泛熟知的 CIF 术语中关于对保险购买问题也与保险业的商事惯例存在着冲突。例如，根据 Incoterms 2000 的要求，卖方必须自费为货物运输办理保险，保险的金额应当是货物的整个价值加 10%。这 10%的溢价被国际商会解释为是为了保障买方的最低的预期利润损失[7]。但是，很多地方性的保险惯例，只要求卖方投保货物的全部价值的保险即可。当出现纠纷时，能否直接适用 Incoterms 的规定就显然成了一个非常棘手的问题。除了俄罗斯的一个仲裁裁决支持了买方 110%溢价保险价值的主张外，其他司法裁决均没有支持买方的这一主张，因为法院认为 Incoterms 此时与其他保险商业惯例发生了冲突，并不能反映当事方的真实意思[8]。所以，并不能当然地认为所有惯例都能够对当事人产生约束力，否则只会让国际商事交易陷入更加混乱的境地。

第二节　国际商事惯例的"事实性"特征

第一，对于特定当事人的惯常做法之所以能够在特定当事人之间产生法律约束力的原因。并不是由于国际商事惯例本身具有天然的法律约束力。因其只能约束某个具体特定交易的特定当事人双方，对其他交易的当事人并无约束力。但由于法律尊重双方当事人基于特别的事实而产生的一种信赖关系，这显然属于一种事实问题。例如，当双方当事人已然建立起一种非常稳定的长期交易关系后，如果他们前面每一次的交易中都采用了某种固定的交易模式。那么相对方就有理由相信在未经特别相反通知的情况下，下一次的交易也会采用相同的行为模式。CISG 并未规定到底几次相同的交易行为能够构成此种惯常性的做法，但是却有仅凭两次相同的交易行为不能构成这种惯常性做法的判例[9]。但是，如果有充分的双方有意建立此种长期的交易关系，并改变了自己的经济或行为状态的话将可以认定在双方之间已然构成了此种所谓的惯常性做法[10]。

之所以法律要求当事人遵循在特定当事人之间所基于先前交易行为所产生的惯常性做法事实上是国际贸易中普遍遵行的善意原则的一种具体体现。换言之，国际贸易特别重视交易人行为的前后一致性，禁止后行为否认前行为效果的原则（venire contra factum proprium）。由于国际商事交易往往是大宗长期的交易，维系交易的关系的根本基础乃是双方之间的一种信任关系。如果这种信任关系被破坏，那么将极大地损害作为商事群体共同利益的交易安全。因为，商人在选择交易对象时将不得不首先花费大量的人力物力去核实交易相对方的信誉和以往的交易记录，这无疑将成为国际商事交易的巨大成本。交易的便捷性是国际商事交易所吁求的一个重要价值，按照以往的既定习惯性做法来形成某种交易默契无疑会大大加大交易的便捷性。由于国际商事交易的标的具有大宗性的特点，因此一旦交易方本着一种信赖来改变自己的状态，将会给其造成极大的负担，信赖的落空意味着交易人可能会承受致命性的损失。因此，法律必须保护善良交易人的此种合理期待和信任。例如，如果交易双方在先前的交易中形成了在很短的时间内交货的交易惯常做法。而此时间是短于 CISG 第 33 条 c 款所规定的合理时间在合理时间内交货的规定的。此时卖方不得以公约的规定作为抗辩理由来免除其违约责任；其更不得依照国内法要求（例如我国《合同法》第 62 条第 4 款的规定）要求给予其宽限期为由来免除其违约责任。即便是在国际社会上已经形成了通行的交货时间惯例，也不得优于当事人之间所形成的该种特定的惯常性做法的要求。

因此，惯常性做法之所以能够优先于国内法乃至国际公约和其他国际惯例和合同的约定来以最为优先的地位予以尊重，并不是由于这种惯常性做法是法律。相反，其几乎不符合法律规则的任何构成要素。对这种做法的尊重与保护是的核心缘由乃是基于对当事人之间的相互信赖而产生的一种既成事实的尊重。这种事实反映了当事人在交易中所形成的一种相互信赖关系，而这种信赖关系正是维系国际商事交易的最核心、最基础的价值之一。

第二，对于未被普遍接受的国际商事惯例，只有在当事人选择的情况下才能成为相关法律关系的准据法。与惯常的理解不同的是，笔者认为国际商事惯例本身并无普遍接受性。因此，不能想当然地认为惯例是所有商人都必须遵守的法律渊源。在司法机构所适用的惯例中的相当一部分惯例都带有地方性和本地性的特征。例如，在 "S.A. de C.V. v. Ken M. Spooner Farms，Inc." 案和奥地利最高法院所裁决的德奥两木材公司的买卖纠纷案中，当事人所引用的所谓惯例都是带有明显区域性（regional）的惯例。而且惯例在初步形成到得到商人们普遍认可是一个过程，在这中间需要较长的时间。也就是说在很多情况下某个具体的惯例可能并不是被商人们所普遍接受的。这种一般型的商业惯例占据了惯例的绝大多数[11]。

再以国际土木工程承包合同中的 FIDIC 条款为例。虽然，该合同范本为国际土木工程师协会所制定。但由于国际土木工程师协会乃一民间组织。在全球化的背景下，民间组织的惯例制定具有间断性和灵活性的特点[12]。而且 FIDIC 范本中明确规定这些条款只是供土木工程合同之缔约方参考之范本。德国学者摩尔曼教授和舒尔曼教授明确指出从其中难以推导出普遍有效之法律规范[13]。此外，除 FIDIC 之外世界上亦有其他著名的规范条款①。在这些合同一般条件范本中，诸多制度规定差异较大，司法机构也认为迄今为止尚未有统一的惯例存在，仅有一些十分原则性的规定如契约必须信守、情势变更等为所有工程商所共识，但此并不是由于广泛运用 FIDIC 契约条款之结果[14]。且原则并无法直接解决复杂的工程纠纷。

---

① 国际上比较著名的合同范本仅笔者通过 google 搜索就发现有以下 5 种：1.Australian Standard General Conditions of Contracts（1997）. 2.The Institution of Civil Engineers United Kingdom The Engineering and Construction Contract，Second Edition，1998. 3. American Institute of Architects（USA）AIA Document A201-1997，General Conditions of Contracts for Constructions（1997）.4. The World Bank. Standard Bidding Documents，Procurement of Works（1995）5. Joint Contracts Tribunal for The Standard Form of Building Contract（1980）等

再者说，从实证主义角度来看，笔者通过查询我国法院根据 FIDIC 条款进行判决的案件，发现这些案件援引 FIDIC 的共同前提是当事人在合同范本中选择了 FIDIC 作为其合同依据，法院始得援引。此情况更加说明了 FIDIC 是必须通过当事人的援引选择才能适用之普通惯例或者说就是其名称所表征的那样仅仅是一种合同范本。标准合同是无论如何不能被视为是一种"法律"的，而只能被视为是一种事实。

不过，需要指出的是：虽然国际商事惯例效力具有很大程度是事实性。但如果这种"事实"被广泛传播，久而久之形成了商人圈内一种"约定俗成"的普遍性认同时，惯例的效力状态完全有可能从事实的约束力转换为普遍性的规则性约束力。例如，我国台湾地区著名学者柯泽东教授曾经分析了"国际商事习惯法"的形成条件和形成过程，他指出："但吾人不否认经过长期的契约交易，惯例可能进而形成习惯法之潜力。譬如在国际贸易上对某一具体问题之解决或看法，在若干个别企业所制定之既成交易均以相同之模式缔结，而一般法院，实务家以及司法机构又有确认上述规定之巧合，则此法律问题乃形成习尚惯例，复经权威机构确认之结果，而成为真正国际共通之习惯"[15]。毋庸讳言，国际商事惯例往往体现着商人社会中某一行业的特殊需要和特殊经验，可能是最适合国际贸易行业的做法。例如，根据我国《合同法》第 117 条的规定："因不可抗力不能履行合同的，根据不可抗力的影响，部分或者全部免除责任，但法律另有规定的除外。当事人迟延履行后发生不可抗力的，不能免除责任"。从该条规定，我们可以认识到"不可抗力"在国内法的适用中仅仅是当事人的一种免责条件。但是在国际贸易中不可抗力已不再仅为单纯的免责条件，更有"中止合同"的作用。换言之，在国际贸易中，由于出现不可抗力可以暂缓合同的履行，而非仅仅免除当事人的违约责任。此种对不可抗力法律后果的解释和理解在一定程度上得到了商人的认可。最终导致司法机构逐步接受了商人社会对此问题的习惯性做法，并赋予其优先适用的法律效力。在合同没有明确约定的情况下，司法机构确认不可抗力仅为"延长履行合同义务"的原因，而非契约义务即刻免除之原因[16]。这种情况的出现可以很好地证明经过商人的反复实践可以形成对贸易经验的总结，这种经验必然会对司法机构的裁判形成一种权威性的压力，使得司法机构最终承认其效力而予以优先适用。

由此可见，超越具体当事人而具有广泛约束力的"国际商事习惯法"，产生约束力的根本原因在于：它是在国际商业交易反复实践的经验总结，是更为贴近交易的客观需求的。所有国际商事惯例形成的根本着力点在于当事方的经验沟通，通过彼此之间对交易的知识的沟通、扩散与传播，来形成一种交相呼应的规则机制，最终形成规则体系[17]。司法机构此时有必要发现商人社会中的这种自我形成的规则并强化确定之。唯此，方能更好地促进国际贸易的健康发展。而英美法的实践也恰好能从侧面来印证这个理论：有学者指出，英美法的法官造法之说是一种不准确的说法，他们并不是随心所欲地进行造法来应对崭新的问题，他们只有在"发现了一种新的社会规范"，而这种社会规范又必须被国家所强制执行的情况下，他们才有造法权[18]。从这个意义上来说，英美法的法官造法权力不过是对作为一种社会规范存在的惯例的承认和速记而已。相对应地，在英美司法传统中，对于法律规则的解释和适用必须考虑甚至依照社会惯例为依托来进行。在 Rodi Yachts Inc.v. National Marine Inc 案中，波斯纳大法官认为，美国传统侵权法判例中的"汉德法则"（Hand Rules）[19]已不符合社会的现实需要，进而探寻出新的针对侵权赔偿计算问题的商事惯例。

从司法实证主义角度来说，在司法实践中法院的行为也在一定程度上支持了上述观点。例如，对于确认书的沉默问题上，国际商事惯例的优先适用确实得到了司法上的支持。在实践中，当事人之间确实存在一种共同默契的共同做法，那就是在谈妥交易条件后对于另外一方发出的载明具体条件的确认书不做回应。但有时由于价格的波动，某一方可能在嗣后会对交易反悔，主张其并不同意该交易。根据 CISG 第 18.1 条的规定："被发价人声明或做出其它行为表示同意一项发价，即是接受，缄默或不行动本身不等于接受。"我国《合同法》第 22 条也规定："承诺应当以通知的方式作出，但根据交易习惯或者要约表明可以通过行为作出承诺的除外。"从这两者的规定我们可以发现，沉默是无论如何也无法认定为同意合同成立的。在这种情况下，当事人之间形成的惯例是可以减损 CISG 和国内法相关条文的效力的。在德国和瑞士的司法判决中，法院均认为在这种情况下对于确认书的沉默构成了一种对合同的默示同意，因此应当支持主张合同成立一方的诉求[20]。又如，从我国法院在审理有关银行保函案件的实际实践来看，我国对于国际商事惯例适用的支持力度也是十分坚决的。

由此，我们不难发现国际商事惯例能够超越国内法的优先适用相对于一般法律更为复杂。在最初阶段，惯例作为一种习惯性做法并无普遍之法律约束力。但当有越来越多的人选择适用某种惯例时，该惯例便会逐步获得较为固定的内容，不过，此时惯例若想获得司法机构的适用往往需要当事人的明示选择后才能予以适用。当其进一步向前发展，变得越来越为人们所广泛熟知时，以致充分反映的某种行业交易的客观需要和最佳的经验路径。就可以认为能够成为约束该行业乃至整个国际贸易中特定事项之基本规则。因此，国际商事惯例的发展是一种从事实逐步进化到规范的过程。司法机构之所以对其进行超越国内成文法优先适用，从根本原因上来说是由于对交易中反复存在并逐步固化的事实的一种洞察和回应。当这种事实成为国际商事交易所普遍遵行的规范时，其就获得了法律效力，而且由于能够反映国际商事交易当事人的意思和实践的需要，理应给予非常高的重视，优先适用自然是水到渠成的结果。

第三节 国际商事惯例在司法中的适用方法

基于国际商事惯例的事实性特征，便引发了一个法律问题。那就是国际商事惯例在司法过程中的适用方法问题。显而易见，如何对惯例进行适用在很大程度上会对案件的判决结果造成影响。对此，左海聪教授认为，在不考虑强行法规则的前提下，国际商事惯例的适用与一般法律适用的方式并无不同，且应优先适用："任意性的国际商事惯例应优先于条约适用，因为这些习惯和惯例往往就更为具体的事项作出规定，而且更能体现商人的实践和合理期待"[21]。"在自治的国际商法领域，当事人意思自治原则是一项基本原则。当事人通过自己相互协商确定项之间的权利义务，当事人议定的关于相互间权利义务在不违反法律强制性规定的前提下优先于法律中的任意性规定。在国际商事案件的法律渊源适用问题上，同样也是越能体现当事人意思的渊源越能优先得到适用。由于国际商事惯例更贴近当事人的商事实践，其内容往往较公约和国内法更具体，更能体现当事人的合理期待，更能体现当事人的意思，因此应该优先于国际条约和国内法的规定"[22]。在左海聪教授看来，国际商事惯例从本质上讲就是一种法律，因为"法律是以规定当事人权利义务的方式确立的、可以强制执行的规则，当事人违反该规则将承担由国家强制力保证实施的责任。国际商事惯例以规则的形式确立了当事人之间的权利义务，而一方当事人对这些规则的违反，将损害另外一方当事人的利益，另一方当事人诉诸仲裁或者诉讼，违反一方将被裁定和承担相应的民事责任，行业协会也可以对损害方实施惩罚。因此，国际商事惯例是法律。[23]"总结他的核心观点可以归结为一句话："国际商事惯例不但应该在司法过程中予以主动适用，而且应该优先适用"。

左海聪教授的观点在一定程度上是具有合理性和前瞻性的。在国际商事实践中确实应该尊重当事人之间的意思，也应该尊重国际商事交易中被总结出来的合理的实践经验。但是，根据前文的表述，既然国际商事惯例具有很强的"事实性"特征，那么司法机构究竟能否像适用法律那样直接适用各种商事惯例呢？

在通常情况下，如果当事人没有明示选择某个国际商事惯例，法院原则上不能依职权（ex officio）来适用惯例。当事人必须证明该惯例或习惯做法的存在。在 UNCITRAL 对 CISG 的起草文件报告中甚至对 CISG 第 9 条中惯例和惯常性做法的存在的举证责任分配进行了说明①。在不能证明惯例和惯常性做法存在并对当事人有约束力的情况下，司法机构显然不大可能适用所谓的惯例。而且即便当事人拿出某成文的商事惯例，其还需证明对方知道该惯例存在并同意受其约束（主观条件）。或者要证明该惯例是为特定行业所广泛熟知并经常遵守的。因此，在笔者看来，左海聪教授认为国际商事惯例可以无条件优先适用的想法是一种非常理想化的思路。因为如果作为法律，法官应该依职权主动去进行适用。这也是法官知法（jura novit curia）原则的根本要求。但是国际商事惯例却是要求当事人去进行证明的。因此，国际商事惯例具有非常强的事实性。

此外，本专题前面也曾经谈及，所谓的国际商事惯例在很大程度上并不一定是被国际商人社会所普遍接受的。存在有大量的地方性、行业性的商业惯例，在这些惯例之间往往是相互差异甚至是相互抵触的。以 CIF 术语为例，既有国际商会制定的 Incoterms 对其内涵进行了解释，也有国际法协会制定的《华沙—牛津规则》，甚至还有国内机构制定《美国对外贸易定义》来对该术语进行的解释。这些解释之间虽然在根本原则上是相同的，但是在许多细节上也存在有差异②。因此，法院在通常情况下法院不宜主动去适用国际商事惯例，而是将其作为一种允许当事人主张和证明的事实问题来予以认定；

---

① UNCITRAL Digest of Case Law on the CISG—2008 Revision art. U.N. Doc. A/CN.9/.SER.C/DIGEST/ CI SG/9，available at：http：//www.uncitral.org/pdf/english/clout/digest2008/article009.pdf.

② 例如根据 Incoterm2010 的规定，卖方必须在装运港交付货物后风险方转至买方。但是《华沙-牛津》规则第 5 条却允许卖方在装运港之外的地方交给承运人保管，同样视为履行了交付义务并且风险转移。因此，Incoterms 与华牛规则相比较显然对卖方的交货责任要求得更为严格。又如根据美国对外贸易定义（RAFTD）的规定，在 CIF 项下，要求卖方投保之范围包括战争险，但是 Incoterms 就没有这样的要求，即便买方要求增加这种险别，也必须由买方支付相应费用。参见 Juana Coetzee，Incoterms：Development and Legal Nature - A Brief Overview, Stellenbosch Law Review, Vol.13, 2002（1）：129-130.

在认定具体的商事惯例对涉案当事人有拘束力后方可予以优先适用，这无疑与一般国家制定的成文法律的适用方式有着天壤之别。

第四节 普遍性国际商事惯例优先适用的例外

左海聪教授指出：普遍性的商业惯例在司法实践中，尤其是自治性的仲裁的法律适用中，如果在不考虑强制性规则的前提下，被普遍接受的国际商事习惯规则是无条件优先于国际商事公约和国内法的规定来予以适用的。对此，笔者承认，如果有一些国际商事惯例发展得非常成熟，以至于真正达到了众所周知的程度，成为了某种类似于"公理性"的存在。也可以考虑允许法院对其进行直接适用。也有一些司法判例支持了上述观点，例如在一个瑞士的判决中，法院指出："即便 INCOTERMS 没有没明示或者默示地被包含在合同条款之中，其仍然可以作为解释合同条款的根据。[①]"又如在"China N. Chem. Indus. Corp. v. Beston Chem. Corp"案中，法院也指出：鉴于当事方选择了"CIF Berwick, Louisiana"作为双方的贸易条件，那么 INCOTERMS1990 就应该作为解释合同履行义务的依据[②]。由此可见，虽然存在着与其矛盾的其他惯例，但是 INCOTERMS 似乎得到了更广泛程度的认可[③]。可是，即便如此，适用这些为人们所广泛熟知并经常遵守的惯例，最好也应该在法律、司法解释中或者指导性判例中明确予以规定哪些国际商事惯例可以不经当事人同意而被法院所直接援引，以彰显我国司法机关"依法裁判"的社会主义法治审判理念。例如，最高人民法院 2005 年颁布的《关于审理信用证纠纷案件若干问题的规定》就明确将 UCP 认可为可以直接优先适用的国际惯例。

不过，似乎也有与前述完全相反的立法例，根据我国最高人民法院最新公开征询意见的《最高人民法院关于审理独立保函纠纷案件若干问题的规定（征求意见稿）》第 7 条的规定：独立保函约定适用《见索即付保函统一规则》、《国际备用信用证惯例》等相关交易示范规则，或担保人和受益人在一审法庭辩论终结前一致选择适用相关交易示范规则的，人民法院应当认定相关交易示范规则构成保函条款的组成部分。未经保函约定或当事人一致选择，一方当事人主张保函适用交易示范规则的，人民法院不予支持[④]。

---

① Tribunal Cantonal [Higher Cantonal Court] du Valais（Switzerland），28 Jan. 2009, available at: http://cisgw3.law.pace.edu/cases/090128s1.html

② China N. Chem. Indus. Corp. v. Beston Chem. Corp., No. Civ. A. H-04-0912, 2006. available at: http://cisgw3.law.pace.edu/cases/060207u1.html

③ 但是，在 INCOTERMS2010 版的出版说明中指出，如果国际货物贸易的交易方想使用该术语解释通则来规范他们之间的交易的话，必须明示选择该术语解释通则。因此，国外有学者主张对于贸易术语的使用解释来说，必须由当事人证明他们双方事先已然同意选择将贸易术语解释通则作为他们之间协议的解释参考。否则不能仅仅因为当事人选择了贸易术语就直接适用 CISG 第 9 条第 2 款的相关规定，将 INCOTERMS 作为解释贸易术语下各种义务的依据。因此，上述两个案件在今后的指导意义可能是要大打折扣的。参见：William P. Johnson, Analysis of INCOTERMS as Usage Under Article 9 of The CISG. University of Pennsylvania Journal of International Law，Vol.35，2013（2）：422-423.

④ 该司法解释经过征求意见修改了若干稿，并仍在继续修改中。但是该条内容只是条目数发生了改变，内容则一直坚持基本没有发生变化。笔者所依据的是 2013 年 12 月第 4 稿的内容。参见：http://www.court.gov.cn/spyw/mssp/201312/t20131206_189960.htm. 2014 年 9 月访问。

从该条规定我们可以很清晰地发现，所谓国际商事惯例必须被双方当事人共同同意才能适用。而且，是把这种国际惯例视为保函协议的一部分，并不认定其为准据法。但如果只是一方当事人主张适用国际商事惯例，即便这种商事惯例确实已为该行业人所熟知，人民法院也不得适用该惯例。而只能根据该司法解释第 5 条的规定，适用保函担保人经常居所地的国家国内立法。所以，认为国际商事惯例的任意性规定无条件优先适用于国内法中的任意性规定的观点显然是没有法律依据的。

即便是被国内法律认可为可以优先适用的国际商事惯例，在适用的过程中，也不宜机械地一概优先于国家制定的法律进行适用。笔者就发现一个非常典型的反例。在跟单信用证的实践中，就存在由于商业惯例与国际商事条约发生冲突而要优先适用国际商事条约的例证存在。目前在跟单信用证问题上，最有名的商事惯例为国际商会第 600 号（UCP600）出版物，即 UCP600。该规则 2007 年通过，被认为是信用证领域最为权威和广为人知的国际商事惯例，在某种程度上其已然具备了公理性国际商事习惯的性质，可以被法院直接适用[24]。该规则第 14 条规定，银行应在 5 个工作日内审查卖方所提交的单据是否与买方开立的信用证的要求是否一致。"并仅以单据为基础，以决定单据在表面上看来是否构成相符提示"。同时其第 16 条规定："当单据存在不符点时，其可以依其独立判断联系申请开证人放弃不符点，否则其可以对信用证拒付。同时如果开证人不放弃不符点，银行不得承兑或者支付信用证，否则将承担民事责任"。对此，施文策尔教授指出："信用证的和贸易合同的相互独立事实上要求卖方必须提交在任何层面来说都是清洁的单据。否则，将会导致银行的拒付，从而让买方在事实上逃脱（avoid）合同的约束"[25]。但根据 CISG 第 25 条的规定，只有在达到根本违约的前提下，也就是事实上一方的违约导致剥夺了另一方有权依据合同所期待达到的后果时，才能允许另一方宣告合同无效来退出合同。我国《合同法》第 94 条也明确规定：只有在一方违约行为导致合同的根本目的不能实现的情况下，非违约方才有权解除合同。而 UCP600 的审单标准事实上等于加大了卖方交货的相符义务，当卖方不能提交与信用证要求相符的单据时，往往意味着其丧失了获得银行付款的权利。即便他所提交的货物根本没有达到根本违约的程度，由于单据的不符就可能导致其丧失该货物买卖合同，这种情形在买方不放弃不符点的情况下，买卖双方矛盾会显得更为尖锐。那么，在这种情况下究竟应该适用UCP600 的规定还是适用 CISG 的规定就直接关系到法院是否判决买方要承担违约责任的问题。在这类案件中，如果让 UCP600 作为国际商事惯例或者商事习惯来优先适用对于卖方来说是极为不公平的。缘此，笔者认为国际惯例并不是在任何情况下都得以优先适用于国际商事条约和国内法。应该具体问题具体分析，或者列举出适当的例外以维护国际商事交易的实体公正与公平。

【本专题结论】

国际商事惯例是应该区分层次的，其可以大致分为当事人之间的惯常性做法、需要证明的一般性国际惯例和众所周知并为行业内经常遵守的商事习惯。此三类规则依种类相异而具有不同程度的事实性，因此不能将其与一般性的法律规则等同起来。但也正是这种事实性因素，导致他们能够更加贴近国际商事实践，因此司法机构应该认识到这种贴近性，在满足适用条件的前提下优先适用，达到超越国内法的实际效果。但是国际商事惯例适用的优先性也并不是绝对的，应该考虑其具体内容和优先适用的效果来进行综合性的判断。

同时，所谓国际商事惯例优先适用在司法领域是一种非常有限的做法。从根本上取决于主权国家立法的态度，其中包括国际商事条约规定。只有在有明文规定的情况下，才能使得自治性的国际商事惯例具备超越国家制定法的可能。否则，必须由当事人证明该惯例对于双方在具体和特定的案件中具有约束力，才能适用。而且还是将其视为合同中默示的一部分来适用才更为合理稳妥一些。这些都反复印证了国际商事惯例事实性的特征。因此，我们认为国际商事惯例是一种需要国内法律认可才能发挥实效的半个法律渊源。

【本专题参考文献】

[1] 上海市高级人民法院. 意大利科玛克股份公司与上海迅维机电设备有限公司国际货物买卖合同纠纷上诉案. 2011. 沪高民二（商）终字第 18 号.

[2] 左海聪. 国际商事条约和国际商事惯例的特点及相互关系[J]. 法学，2007，（4）：98.

[3] 左海聪. 国际商法[M]. 北京：法律出版社，2013：17.

[4] Graffi L. Remarks on trade usages and business practices in international sales law[J]. Journal of Law and Commerce, 2011, 29（3）：278.

[5] 郑远民. 现代商人法研究[M]. 北京：法律出版社，2001：102.

[6] Kadens E. The myth of the customary law merchant[J]. Texas Law Review, 2012, 90（5）：1179.

[7] Ramberg J. ICC guide to INCOTERMS 2000：understanding and practical use[M]. Paris ICC Publishing, 1999：121.

[8] Graffi L. Remarks on trade usages and business practices in international sales law[J]. Journal of Law and Commerce, 2011, 29（3）：286-287.

[9] Switzerland Z B. http：//www.cisg.law.pace.edu/cases/971203s2. html. 1997-12-3.

[10] Ferrari F. Relevant trade usage and practices under UN sales law[J]. The European Legal Forum, 2002, （5）：275.

[11] Drahozal C R. Contracting out of national law: an empirical look at the new law merchant[J]. Notre Dame Law Review, 2005, 80（2）：530.

[12] 张康之. 论全球化背景下的组织模式变革[J]. 天津行政学院学报，2015，（1）：31.

[13] Mallmann R A. Bau-und Analagenbaovertrage nach den FIDIC- Standard bedingungen[M]. Houston：C. H Beck, 2002, 41.

[14] 陈自强. 整合中之契约法[M]. 北京：北京大学出版社，2011：244.

[15] 柯泽东. 国际贸易习惯暨国际商务仲裁[M]. 台北：元照出版公司，2008：24.

[16] 柯泽东. 国际贸易法专论[M]. 台北：台湾三民书局，1981：27-28.

[17] 宋阳，左海聪. 论国际商事规则与主权国家立法的关系——从独立到超越[J]. 天府新论，2013，（5）：70.

[18] Cooter R. Decentralized law for a complex economy: the structure approach to adjudicating the new law merchant[J]. University of Pennsylvania Law Review, 1996, 144（5）: 1656.

[19] 宋阳，李玉红. 对国际规则与司法公正关系的思考——以规则相互作用为视角[J]. 湖北社会科学，2014，（3）: 157.

[20] Landgericht Landshut Germany. http: //cisgw3.law.pace.edu/cases/080612g2. html.2008-6-12.

[21] 左海聪. 国际商事条约和国际商事惯例的特点及相互关系[J]. 法学，2007，（4）: 100.

[22] 左海聪. 从国际商法特质看《民法典（草案）》中的国际商法渊源条款[M]//中国国际法学会. 中国国际法年刊（2013年卷）. 北京：法律出版社，2014：314.

[23] 左海聪. 国际商法[M]. 北京：法律出版社，2013：17.

[24] 左海聪. 从国际商法特质看《民法典（草案）》中的国际商法渊源条款[M]//中国国际法学会. 中国国际法年刊（2013年卷）. 北京：法律出版社，2014：312-313.

[25] Schwenzer I. The danger of domestic preconceived views with respect to the uniform interpretation of the CISG: the question of avoidance in the case of nonconforming goods and documents[J]. Victoria University of Wellington Law Review, 2005, 36（4）: 795-805.

专题五 国际商事条约对国内法渗透问题探究

专题要旨：CISG 作为最重要的国际商业条约，具有很高的权威性和影响力。因此，该条约可以在很大程度上影响主权国家的国内民商事立法。影响的路径主要有两条：一是国家在实体立法的过程中直接移植条约的规定。二是在司法过程中将条约作为解释和修正国内法的工具，进而超越条约的适用范围来适用条约。但是，由于各国的立法和司法体制不尽相同，法律文化各异，CISG 对各个国家立法渗透的程度和表现是不尽相同的。所以，不宜将国际商业条约机械地视为绝对高于主权国家法律的法律渊源。

专题要点：CISG；国内法；法律移植；渗透作用

CISG 是战后在联合国体制下，由联合国际贸易法委员会主持起草并经各国政府批准的最重要的有关货物买卖的国际商事条约。该条约已经缔结并生效超过 25 年了，目前已有 83 个国家加入了该公约①。但是目前国内的大多数研究都仅限于对该公约适用的研究，对该公约对国内法的影响作用研究较少②。因此，笔者试图以该条约和具体国家的国内法为研究对象，基于国别视角对该问题进行探讨；并试图发现其中的一般性规律。

第一节 CISG 对国内民商事立法的影响

必须承认的是，CISG 公约对各国的立法的影响并不是一致的。不同国家的立法体制、国情背景以及加入公约的时间都是影响公约对国家民商事立法渗透性的重要因素。总之，作为国际商事公约的代表 CISG 并不是均等地影响着主权国家的民商事立法。

首先，是否加入 CISG 公约无疑是影响公约对国内法律影响的一个重要因素。例如，委内瑞拉由于没有加入该公约，其国内立法者以及学者几乎都不太了解和关心 CISG 的

---

① http://www.uncitral.org/uncitral/uncitral_texts/sale_goods/1980CISG_status.html，2015 年 5 月访问。

② 以 CNKI、万方等数据库为研究工具，以 CISG 或者《联合国货物买卖公约》为主题词进行检索，发现共有 280 条检索结果。但大多数研究都是研究该公约的适用问题，或是限于对某个具体制度的形成或者发展进行的研究。只有一篇是从宏观上对 CISG 和我国国内法之间的关系进行探讨的。分析 CISG 与不同国家法律相互作用的论文则没有一篇，这反映了在该问题上国内研究的薄弱状态。

内容以及作用。因此，在委内瑞拉国内 CISG 公约几乎没有对该国的国内法体系产生任何的影响作用[1]。巴西的情况与委内瑞拉有所类似，由于巴西议会一贯的拖沓和低效率，导致巴西对 CISG 公约的批准进度一拖再拖，直到 2014 年 1 月 1 日公约才正式对巴西生效。在此期间巴西于 2002 年开始了民法典的修改工作。但是鉴于巴西当时并没有批准 CISG 公约，即便是在立法委员会中包括了熟知 CISG 规则的大学学者，但是这些学者坚持认为 CISG 仅仅是一个调整国际间货物买卖的公约，因此并没有在民法典的制定中对其进行参考[2]。

其次，即便是早已批准了 CISG 公约的国家，如阿根廷的国内法也在抵抗 CISG 公约对其国内法的影响。阿根廷早在上个世纪 70 年代就在着手进行其国内的"国际私法"（private international law）的修改①。在该法的修改过程中，随着阿根廷批准了 CISG，公约也被学者们作为国际私法制定的背景和素材来试图对该法的修改产生影响，但是这些草案每次都没能通过阿根廷议会的批准。这是由于阿根廷政府的立法重点并不在民商事立法之上，他们的立法的精力主要都放在了紧急的政治事项上，尤其是那些由于阿根廷国内经济危机所带来的事项，如破产法、借贷法等，因此在阿根廷加入 CISG 公约后没有任何受 CISG 影响的法律处于生效状态中[3]。

再次，主权国家的已有的国内法结构也是影响渗透作用的重要因素。例如，加拿大的国内法同样较少地受到了 CISG 公约的影响，这是由于加拿大和美国类似，其本国内部就存在着法律冲突，因此加拿大一直致力于制定并通过加拿大统一商法的工作。这部法律在很大程度上借鉴的是《美国统一商法典》的经验。在经过此番努力之后，加拿大便对 GISG 中的规则转换为国内法的兴趣大减了。在加拿大的魁北克省，由于其是大陆法的地区，其立法改革首先就是要与英美法的加拿大其他地区的法律进行比较协调。而 CISG 本身就具有大量的大陆法规则，因此可能并不太适合魁北克的法律修改的需要，因此在进行立法修改时，魁北克的立法更多的是吸收的普通法系的规定而不是 CISG 的规定[4]。

还有几个欧洲大陆法国家，如丹麦、意大利、法国，CISG 对这些国家之国内法只有间接的影响作用。探其缘由主要是由于这些国家都拥有较为发达的民商事法律体系。而且这些国家对自身的民商事法律也颇为自信。基本不会因为加入了一个关于国际货物销售的公约而对本国的国内法进行大规模的修改。之所以说这些国家受到 CISG 的间接影响作用，是因为其国内法的修改不是直接受到了 CISG 的影响，而是由于《欧盟不公平合同条款和消费者保护指令》的颁布，迫使其不得不按指令的要求去修改其国内法，而该指令在很大程度上是仿照 CISG 的相关规定制定的[5,6]。

国内法立法资源的分配对于 CISG 对国内法的渗透作用的影响同样很明显。例如，在墨西哥、新西兰、瑞士以及乌拉圭 CISG 公约也同样没有对这些国家的国内法产生影响。墨西哥的情况是由于墨西哥的立法机关上议院（Cámara de Senadores or Senado）和下议院（Cámara de Diputados）这两个立法机构在很大程度上所关心的问题是政治导向

---

① 根据笔者的考察阿根廷的这部法律事实上类似于我国《涉外经济合同法》、《中外合资企业法》等法律的集合，并不单纯由冲突规范组成，其中有大量的实体性规则。

的和其获得多数席位的政党的施政方针的重点相一致，根据 CISG 来修改制定国内法显然并不在这一立法的出发点上。因此，相关的立法修改工作甚至没有出现在上下两个议会议程的时间表上。不过在墨西哥的行政机构，如外交部在对国内法的修改发表意见时倒是经常提及 CISG。但墨西哥的立法体制决定了，外交部的意见不大可能影响其国内的立法[7]。新西兰的情况更为简单，由于新西兰的货物贸易并不占其国内的经济的主要部分，因此，即便加入了 CISG 这样重要的国际商事公约，也并没有引起该国当局的充分重视，也就不可能进一步去根据公约的相关规定来修改其国内法了[8]。瑞士的情况也与上述几个国家类似，由于其立法机构对于合同法的修改较为保守，害怕按照公约修改其国内法会丧失"瑞士法的传统与个性"，而另一方面瑞士的立法重点也并不在合同法上，而是在刑法、侵权法以及财产法等法律的修改上。因此，CISG 暂时还没有对瑞士的国内法产生重要的影响[9]。美国与加拿大的情况类似，由于其已经拥有了其国内的统一商事法典。其认为比 CISG 更适合美国的需要且更为成熟，因此参照 CISG 来对其国内法进行的修改的兴趣并不是很大。反倒是公约对路易斯安那州的民法典的修改产生了不小的影响[10]。

通过对上述国家情况的国别性研究，我们发现 CISG 在这些国家的影响似乎没有我们想象中那么大。探其原因可能各有不同，在两个拉丁美洲国家以及墨西哥，CISG 未能对立法产生影响的主要原因是这些国家政府的办事效率较低，而且他们的立法重点也没有主要放在合同法上。因此，CISG 作为一部重要的国际公约还未能吸引这些国家足够的注意和精力来对其们的国内法产生影响作用。加拿大和美国的情况有些类似，这两个国家虽然都属于英美法，但由于其国内的法律并不统一。由此其国内法的首要任务是先要将国内的法律统一起来，因此其国内的商法本身就是具有"统一商法性质的"。在这种情况下，虽然这两个国家加入了 CISG，但是这些国家会认为没有必要再通过 CISG 来修改其国内的统一商法。因这样既浪费立法资源，又会带来一系列的麻烦。反倒是这些国家国内的一些具有相对独立性的地方政府，由于其大陆法的传统，反而需要借鉴公约中一些折衷的规定来改进其立法。对于传统的欧洲大陆法国家，如法国、意大利、瑞士等国家，这些国家由于局限于其保守的立法传统和经过长时间积淀的民法典，不可能因为加入一个国际公约就反过来修改本国的民法典中已经经过几百年实践的法律条款和法律制度。因此，笔者发现并不是所有加入 CISG 和即将加入 CISG 的国家都会受到其影响而对国内法进行修改。在这些国家受到上述几种因素的影响，故此国际商事条约与国内法的渗透度并不是十分明显。这也再次印证了，国际商法对于国内法的影响在很大程度上是受到主权国家的国情以及国内法的各种客观情况影响的，有时甚至因为国内法的成熟度越高，国内对国际商事条约接受的程度空间就会越小。

不过，也有一些国家在与上述国家的情况不同，其国内法在很大程度上受到 CISG 的影响，其国内的商业销售法表现出受到 CISG 很高程度的渗透性。以爱沙尼亚为例，该国原为苏联的加盟共和国，实行社会主义制度，1991 年独立后坚持将本国的经济制度改革转型为自由的市场经济以达到欧盟的准入要求。为了达成此目标该国将其民法典修改放在了极为优先的位置。在修改其民法典"债编"的过程中，爱沙尼亚几乎全盘照搬了 CISG 中的一些规定。例如，在合同违约责任的问题上，该国原来坚持过错是承担违约责任的前提，并且还强调违反国家计划和社会公共利益是确定过错的法定理由，这些规则在修改民法典的过程中全部被放弃掉，而完全按照 CISG 第 79 条的规定采取了法定免责事由的规定。又如对于违约责任的计算，爱沙尼亚法律的规定与 CISG 第 74 条又是完全一致。对此，来自爱沙尼亚的权威学者保罗·瓦鲁尔指出：爱沙尼亚作为"经济转型国家"其急于革新转化出新的法律体系，在此目标之下，其可能来不及过多地思考并重新制定一套属于其自身的、另起炉灶的债法体系。因此，最为简便的方法可能就是将 CISG 这种被普遍接受的国际商事条约视为世界法律的"通用语"（lingua franca）原封不动地照搬进本国的法律[11]。因此，出现前述现象也就是在意料之中的了。与爱沙尼亚情况类似的国家还有波兰、俄罗斯、乌克兰以及捷克等国。但是，除了爱沙尼亚外，其他中东欧国家虽然受 CISG 的影响较大，但也在一些具体问题上做出了不同于公约的规定①。

　　笔者认为，之所以出现上述情形，很大程度上也是由以上那些国家的国情所决定的。这些国家在修改法律以前都是因循苏联的民法立法模式。在政治经济发生巨大变革的转型后，这些国家都迫切需要将本国法律向西方靠拢。其过去的社会主义法律传统也被其立法者视若敝屣。同时，他们又急需一种较为成熟的模板作为其立法改革的参考。这样，CISG 本身作为一个公约也特别符合这些经济转型国家的需要，因为在其制定的过程中也大量借鉴和参考了社会主义国家的合同法律制度。因此，CISG 不论从先进性还是从可接受程度上来说对于这些经济转型国家来说都是非常合适的。由此，不难理解为何在原东欧的社会主义国家的债法以及销售法能够与 CISG 的规定呈现出如此之高的相似性了。

第二节　CISG 对中国《合同法》的影响分析

　　对于我国而言，可以说我国的合同法受到 CISG 的影响甚至超过了上述中东欧国家。不过原因却是既有相同之处又有不尽一致的地方。与东欧国家不同的是，我国在初次接触 CISG 公约时，国内甚至没有相应的法律规则，审判完全依靠政策和国家的红头文件来进行②。因此，中国在加入和批准 CISG 时国内的相关法律制度供给可以用薄弱来形容。有学者认为，在改革开放之初我国的《涉外经济合同法》在很大程度上就受到了 CISG 公约的影响[12]。不过在笔者看来，当时涉外经济合同法在很大程度上与国际社会是不接轨的，而且制定得较为粗糙，甚至连最基本的要约和承诺制度都没有，此外还带有大量

---

①　以波兰为例，在波兰民法典修改的过程中，其合同的成立（民法典第 66 条和 68 条）几乎照搬了 CISG 第 16 条和第 19 条的规定。在违约责任的归责和计算问题上波兰民法典也采取了和 CISG 相一致的规定。同样的情况也出现在俄罗斯、乌克兰和捷克的民法修改上。但在要约是否不能撤销、承诺能否和要约有非实质性的出入问题上，波兰等东欧国家的国内法规定也和 CISG 的规定不尽相同。参见 Fryderyk Zoll, The Impact of the Vienna Convention on the International Sale of Goods on Polish Law, With Some References to Other Central and Eastern European Countries, Rabels Zeitschrift für ausländisches und internationales Privatrecht, Vol.71, 2007（1）: 83-85.

②　有证据表明我国早在 1978 年就参加了联合国国际贸易法委员会相关立法的会议，但当时我国甚至连《民法通则》这样最初级、最基本的法律制度还没有。我国最早的一部民商事国内法律《经济合同法》是 1981 年 12 月通过，1982 年开始实施的。

计划经济的制度色彩。例如根据该法第 7 条的规定："当事人就合同条款以书面形式达成协议并签字，即为合同成立。通过信件、电报、电传达成协议，一方当事人要求签订确认书的，签订确认书时，方为合同成立。中华人民共和国法律、行政法规规定应当由国家批准的合同，获得批准时，方为合同成立"。可见，当时的法律受到 CISG 的影响是较为有限的。

此外，在 1999 年以前，中国不但不像西方国家和东欧国家那样拥有完整的民法典，甚至连统一的合同法都没有，在当时中国在不同的合同领域就有不同的合同法，形成了合同领域法律制度"三足鼎立"的局面①。这种合同领域的法制不统一十分不适应社会主义市场经济的发展，特别是不利于建立社会主义统一大市场的建立。例如关于基本合同法基本原则的规定，《经济合同法》是"平等互利、协商一致、等价有偿"；《涉外经济合同法》是"平等互利、协商一致"；《技术合同法》则是"自愿平等、互利有偿、诚实信用"。这些不同的表述，仅仅是文字上的差异或是有实质上的不同？而且在规制对象上三个合同法也存在着空白，缺乏对非经济合同的规定，并且三个合同法均缺乏合同通则的规定[13]。另外，当时中国的合同立法技术并不成熟，一切还处于摸着石头过河的阶段。因此，在当时特别需要一种先进且具有极高说服力和权威性的法律模板作为中国合同立法的指导。在这种大的时代背景下，作为我国已经参加并批准的且是由联合国国际贸易法委员会专家制定并为各国普遍接受的 CISG 自然当仁不让地成为影响中国立法者的重要借鉴依据。"中国合同法立法方案规定的立法指导思想中，第一条便确定：从中国改革开放和发展社会主义市场经济，建立全国统一的大市场及与国际市场接轨的实际出发，总结中国合同立法司法实践经验和理论研究成果，广泛参考借鉴市场经济发达国家和地区立法的成功经验和判例学说，尽量采用反映现代市场经济客观规律的共同规则，并与国际公约和国际惯例协调一致"[14]。梁慧星教授明确指出这里面所说的国际公约和国际惯例主要指的就是 CISG。对此，他又做了进一步的说明："借鉴发达国家和地区先进的合同立法和司法经验，要达到的目的，就是使我们的合同法成为反映现代市场经济客观规律的共同规则。这是在第一个指导思想当中就提出来的目的。我们的法律不能够关起门来，不能只是由我们的学者、立法者、法官看得懂，外国人看不懂。我们的市场需要和国际沟通，我们的法律不仅要我们自己能够理解、能够掌握，也要使国外的企业、企业家、法官、律师能够掌握。如何才能做到这一点，只有我们采纳共同规则才能做到。我们平常说的和国际接轨，它的前提是要法律规则接轨，法律规则不接轨，经济无法接轨。所以在第一个指导思想上我觉得很重要的是要尽量采纳反映现代市场经济客观规律的共同规则，并与国际公约和国际惯例协调一致"[15]。但梁教授同时指出，所谓的一致，并不是照搬，而是协调一致。对公约的吸收借鉴的同时也必须考虑我国的实际情况。

正是基于我国这种合同法立法思想，我们可以很清楚地观察到 CISG 对我国合同法的影响以及两者之间的相似性。

1. 合同的订立

我国合同法的第二章合同的订立，从第 9 条到第 43 条，共有 35 个条文。我们将

---

① 当时中国的合同法共有三部，即：《经济合同法》、《涉外经济合同法》和《技术转让合同法》。

其与 CISG 的第二部分进行比较，会很清楚地看出我国合同法对 CISG 的借鉴和吸收。例如，对于一项要约是否可以被撤销以及其对要约方的拘束力问题的，我国的立法就在很大程度上突破了大陆法的立法传统和理论基础，而采用了 CISG 的折衷行为模式。规定要约可以在要约到达受要约人时或到达受要约人之前撤回要约。还可以在受要约人做出承诺之前撤销要约。除此之外，我国合同法第 19 条还借鉴了公约第 16 条第 2 款的规定，对要约的撤销做出了限制。此外，笔者通过比较我国合同法和 CISG 的规定，发现以下制度我国合同法几乎无安全借鉴了 CISG 的有关规定：要约邀请的概念，以及可以视为要约的要约邀请的规定①。要约的生效②、失效③。要约的终止④、承诺的构成要件⑤、承诺的有效期间⑥。承诺的生效⑦、撤回⑧，意思的实现方式⑨。还有对要约的更改⑩，迟到的承诺的效力问题⑪。而且关于合同的成立制度，我国合同法的规定第 25 条与 CISG 的第 23 条的规定几乎完全一致，从而彻底废除了原《经济合同法》第 9 条的规定。更加值得一提的是我国本来对 CISG 的第 11 条关于合同的形式问题作出了保留，但《合同法》第 10 条第 1 款却完全采用了公约的规定。后我国于 2013 年 1 月正式撤回了对公约的这一保留，这可以说是公约影响我国国内法制定的又一有力证据。笔者通过统计在我国《合同法》关于合同成立的条款共有 35 条，其中受到 CISG 影响而采用了与 CISG 相类似规定条款有 29 个之多，比例高达 80% 以上，足见我国合同法受 CISG 影响之深，从而体现出我国国内法与国际商事公约的高度相似性。

2. 合同的变更与解除

首先，我国合同法吸收了 CISG 有关根本违约的制度。合同法第 94 条第 2 款到第 4 款用几种具体的情形限定了出现何种情况的违约另外一方当事人才有权解除合同。这在事实上和公约第 25 条的精神是相一致的。唯一不同的是我国的合同法是直接规定了几种可以被视为根本违约的具体情形，并且点明了不履行合同所对合同本身造成的影响。而公约则是从一种主观的角度来进行规定，当一个方违反合同导致剥夺了另一方有权依据合同所得到的东西。这两种规定方法从功能上上来说是一致的，可谓殊途同归。但是公约在起草的讨论过程中，有国家代表对第 25 条提出了异议，认为这样规定主观性太强，可能会导致司法者的擅断。因此，公约在第二稿中又加上了下半部分，即如果违反合同的一方并不预知而且一个同等资格、同情达理的人处于相同的情况中也没有理由会预知发生这种结果[16]。恐怕正是由于吸取了 CISG 的上述立法经验，才会导致我国在合同法

---

① CISG 第 14 条，我国合同法第 15 条。

② CISG 第 15 条，我国合同法第 16 条第 1 款。

③ CISG 第 17 条，我国合同法第 20 条。

④ CISG 第 18 条第 1 款，我国合同法 21 条。

⑤ CISG 第 18 条第 1 款，合同法第 21 条。

⑥ CISG 第 18 条第 2 款，合同法第 23 条。

⑦ CISG 第 18 条第 2 款，合同法第 26 条第 1 款。

⑧ CISG 第 22 条，中国合同法第 27 条。

⑨ CISG 第 18 条第 3 款，合法第 22 条以及第 26 条第 1 款。

⑩ CISG 第 19 条，中国合同法第 30 条和第 31 条。

⑪ CISG 第 21 条，中国合同法第 28 条和第 29 条。

的起草过程中将根本违约的具体情形规定得比较详细和具体。

其次，在合同的意定变更和解除的问题上。我国合同法与 CISG 的规定也是几乎一致的。CISG 第 29 条第 1 款规定，合同只需双方当事人协议，就可更改或解除。我国合同法在第 77 条和第 93 条中规定与 CISG 的规定又几乎完全一致。只不过 CISG 规定变更和解除合同要通过书面来进行，但是如果一方当事人根据另一方当事人的行为可以信赖不依赖书面即可达到上述效果的除外。我国合同法则没有规定是否必须使用书面形式，但是其第 77 条第 2 款规定如果法律行政法规要求合同变更必须登记或批准的从其规定。两者从性质上也并无大的不同。我国的规定与 CISG 的规定也是几乎是可以相互替代适用的。

最后，在合同解除的法律后果上。我国合同法又是采取了和 CISG 几乎完全一致的规定：该条规定合同解除后，双方将不再履行合同，已经履行的应互返财产。合同的解除不影响解决合同争议条款的效力。这些规定几乎原封不动地被我国合同法第 97 条和 98 条所吸收。只不过 CISG 规定了如果双方需要互返财产必须同时进行①，这恐怕是国际货物销售过程中的必要做法。在国内交易似乎没有这种特别的规定的迫切需要。

3. 风险转移

我国合同法的风险转移规则基本采取了 CISG 的交付转移主义②。而且还吸收了 CISG 公约的在途货的风险转移规则③、第一承运人规则④，以及违约风险前移和回转原则⑤和风险归一方承担但不影响其追究对方委员责任的规则⑥。可以说，在货物风险转移的规则上几乎没有 CISG 的条文找不到其在我国合同法条文中的位置⑦，只是排列组合不同而已。

4. 预期违约与不安抗辩

笔者认为 CISG 第 71 条、第 72 条是 CISG 试图将预期违约和不安抗辩两种来自不同法系的制度进行协调的产物。该制度在我国合同法上被加以分化，没有规定在一起，而是分成了两种不同类型的制度，分别规定在了第 68 条、第 69 条和第 94 条、第 108 条之中。但是有一个现象是不变的，那就是我国合同法几乎完全接受了 CISG 在该问题的一般性立场，如催告义务、判断预期违约原因的明显性、以及相对方未违约中止履行方的法律责任等方面，我国的合同法又采取了几乎和 CISG 完全一致的规定。尤其是在 94 条第 2 项中对于在"以自己的行为表明不履行主要债务的情况下，合同相对方有权解除合同的时候"是否需要按照合同法第 69 条的规定为参照，以相对方催告（Mahnung）为前提。对于该问题合同法并没有规定清楚，但是国内的通说认为，应该参照 CISG 第

---

① CISG 第 81 条第 1 款后半部分。

② CISG 第 69 条第 1 款，合同法第 142 条。

③ CISG 第 68 条，合同法第 144 条。

④ CISG 第 67 条，合同法第 145 条。

⑤ CISG 第 69 条，合同法第 147 条。

⑥ CISG 第 70 条，合同法第 149 条。

⑦ 合同法第 148 条恐怕是唯一的例外，CISG 中没有相应的规则，该条规定很可能是借鉴《美国统一商法典》2.-510 条的有关规定制定的。

72 条的规定,以催告和宽限期作为解除合同的必经步骤。这再次有力地证明了我国合同法与 CISG 的相似性。

5. 违约责任的归责与免责

首先,我国合同法第 107 条对于违约责任的归责原则,没有采用传统大陆法系的过错制度,而是采用了 CISG 第 45 条基于一种对于合同标的品质担保的理念:卖方担保其对于合同义务的履行该责任并非基于过错在卖方控制下的特定情事的存在或者关于履行的特别合同担保,而只是由于不履行合同义务而产生责任。这在中国被称为"严格责任",正是 CISG 的立法思想影响了中国的合同法的起草[17]。此外,合同法第 113 条关于违约损害的可预见性归责也完全取自于 CISG 第 74 条的规定。将两者比较可以发现除了表述,两者在功能上是完全一致的。

在违约责任的承担形式上,中国合同法也大量借鉴了 CISG 的相关责任形式。例如 CISG 第 50 条所规定的减价权,被我国合同法第 111 条作为一种违约的救济方式加以吸收。

对于免责事由而言,我国合同法充分吸收了 CISG 第 79 条所确立的"不可控说"。我国合同法第 117 条第 2 款对于所谓"不可抗力"的定义是"不能预见且不能避免并不能克服的客观情况"。这与 CISG 第 79 条所规定的"某种非他所能控制且不能预见的障碍,而且对于这种障碍,没有理由预期他在订立合同时能考虑到或能避免或克服它或它的后果"在功能和作用上又是几乎完全重合的。有学者指出我国合同法在谈及不可预见和不可克服的关系时的用语是且(and)而 CISG 的用语是或(or)。因此我国的合同的对不可抗力的认定条件要严于 CISG 的规定[18]。但在笔者看来,在实践中不可预见和不可克服往往是同时发生的,不可预见的同时也往往就意味着不能克服,法院将一个案件认为是不可预见但是却是可以克服的情况少之又少;而可以预见但是不能克服情况更是几乎没有。因此,笔者认为在此强调"或"和"且"之间的区别恐怕只有形式上的意义,并不会对法律的适用和案件的判决产生什么实质性的影响。

总之,通过前面的论述,我们不难发现 CISG 对于我国合同法的影响是全面的。可以说几乎每个具体的制度都能发现 CISG 渗透的法律基因。值得一提的是,CISG 本身的调整范围是买卖合同,但是我们可以发现 CISG 在合同法总论部分的影响非常明显。由此可以断定 CISG 的很多规则对其他的合同也同样适用,这体现了 CISG 影响的扩散。同时,我们也可以很清楚地认识到我国合同法与 CISG 的相似度之高。

但是同时我们必须认识到这样一个清晰的事实:那就是并不是所有国家的法律都与 CISG 呈现出一致的、高度的相似性。事实上,像爱沙尼亚这样全盘接受 CISG 并以之作为立法范本的国家实际上是并不多见的。即便是像我国这样在加入 CISG 前后法律基础较为薄弱的国家,对于 CISG 的观点也只是与之"协调一致",而并没有完全照搬。而那些法制较为发达的国家由于局限于本国的法律传统和法律制度对 CISG 接受则显得更为谨慎与小心。在北美洲的美国和加拿大由于本身就具有统一法的国内法传统,因而对 CISG 的国内接受性也显得有些意兴阑珊。以上这些事实告诉我们,CISG 虽然可能会在一定程度上与国内法表现出相似性,但是相似度是受到一个国家国内法律体制多方面因素影响的。国际商事条约对于一个国家的国内法而言并不是金科玉律，这也体现了国家的国内法对于统一商事条约的接受程度是不同的。对于我国来说，由于我国特别强调我国法律与国际惯例的接轨性，再加之我国的原有法律基础比较薄弱的客观情况决定了我国对 CISG 接受度相对较高。但是我们也必须看到，CISG 等国际商事条约不应该成为我国相关国内法制的约束，我们必须在接受国际规则的同时也强调自身的特色，与国际商事条约的一致只能是在一定范围和一定程度上的。笔者认为，像爱沙尼亚这样完全接受国际商事条约作为自己的合同法，这在某种程度上来说也是对自己国内法律制度不自信的体现，并不足取。

第三节　CISG 的超"适用范围"适用

公约在国内司法机构的"超范围适用"是一个非常重要但却被学者关注较少的重要问题。当国内的司法机构面对一个本来不应该适用 CISG 的案件时，会不会参考 CISG 的规定来对本国的法律进行解释或者直接适用 CISG。如果确实出现了这种司法现象，我们可以把这种现象看成 CISG 对国内法的一种侵蚀。国内司法机构对于 CISG 跨范围接受，本身就可以认为司法机关在替代立法机关在把 CISG 的规则内国化，是一种"准立法"行为。

笔者曾经从应然角度探讨过在纯国内案件中适用国际商事条约的必要性[19]，但是应然的价值追求有时并不能让我们真正清楚地认识国际商事条约与国内法的相互渗透现象的真实情况，也无助于我们理解国际商法与国内法相互渗透、聚合的真正原因。本专题拟从实证主义角度来观察国家司法机构超越 CISG 的适用范围来进行适用的具体情况，并分析其原因。

总的来说，国家司法机构是否超越适用范围来适用 CISG 的情况也呈现出极大的国别性差异。例如有阿根廷的专家报告说，据他所知阿根廷的法院没有一个案件超出 CISG 范围的案件适用了该公约[20]。克罗地亚高等商业法院坚持认为 CISG 仅能适用于与另外一个公约缔约国相关的案件，因此不允许超出 CISG 的适用范围来对该条约进行适用，也不允许用国际条约来解释克罗地亚的国内法[21]。捷克共和国的法官十分习惯于用国内法去解释 CISG，而且经常把 CISG 和其国内法混合进行适用，因此更不可能超越 CISG 的适用范围去替代或者解释国内法的规定[22]。乌拉圭的情况与捷克有点类似，别说超越 CISG 的适用范围来参考或适用 CISG 就是应该适用 CISG 的案件乌拉圭的法院也很少适用，以至于没有任何一个公开的案例表明乌拉圭法院在司法中适用了该公约。不过倒是有几个公开的案例表明，由于乌拉圭的时效制度规定的不是非常完善，因此导致乌拉圭的法院在几个案件中参考了 1974 年《纽约国际货物销售时效公约》的规定[23]。在德国，由于法院受到其宪法（德国联邦基本法）第 20 条第 3 款的约束，法院必须"依法裁判"，这里的"法"根据德国的基本法是指立法权与法律（Recht und Gesetz）。德国法院在裁判时，除非法律的明确授权禁止适用任何非立法性规则。因此，在超出 CISG 的适用范围时，德国法院不大可能对其进行"越权适用"。当然，或许有时在德国的法院中有的律师会用 CISG 的规则作为抗辩理由，但没有任何证据表明这些抗辩得到了法院的最终支持也没有证据表明法院最后超越了 CISG 的适用范围来作为其裁判的依据[24]。

但是，另外一些国家对 CISG 的态度则与上面那些国家表现得有些不同。例如，由于《拿破仑民法典》没有设立合同成立的专节，更没有区分合同成立与合同生效的概念，该法典第 1583 条仅仅规定："买卖合同仅因买卖双方就交易之物和价格达成合意即告成立"[25]。因此，可以说法国在合同成立方面其国内法处于一种欠缺的状态。因此，在法国的一些纯国内案件中，法国法院经常用公约第 14 条的规定来解释法国纯国内合同中的要约和邀请（invitatio ad offerendum）的区别。其他还有合同法的具体问题法国法院都借鉴参考了 CISG 的规定作为其国内法重要的参考依据。因此，法国学者称 CISG 是一种"启发性的法源"（law source of inspiration）。法国加入 CISG 的谈判代表让·皮埃尔·普朗塔尔（Jean Pierre Plantard）甚至认为 CISG 作为启发性法源，可以更好地为商业法庭的判决依据提供合理性依据，因此完全可以作为国内法来使用[26]①。即使在没有加入 CISG 的英国也采取了与法国类似的做法，在英国的上诉法院至少有两起案件引用了 CISG 的规定，在 "Square Mile Partnership Limited v.Fitzmaurice McCall Limited" 案中，上诉法院的法官指出虽然英国未加入 CISG，但是该条约的行为模式可以被认为反映了当事人的共同意思。而尊重当事人的共同意思是普通法的重要原则，因此法庭参照 CISG 的规定对该案件作出了判决②。在 "ProForce Recruit Ltd v Rugby Group Ltd" 案中，法院同样指出根据 CISG 的规定，当事人在初步谈判时表示的意思是解释合同的重要依据和背景，"因此英国国内法上的约因在某些情况下应当被灵活性的解释。在反复性交易的合同中相对于一次性交易的合同，公司的章程应当被视为解释合同的次要因素"③。在以色列，由于 CISG 对其直到 2000 年才生效，因此以色列司法机构适用 CISG 的案件还比较少。但有一个案件是十分值得注意的，就是在以色列还没有加入 CISG 之前的 1993 年，位于耶路撒冷的以色列最高法院就在一个案件中直接适用了 CISG，并且将其直接类比为国内法，并依据 CISG 的规定发展出一个新的国内法概念"助成过错"（contributory fault）④。在意大利，由于经常有律师在进行诉讼的过程中引用 CISG 规则作为其起诉或者抗辩的支持依据，而这些主张在很多时候都得到了意大利法官的支持。有明确的证据表明，在意大利法院中已经出现了适用 CISG 来处理纯国内交易的案件的实例。在该案中，意大利法官先是适用了《意大利民法典》第 2033 条的规定，该条规定解除合同后所构成的不

---

① 原文为：Cette source d'inspiration s'éclaire d'autant mieux que la Chambre commerciale s'est prononcée à la lumière de l'avis du Conseiller Jean Pierre Plantard, qui faisait partie de la délégation française à la Conférence diplomatique de Vienne d'avril 1980.

② Court of Appeal, 18 December 2006, available at http: //cisgw3.law.pace.edu/cases/061218uk.html。

③ Court of Appeal, 17 February 2006, available at http: //cisgw3.law.pace.edu/ cases/060217uk.html。

④ 在该案中一家以色列的鞋制造商和比利时鞋类销售商制签订了一个买卖合同，在该合同中要求鞋子上打上李维斯（Levi's）商标进行销售。这批货物在运到美国进行销售时，由于侵犯了美国服装商的商标权被美国海关扣押。后来只好将商标除去然后以较低的价格出售。于是比利时的公司起诉了以色列的制造商，法院直接根据 CISG 第 42 条的规定，裁定以色列的制造商不承担侵犯第三人商标权的责任。但同时法律也判决以色列的制造商业应该承担一部分损失，这是因为根据以色列"普通合同法"（general contract law）第 39 条的规定以及 CISG 第 7 条的规定，卖方应当善意的履行合同，在明知该商标侵权的情况下仍然按照买方的要求生产侵权产品，可以被认为具有恶意。因此，也应承担一半的损失。参见：Israel Supreme Court. 22 August 1993. available at：http: //cisgw3.law.pace.edu/cases/930822i5.html。

当得利应当予以返还。但是同时意大利法院又通过 CISG 第 81 条第 2 款的规定，认为该返还应当由双方同时履行，在一方履行之前不得要求另外一方履行。在该案件中，意大利法院通过对国际商事公约和国内法规则的混合适用解决一个纯国内案件，其目的是为了达到案件的解决方案具有国际共通性的法律效果[27]。这可以说是使国际商事条约和国内法相互有机渗透的典范。在西班牙，已有数次案例表明，在处理租赁合同纠纷以及不动产交易纠纷时，法院参照了 CISG 的规定[28]。在新西兰，虽然在判决中没有深入的分析 CISG，但是在很多的案件中，CISG 都被作为公理性的规则来支持司法机构解释国内法规则。例如在 "Attorney-General v Dreux Holdings Ltd" 案中，法院认为解释新西兰的法律应最终国际上的通行惯例来解释新西兰的法律，因此其在参照了英国的相关判例的同时也参照了 CISG 第 8 条第 3 款的规定，认为当事人的事后行为是可以用来解释合同的真实目的和真实意思的①。又如 "Tri-Star Customs and Forwarding Ltd v Denning" 案，该案涉及一栋商业建筑的租赁和买卖，双方进行了反复的要约和反要约谈判，但是在最终的合同文本中关于标的年租金的 720 000 美元之外增加的增值服务费（GST）的问题上发生了争议。因为，在谈判中的价格里面并没有包括服务费。这时出租方便想解除该交易，但承租人不同意。这个案件的关键点便落入了新西兰 1977 年《合同错误法》的调整范围。但是在适用该法时，法院借助 CISG 第 2 条 a 项、第 9 条第 2 款、第 38 条第 3 款、第 49 条第 2 款来确定当事人是否真的存在着认识错误以及推定认知（constructive knowledge）是否充分的问题②。

我国的情况比较特殊，一方面在超出 CISG 适用范围的情况下，除非当事人选择 CISG 否则人民法院通常不会适用之，只有一个明显属于错误判决的案件超出了公约的适用范围，而错误地适用了 CISG③。笔者通过北大法宝搜索也未发现使用 CISG 来解释我国国内法的案例存在。但另一方面，我国在当事人通过意思自治来选择准据法的层面我国的立法又非常的先进。根据 2012 年 "适用《涉外民事法律关系适用法》司法解释" 第 9 条的规定：当事人在合同中援引尚未对中华人民共和国生效的国际条约的，人民法院可以根据该国际条约的内容确定当事人之间的权利义务，但违反中华人民共和国社会公共利益或中华人民共和国法律、行政法规强制性规定的除外。根据此条款，当事人即便选择对我国未生效的条约也可以作为合同的准据法。那么假设说当事人在 CISG 公约适用范围之外的合同也选择适用 CISG 或者其他国际商事条约的，显然应该适用 CISG 以及其他相应的国际商事条约[29]。虽然在笔者看来这可能是当事人一种意思自治的法律选择，不能想当然地认为 CISG 在其适用范围之外也构成我国国内法的一部分。但这至少表明我国法律对 CISG 在其适用范围之外来作为准据法进行适用是认可的。

通过上面各国的情况的总结，我们似乎可以发现各国是否超越公约的适用范围来适

① New Zealand Court of Appeal, 19 December 1996. http://cisgw3.law.pace.edu/cases/961219n6.html#int5。
② New Zealand Court of Appeal, 2 July 1998. http://cisgw3.law.pace.edu/cases/980702n6.html#ctoc。
③ 在 2002 年武汉市中级人民法院裁判的一个韩国公司与中国公司的货物销售案件。法院指出鉴于当事人没有进行法律选择，但争议双方的营业地分别位于中华人民共和国和大韩民国的领土之上，因此适用了 CISG 来解决双方的争议。但是在 2002 年 CISG 还未对韩国生效。

用国际商事公约又是跟各国的具体情况紧密相关的。只不过与将公约的规定转换为国内的规定的情况相反。除了极少数法制发达国家，如德国，由其于受制于本国宪法的严格依法裁判的传统以及严谨慎重的民族性格的约束以外，似乎法律技术越是先进的国家越愿意将 CISG 作为一种司法解释和裁判参照依据。

【本专题结论】

通过前文的论述，我们发现以 CISG 为代表的国际商事公约会在一定程度上对主权国家的国内法进行渗透，而成为国家国内法的一部分。国家会有条件地主动采纳条约的规定作为其立法的指导，从而在国内法的规则中渗透入国际商事公约的规则元素，让 CISG 在实质意义上超越其适用范围来发挥功效。另一方面，国内的司法机构超越国际商事公约的调整范围来援引国际商事条约，从本质上来讲是司法机关的"准立法行为"。这两种情况都可以成功地证明国内法被国际商事条约渗透和影响现象的存在。

但是，无论是主权国家立法者对国际商事公约的采纳，还是司法机关对国际商事公约的"超范围"适用，从本质上讲都取决于主权国家对国际商事公约的是否抱有一种积极的态度，以及主权国家的实际情况与具体需要。国际商事公约作为国际商法的重要法律渊源并不会自发、自治地向主权国家的法律进行渗透。除了我国以外，其他国家甚至少有允许当事人自发地选择未生效的国际商事条约作为其法律关系的准据法。不过，这种情况是否会在未来有所改观，笔者不敢妄下断言。总之，主权国家对国际商事条约的态度决定了国际商事公约与国家国内法的一致程度，这点是毋庸置疑的。总之，笔者意图强调这样一个观点：国际商法与国家的国内法相比，可能在很大程度上具有先进性，但是其不可能自发地超越其适用范围来发挥作用，其若想影响国家的国内法，一定是主权国家对国际商法具有很大程度上的迫切需要时才可能发生。另外，国内法的法律传统也是影响国际商法与国内法一致化的重要影响因素。总之，国家是国内立法的控制者，国际商事公约若想取得对国内法的影响，从根本上还是要取决于国家的态度。而且就算是对国际商法国内化最为积极的国家，也不会完全照搬国际商事条约的规定，其必然会考虑到本国的实际情况和具体需要。因此，国际商事条约与国内法的相互渗透现象从本质上来说仍然是一种相互协调一致性的过程。

【本专题参考文献】

[1] Martinez C M. Impacto de la convention de viena en los estudiosos del derecho[M]//Franco F, ed. The CISG and its impact on national legal systems. Munich: Sellier Publishing, 2008: 338-345.

[2] Vieira I d A. The impact of CISG on Brazilian law[M]//Franco F, ed. The CISG and its impact on national legal systems. Munich: Sellier Publishing, 2008: 25.

[3] Taquela M B N. The impact of CISG on Argentina law[M]//Franco F, ed. The CISG and its impact on national legal systems. Munich: Sellier Publishing, 2008: 6.

[4] McEvoy J P. The impact of CISG on Canadian law[M]//Franco F, ed. The CISG and its impact on national legal systems. Munich: Sellier Publishing, 2008: 41-65.

[5] Lookofsky J. The impact of CISG on Demark law[M]//Franco F，ed. The CISG and its impact on national legal systems. Munich：Sellier Publishing，2008：127-129.

[6] Witz C. The impact of CISG on French law[M]//Franco F，ed. The CISG and its impact on national legal systems. Munich：Sellier Publishing，2008：237.

[7] Veytia H. The impact of CISG on Mexican law[M]//Franco F，ed. The CISG and its impact on national legal systems. Munich：Sellier Publishing，2008：245.

[8] Butler P. The impact of CISG on New Zealand law[M]//Franco F，ed. The CISG and its impact on national legal systems. Munich：Sellier Publishing，2008：258.

[9] Widmer C，Hachem P. The impact of CISG on Switzerland law[M]//Franco F，ed. The CISG and its impact on national legal systems. Munich：Sellier Publishing，2008：296.

[10] Levasseur A A. The impact of CISG on USA law[M]//Franco F，ed. The CISG and its impact on national legal systems. Munich：Sellier Publishing，2008：321-326.

[11] Varul P. CISG：a source of inspiration for the estonian law of obligations[J]. Uniform Law Review，2003，8（1-2）：209-210.

[12] 韩世远. 合同法总论[M]. 北京：法律出版社，2004：23.

[13] 梁慧星. 从"三足鼎立"走向统一的合同法[J]. 中国法学，1995，（3）：11.

[14] 梁慧星. 民法学说判例与立法研究（第二册）[M]. 北京：国家行政学院出版社，1999：121.

[15] 梁慧星. 合同法的成功与不足（上）[J]. 中外法学，1999，（6）：14.

[16] UNCITRAL. Year book of UN international trade law，vol.9. New York：UNCITRAL，1978：133.

[17] 韩世远. 中国合同法与CISG[J]. 暨南学报，2011，（2）：11.

[18] Han S. CISG impact on Chinese law[M]//Franco F，ed. The CISG and its impact on national legal systems. Munich：Sellier Publishing，2008：89.

[19] 宋阳，李玉红. 对国际规则与公正司法相互关系的思考——以规则相互作用为视角[J]. 湖北社会科学，2014，（3）：157-158.

[20] Taquela M B N. The impact of CISG on Argentina law[M]//Franco F，ed. The CISG and its impact on national legal systems. Munich：Sellier Publishing，2008：6.

[21] Baretić M，Nikšić S. The impact of CISG on Croatian law[M]//Franco F，ed. The CISG and its impact on national legal systems. Munich：Sellier Publishing，2008：102-103.

[22] Rozehnalová N. The impact of CISG on Czech Republic law[M]//Franco F，ed. The CISG and its impact on national legal systems. Munich：Sellier Publishing，2008：110-111.

[23] de Aguirre C F. The impact of CISG on Uruguay Republic law[M]//Franco F，ed. The CISG and its impact on national legal systems. Munich：Sellier Publishing，2008：335-336.

[24] Magnus U. The impact of CISG on German law[M]//Franco F，ed. The CISG and its impact on national legal systems. Munich：Sellier Publishing，2008：157.

[25] 秦立崴. 《法国民法典》合同制度改革之争[J]. 环球法律评论，2011，（2）：89.

[26] Witz C. The impact of CISG on French law[M]//Franco F，ed. The CISG and its impact on national legal systems. Munich：Sellier Publishing，2008：138.

[27] Bergamo T. 19 April 2006, Corriere del merito(2006)835[M]//Torsello M. The impact of CISG on Italian law//Franco F, ed. The CISG and its impact on national legal systems. Munich：Sellier Publishing, 2008：220.

[28] Cantero G G. The impact of CISG on Spanish law[M]//Franco F, ed. The CISG and its impact on national legal systems. Munich：Sellier Publishing, 2008：278.

[29] 许军珂. 当事人意思自治原则对法院适用国际条约的影响[J]. 法学, 2014, （2）：45.

专题六　国际商事条约适用问题专题

专题要旨：国际商事条约是国家之间进行利益协调后的结果，其意图创立一个全新的、自足的、独立的法律体系于各国国内法之上。因此，国内法院或者仲裁机构在适用国际商事条约的过程中，应将其作为一个独立的法律体系来进行适用，必须让其发挥出超越国内法的效果。当国际商事条约与国内法发生冲突时，应将其优先适用。同时在解释国际商事条约时，不应从国内法的概念和制度出发，而应该将其作为一个独立的法律体系的来进行适用。

专题要点：国际商事条约　国内法　超越性　独立性　法律适用

【导论】

关于国际商事条约在国内的优先适用的法律问题，本来应该是一个在国际公法和宪法学上讨论的问题。但是，在国内的司法机构尤其是法院的适用问题上，这个问题却是与本论文所要论述的内容紧密相关的。因此，笔者将在此节分析国际商事条约与主权国家立法关系的基础理论问题，以及其是否可以相对于国内法优先适用的根本原因。

第一节　国际商事条约在国内优先适用的基本逻辑前提

条约必须信守可以说是人类最古老的法律规则[1]。几乎所有的人类文明在交往伊始就承认这项规则，这也构成了不同文明之间能够取得信任并避免陷入战争的根本基础。当然，虽然这项基本原则时时都有被践踏违反的风险，但没有任何一个文明的君主会宣称公开反对这条基本原则。早在公元前 1300 年，中东赫梯王国的皇帝图希尔就和古埃及的法老拉美西斯二世缔结了和平友好条约，在该条约中明确规定双方永远不再交战并且相互扶助的共同义务。在这个条约的末尾列举了大量作为见证人的天神，规定了对于违反者的惩罚和遵守者的恩宠。该条约的原文已不可见，但是根据后世对该条约的描述，该条约中明确规定了双方有保护对方商旅在本国境内的安全的义务[2]。

在古罗马时期，随着罗马帝国的不断扩张，罗马将其深邃的民法精神带向欧亚非大陆的各个角落。而民法精神之精髓就是契约精神，推而广之就是条约必须信守的基本核心理念。罗马著名法学家西塞罗曾经说过："契约和诺言必须永远得到执行"。正是这种契约精神使得罗马的法律能够成为现代法律的根本模本。

即便在中世纪的黑暗时代，对契约的遵守仍然被视为一种极为神圣的宗教规则义务来加以贯彻。任何违反条约和契约的行为都会受到严厉的惩罚，有时对于契约的遵守甚至达到了近乎于苛刻的程度[3]。

随着近代绝对主权观念的推行，条约必须遵守这一原则似乎有所退化，但是在经贸领域条约遵守这一观念由于与绝对主权原则的观念的冲突与对立并不是那么的严重而未受什么大的影响。在第二次世界大战结束以前，虽然在政治条约上各国纷争不断，违反条约以邻为壑的做法层出不穷，但是在国际商事领域各国大多都采取了比较积极的态度，并且大多都能够较好地遵守各种条约规则①。

第二次世界大战结束以后，随着一大批新兴国家的崛起，以及国际经济新秩序的建立，经济全球化已成为一种不可逆转的大趋势。在此大背景之下，联合国经社理事会下设了一个全新的机构即"联合国贸易法委员会"。该机构是国际贸易法领域联合国系统核心法律机构。自建立以来40多年来专门从事全世界商法改革的拥有广泛成员的法律机构。贸易法委员会的业务是协调各种国际商业规则并使之现代化。贸易意味着通过商业活动取得更快的经济增长、提高生活水平和获得新的机会。为在全世界范围增加这些机会，贸易法委员会正在制订有关商业交易的公平而协调统一的现代规则，其中包括：①世界各国可接受的公约、示范法和规则；②具有巨大实际价值的法律和立法指南与建议；③判例法和统一商法法规的最新资料；④对法律改革项目的技术援助；⑤关于统一商法的区域和国家研讨会[4]。在该组织的努力下，以 CISG 公约为代表的一大批国际统一法文件出台，极大地推动了国际商事统一法的发展。其中 CISG 公约可以说是国际商事统一公约中最为成功的代表性法律文件。因此，笔者在后面的论述中将以该公约作为最重要的研究对象。

笔者之所以探讨国际条约必须遵守的原则，意在阐述这样一个观点：国际条约必须遵守已经成为最重要的国际习惯法原则。世界上任何一个国家都应该遵守和履行对其有效的条约义务。这意味着条约应该对一个国家的所有机关具有约束力，而且国际商事公约被国家所遵守的稳定程度也是最高的。尤其是在现阶段经济一体化的大的经济背景下，各国商人进行商事交往是十分需要一种统一的实体规则体系，这种统一规则的存在可以极大地减少商人们之间的交易成本。因此国家之间所缔结的统一实体的商事条约就在很大程度上构成了进行跨国交易的商人们所能够共同使用的公共物品。那么作为国家的司法机构，应该也必须洞悉商人们的这种需要。在可能适用对其本国有效的国际商事条约时，其应该主动地予以适用。只有这样才是最符合商人社会中商人们的合理期待，同时也可以在最大程度上促进国际经济交往的活跃程度。总之，条约必须信守和商人社会对统一商事规则的期待从客观层面要求司法机构去发挥最大的能动性来适用国际商事统一公约，这也构成了国际商事条约超越国内法的根本之逻辑前提。

---

① 例如最著名的致力于统一各国私法的国际机构国际统一私法协会（UNIDROIT）就是在第二次世界大战结束以前的 1927 年在罗马成立的。另外一个致力于国际私法统一的国际组织国际法协会则是于更早的时候于 1873 年在比利时的布鲁塞尔成立。这两个国际组织制定了许多统一私法性的法律文件，虽然发挥作用有限但至少得到了参加国的遵守。此外统一欧洲大陆票据法的《日内瓦公约体系》也是在 20 世纪 30 年代成功签署的。

第二节 国际商事条约超越国内法而被优先适用的法理依据

前段论述只说明了国际商事条约对于国家的司法机构是具有约束力的。但是根据国际法的基本理论，国际条约对国家的约束力并不必然导致司法机构必须在司法审判中适用国际条约。

从国际法理论层面来看：国际条约对一个国家生效可分为国际、国内两个层面。在国际层面上，条约必须信守虽然是一项基本的国际法原则，但是由于并不存在一个统一的世界政府，在条约的遵守问题上并没有像国内法那样的"实际履行原则"。换言之，条约的生效会导致一个国家对其他国际法主体享有权利和负有义务，但是国家有选择是否以及如何来具体实施这项条约的方式以及是否将义务直接及于于非国际法主体的个人的的权力。虽然国际法上禁止国家援引国内法作为不履行国际条约义务的规则。但是从实然角度来说，即便违反义务国家也大可以通过对其他国际法主体承担国际责任的方式来免除其履行条约的义务。也就是说，条约必须信守的遵守义务是可以通过付出"违约代价"来予以免除的。因此，从国际法的角度来说，即便是对一个国家有效的条约，只是在"应然"的自然法意义上被一个国家的法院所援引，当作为非国际法主体的个人在法院援引条约作为其诉讼理由时其未必一定获得法院的支持，这种情况也是完全符合国际法的最低要求的。

从国内法角度来看，国际条约还涉及与国内法的关系问题。当条约与国内法发生冲突时，究竟何者优先？这又构成了一个国内法上的宪法问题。在这个问题上各国规定又很不一致。总结起来大体有四种做法[5]：

（1）将国际条约的效力规定高于本国宪法。例如希腊宪法规定第 28 条第 1 款规定："公认的国际法准则和国际公约自法律批准之日并根据其本身所规定的条件生效之日起成为希腊本国法律的组成部分，并具有超越任何与之相抵触的法律条款的效力，但按照国际法准则和国际公约的规定优待外侨须以互惠为条件。"根据该规定我们可以认为在希腊政府看来国际条约具有高于国内一切法律的优越地位。

（2）国际条约效力低于宪法，但是高于一般的国内法。这也是大多数国家的一般做法，例如法国宪法第 54 条规定："如果经共和国总统、总理或者议会任何一院议长提请审查，宪法委员会宣告一个国际约定含有违反宪法的条款时，必须在宪法修改后，才可以授权批准或者认可该国际约定"。同时第 55 条规定："依法批准或者认可的条约或者协定，自公布后即具有高于各种法律的权威，但就每一个协定者或者条约而言以对方缔约国予以适用为限"。

（3）国际条约低于一般国内法。在这种做法中英国比较具有代表性在英国法院不允许直接适用国际条约。英国的法律认为签署条约只是一项执行行为而不是立法行为，因此即便一项公约被英国批准，其中的规定仍然会被英国拒绝承认与适用。正如丹宁勋爵所指出的："公约……的条文是很难应用的"，"最好还是坚持我们自己的法律和原则，只把公约视为处理疑难案件的指导"，"如果在我们的法律中有不明确之处，那么法院即借助公约来释明含糊和不明之处，并总是设法使我们的法律同公约相一致"[6]。

（4）国际条约的地位低于宪法但和一般国内法相等。代表国家是墨西哥，根据墨西哥宪法第133条的规定："本宪法根据本宪法制定的联邦议会的法律和共和国总统经参议员批准，已经缔结或将要缔结的与宪法相一致的一切条约均是全联邦的最高法律。尽管各州宪法和法律中可能有相反的规定，但各州法官均须遵照上述宪法法律和条约执行。"

可见各国在宏观的意义上对于条约和国内法的关系并没有一个通行的做法，而完全由国内的宪法来法来进行规定。而且由于各国国情和立法态度不同，我们并不能从中寻找出一种普遍性的规律出来。由于历史原因，我国在宪法上并没有对条约在国内法上究竟如何适用的问题进行规定①。在实践中不同性质的条约在国内法的适用情况又各不相同，因此成为了一个极为复杂的问题。仅就本论文而言，笔者无意探讨宏观上条约和国内法究竟应该如何来进行效力和是用的排序。而仅从国际商事条约的性质上来分析国际商事条约在我国的法院究竟应该采取何种态度来对其进行适用。

根据我国《民法通则》第142条和《民事诉讼法》第260条的规定：当国际条约与国内法规定不一致时，适用国际条约的规定，而不适用国内法。根据这条规定，我们似乎可以很轻易地对其解读为：在民商事领域，我国对于国际条约的态度是优先于国内法适用的。但是，我在得出这个结论的同时似乎更应该从一个一般法的角度来对我们为什么要对国际商事条约进行优先适用的正当性和法律依据进行探讨。唯此方能真正理解这条规定背后所蕴含的法学原理。

分析这个问题，不外乎从两个角度进行展开：一是国外的经验，二是我国的国情。将两者相互结合便可能得出令人信服的结论。

在美国的司法体系中，超越国内法而直接适用的条约被称为"自动执行的条约"，需要在司法的过程中由法官发现该条约是否是可以自动执行并优先适用的。在1829年的福斯诉尼尔森案中，马歇尔大法官指出无需任何立法、本身就可以适用的条约就是自动执行的条约；而非自动执行的条约则是必须由相应国内机构予以补充或者转化再能在国内法院适用的条约。这一判例得到了美国后来法院在判决中的遵行。因此，在美国法院看来，判断是否属于自动执行的条约需要从条约内容上来进行判断。对条约内容的可援引性进行分析是判断条约是否可以超越国内法适用的重要标准。同时美国国会也可以在立法过程中对条约进行是否可适用的宣告来阻碍一部分条约的适用。对此，美国著名法学家卡洛斯·巴斯克斯对美国条约的直接适用性做出了经典的总结，即条约可直接在国内法院适用的四项原则：①缔约国是否有意图将条约在缔约国法院加以直接适用，即意图原则。②条约的义务是否可以由法院直接加以实施，即可司法原则。这条原则涉及国

---

① 我国的这种法律现象与大多数社会主义国家的情况相同，有学者认为这是由于社会主义国家产生的历史和政治背景有关。以苏联为例，在沙俄时代，沙俄政府同外国缔结的条约不少都是不平等条约，与社会主义的对外政策不相符。因此列宁在领导十月社会主义革命取得胜利并夺取政权后，就宣布拒绝接受沙俄所承担的条约义务。甚至采取了一系列新的措施，废除所有的不平等条约。在这种情况下，苏联的宪法就不可能再赋予条约以国内法的效力或规定条约在国内法中的地位等。我国对条约的态度事实上是因袭苏联对条约的态度，在新中国刚刚成立的1954年制定的第一部宪法中，由于在鸦片战争至国民党统治期间，西方列强强迫我国旧政府签订了一系列不平等条约。而1949年成立的中华人民共和国是社会主义国家，在政治上是苏联的盟友，因此也就不可避免地会采取苏联的态度与政策对待条约。因此对条约的效力的宪法规定也就保持了沉默的态度。这种态度在1982宪法中仍然没有得到改变。参见刘永伟. 国际条约在中国适用新论[J], 法学家，2007，（2）：146-147.

内的权力分配问题，如果条约所规定的规则对国家产生的义务，则不可能由法院来实施。③条约所规定的义务必须符合国内宪法的规定，如果不符合宪法的规定，则法院不能判决按照条约规定进行断案。④条约必须赋予了私人一种可能的私权利诉权，如果一项条约只是规定了国家的义务，但是没有规定私人的诉权，那么这项条约同样不是可以直接适用的条约[7]。

德国法院对于条约的直接适用相对于美国更为简单，主要是必须符合两项标准：首先，条约的用语必从上下行文观察是可以被法院所适用的。其次，该条约必须为私人设定了一项可以直接实施的权利或者义务。

事实上，笔者认为，如果一项条约可以成为在国内法院被直接适用的规则，其核心要素可以被归纳为如下几个方面：

首先，这项条约必须指向的是私人权利和义务，而且这种权利义务必须足够明确，是适宜在法院的判决中所确认或支持且最终被执行的。根据此原则，我们可以轻易地排除像联合国宪章中规定的一些规则，虽然这些规则可能也涉及个人权利，但是其很明显是不适宜在法院中被直接适用，以《联合国国宪章》第 73 条为例，该条明确规定：联合国各会员国，于其所负有或担承管理责任之领土，其人民尚未臻自治之充分程度者，承认以领土居民之福利为至上之原则，并接受在本宪章所建立之国际和平及安全制度下，以充量增进领土居民福利之义务为神圣之信托，且为此目的：（子）于充分尊重关系人民之文化下，保证其政治、经济、社会及教育之进展，予以公平待遇，且保障其不受虐待。（丑）按各领土及其人民特殊之环境、及其进化之阶段，发展自治；对各该人民之政治愿望，予以适当之注意；并助其自由政治制度之逐渐发展。该条规定虽然规定了民众之一般权利，但是这种普遍性的群体权利并没有规定个人所能够遵循的行为模式，因而不可能由法院来针对某一个具体的案件来实施的，也更不可能被强制执行。显然不属于能够在法院可以直接适用的规则。但是，国际商事条约则完全不同，其所设定的权力义务通常十分清楚和明确。就是在国际商事交易中，商人所应遵循的行为模式，而且这种行为方式所衍生出的权利义务非常明确，而且很适宜被法院所支持且执行。以 CISG 为例，该条约除第一部分和第四部分作为条约的一般性规定是针对国家而规定的以外，剩余的全部是明确规定国际货物买卖的当事人应当如何在国际贸易中签订合同和履行合同的具体权利义务，与国内的合同法在形式上并无二致，法院完全可以依照公约来对具体的案件做出裁决。

另外，如果国际条约想在法院得到直接的适用，条约义务就不应过分指向国家行政权力的实施。例如，WTO 协定中也会规定个人的权利，例如在《与贸易有关的投资协定》中就会规定外商投资企业在东道国投资时的所拥有的免于受到数量限制以及歧视性待遇的权利。但是这些权利的所指向的对应义务主体往往是国家政府机构。虽然，政府具有国内法的义务保障作为私人的企业的这些权利。但如何实现这些权利和步骤对于政府而言是具有一定的自由度的，因此企业根据 WTO 协定所享有的权利的最终实现的依据必须是转化后的国内法。那么，受到权力分配体制的约束，法院不应该越俎代庖地依据国际条约或国际协定的规定来判决行政性指向的案件，而应该依据转化后的国内法来进行断案。因此，WTO 协定这种虽然规定了私人权利，但义务主体指向国家的政府的国际条约显然不能作为在司法机构直接适用的条约。

从另外一个角度来说，国际商事条约制定的根本宗旨在于统一各国商事立法，而不是意图给国家的政府机构施加外部约束。其规定的内容往往是告知商人究竟如何去安排自己的行为。而且这些规则对于其规定的行为主体——从事国际交易的商人而言大多都是任意性规则。允许商人们透过意思自治来进行选择，这样作为司法机构的法院或仲裁机构就没有理由架屋叠梯地适用国内法规则，而应该直接适用国际条约的规定。从权利的角度来看，国际商事公约所设定的权利往往是针对商人自身的私权利，完全可以由商人进行自由处分，与国家的公共权力实施几乎毫无关系。尊重私主体的意思自治和权利自我处分也是司法中的一个基本原则。因此法院更无理由不适用适用空间更为广阔，且权威性更高的国际商事条约的规定。而且作为从事国际交易的外国商人由于语言和文化的障碍，要求其完全了解我国的国内法规定显然对他们来说是不方便的。因此，如果我国参加了相应的国际商事法条约，在其适用范围内优先适用，无疑会更加符合外国商人的预期[①]，以体现我国一个负责的大国姿态。因此，笔者认为在国际商事领域优先适用国际条约是促进我国国际贸易司法规则健康发展的一个必要的原则。

第三节　国际商事公约超越国内法适用的具体表现

探讨了国际商事公约在国内司法机构优先适用的依据后，另外一个重要的问题是在国内司法机构，尤其是我国的法院中，究竟对国际商事公约应该采用什么样的具体形式，以及何种具体程序来适用国际商事公约的规定。

笔者认为，在国内法院适用国际商事公约时，应该考虑到国际商事公约本身的特殊性质。将国际商事公约进行"优先、独立、统一性的适用"，这三种适用的原则均是针对法院地的国内法而言的，而这种适用原则正是构成了国际商事公约超越国内法的具体而又真实的表现。那么，在此目的下，如何理解优先、独立和统一性适用则理所当然地成为了本目所要论述的核心问题。

1. 优先适用

所谓优先适用，是指当国际商事条约与国内法发生冲突时，应当优先适用条约的规定，而不是国内法的规定。这个结论似乎可以从我国《民法通则》第142条的规定轻易地被推知出来。而且我国《海商法》第268条和《票据法》第95条都与之规定十分类似。根据《民法通则》第142条第1款之规定："中华人民共和国缔结或者参加的国际条约同中华人民共和国的民事法律有不同规定的，适用国际条约的规定，但中华人民共和国声明保留的条款除外"。这个条款的规定直接指明了我国对国际商事条约直接接受的原则。但是需要指出的是，这里所谓冲突的概念，笔者认为不应指国际商事公约与国内法

---

① 需要指出的是，这里所说的符合当事商人的预期是说外国的商人相对于不属于其本国的外国法而言，更加容易熟悉国际公约的规定，因为公约也是其本国的法律（假设他的母国也是公约缔约国的话）。并不是说适用了不成文的自治性规则就一定会符合当事人的预期。相反，有时不成文的自治性规则反倒可能会增加合同的不确定性，损害当事人的预期。

在内容上所发生的冲突，而是应该指两者在调整的事项上发生了冲突。换言之，在国际商事公约与国内法在调整事项上发生重叠的情况下，只要当事人没有排除国际商事公约，那么国际商事公约就应该无条件地优先于国内法的规定来进行适用。其原理本专题已在上一目中有所阐明，其核心原理在于这样适用更能体现国际商事交易中当事人的合理预期，尤其对于非法院地的一方或者双方当事人来说更加公平，也更加有利于国际商事立法的统一。在美国 CISG 也是同样能够优先适用的，即便是相对于同样具有统一法性质的《统一商法典》由于其国内法性质。仍然是优先适用的，因为 CISG 是可以约束美国联邦的，而 UCC 只能约束美国的各个州[8]。在该国法院所审理的 "Asante v. PMC-Sierra"案和 "GPL Treatment，Ltd. v. Louisiana Pacific Corp" 案可以作为上述态度的证据①。

　　"独立地适用国内合同的将会破坏和减损 CISG 所期待达到的统一性和确定性的目标。这将会把国际合同局限于各个国家的国内法上，同时造成了合同解释的不确定性，而这正是 CISG 通过制度设计而力图避免的。[9]"

　　但是在司法实践中，我国的一些法院经常错误地适用法律，从而破坏了国际商事公约的优先适用原则。例如，在 "意大利法契巴股份有限公司与浙江太子龙贸易有限公司国际货物买卖合同纠纷案"中，一审法院对被告违约责任的承担问题，适用了合同法第36、第 60 条、第 107 条、第 112 条、第 161 条的规定。判决被告法契巴公司于判决生效之日起十日内向太子龙公司支付货款人民币 2167693.53 元和支付逾期付款违约金人民币283517.36 元的判决。后被告不服提起上诉，其中一条上诉理由就是："原审法院以当事双方均援引中华人民共和国法律且未提出法律适用异议为由，认定双方默示选择使用中华人民共和国法律，有违事实"。浙江省杭州市中级人民法院认定 "因本案系国际货物买卖合同纠纷，而太子龙公司为中国企业，法契巴公司在中国境内设有办事处，且本案所涉货物的交货地点在中华人民共和国境内，合同的履行地在中华人民共和国境内，故中华人民共和国法律和中国缔结的公约作为最密切联系地法律应当予以适用。由于太子龙公司、法契巴公司的营业地均为 CISG 公约缔约成员所在地，故依据《民法通则》第142 条之规定，本案应优先适用 CISG，CISG 未作规定的，适用中华人民共和国法律。由此，原审判决适用法律不当，应予以纠正"②。从该案件中，我们可以发现，一审法院的最大的错误就是将中国法律作为双方当事人默示选择的准据法而加以适用。并没有考虑到意大利和中国均为 CISG 公约的缔约国，而应该优先适用公约的规定。二审法院洞悉了这个问题而加以纠正的做法很明显是正确的。

　　在我国国内法院的另外一个错误做法就是，将《民法通则》第 142 条的规定解释为："只有"当我国参加的国际商事条约与国内法规定不一致时才能适用国际商事公约的规定。当国际商事公约与国内法的规定没有冲突时，才适用国际商事公约的规定。例如在

---

　　① 这两个案件中都涉及口头合同的效力问题，根据 CISG 的规定，口头合同在国际贸易中是完全合法有效的合同，但是根据 UCC 的第 2-201 节有关欺诈条款的规定标的额为 500 美元以上的合同不能用口头协议订立。但是由于涉及国际案件，美国法院最终都优先适用的 CISG 的规定而没有适用 UCC 的规定。参见：Monica Kilian，CISG and the Problem with Common Law Jurisdictions，Journal of Transnational Law & Policy，Vol.10，2001（2）：229-230.
　　② 浙江省杭州市中级人民法院. 法契巴股份有限公司与浙江太子龙贸易有限公司国际货物买卖合同纠纷上诉案，2013，浙杭商外终字第 35 号。

"美国恒达食品有限公司诉日照市水产集团总公司、日照日荣水产有限公司案"中，山东省日照市中级人民法院虽然在判决过程中援引了 CISG 公约中有关减损义务的规定和违约责任的规定。但是在进行违约责任规则和具体违约金的承担和计算上却使用了我国《涉外经济合同法》的规定，判决被告承担违约金 110701.86 美元（其中货款 103562.86 美元、DDC 费 1052 美元、海运费 5752 美元、监装费 300 美元、认证费 35 美元）及自 1996 年 5 月 3 日起按中国人民银行规定的同期美元贷款利率计算至实际付款日止的利息和两被告于本判决生效后十日内偿付原告可得利润损失 3425.80 美元的责任，同时判决由于原告违反减损义务而承担冻虾价值灭失承担百分之七十的责任，即应赔偿 56941.21 美元的责任①。很明显，这种做法是错误地用与国际商事条约规定相类似的国内法规定替代了国际商事公约的规定，从根本上违反了国际商事公约优先适用的原则。

此外，法院在当事人选择了一个国家的国内法时，就会按照当事人选择的法律进行裁决，而不去适用公约的规定。这种做法是否违反国际商事公约的优先适用原则，在理论上有所争议。支持国内法优先适用的学者们认为：既然法律允许当事人自由选择国际商事交易的准据法，就应该严格遵循其意思，适用其选择的国内法来进行裁决。同时根据"最高人民法院转发对外经济贸易部《关于执行联合国国际货物销售合同公约应注意的几个问题》的通知"第 1 条的规定：故各公司对一般的货物买卖合同应考虑适用公约，但公司亦可根据交易的性质、产品的特性以及国别等具体因素，与外商达成与公约条文不一致的合同条款，或在合同中明确排除适用公约，转而选择某一国的国内法为合同适用法律。据此可以使得在有些情况下使得国内法可以优于公约来进行适用。意大利的一个仲裁庭也曾经裁决认为当当事人如果选择了意大利法作为准据法就可以排除 CISG 的适用，虽然意大利是 CISG 的缔约国②。但笔者认为，前述的观点是值得商榷的，可以说一种典型的法院地法主义在国际商事司法中的体现，并不足取。其所依据的最高院的司法解释是 1987 年颁布的，也显得有些过时。因为国际商事公约从根本上是要求建立一个相对独立于国内法的法律体系。因此在适用时，除非当事人明示排除了公约的适用，否则不能因为当事人选择了某个国家的国内法而优于公约的适用③。事实上，对于这个问

---

① 山东省日照市中级人民法院. 美国恒达食品有限公司诉日照市水产集团总公司、日照日荣水产有限公司案，民事判决书[1997]日经初字第 29 号。

② Ad Hoc Arbitral Tribunal Florence，19.4.1994，available at：http：//cisgw3.law.pace.edu/cases/940419i3. html；Tribunale di Monza，14.1.1993，available in English at：http：//cisgw3.law.pace.edu/cases/930114i3. html.

③ 在这个问题上笔者找到了大量的实证案例和学者论著能够支持本观点。参见 Daan Dokter，Interpretation of exclusion-clauses of the Vienna Sales Convention，Rabels Zeitschrift fuer auslaendisches und internationales Privatrecht，Vol.68，2004(3):430,435；又见 Allan Farnsworth，Review of Standard Forms or Terms under the Vienna Convention，Cornell International Law Journal，Vol.21，1988(3):439-442；还可见 Peter Winship，International Sales Contracts under the 1980 Vienna Convention，Uniform Commercial Code Law Journal Vol.17，1984(1):1-18.相关判例可见：Oberlandesgericht Stuttgart，31.3.2008，available at：http：//cisgw3.law.pace.edu/cisg/text/080331g1german.pdf；还见 ICC Court of Arbitration，Arbitral award no. 11333，available at：http：//cisgw3.law.pace.edu/cases/ 021333i1.html；再见 ICC Court of Arbitration，Arbitral award n. 9187，available at：http：//cisgw3.law.pace.edu/cases/999187i1.html；又有 Arbitral Tribunal of the Hamburg Chamber of Commerce，21.3.1996，available in English at：http：//cisgw3.law.pace.edu/cases/960321g1.html；还有 Arbitration Court attached to the Hungarian Chamber of Commerce and Industry，17.11.1995，available at：http：//www.unilex.info/case.cfm?pid=1&do=case&id=217&step=FullText；还见 ICC Court of Arbitration，Arbitral award n. 8324，available at：http：//cisgw3.law.pace.edu/cases/958324i1.html.

题的理解，来自匈牙利的哈特内尔博士给出了一个非常简单而有说服力的解释：合同的当事人选择了某个"国内法"，如堪萨斯或是德国的法律，并不能排除 CISG 的适用。因为 CISG 对这些地方或国家的政府是有约束力的，也就意味着该公约就是那个地方的"国内法"。因此，当事人通过法律选择条款来排除公约的行为并不能认为是有效的[10]。

但问题在于，如果当事人选择了一个非 CISG 缔约国的法律作为其准据法，能否解释为当事人有意排除 CISG 的适用呢？笔者认为肯定的回答仍然不妥。因为，这种法律选择并不能推断出当事人有暗含的意旨来排除 CISG 的适用，从而不能完全超出的公约的适用范围，同时为了促进公约广泛适用的目的，仍然在公约的适用范围内可以对这类案件进行适用。

最后，即便是我国对国际商事公约的某个条款予以明示保留，笔者认为仍然有可能在某些情况下导致公约的该保留条款在国内法院的适用。例如在 2013 年以前，我国对 CISG公约的第 11 条规定做出了保留：该条规定对于国际货物贸易合同可以采用书面合同也可以采取口头等其他的合同方式签订合同。该条保留直到 2013 年 1 月我国方予以撤回。在此之前长达十余年的时间内，为了与我国加入该公约时的《涉外经济合同法》的规定保持一致，只承认书面合同的有效性。但是，在 1999 年《合同法》中却明确规定，我国也承认口头合同的有效性。此时，我国坚持的对 CISG 保留是为了与一个我国国内已然失效的《涉外经济合同法》的规定保持一致。因此，在司法案件中将会面临一个两难，既要尊重我国的保留，又要考虑这个保留可能是毫无意义的。例如，在 2002 年的"卡尔·希尔诉慈溪市旧家具贸易有限公司买卖合同纠纷案"里，法院的判决就认可了口头订立的国际货物销售合同的有效性；该案甚至还采纳了包括证人证言等有关证据来证明当事人已经就交货地点达成一致意见。本案引发了一个棘手的问题：在国际商事法律领域里，法院是否应该主动就国家已经做出的对相关条款的保留进行审查？在本案中，双方当事人对于合同的有效性并没有异议，即使协议并不是以书面方式进行。但此一致有违我国在 CISG 里做出的保留。不过，法院还是明确肯认了这一口头协议的有效性[11]①。笔者在此认为，如果今后仍可能遇到这种问题，我国司法机构应该大胆适用公约的规定，而不考虑这种事实上已无意义的保留为宜。虽然，在我国法院没有对立法进行司法审查的权力，但是作为一种被动的判断权，法院大可以不适用已然过时的和没有意义的法律安排，从而更好地发挥司法能动性，更加公正地解决案件纠纷，为构建统一的国际商事法律体系做出贡献。

2. 独立适用

所谓国际商事条约的独立适用，是指国际商事条约的效力是来源于其自身的，其本身对法院具有强制的约束力。虽然根据我国《民法通则》第 142 条第 2 款的规定，只有当国际商事公约与国内法有不同的规定时才适用公约。但此规定可能并不合理，很可能会在司法实践中造成很大的不确定性，而且也并不符合我国参加 CISG 等商事公约的基本精神和根本意图，从而遭到了学者的批评[12]。由此，我们可以认定，当法院在一个案

---

① 但是也有法院在 2013 年以后仍然坚持该项保留，不承认非书面形式的国际货物贸易合同，这显然是一个错误的判断。参见浙江省高级人民法院：C&J 金属板材股份有限公司与温州晨兴机械有限公司国际货物买卖合同纠纷上诉案，（2013）浙商外终字第 144 号。

件中进行法律推理时，如果一个法律事实落入了国际商事条约的调整范围。此时，适用国际商事条约将变成法院不能推卸的义务。而且这种义务是不可变更不可转化的。换言之，一旦在案件中可以适用国际商事条约，同时可能适用的国内法规定就应该被自动地、绝对地被排除掉。只有国际商事公约没有规定或者规定某事项不归其调整时，法院才能考虑适用国内法的规定。我国法院在实践中大多坚持了这一做法，在判决书中有法院指出："本院认为，本案系涉外买卖合同纠纷。因本案买卖合同关系发生于营业地分别在中国和西班牙的原、被告之间，且中国和西班牙均系 CISG 的缔约国，本案中双方合同订立及履行、违约责任等可适用 CISG 的相关规定。就案件所涉债权转让问题，因 CISG 无相关规定，而该债权的转让方与受让方均位于中国，根据最密切联系原则，应适用中国法"①。在"意大利科玛克股份公司与上海迅维机电设备有限公司国际货物买卖合同纠纷上诉案"中，法院指出："关于被告取消授权的行为。根据 CISG 公约规定，双方当事人确立的任何习惯性做法，对当事人均有约束力。原告和被告在 2006 年至 2007 年间存在连续的买卖合同关系，被告每年出具相应的授权书，双方构成了较为紧密的买卖关系，被告出具授权书的行为可认为是交易中的习惯做法。被告解除授权的行为，影响了原告在国内销售剩余存货，并导致原告与多家经销商的经销关系终止，该行为违反了诚实信用原则以及 CISG 公约的规定"。而这个做法是与我国的国内法做法不尽一致的[13]。根据最高人民法院《合同法解释（二）》第 2 条的规定：当事人未以书面形式或者口头形式订立合同，只有从双方从事的民事行为能够推定双方有订立合同意愿的，人民法院才可以认定他们之间有合同关系的存在。而在该案件中，原告和被告只是 2006 到 2007 年之间存在连续的合同关系，2008 年后并未继续签署有效的委托销售合同。在这种情况下，根据国内法的规定是无论如何也不能认定为双方之间存在有效的合同关系的。但是，法院正确地适用了 CISG 公约第 9 条第 1 款的规定，将他们也已确立的习惯性做法作为对他们有约束力的事实来断定双方仍然存在有效的委托代理关系的证据。这种做法无疑是非常先进且值得我国其他法院和仲裁机构学习与借鉴的。

但是，在这个问题上仍然有少数法院会在适用国际商事公约的同时并行地适用国内法，即便是我国参加的国际商事公约对某个具体的法律问题作出了明确的规定。这些司法者还是要将国内法与该国际商事公约并列适用方才觉得保险与可靠。但这种做法显然是违背国际商事公约的根本精神的，对司法公正的实现也会造成负面的影响[14]。比如，在前述 2002 年的"卡尔·希尔诉慈溪市旧家具贸易有限公司买卖合同纠纷案"里，慈溪市人民法院既适用了公约的规定，又适用了《民法通则》和《合同法》的规定，但是这些规定的内容页完全可以在 CISG 公约中找得到[15]。此外，在"哈特切利美术与设计有

---

① 上海市浦东新区人民法院：XX 有限公司诉 XX 公司国际货物买卖合同纠纷案，（2012）浦民二（商）初字第 S749 号。与之采用类似用语的判决还有上海市浦东新区人民法院：A 诉 B 国际货物买卖合同纠纷案，（2011）浦民二（商）初字第 S1799 号；天津市高级人民法院：卡斯托尼精密金属（天津）有限公司与博览株式会社（Boram Hi-Tek Co., Ltd）国际货物买卖合同纠纷上诉案，（2012）津高民四终字第 153 号。上海市高级人民法院：科玛克股份公司与上海迅维机电设备有限公司买卖合同纠纷上诉案，（2011）沪高民二（商）终字第 18 号。浙江省宁波市中级人民法院：浙江××股份有限公司诉 M&A 某某国际货物买卖合同纠纷案，（2009）浙甬商外初字第 232 号，上海市第一中级人民法院：上海捷耐国际货物运输代理有限公司诉上海裕庆服饰有限公司等买卖合同纠纷案，（2014）沪一中民四（商）终字第 S786 号等等。

限公司（The Hatchery Fine Arts and Designs Ltd.）与泉州坤达礼品有限公司国际货物买卖合同纠纷上诉案"中，人民法院虽然根据 CISG 公约承认了数据电文可以构成书面合同的诉讼主张，但是又根据我国国内的《民事诉讼法》的规定把双方通过电子邮件签署的合同属于不能证明其来源的"视听资料"。从而在事实上否认了电子合同的法律效力，驳回了原告的诉讼主张①。这种做法很明显在事实上违反了独立适用国际商事公约的精神，是一种有碍建立"独立"、"统一"之国际商事法律体系的司法做法。

总之，国际商事条约尤其是像 CISG 这种比较成熟和成功的平衡了国际商事交易当事人之间的权利义务关系又较为先进的法律文件，理应得到法院的重视。在适用的过程中，这类国际商事条约完全可以独立地发挥作用，因而被法院所援引。应该认定，这类条约所能够发挥的效力源泉来自于其对我国国家整体所具有的拘束力，而并不是由于其规定已为我国的国内法所吸收。因此，在适用的过程中，必须坚持其独立适用，进而排除我国国内法的适用。

3. 统一适用

需要指出的是，在此处所谓的统一适用性，事实上只是一种比喻性的说法。目前国际商事条约虽然已在很大程度上形成了独立的法律体系。但不像 WTO 那样具有统一的司法机构对其进行解释和适用。国际商事条约的适用往往是在不同国家的法院和仲裁机构来进行分散性适用的。因此，我们所要讨论的所谓适用统一性，更多地是指对国际商事条约进行统一性和国际性的解释。完全按照统一的标准来解释和适用国际商事条约在目前来看，还只能说作为在一个较为遥远的目标和趋势存在。因此，笔者在此提出，所谓的对国际商事公约的统一适用性，应该指的是对于国际商事公约的解释和适用的过程中，超越国内的法律氛围。来对国际商事条约进行统一性、国际性的解释。

但在事实上，能够做到上述的解释方法是非常困难的。因为，作为各国法院的法官，其知识范围往往以国内法的知识掌握最为熟悉和透彻。因此，在判决案件需要适用国际商事公约时，其首先的思维模式就是透过国内法对某个国际商事条约的条文进行理解和解释，进而做出判决。而且从公约本身来看，由于公约大量地适用了法律比较的方法来进行条文的起草的。因此，在公约条文中存留有大量的国内法的法律概念和类似于国内法的用语表述。而且为了使各国方便达成一致，公约大量地使用了较为模糊的用语。这样国内法院的法官极为容易地会采取较为固定的思维模式去解释和适用公约。而这与一些国际商事公约的根本宗旨是不一致的。例如，根据 CISG 第 7 条第 1 款的明确规定："在解释本公约时，应考虑本公约的国际性质和促进其适用的统一性，以及在国际贸易上遵守诚信的需要"。这各条款可以说从根本上确立了对该条约的解释原则，强调在解释公约时必须注意和尊重该公约的特殊性质和根本目的。这就从根本上要求在解释 CISG 这类国际商事法律文件时，不能适用国内法的概念去套用在国际商事条约的条文之中。正如本专题前面已经反复提及的，像 CISG 这样的国际商事公约其制定和缔结的根本目的在于建立一个"统一、独立、自治"的法律体系。因此，在解释公约本身的时候就从

---

① 福建省高级人民法院：哈特切利美术与设计有限公司（The Hatchery Fine Arts and Designs Ltd.）与泉州坤达礼品有限公司国际货物买卖合同纠纷上诉案，（2011）闽民终字第 597 号。

本质上要求必须从根本上超越国内法的规定，除 CISG 公约以外很多其他的国际商事条约如 1988 年罗马统一私法协会制定的《国际金融融资租赁公约》（UNIDROIT Conventions on International International Financial Leasing）、《国际保理公约》（UNIDROIT Conventions on Factoring）、1995 年制定的《独立担保和备用信用证公约》，以及 2001 年的《国际移动设备担保利益公约》也对此有类似的规定。

但是，也有一派学者认为使用国内法解释国际商事条约可以在很大程度上解决国际商事公约的"正当性问题"并且增加国际商事公约的"可接受度"。在这类学者看来，国际商事公约并不能侵犯在其字面含义以外所覆盖的缔约国政府的剩余权力。换言之，当一个国家加入国际商事公约时，其只能在最小的范围内受到国际商事公约的约束。否则就超出了国家主权原则对国家缔约权的要求。而且只有按照国家的国内法去解释国际商事公约才能更加使得主权国家愿意接受国际商事公约[16]。这种观点在 CISG 公约的起草过程中也确实发挥了一定的影响，作为对这种观点的回应，CISG 公约第 7 条第 2 款做出了一种妥协性的规定："凡本公约未明确解决的属于本公约范围的问题，应按照本公约所依据的一般法律原则来解决，在没有一般原则的情况，则应按照国际私法规定适用的法律来解决。"对比 ULIS 公约第 17 条的规定："对于由本法管辖而本法又无明确规定的事项，有关问题的解决应符合本法所基于的一般原则。"看似增加了公约解释的灵活性。但这实质上是一种倒退。这也从根本上给公约的解释和适用留下了透过国内法的原则和规则来进行套用的空间。所以有学者指出："公约第 7 条第 2 款带来了法院在不必要的情况下诉诸国际私法规则，进而寻求国内法来解释 CISG 的危险"。该学者认为，应该尽量扩展一般原则补缺而避免使用国内法补缺，因为诉诸国内法规则代表着理论上的分裂和实践中的不确定性。首先国际私法规则就是不确定和不统一的。在运用国际私法规则确定了用于补缺的国内法后，又产生认识外国法的困难，而该国内法更有可能和 CISG 整体目标存在不协调[17]。笔者同意这位学者的观点，相信公约第 7 条第 2 款的后半部分只有形式上的意义，对其遵循必须加以严格的限制。国际商事公约所意图建立的是一个统一自治的法律体系。而且其生命力在于加强法律的确定性，以及去除掉国际贸易中的法律壁垒。然而，如果解释公约时使用国内法的相关概念和规则对公约解释，显然是一种"回家主义"的方法。这种方法将会在事实上剥夺了 CISG 公约所意图建立的可靠性和易预测性的根本目的。而正是这种目的所预表的价值才是各个国家签署和加入这类公约的根本动机。所以说，如果允许各个国家自行其是地去解释条约内容的含义，可能就会从根本上违反了缔约国加入该公约的初衷。此外，如果逡巡于各个国家的国内法的概念必将导致公约在统一各国商事交易法律的过程中陷入各自为战的境地。当事人也会由于各国国内法律适用的不一致，看到在不同的地方起诉导致判决结果的不一致，便会更加强化在谈判中"选择法院"的动机①。更加负面的效果是可能由于不同当事方

---

① 一个明显的负面例证就是，当谈判力不同的交易方进行一个交易谈判时，谈判力较强的一方将可能有权选择发生争议的法院和仲裁机构。此时谈判力较弱的一方将不得不屈从。在大多数情况下，谈判力较强的一方将选择其母国作为争议解决的法院。在真正发生争议时，选择的法院如果按照本国法对公约进行解释的情况下，将更加容易偏袒其本国当事方。这样对于谈判力较弱一方显然是不公平的。也会产生非常恶劣的示范效应鼓励当事方在今后的交易谈判中尽量选择对自己有利的法院为争端解决法院。

的"择地行诉"（forum shopping）而出现几个相互冲突、彼此矛盾的判决结果[18]这从本质上造成了国际商事统一公约目的的无效化，实质上仍然无法避免各国法律冲突对国际贸易的阻碍效应①。

目前，许多西方国家的法院在进行针对国际贸易纠纷的司法审判时都注意到避免使用国内法的概念和规则去解释和适用公约。例如在美国，其对国际贸易的立法和审判的权力在各个州，但是美国却创造性地发展出了其国内的统一实体规范，即《美国统一商法典》（UCC），同样作为统一实体法规范，其与 CISG 具有类似的结构和用语，但另一方面这并不能改变其国内法的性质。因此，是否能用 UCC 的规则和原则去解释和指导 CISG 在美国法院的适用便成为了一个重要的法律问题。在美国纽约州立法院的一个经典案例"St. Paul Guardian Insurance Co. et al. v. Neuromed Medical Systems & Support GmbH"案中法院明确指出：CISG 意图建立统一的国际交易规则，因此 CISG 的每一句话都应理解为是使用的简单的，非特定国家的语言②。在"MCC-Marble Ceramic Center，Inc. v. Ceramica Nuova D'Agostino，S.p.A."案中超越国内法解释公约的态度被法院表现得更为直接：法院在适用 CISG 时不能用法官熟悉的国内法原则进行替代，因公约要求与依据国内法所得出的不同的判决结果③。又如在"Geneva Pharmaceuticals Tech. Corp. v. Barr Labs. Inc."案中法院则直接指出：根据《美国统一商法典》所作出的判例不能当然地指导法院对 CISG 公约的适用。该判例的指导思想在"Calzaturificio Claudia S.n.c. v. Olivieri Footwear Ltd."案中被进一步强化，在该案件中法官明确指出："虽然 UCC 和 CISG 有很多规则是类似的，但是也有很多规则不相一致，例如 CISG 不要求当事人在订立合同时必须使用书面形式，但是 UCC 则有这样的要求。而且在解释合同时 UCC 要求采用证言原则（parole evidence rule）④。适用 CISG 必须从整体上进行适用，在这些控制条款都不一致的情况下，使用 UCC 对于 CISG 进行解释显然是不合适的⑤"。

在欧洲大陆似乎更重视超越国内法解释适用 CISG 的问题。例如意大利的帕多瓦法院（Tribunale di Padoval）在审理国际商事案件时，强调法院必须首先摒除可能出现的本地化主义。从一种实在主义角度来看，合同本身和公约对于"货物销售合同"这个概念在没有定义的情况下，将导致一个诉诸国内法的概念体系去解决问题。这些概念的解释可以从《意大利民法典》第 1470 条中找到。实际上，从应然角度来说，公约中的货物销

---

① 这种思维模式甚至比使用冲突规范来寻找准据法的效果还要差。冲突法起码可以避免法院过分地采用法院地法作为准据法的"地域主义"的影响。但是使用法院地法来解释国际商事公约则是更加隐蔽地将"本地主义"的目的掩盖起来了。

② St. Paul Guardian Insurance Co. et al. v. Neuromed Medical Systems & Support GmbH et al., U.S. District Court for the Southern District of New York, 26.3.2002, available at：http：//cisgw3.law.pace.edu/cases/020326u1.html.

③ MCC-Marble Ceramic Center, Inc. v. Ceramica Nuova D'Agostino, S.p.A., U.S. Circuit Court of Appeals（11th Circuit），296.1998, available at：http：//cisgw3.law. pace.edu/cases/980629u1.html.

④ 即严格按照合同文字本身所确定的内容解释合同，而不去探究当事人的内心意思。如 UCC 第 2-202 条规定："书面文件构成最终意思表示，当事人在确认性备忘录中所同意的条款或当事方所商定的最终协定条款，不得以任何千古协定或同时达成的口头协议加以反驳"。

⑤ Calzaturificio Claudia S.n.c. v. Olivieri Footwear Ltd., U.S. District Court, Southern District of New York, 6.4.1998, available at：http：//cisgw3.law.pace.edu/cases/ 941005b1.html.

售合同等主要的法律概念（还有如营业地、住所、货物等）必须得到独立的自治性解释（autonomously interpreted），而不能借助任何特定国家的法律制度去解释之①。意大利的这个法院就清晰的洞察到这一点，该法院坚持解释公约时必须摒除国内法概念对公约解释的影响，独立地建立起公约的解释方法与参考体系。再如，在瑞士1993年的一个判例中，法院指出："CISG应该被自治地解释，而不应该从法院地的国家的法律来对其进行审视，因此对于将该公约是否正式地被适用作为这个或者那个国家的法律不是具有决定意义的问题，因为其发挥作用和解释都应该是独立和自治的。②"此观点被后来的瑞士③和西班牙④的司法判决进一步巩固与确认。

在德国，其最高法院明确指出："CISG是一个自足的实体法体系，与德国的国内法是两种体制，而且根据CISG第7条的规定，其条款不能适用于德国国内法的规则进行解释"⑤。后来根据此原理，德国卡尔斯鲁厄上诉法院指出德国法上的"错误"（fehler）以及特性保证（zugesicherte eigenschaften）是不能转化到适用CISG条款的解释中去的⑥。在2005年，德国高等法院再次重申："在本案件中不能参考以往各个德国法院的判决，在分析交付的生肉风险转移的时间是否符合CISG公约第35条和第36条的问题上，以往的那些案件都是在CISG公约生效前做出的，其做出的依据并不是公约本身，而是根据《德国民法典》第459条所做出的判决。但第459条的规则不能直接适用于本案件，虽然怀疑食物在跨国贸易运输过程中发生变质会对健康造成损害这一情况是相似的。之所以如此，是因为我们在解释CISG的条款时，必须时刻考虑其第7条第1款的规定，重视其国际化特征和提高其统一适用的必要性，以保护国际贸易中商人的善良愿望。⑦"

由此可见，西方国家十分注意对公约的超越国内法的独立解释，且这几乎已经成为了目前国际司法界对于适用国际商事公约的共识。反观我国，根据笔者通过北大法宝作为检索工具查询出的我国对CISG适用的160个案件中，发现极少有对CISG条款进行解释的案例存在。在适用CISG公约的过程中，法院往往对CISG直接按字面含义进行理解，然后简单地直接进行适用。法官们似乎没有动力去对公约的内容详细地进行深入的挖掘。对于不能直接从公约字面上获得与案件的事实发现直接连接点的情况下，就粗暴武断地认为属于国际商事公约没有规定的情形，转而适用国内法的规定。这样做很容易造成错案的发生，比较典型的一个案例是"BRITE STAR INTERNATIONAL LIMTED与江门旭升灯饰有限公司承揽合同纠纷上诉案"，在该案中双方订立了灯具的采购合同，并且协议选择了CISG公约和Incoterms2010作为双方所订立合同的准据法。在一审中，初审法院依照承揽合同的有关法律规定对该案件进行了裁决，原告不服提出上诉，并认

---

① Tribunale di Padova, 25.2.2004, available in English at: http://cisgw3.law.pace.edu/cases/040225i3.html.

② Gerichtspräsident Laufen, 7.5.1993, available at: http://cisgw3.law.pace.edu/cisg/wais/db/cases2/930507s1.html.

③ Handelsgericht Aargau, 26.9.1997, available at: http://www.unilex.info/case.cfm?pid=1&do=case&id=404&step=FullText.

④ Perales Viscasillas, Spanish Case Law on the CISG, in: Ferrari（ed.）, Quo Vadis CISG? Celebrating the 25th anniversary of the United Nations Convention on Contracts for the International Sale of Goods, Munich 2005, P.235, PP.240-241.

⑤ Oberster Gerichtshof, 23.5.2005, available in English at: http://cisgw3.2law.pace.edu/cases/050523a3.html

⑥ Oberlandesgericht Karlsruhe, 25.6.1997, available at: http://cisgw3.law.pace.edu/cisg/wais/db/cases2/970625g1.html。

⑦ Bundesgerichtshof, 2.3.2005, available at: http://cisgw3.law.pace.edu/cisg/wais/db/cases2/050302g1.Html。

为：双方在《采购单》中使用国际货物贸易术语："FOB"，说明双方的权利义务将根据 CISG 及 Incoterms 来确定，由此更进一步说明本案之争议属于货物销售的买卖合同纠纷。其次，从合同价款的确定方式来看，本案的合同价款是按照"货物单价乘以货物数量"这种方式确定的。交易的整个过程，只出现货物单价与总价的问题，而没有出现过承揽报酬的问题。再次，合同没有就承揽方式、材料的提供等关键问题进行约定，与法律明文规定承揽合同应当具备的合同条款不同，再次证明本案之争议属于买卖合同纠纷。最后，结合本次贸易过程中合同约定的具体内容、双方的实际履行的情况及引用的相应规则术语，均可推知本案属于买卖合同纠纷。因此，请求二审法院撤销一审裁定，将本案移送至有管辖权的法院审理。但是上诉法院对此没有按照 CISG 公约对货物贸易的定义来对合同进行定性，更没有对公约中有关货物买卖还是提供劳务的条款进行解读。直接通过我国国内法中对加工承揽合同的定义将该合同认定为加工承揽合同，由此顺理成章地驳回了上诉人的上诉[①]。笔者认为，既然双方选择了 CISG 和 Incoterms 作为合同的准据法，那么就应该通过 CISG 的条款来对合同进行识别。根据 CISG 第 3 条的规定，应该分析该案件中是否由卖方提供大部分原材料，进而推断该合同是否属于货物贸易合同。一审和上诉法院在都没有对该事实进行认定并且也没有对 CISG 公约第 3 条进行合理的关注和解释的情况下就武断地通过国内法的规定将该合同识别和解释为加工承揽合同的做法显然是错误的，很明显会破坏商人在交易中的合理预期，更加不利于国际商事公约的统一适用。在"意大利科玛克股份公司与上海迅维机电设备有限公司国际货物买卖合同纠纷上诉案"中，虽然直接适用了 CISG 公约，但是在能否退货的问题上，法院没有按照公约进行处理，即只能在三种情形下，买方才有权退货。而是采用了诚信原则来进行解释，但是对诚信原则进行解释时却根据的是我国《民法通则》和《合同法》对诚信的解释。没有考虑到在国际贸易中诚实信用也要考虑到卖方在国际贸易中的合理利益[②]。

【本专题结论】

通过上文的论述可见，在国内的司法机构中，国际商事条约超越国内法来进行适用是一个国家司法和立法是否先进且具有国际化视野的一个重要表征。虽然，许多国家都在宪法中对条约能否直接适用都有进行规定，但反观我国宪法在这个问题上是缺位的。不过，这种缺位并不影响国际商事条约作为一种直接约束商人社会每个个体的规则而理应在国内法院得到直接的适用。由于国际商事公约意图为商人社会设定统一的行为模式，因此法院就有义务洞察这种司法的客观需要，反射性地约束自身的审判行为。在适用国

---

① 广东省江门市中级人民法院：BRITE STAR INTERNATIONAL LIMTED 与江门旭升灯饰有限公司承揽合同纠纷上诉案，（2013）江中法立民终字第 311 号。

② 上海市高级人民法院：意大利科玛克股份公司与上海迅维机电设备有限公司国际货物买卖合同纠纷上诉案，（2011）沪高民二（商）终字第 18 号。在该案中，意大利公司单方面撤回了上海公司的销售代理权，造成上海公司货物积压。虽然双方没有有效的合同，但是法院以违反诚信原则为由要求意大利公司接受上海公司的退货。笔者认为，该案件如果是一个国内案件，法院的做法似乎并无不妥，但是在国际贸易中要求一方的准违约行为而承担如此大的损失，似乎与 CISG 公约所追求的国际贸易的诚信和公平原则是抵触的。否则公约不可能在公约条款中明确限制买方的退货权力。因此，该判决有用国内法规则套用国际案件来不合理地解释公约之嫌。

际商事公约的过程中，法院等司法机构必须坚持对国际商事公约的优先适用、独立适用和统一解释适用，其核心目的在于建立起一个统一、自治的国际商事法律体系，以达到消除国际贸易法律壁垒，促进跨国民商事交往的需要。而此种法律体系的建立在很大程度上会成为国家对商人社会所提供的一种"公共物品"，只有真正地使国际商事公约超越于国内法得到真正独立地适用，才可能真正满足商人社会对于增加法律确定性、增进交易安全强化交易便利性的合理法律预期。

不过需要特别指出的是，国际商事条约之所以能够几乎绝对地超越主权国家的国内立法而优先适用，恰恰是由于国际商事条约是主权国家通过磋商而同意受其约束的。一个国家的宪法可能会直接赋予国际商事条约在国内适用的优先地位。即便某个具体国家的宪法没有赋予国际商事条约明确的法律地位。从构建统一的国际商事法律体系以满足商人社会和国家的共同需求来看，国内的法院和总裁机构也应该自觉地赋予这类条约优先适用的地位。但这种逻辑不能想当然地推广至所有的国际商法渊源，特别是自治性、民间性的国际商法渊源。这也是由于国际商法构成的多元性所决定的。

【本专题参考文献】

[1] Hastings J. The law history ABC. Oxford：Oxford University Press，1981：232.

[2] 洪钧培. 春秋国际公法[M]. 北京：中华书局，1939：101.

[3] 万鄂湘等. 国际条约法[M]. 武汉：武汉大学出版社，1998：171-172.

[4] UNCITRAL. 联合国国际贸易法委员会官方简介[OL]. http://www.uncitral.org/uncitral/zh/about_us.html. 2014-8-11.

[5] 曲亚囡，韩立新. 论国际条约与国内法的关系[J]. 东北师范大学学报，2013，（6）：255.

[6] 罗国强. 论国际条约的国内适用问题[J]. 兰州学刊，2010，（6）：124.

[7] 左海聪. 直接适用条约问题研究[J]. 法学研究，2008，（3）：88-91.

[8] Frisch D. Commercial common law，the united nations convention on the international sale of goods，and the inertia of habit. Tulane Law Review，1999，74（2）：503-504.

[9] Andersen C B. The interrelation of the CISG and other uniform sources[M]//Ferrari F，ed. The CISG Methodology Munich：Sellier Publishing，2009：254.

[10] Hartnell H E. Rousing the sleeping dog: the validity exception to the convention on contracts for the international sale of goods[J]. Yale Journal of International Law，1993，18（1）：12.

[11] 廖艳嫔. 国际商事条约在我国司法实践中的适用[J]. 河北法学，2011，（1）：173-174.

[12] 陈治东，吴佳华. 论《联合国国际货物销售合同公约》在中国的适用——兼评我国《民法通则》第142条[J]. 法学，2004，（10）：114-115.

[13] 最高人民法院. 人民司法·案例[J]. 2012，（24）：162.

[14] 宋阳，李玉红. 对国际规则与公正司法相互关系的思考——以规则相互作用为视角[J]. 湖北社会科学，2014，（3）：158.

[15] 左海聪. 从国际商法特质看《民法典（草案）》中的国际商法渊源条款[M]//中国国际法学会. 中国国际法年刊（2013）. 北京：法律出版社，2014：316.

[16] Basedow J. Towards a universal doctrine of breach of contract：the impact of the CISG[J]. International Review of Law and Economics，2005，25（3）：489-491.

[17] 刘瑛.《国际货物销售合同公约》解释问题研究[D]. 2007. 上海：复旦大学博士论文，70.

[18] Ferrari F. Choice of forum and CISG[M]//Brand et al. Drafting contracts under the CISG. Oxford：Oxford University Press，2007：103.

专题七　香港仲裁裁决在我国承认程序制度专题

专题要旨：在香港作为中华人民共和国不可分割的一部分，在回归后《纽约公约》不能予以适用。但在一国两制的根本指导思想下，在香港作出的仲裁裁决仍然需要特别的执行程序予以执行。在此背景之下，最高人民法院和香港特别行政区政府签订了《最高人民法院关于内地与香港特别行政区相互执行仲裁裁决的安排》。该安排较好地填补了香港回归祖国后，商事仲裁执行的制度真空，也较好地协调了中央司法和香港法律自治权限。但即便如此，在内地和香港的仲裁执行制度上仍有一些不尽完美之处。故而急需相关的立法或司法解释予以补充和完善。

专题要点：香港特别行政区；商事仲裁；执行程序；法律完善

第一节　仲裁承认与执行问题概述

由于历史的特殊原因，香港在相当长的一段时间内都是中国对外开放的重要窗口，同时也是重要的贸易投资集散地。那么相应的商事争端发生的概率也相对较高。仲裁作为一种自治的商事纠纷解决机制，由于具有许多先天的优势，必然扮演着较为重要的作用。那么香港的仲裁机构便是发挥这种优势的最佳场所①。从实践的数据上来看，各国的商人对于在香港进行仲裁也具有较高的热情②。

在香港回归祖国后，成为我国领土的一部分。因此，不能再以英国管辖的领土之名义来适用以《纽约公约》为代表的各种有关国际商事仲裁的公约。但是，香港与内地仍然实行"一国两制"的社会制度，并在司法上具有高度自治权。因此有学者指出香港是一个有限的国际法主体[1]。但是，无论如何，作为国际法渊源的《纽约公约》不能再适用于香港和内地之间的仲裁合作。

---

① 例如，根据权威数据香港的司法独立指数在全球位居第五、亚洲第一。这就在很大程度上保障了香港仲裁的中立性与公正性。而且当事人可从世界各地自由选择律师与仲裁员，无任何限制。参见：http://www.hkiac.org/sc/arbitration/why-hkiac，2015 年 4 月访问。

② 根据 DAR 做出的调查报告对世界商事仲裁中心做出的排名中，香港国际仲裁中心排名世界第 4。仲裁案件数量排名世界第 3。

在此背景之下，最高人民法院和香港特区法院联合出台了《最高人民法院关于内地与香港特别行政区相互执行仲裁裁决的安排》（以下简称为《安排》）并以最高院司法解释的形式予以颁布。结合我国已有对仲裁执行制度的各种规定，内地与香港之间建立起执行仲裁裁决的程序制度体系。限于本专题的研究范围和研究重点，以下将以讨论内地对香港的仲裁裁决的执行问题展开论述。

第二节　对执行香港商事仲裁裁决相关制度的评析

在香港领域内做出的商事仲裁裁决若想在内地执行，必须要经过内地相应的司法程序确认方得实行。不论是《纽约公约》还是《安排》和核心规则都是确认域外之仲裁承认和执行的程序和标准。以《安排》为例，该安排共分为 11 条。大概可以分为 4 个部分。第一部分由该安排第 1 条和第 2 条组成。规定了法院执行仲裁裁决的地域管辖权分配。第 3 条至第 6 条是关于执行香港仲裁的程序的规定。第 7 条则是对仲裁不予执行的实体性规则条件，第 8 条是仲裁的费用承担问题。最后一部分是该法的时间效力问题。

总的来看，《安排》中有关承认与执行仲裁裁决的实体部分基本照搬了《纽约公约》的规定。这两个法律文件的结构以及设定模式。例如，《安排》的第二部分基本与《纽约公约》的第 4 条的规定相一致。而第 7 条则与《公约》的第 5 条和第 6 条相一致。而安排的第 3 条至第 6 条事实上也可以视为《公约》第 3 条的具体化。因此，可以认定，虽然《安排》是以司法解释的形式颁布的，其核心内涵和《纽约公约》所追求的目标以及相关的实现路径是一致的。但是，作为国内法的一种表现形式。该安排对执行的程序以及管辖权的分配作出了明确的规定。而在国际法的层面，这显然属于一个国家的主权范围内的事项，不宜由公约越俎代庖地加以规定。

从另一个角度来说，该安排又不同于国内仲裁法上的仲裁承认与执行。一个突出的证据就是在承认仲裁裁决的过程中，有大量的"准据法条款"。譬如，《安排》第 5 条规定："申请人向有关法院申请执行内地或者香港特区仲裁裁决的期限依据执行地法律有关时限的规定。"又如第 7 条第 4 款规定："仲裁庭的组成或者仲裁庭程序与当事人之间的协议不符，或者在有关当事人没有这种协议时与仲裁地的法律不符的情况下，法院可以裁定不予执行"。这些规定表明在两地之间在民事诉讼制度上的冲突。这在单一制国家中极为少见的，是由于我国实行"一国两制"制度，以及两地之间不同法系法域同时并行存在的特殊作用结果。而两地司法机构以及仲裁机构的分权情况的作用结果便构成和决定了香港与内地仲裁执行制度的具体形貌以及结构内容。体现了两地政府机构的权力运行的不同分工和相互配合的良性机制。中央政府和香港特别行政区政府根据《香港基本法》第 95 条的规定，在该《安排》的制定过程中，必须时刻考虑并照顾两个不同的价值：既要坚持"一国两制"下，一个国家的根本原则。即必须要强化两地仲裁在对方领域内的执行；又必须考虑到香港特别行政区与内地实行根本不同的社会制度的特殊情况。《安排》在内地将由最高院以司法解释的方式加以公布和实施，在香港则走相应的立法程序对原有的仲裁条例进行修改进而予以实施。这种既具有个性化和弹性但又不失为稳健、务实的法律对接方式对加强两地仲裁的法律实施效果和提高仲裁的服务水准均具有非常巨大的积极意义[2]。

由此可见，理解香港与内地承认执行法律依据的核心乃是仲裁与法院诉讼之间以及内地与香港之间对于诉讼权力之间的权限分配。《纽约公约》由于涉及不同的国家之间司法主权的冲突与协调，因此大多采取了一些看似灵活但又相对模糊的概念来进行表述；但是内地与香港之间的安排则由于本质上属于国内法安排而显得较为确定①。同时，在法律争端是否具有有可仲裁性的问题上，《安排》则采取了依照执行地法律来进行判断的规定。这些规则体现了我国内地与香港特别行政区之间的分权性制度安排。足以体现该安排的特殊性。那么，只有弄清楚该《安排》背后所蕴含的相关诉讼原理，才能真正理解我国内地与香港特别行政区仲裁执行制度，并对其提出相应的改进建议。

第三节　香港与内地就仲裁执行问题的权限分配

如前文所述，事实上法院对仲裁的监督与执行就是一种对于争端解决机制的权力分配问题。在本专题语境下，这种权限分配可以大致分为两个层面的问题。一方面，是香港特别行政区和内地之间的公共权力层面的分权关系；另一方面是作为自治性争端解决机构的仲裁庭和作为官方司法机构的法院的分权关系。

（一）对于第一个层面的问题来说，香港是中华人民共和国不可分割的一部分。那么在香港做成的商事仲裁裁决从本质上来说就是一个国内的仲裁裁决。理应成为我国仲裁的一部分。然而考虑到香港与内地实行的是不同的经济制度以及生活方式，且实行的法律制度根本不同，那么对于香港商事仲裁裁决的司法监督时就必须考虑到这一点。具体来说，香港所实行的有关仲裁的法律制度与内地的《仲裁法》相比有如下几个明显的不同，且可能影响到两地商事仲裁的执行问题。

（1）香港与内地法律在争端可仲裁性问题上的分歧与分权。根据我国内地的《仲裁法》第2条和第3条的规定：平等主体的公民、法人和其他组织之间发生的合同纠纷和其他财产权益纠纷，可以仲裁。婚姻、收养、监护、扶养、继承等涉及人身性质的纠纷；以及依法应当由行政机关处理的行政争议不得仲裁。在实践中，受我国加入《纽约公约》时所作出的"商事保留"的影响，在执行涉外仲裁裁决时，内地法院往往特别强调只有契约或者非契约性的商事争议才能用仲裁的方式予以解决，相关的裁决结果才可能被我国承认和执行。特别是对于一方是政府机关的仲裁以及相关应由行政机关处理的纠纷，这类争议事项如果当事人使用了仲裁的争端解决方式，则内地法院一般不会予以承认和执行。但是香港的《仲裁条例》则没有这方面的要求。

---

① 例如《纽约公约》第1条第1款规定：仲裁裁决，因自然人或法人间之争议而产生且在申请承认及执行地所在国以外之国家领土内作成者，其承认及执行适用本公约。本公约对于仲裁裁决经声请承认及执行地所在国认为非内国裁决者，亦适用之。对比我国与香港的执行仲裁安排则采取了完全的地域标准，对于适用香港法律的仲裁并不能认为是可以依照该安排予以执行的仲裁。

对于内地和香港之间因为规定差异而产生的承认标准冲突问题，《安排》一个首要的任务便是厘清承认与执行仲裁裁决的权限界限问题。对此，《安排》采取了属地主义的原则。《安排》第 7 条第 5 项明确规定："有关法院依执行地法律，认定争议事项不能以仲裁解决的，则可不予执行该裁决"。

不过，这种严格的属地主义权限分配也可能带来一些问题，尤其是在两地经济交往日趋频繁的今天，许多当事人在两地往往都有可执行的财产。当两地承认和执行的标准差异过大的情况下，无形中会诱导当事人择地总裁，最终会导致在两地和不同当事人执行不均的情况出现。

（2）香港与内地在仲裁申请时效问题上的分歧与分权。根据新修改的《民事诉讼法》第 239 条的规定："申请执行的期间为二年。申请执行时效的中止、中断，适用法律有关诉讼时效中止、中断的规定"。但是根据香港《时效条例》第 4 条的规定："如一方当事人不按仲裁裁决履行，他方当事人可在 6 年内向法院申请执行令"。因此，可以说两地在仲裁的申请执行日期方面差异也是相当大的[3]。

对于该问题，《安排》也本着向谁申请按谁的规定来处理的原则。这样做同样可能导致在不同当事人之间执行进度出现时间差问题，甚至可能导致当事人人为利用这种时差来谋取不正当的竞争优势。

（3）在公共政策保留的问题上，两地也存在较大的差异。在香港对于大陆做出仲裁的执行采取的是一种诉讼程序（appeal procedures）[①]。在《安排》谈判期间，大陆有很多学者认为应该废除这种执行方式，但这势必会对香港的《仲裁条例》提出实体性修改的要求。为了避免造成这种麻烦的局面，《安排》采取了一种非常灵活的方针，对于内地和香港关于"公共秩序保留"这一类似但不完全相同的制度进行了调和，并同时规定在《安排》的第 7 条第 7 款之中："内地法院认定在内地执行该仲裁裁决违反内地社会公共利益，或者香港特区法院决定在香港特区执行该仲裁裁决违反香港特区的公共政策，则可不予执行该裁决。"体现了香港与内地司法的相互独立和分权性[4]。

（4）对于申请执行法院的分权。根据《安排》第 2 条的规定："上条所述的有关法院，在内地指被申请人住所地或者财产所在地的中级人民法院，在香港特区指香港特区高等法院。被申请人住所地或者财产所在地在内地不同的中级人民法院辖区内的，申请人可以选择其中一个人民法院申请执行裁决，不得分别向两个或者两个以上人民法院提出申请。如果在香港和内地均有住所和财产，申请人不得同时向内地和香港申请执行仲裁裁决的，如果同时申请的，由先立案的法院进行管辖和执行。该条体现了承认和执行仲裁法院的唯一性，但在笔者看来也有过于机械之嫌，并不能够适应两地越来越频繁的经济交往的需要。

（二）对于第二个层面的问题来说，则显得更为重要。仲裁机构从本质上来说是一种自治性的争端解决机构，其生存的核心价值就是其相对独立于国家的司法权力以及行政权力。这就从客观上要求国家的司法权力必须对仲裁予以较为充足的信任。并对仲裁进行充分的放权，才可能使得仲裁制度真正获得法律和经济上的独立地位。

---

① 香港仲裁条例第 42 条。

（1）对于执行香港仲裁裁决，在法无明文授权的情况下可否予以执行？在 1997 年到 1999 年的执行法律真空期内，由于没有相应的法律依据。大陆停止了对香港做出仲裁的执行，香港也相对应地停止了对大陆的相应执行。一时间造成了仲裁制度在两地之间的停滞与倒退。虽然《安排》的出台后，该问题似乎已经解决。但是，该问题暴露出的理念缺位却是明显的。仲裁既然是当事人通过意思自治的方式透过仲裁协议对民商事交易中的争端进行解决的一种自助式的争端解决方式，就应该本着一种礼让的精神，在没有法律明文授权的情况下也予以执行。这就好像一个合同，在 A 国签订，拿到 B 国即便 B 国的法律没有明确规定 A 国的合同同样是一个合同，同样具备法律效力，这种法律效力的根本来源似乎并不是国内法，而是一种各国所普遍承认的基本原则。

（2）对于仲裁裁决的审查标准问题。对于仲裁裁决的审查来说，不论是学界还是实务界。都存在一个共识：那就是对仲裁采取一种不干预的态度与方针。除非法律明确规定可以不予执行的情况外，对于仲裁必须予以尊重。换言之，法律规定的不予执行的条件是羁束性的，只有法律明确规定的情形才能考虑不予执行。在实践中，许多国家都对不予承认和执行外国仲裁裁决采取了严格的限制政策。例如，美国法院在利比亚石油公司诉美国太阳石油公司仲裁案（Libya V. Sun Oil）中，驳回了 Sun Oil 石油公司以该裁决违反美国国家安全为由要求美国高等法院对该裁决不予执行，但是被美国高等法院驳回[5]。美国法院认为，虽然利比亚对于美国来说是不友好的国家。但是即便如此，也不构成拒绝承认依照国际公认的法律原则作出的商事仲裁裁决。又如，根据我国最高人民法院《关于人民法院处理与涉外仲裁及外国仲裁事项有关问题的通知》中的规定：如果认为涉外仲裁符合法定的条件应当予以不予承认执行的话，必须逐级上报最高院，只有最高院才有权裁定对涉外仲裁裁决不予执行。由此可见，不论是发达国家，还是像我国这样的发展中国家，只要想发展对外贸易经济，那么，其对于商事仲裁裁决结果的支持与维护就必然是十分坚决的[6]。正是国家公共权力对仲裁的共同共识，导致不论内地的《仲裁法》还是香港的《仲裁条例》乃至《纽约公约》都规定了几乎完全相同的不予执行的条件，这些条件是有限的。并且应该做限缩性解释，不能任意裁定对仲裁不予执行。在这个问题上，我国内地法院的执行还是非常坚决的。例如，在"力奇投资有限公司（TWIST MAGIC INVESTMENETS LTD）与李键等仲裁裁决申请案"中，法院明确指出："关于协商、调解是否涉案仲裁必要的前置程序问题。涉案《普通股认购协议》第 17 条虽约定各方应通过友好协商解决争议，但亦同时明确任何一方在争议无法通过协商解决的情况下有权将争议提交仲裁中心，仲裁中心作出的裁决是终局的且对各方都有约束力。根据该约定，申请人认为无法通过协商解决争议的情况下，有权提请仲裁，双方并未约定协商程序是提起仲裁的必经前置程序。此外，被申请人主张根据其提交的证据《实务指引 31》，仲裁地法律即香港法律规定了调解为提起仲裁的前置程序，但根据上述《实务指引 31》第 2 条的规定，该指引仅适用于在法院进行的民事程序，并不适用于仲裁程序。除上述《实务指引 31》外，被申请人未能提供其他法律规定证明在香港地区调解为仲裁程序必经的前置程序。综上，被申请人主张协商与调解为涉案仲裁的必经前置程序理据不足，其以此为由申请本院裁定不予执行涉案仲裁不符合《最高人民法院关于内地与香港特别行政区相互执行仲裁裁决的安排》第 7 条的相关规定，本院不予支持"①。从而驳回了被申请有关主张仲裁程序不符合内地法律规定而应不予以执行的主张。从而维护了香港仲裁的终局效力。

（3）对于仲裁与司法管辖权分配的问题。在这个问题上，不管内地的法律还是香港的条例都坚持了仲裁庭可自裁管辖权的原则。但是，根据内地《仲裁法》第20条规定：如果但当事人双方对仲裁协议的效力存有异议，当双方中的一方向仲裁机构申请认定，而另一方同时向人民法院申请认定的，由人民法院认定仲裁协议的效力。也就是说，在认定仲裁协议效力的管辖权分配方面，人民法院被赋予了有限的优先判断权。在"中国工商银行股份有限公司乐清支行诉温州中欧船业有限公司等信用证纠纷案"中，法院明确界分了仲裁和法院管辖之间的权限分配关系，驳回了被告以不方便法院为由所提出的管辖权异议②。又如在"Exper Exchange 与汉王科技股份有限公司等计算机软件侵权案"中，天津市高级人民法院对于该案中南开越洋主张的侵权行为，认定是双方当事人在履行《RTK软件许可协议》基础上形成的，该行为与该许可协议密切相关，故该案为与此协议有关的争议，应受协议中仲裁条款的约束，以此为由裁定撤销第85号裁定，并驳回南开越洋对汉王公司及天津汉王的起诉③。尊重了香港仲裁管辖权的优先性。这两个案件看似裁决结果不同，但却明确地界定了司法机构与仲裁机构的管辖权限，值得其他内地及香港其他司法机构的借鉴。

总之，从目前来看，香港与内地司法与仲裁的权限分配基本还算明晰，双方都严格按照《安排》的有关规定，来执行对方领域内做出的仲裁裁决。并且有效地对接了各自内部的执行机制，效果比较良好④。不过，在《安排》的运行过程中也暴露出一些小小的问题，亟待新的立法和相关司法机构予以提起相应的重视。

第四节　内地与香港关于执行商事仲裁裁决所存在的问题及改进建议

通过对条文和判例的梳理，笔者发现目前两地对于商事仲裁的执行制度至少有以下几个方面是具有较大的改进空间的。

（1）对于仲裁司法审查的双轨制是阻碍仲裁发挥实效的制度阻碍。在该问题上，由于内地和香港不同的法律文化传统。导致在仲裁的司法审查问题上暴露出较为突出的差

---

① 广东省广州市中级人民法院：力奇投资有限公司（TWISTMAGICINVESTMENETSLTD）与李键等仲裁裁决申请案，（2014）穗中法民四初字第24号。

② 浙江省温州市中级人民法院：中国工商银行股份有限公司乐清支行诉温州中欧船业有限公司等信用证纠纷案，（2013）浙温商外初字第151号。

③ 天津市高级人民法院：Exper Exchange 与汉王科技股份有限公司等计算机软件侵权案管辖异议裁定，（2009）津高立民终字第0058号。

④ 根据相关的统计根据香港国际裁中心提供的统计数字，由2000年1月至2005年12月期间，在香港申请执行的中国内地仲裁裁决共有80件，其中62件成功在香港得到执行，13件被反对执行；还有3件被驳回。总体来看还是非常成功的。梁善恒. 析中国内地与香港相互执行仲裁裁决的安排，中国政法大学，2006年硕士论文，第18页。

异性，正是这种差异性导致在内地和香港承认执行的"双轨制"。

在香港，受英国普通法抗辩制度的影响，对于程序设计和程序公正的关注是香港司法制度的重要特征[7]。这是因为，在英国，虽然传统上虽然在某种程度上对于仲裁有过不友好的态度。例如，1978 年以前，英国法院多次撤销了没有按照相关国内法律裁判的仲裁结果。但是，在 1979 年英国新的《仲裁法》颁布实施后，英国法院对仲裁的审查权限被大大限缩[8]。因此，英国自上个世纪开始便逐渐对仲裁采取了不干预的态度。只是规定在少数极端的情况，如仲裁庭明显偏袒一方当事人，或者因商业贿赂行为等使裁决有失公平。再如，仲裁庭的仲裁程序明显具有瑕疵，以至于在事实上褫夺了一方当事人基本诉讼权利和申辩权利的情况。只有基于上述两种极端的情况下，香港法院才有权利对瑕疵仲裁裁决行使监督权，撤销仲裁裁决结果或者不予执行该仲裁裁决，在其他情况下法院对仲裁结果和仲裁程序无权作出任何干预行为。这种司法态度极大地影响了香港对于仲裁的态度，香港目前对于仲裁的司法体制几乎完全既受了英国 1979 年《仲裁法》的规定，对于商事仲裁仅作极为有限的形式审查，对实体内容采取几乎完全不干预的态度。

但是在内地，则主要继承了法德的大陆法系，其以纠问式的庭审方式令法官在诉讼程序中担当重要角色，法官除了审判以外，亦积极主动调查案件的争议。在司法理念上，内地司法机构更强调的是一种以"事实和证据"为核心的实体公正。"以事实为依据，以法律为准绳"成为内地法院审判的最根本原则。例如，在"山东晨鸣纸业集团股份有限公司合同纠纷执行案"中，潍坊市中级人民法院认为："当事人申请仲裁应有具体的仲裁请求，仲裁机构应当根据当事人的仲裁请求进行审查。本案中，合资公司申请仲裁提出的赔偿时间从 2009 年 1 月 7 日起，但仲裁裁决的赔偿时间却从 2009 年 1 月 1 日起计算，显然超出了当事人仲裁请求。对超出当事人仲裁请求的部分，不属仲裁机构裁决的范围，仲裁机构无权对此作出仲裁"①。仅仅因为时间的差异，就将该事实无限放大，从而顺理成章地驳回了当事人的执行请求。

因此，笔者建议应该改进内地对于仲裁的司法理念，充分尊重香港商事仲裁的自治性和权威性。从而构建起更好的仲裁执行环境。

（2）缺乏对仲裁的承认和概括许可制度。目前，内地对于仲裁执行只有执行制度，但是却没有承认或者认可制度。诚然，对于仲裁的承认和对于仲裁的执行确实是具有紧密联系的制度。一方面，承认裁决是执行裁决的前提条件，法院只引依法确认仲裁裁决在其境内具有法律效力，才能采取强制措施予以执行。否则根本谈不到执行问题，另一方面，执行裁决又是承认裁决的自然结果。因为在多数情况下，当事人要求法院承认一项域外仲裁裁决的目的在于保证让对其有利的裁决能够顺利履行，实现裁决确定的事项。然而，承认外因仲裁裁决与执行外国仲裁裁决又有显著的区别，两者的法律意义是不同的。仲裁裁决获得承认意味着当事人之间的争议已是一项具有既判力的裁决解决。如果在内国有人就与裁决相同的事项提出与该仲裁内容不同的要求，权利人可以用该已获得承认的仲裁裁决作为对抗的理由而不再应诉。换言之，承认可以使一项商事裁决获得与内国司法裁决具有同样的法律效力[9]。但是，内地法律和《安排》对于商事仲裁的承认

---

① 潍坊市中级人民法院：山东晨鸣纸业集团股份有限公司合同纠纷执行案，（2014）潍执异字第 4 号。

并无规定，从而造成了一个重要的法律缺陷。很容易造成重复诉讼问题。而且，当一个有效的仲裁作出后，仲裁中所要求的给付行为能否直接构成对相对人债权的抵消？这在没有承认制度的前提下将变成一个非常棘手的问题，实在不能不予以关注。正如我国台湾学者所明确指出的："随着两岸经贸政策开放与种种限制的松绑，两造当事人皆为台商但在大陆起诉或以仲裁方式解决纷争之情形。必然所在多有。最高法院目前否定既判力而得重行起诉之见解，将造成台商纷争解决程序之延宕及台湾司法资源之浪费，受害者就是台商与台湾的司法。遑论两岸条例完全无法嗅出一厢情愿保护台籍人员、歧视对岸人员之偏颇用意，最高法院无端采为裁判基础，岂非可议？[10]"该叙述虽然说的是台湾和内地之间的仲裁裁决执行问题，但相信也同样适用于香港与内地之间的类似问题。

缘此，笔者建议应当在《仲裁法》和《安排》中明确规定仲裁的承认或认可制度。并且应该规定在认可各种仲裁后，对于再涉及该仲裁裁决相关的诉讼不再审断。相关的给付内容应该允许其直接予以抵消。只有这样才能真正使仲裁的裁决发挥实效。

（3）对于仲裁执行因公共秩序而不予执行的制度层面亟待采取"负面清单"模式。根据《安排》的第7条第5项："内地法院认定在内地执行该仲裁裁决违反内地社会公共利益，或者香港特区法院决定在香港特区执行该仲裁裁决违反香港特区的公共政策，则可不予执行该裁决。"该规定是为兼顾双方不同的利益，公共秩序原则便作为两地拒绝执行仲裁裁决的理由。但是如果我们仔细研究该条文，会发现，在内地与香港，对于"公共秩序"这一概念表述还是有着细微的差异:内地把其界定为的"社会公共利益"，而香港则认为是"公共政策"。这两个概念究竟有何不同，学界存在非常大的争议，从不同法系的法律概念为出发点进行解释，就可能得出完全不同的认识乃至判决结果，在这种情况下，我国法院和相关法律必须做出符合中国国情的认定并推而广之，才能真正强化我国可预测的司法规则体系。

对于该问题，内地已有一个判例对该问题进行了阐释，在"福建纵横高速信息技术有限公司等诉中国高速传媒控股有限公司协议纠纷案"中，法院指出："最高人民法院在《关于不予承认日本商事仲裁协会东京 07-11 号仲裁裁决一案的请示的复函》中指出：关于公共政策问题，应仅限于承认仲裁裁决的结果将违反我国的基本法律制度、损害我国根本社会利益情形，故判断内地法院执行香港仲裁裁决是否违反内地社会公共利益的标准，只能根据执行结果进行判断，而不是根据案件事实判断"。但同时法院又指出：本院依据最高院与香港特别行政区《安排》的规定立案强制执行两份仲裁裁决，要求被执行人承担违约赔偿责任符合我国奉行的契约神圣、诚实信用等法律基本原则和公共利益。被执行人主张本案涉及"VIE"结构安排和"对赌协议"、违反了国务院《外商投资电信企业管理规定》和信息产业部《关于加强外商投资经营增值电信业务管理的通知》及商务部《实施外国投资者并购境内企业安全审查制度的规定》，故符合《最高人民法院关于内地与香港特别行政区相互执行仲裁裁决的安排》第 7 条内地法院认定在内地执行香港仲裁裁决违反内地社会公共利益的，可裁定不予执行的规定，应裁定不予执行，但根据最高人民法院《关于对海口中院不予承认和执行瑞典斯德哥尔摩商会仲裁院仲裁裁决请示的复函》"对于行政法规和部门规章中强制性规定的违反，并不当然构成对我国公共政策的违反"的精神，本案是否涉及"VIE"

结构安排和"对赌协议"是否违反国务院、信息产业部及商务部等部门规章并不当然构成违反我国公共利益,故被执行人主张本案存在"内地法院认定在内地执行香港仲裁裁决违反内地社会公共利益的,可裁定不予执行"的情况,证据不足,不予支持①。不过,从该判例我们仍然可以发现法院对于公共政策的认定还是比较模糊,特别是严重缺乏预测性较强的操作标准。因此,有必要通过立法或者司法解释的方式对何种情况属于"公共秩序"或者"有损公共利益"的情形。而且,笔者认为应采用"负面清单"的模式,只要没有规定在清单中的,就一概不认定为不应予以执行的情形。当然,如若感觉如此安排风险较大的话,似乎也可考虑在区域范围内,如自由贸易园区内通过特别立法来采取这种对境外仲裁的负面清单模式。

【本专题结论】

总之,从香港和内地在商事仲裁的执行制度的运行层面来看,现有的《安排》作为一种内地中央政府与特别行政区政府之间的一种特殊协议,较好地协调了中央政府的司法权与香港特别行政区之间的权力分配。同时,也较好地尊重了仲裁作为一种自治性的争端解决方式的独立性和权威性。可以说,《安排》的出台,是"一国两制"制度具体实施的一个重要的具体实施。不过,即便如此,我国在商事仲裁的执行层面仍然有一些不足之处,因此亟待透过立法或者司法解释的方式予以完善。在此过程中,国外的相关立法以及国际组织的示范法可以作为我国完善法律制度的重要参考。

【本专题参考文献】

[1] 王鹏,宋阳. "香港特别行政区"的国际法主体地位探析[J]. 贵州工业大学学报,2006,(2).

[2] 刘晓红. 论中国内地与香港仲裁裁决的祖互承认和执行[J]. 法律适用,2001,(3):20.

[3] 金振宁. 内地与香港仲裁裁决承认与执行问题探讨[J]. 经济与社会发展,2009,(8):98.

[4] Xu Xiaobing, Wilson G D. One country, two—international commercial arbitration— systems[J]. Journal of International Arbitration,2000,17(6):103-104.

[5] Sweet A. The new lex mercatoria and transnational governance[J]. Journal of European Public Policy,2006,13(5):639.

[6] 宋阳,左海聪. 论国际商事规则与主权国家立法的关系——从独立到超越[J]. 天府新论,2013,(5):72.

[7] 顾维遐. 香港与内地仲裁裁决司法审查制度的借鉴和融合[J]. 法学家,2009,(4):114.

[8] 宋阳. 国际商法与国内法关系问题研究[M]. 北京:法律出版社,2016:212.

[9] 杨树明. 国际商事仲裁法[M]. 重庆:重庆大学出版社,2002:174-175.

[10] 李念祖,陈纬人. 承认外国仲裁判断系赋予形式执行力或实质既判力?——从仲裁法第47条第2项谈最高法院关于两岸条例第74条第2项之解释[J]. 法令月刊,2009,(11):19-20

---

① 福州市中级人民法院:福建纵横高速信息技术有限公司等诉中国高速传媒控股有限公司协议纠纷案,(2014)榕执监字第51号。

第三编　国际私法前沿问题研究

专题一　国际礼让说专题福建省

专题要旨： "国际礼让说"是 17 世纪荷兰学者 Huber 所创立的法律适用理论，其不仅在欧洲实现了法律适用理论变革，也对英国和美国国际私法的发展产生了深远影响。然而，目前我们对该学说存在一些误读。为了改变这种状况，本专题首先再现了"国际礼让说"产生的经济和法律背景；继而对该学说的内容进行了分析研究，阐明了"国际礼让说"包含的四个原则，揭示了该学说采用"礼让"形式推行"既得权"的本质；最后，对该学说进行了综合评论。

专题要点： 国际礼让　佛里斯兰　既得权

无论何时，在相当发达的经济和法律体系相互不断发生联系的状况下，法律选择问题都会产生。因此，古希腊城邦国家，中世纪意大利，文艺复兴时期的荷兰和现代美国全部都发展和产生了有关在特殊问题上如何适用法律的复杂法律理论。[1]Friedrich K. Juenger 认为，格老秀斯的祖国——17 世纪的荷兰，为探索法律选择问题提供了理想的环境。当时的荷兰由独立的各省组成，同时是世界上最主要的对外贸易国家。广泛的国际商业交往结合国内政治分权导致很多不同种类的国内和国际法律冲突问题，这种状况很快吸引了学者的注意。[2]在这样独特的历史状况下，一些法学家，诸如：Rodenburg、Paul Voet、Johannes Voet 和 Huber，对法律冲突问题进行了不懈探索，促成国际私法理论的迅速发展。在十七世纪，荷兰占据了冲突法领域的领导者地位。[2]在此期间，Huber 创立了国际私法历史上重要理论——"国际礼让学说"。

一、"国际礼让说"产生的历史条件

今天的荷兰陆地面积一共 33948 平方公里，把水域都计算在内，荷兰面积有 41526 平方公里，共包含 12 个省。自从登上历史舞台之日起，低地国家（low countries）——荷兰的民族特性就造就了它的个体主义、特殊主义、分离主义——甚至是分裂主义，在每一个方面都是如此，也正是这些民族特征造就了荷兰日后的强盛和衰弱。这种独特性致使对荷兰法及荷兰的法律渊源的演变史做出一个全面的介绍，即使是一种概括性的介绍也很难。[3]但是，为了更清晰的了解"国际礼让学说"，我们首先对 16 世纪至 17 世纪的荷兰的法律和经济状况进行回顾，以便我们更好地对国际礼让学说进行分析和研究。

（一）法律条件——法律和法域多元化

12 世纪至 16 世纪，荷兰属地的诸侯王逐渐强大起来，开始了争夺统治权的战争，原先长久以来形成的各自为政的国家分裂状态最终被取代。在博丹和马基雅维利之前的先驱者，荷兰著名法学家——莱登菲利普（Plilip of Leyden），在其著作《论国家与诸侯权利类型》中，为诸侯权做了最有利的辩护。[4]16 世纪初，对荷兰诸省来说是一个非常关键的时期，此时荷兰极有可能成为一个强大的中央集权国家。勃艮第以及哈布斯堡的统治者对于他们位于低地沿海国家的一些富裕省份极感兴趣，并试图使其组成一个强大的国家。但是，荷兰十六世纪的宗教改革和菲利普二世对宗教改革运动的抵制，使这一目标落空，地方独立及抵制势力的力量再次死灰复燃。结果，一些享有主权的较大城市掌握了巨大权力，这样的政治体制不利于同一法律体系的产生。[5]

5 世纪，荷兰出现了第一部法典《撒里克法典》；公元 750 年左右，出现了《撒克逊法典》；公元 780 年前后，出现了《弗里斯兰法典》；公元 800 年，出现了《夏马弗尔法典》。16 世纪，荷兰已经有很多法律。首先是普通法，通过地方传统和地方法院的先例发展起来，各省的统治者纷纷加强各自中央政府的权威，制定"中央法律"。[4]其次是习惯法，荷兰省有几部习惯法汇编，比如：《肯尼莫兰习惯法汇编》、编纂于 1570 年《雷恩兰德习惯法汇编》、编纂于 1571 年的《南荷兰习惯法汇编》。[4]弗里斯兰省也有几部习惯法汇编，其中 1602 年弗里斯兰曾颁布《1602 年制定法、条例和习惯法》。省制定法对许多特殊部门也做出了规定，称为"例"（placcates）。同时，市镇法依然有效。与此同时，还出现了地方立法，一些地方开始行使自己的立法权，对习惯法进行证实和汇编，最后形成制定法，通常冠以法规和地方法令的形式出现，有时以特许状的形式授予居民。[6]

罗马法的权威，罗马法对荷兰各个省都有重要影响。从 1227 年，罗马法就在荷兰开始适用。11 至 12 世纪，一批年轻的荷兰人到意大利的法学院求学，随后将罗马法许多概念引入他们的祖国。很快，各省统治者中的成员，诸如城镇教士、法学家们开始学习罗马法，继后，各省法官也加入到这一行列。到了 17 世纪，法官成为了罗马法的主要推崇者。最后形成了两种法律人，一种重视本国法律，指责一味推崇罗马法的人，另一种是完全沉浸在罗马法中，甚至到了无法复加的地步。[7]罗马法发挥影响最大的就是弗里斯兰，在那省法院对罗马法的继受极力推崇。在这里罗马法又被视为"普通法"，只有特别许可才能构成对罗马法适用的例外。[7]在荷兰，教会法在某些方面确实发挥了很大作用。一些民事案件（如婚姻、什一税）和一些特殊的刑事案件（如宗教犯罪、酗酒、妨害治安行为、流浪罪和强奸罪等道德犯罪）都是适用教会法。但随着宗教改革的结束，教会法的直接影响力逐渐终结。[7]

17 世纪的荷兰，具有国际私法赖以存在和发展的得天独厚的基础，其不仅是一个多法域国家，而且还存在法律的多元化现象。

（二）经济状况——"黄金世纪"

17 世纪是荷兰的黄金时代。16 世纪后半叶，荷兰探险船队开始出航。16 世纪末，荷兰海军击败了西班牙海军,荷兰商船队逐步代替了西班牙商船队称霸世界海洋的地位,荷兰航海家和探险家很快发现和控制了通往世界各地的海运路线,并在亚洲、非洲和美洲建立了殖民地。17 世纪前半叶,荷兰经济得到了更为迅速的发展,成为西欧最大的经济强国。他的手工业成为西欧最具有近代现代技术水平的产业。1602 年,荷兰商人成立了东印度公司(VOC),VOC 在很长一段时间内是世界上最大的商业企业。1609 年,荷兰成立了世界第一家国家银行,阿姆斯特丹银行,随后在荷兰兴起了世界上第一个金融财团——Hope 家族,成为世界金融财团的发源地。[8]1621 年成立了西印度公司(WIC),后来其获得了大西洋西半球部分的贸易垄断权。这两个公司到处建立城堡和采购站,通过欺骗或收买当地首领,通过奴役和屠杀殖民地人民,确保了对欧洲国际贸易的垄断,夺取了巨额利润。同时,荷兰人开始到世界各地开拓殖民地,1621 年,在美洲建立新尼德兰——纽约;1630 年开拓巴西殖民地。到 17 世纪中叶,荷兰的农业基本上实现了资本主义的经营方式,商品化程度是欧洲最高的。由于经济实力的增强,荷兰在海外贸易和海外殖民地方面也逐步取代了老牌殖民地国家葡萄牙的地位,占领了西班牙和葡萄牙很多的殖民地。因为荷兰人到处进行屠杀和掠夺,所以被海外各地人们以憎恨的态度称之为“荷兰鬼”。[9]1585 年,荷兰人在非洲西海岸建立了一系列商战,开始从事奴隶贸易,到 1648 年,荷属西印度公司把奴隶贸易列为头等大事,一直到 19 世纪。[10]荷兰以东方贸易起家,在 1665 年,荷兰总共拥有上万艘船,承担欧洲海运总量的四分之三,荷兰人被人们称为“海上马车夫”,荷兰海员达 25 万之众。在荷兰的巅峰时代,荷兰东印度公司拥有 15000 个分支机构,贸易总额占世界总贸易额的一半。荷兰成为了商业资本主义世界的核心。

荷兰是 17 世纪典型的资本主义国家,商品经济非常之发达,成为世界最主要的贸易国家,当时世界为其马首是瞻。正如马克思所说,民事法律只不过是商品经济的表现形式。如此发达的商品经济必然要求相应的民事法律与之协调发展,尤其是面对国内区际法律冲突和不同国家间法律冲突频发的情况下,国际私法的研究有着内在的经济驱动力。

二、荷属“国际礼让说”内容

16 世纪和 17 世纪的荷兰,具有国际私法赖以存在的得天独厚的基础,其法律状况是产生和研究国际私法的绝美状态,其不仅是一个多法域国家,而且还存在法律的多元化现象。1648 年,荷兰建立了第一个资本主义国家。此时的荷兰正处于经济的黄金时代,而且已经成为欧洲的经济中心,对外经济交往非常频繁。但是,此时的荷兰外部关系也非常紧张,一直处于战争的动荡之中,内部的文化冲突也很激烈。

(一)十七世纪荷兰国际法理论概况

1648 年,代表资产阶级利益的荷兰革命取得了成功,成立了荷兰共和国——世界上第一个资产阶级共和国。荷兰作为第一个资本主义国家,在国际上仍然被周围封建专制的国家包围着,有更现实和迫切的必要维护国家主权。胡果·格老秀斯(Grotuis)颠沛流离的后半生,完全在为论证国家主权和战争的合法性做贡献。《战争与和平》一书从另一个角度阐明了他的不朽，但他对国际私法的论及只有只言片语。但从经济的角度看，荷兰此时的世界观是超国家的，可是该观念要与属地的主权观念相互斗争而成长。这种观念的矛盾也反映在荷兰法学家的思想上。荷兰学者提出的"conflict of laws"指的就是法律选择问题实际上就是国家主权冲突所引起和造成的，此种观点被用于解释他们全身心关注的问题——为什么一个国家的法院要适用外国法律。[2]Rodenburg 第一个创造了法律冲突（conflict of laws）的概念，试图调和适用外国法与国家主权之间的矛盾。他认为根据案件的本质和必要性可以假定一个超国家法律的存在，对地方的法律和规则会产生域外效力。[11]荷兰另一些著名的学者接受、继承并发展了达让特莱的学说，主张严格的属地主义原则。保罗·伏特（Paul Voet，1619—1677 年），从 Justinian's Digest 借用了"comitas"来解释法律适用问题。其子约翰·伏特（Johannes Voet，1647—1714 年），认为"礼让"作为解决法律冲突的方法，有利于自我利益的保护，而且适用非常的便利。[12]

（二）"国际礼让说"产生及内容

Ulrich Huber，荷兰法学家，佛里斯兰省高级法官（Ulrich Huber，1636—1694 年），在前人研究成果之上提出了国际私法的"国际礼让说"。1689 年，Huber 在发表的 Praelections Juris Romani et hodeirni（论罗马法与现行法）阐述了解决法律冲突的理论，他把"礼让"作为其理论的基础，并且把"礼让"定位于外国法律在内国适用的唯一标准和方式，维护法律创设的既得权的域外效力。美国 E. Lorenzen 教授翻译了 1707 年 Huber 的 Praelections Juris Romani et hodeirni（论罗马法与现行法）第二版，刊登在美国伊利诺斯州法学评论（1919 年）第八卷中。此之前，英国并没有英文版 Huber 理论被公开出版过。从 E. Lorenzen 教授翻译的英文文本看，Huber "国际礼让说"应该包含以下几部分内容：

1. 法律冲突问题产生原因

Huber 认为经常会发生这样的事情，在某一个地方订立的合同，需要在一个不同的国家发生效力，或者在另一个地方进行审判。众所周知，不同国家的法律在很多方面是不同的，这是因为罗马帝国分崩离析后，基督教世界分裂成无数小的国家，这些国家并不属于一个政府系统。罗马法对这些问题没有规定是不值得惊奇的，罗马的主权权利扩展到整个基督世界，并且整个罗马国家具有统一的法律，所以不可能发生不同国家法律冲突的问题。尽管如此，我们仍需要在罗马法中寻找一般的基本的原则来解决法律冲突问题，虽然该问题属于国际法而非民事法律范畴，因为不同国家认为他们之间的法律冲突问题完全的属于国际法。为了解决这一特殊的复杂的问题，Huber 阐述了四个原则，其认为这些原则可以为解决法律冲突问题扫清道路。[13]

2. 法律冲突问题解决的一般原则——Huber 四原则

Huber 国际礼让原则，其原文如下：I. Leges cujusque imperii vim habent intra terminos ejusdem Reip, omnesque ei subjectos obligant, nec ultra, per l.ult.ff. de Jurisdic. II. Pro subjectis imperio habendi sunt omnes, qui intra terminos ejusdem reperiuntur, sive in perpetuum, sive and tempus ibi commorentur, per l.7, s.10.in fin. De interd. et releg. III.

Rectores imperiorum id comiter agunt，ut jura cujusque populi intra terminos cjus exercita，teneant ubique suam vim，quatenus nihil potestati aut juri alterius imperantis ejusque civium praejudicetur.[14] Ⅳ.Ex Regulis initio collocatisctiam hoc axioma colligitur. Qualitates personales certo loco alicui jure impressas，ubique circumferri et personam comitari，cum hoc effectu，ut ubivis locorum eo jure，que tales personam alibi gaudent vel subjecti sunt，fruantur et subjiciantur.[15]（Huber 在文章的第十二部分提到根据开始制定的三原则可以推导出第四个原则）

　　E. Lorenzen 在文章中把 Huber 原则译成了英文①，包括四个原则：①每个主权国家的法律在其境内有效，并约束其领土上的一切人，但是没有域外效力；②无论在主权国家境内长期居住还是暂时居住的人，都被视为该主权国家的臣民，都受内国法律管辖；③主权国家根据"礼让"行事，以便每一个国家在境内有效实施的法律在任何地方保持效力，只要不妨碍本国及臣民的权益。④从前三个原则可以得出下面这个原则：一个法律赋予个人的身份和地位，都会随人而至，在任何地方都具有效力；社会阶层相同的个人根据特殊法律获得和享有的权利在其他地方仍具有效力。后文解释到弱势群体享有任何地方监护法律制度的特殊身份、地位和权利。但是，Davies 认为 Huber 理论仅包括三个原则，并认为 Huber 理论第三条原则包含承认外国既得权的理论。

　　Morris 著作中阐述了 Huber 的理论，仅仅是阐述前三个原则（原文见脚注）②：①每一个国家的法律在其境内有效，并约束其领土上的一切人，但是没有域外效力；②一国境内所有人，无论其在境内长期居住还是暂时居住，都受内国法律管辖；③主权国家根据"礼让"行事，以便维持根据外国法创设的权利在内国的效力，前提是在不妨碍本国及臣民的权益限度内。Lea Brilmayer，Jack Goldsmith 在美国冲突法案例与资料中序言部分阐述的 Huber 三原则与 Morris 阐述是完全一样的。[16]从 Morris 的表述看，Sovereigns 是通过 Comity——礼让的方式行事，也就是说主权国家间应根据"礼让"原则相互尊重和交往。这样做的目的是为了让一个国家内合法获得的权利在任何地方保持效力，只要不损害内国的国家和臣民的权利。这第三个原则根本就没有提到法律——The law，却表述了一个清晰明确的既得权思想。后来，奠定英美国际私法基础的英国戴西和美国 Story

---

　　① See See Prof. Lorenzen，ON THE CONFLICT OF DIFFERENT LAWS IN DIFFERENT STATES，in Illinos Law Review，1919，Vol. XIII：401 et seq，the second part and the twelfth part. Ⅰ.The laws of every sovereign authority have force within the boundaries of its state，and bind all subject to it，but not beyond. Ⅱ.Those are held to be subject to a sovereign authority who are found within its boundaries，whether they be there permanently or temporarily.Ⅲ.Those who exercise sovereign authority so act from comity，that the law of every nation has been applied within its own boundaries，should retain their effect everywhere so far as they do not prejudice to the power or rights of other state，or its subjects. Ⅳ.From the rules laid down at the beginning the following maxim also is derived. Personal qualities impressed upon a person by the law in any place are carried with him and accompany his person everywhere，with this effect，that everywhere persons enjoy and are subject to that law which persons of the same class enjoy and are subject to in such other place.

　　② See David Maclean，Morris：The conflict of laws，5th ed.，Sweet & Maxwell，2000：533. Ulrich Huber laid down three maxims as follows：（1）The laws of each state have force within the limits of that government，and bind all subject to it，but not beyond.（2）All persons within the limits of that government，whether they live there permanently or temporarily，are deemed to be subjects thereof.（3）Sovereigns will so act by way of comity that rights acquired within the limits of a government retain their force everywhere so far as they do not cause prejudice to the power or rights of such government or its subjects.

的学说，都是秉承和维系的国际礼让和既得权理念。但是，李双元教授翻译 Morris 阐述的 Huber 三原则的时候，翻译成了以下内容——Huber 在其著作《论罗马法和现行法》一书第二编——论不同国家的不同法律冲突中，阐述了以下三大原则：①每一个国家的法律约束其领土上的一切人，在域外无效；②住在一国领土之上，即为该国之臣民，即使是暂时居留期间；③各国统治者基于"礼让"，互相尊重他国的法律，在不妨碍本国及臣民的权益限度内保持其效力。[17]这一成果被我国的国际私法界所分享。第一个原则和第二个原则重申的是法律的属地原则，中文译本和 Davies、Morris 的阐述基本一致。

第一个原则阐明了法律的属地原则，法律——The law 在政府主权管辖范围内具有效力。其中包含这样一个理论，所有国家的法律具有严格属地性。传统法则区别说赋予属人法的域外效力，已经于一个国家在其领土范围内享有绝对主权的观念不相容。Huber 抛弃了属人法在任何地方具有效力的观点，因为他认为，没有任何法律可以在主权国家以外实施或执行。法律属地原则是与封建主义一起建立起来的，是法律的古老的传统。法官在管辖范围内，所适用的规则是"地方习惯"，而且只适用"地方习惯"。10 世纪时，其取代了属人法制度。[18]到目前为止，法律的属地性仍然是法律最主要的最有效的属性。法律的属地原则是 Huber 学说建立的基础。

第二个原则是内国法律对其境内所有人具有效力的一个郑重声明，无论是临时居住于境内还是长期居住于境内，无论其是内国人还是外国人，都受内国法律管辖和支配。Huber 认为，在一个国家内行为的所有人都被认为是该国家的臣民在某种程度上是绝对的，因为这符合情况的本质以及国家把所有在其境内的人划归自己法律管辖的国际惯例，也符合几乎所有国家接受的刑事领域抓捕个人的理论和实践。Grotius 认为一个被认为是临时居民的人在某地方的行为受该地方法律的管辖和支配。一个国家仅因为发现外国人在其境内的原因抓捕境内的外国人的法律是没有根据的，除非该国主权权利被视为扩展到该国境内所有人。[19]

第三条原则阐述的是礼让理论和既得权理论。Huber 认为法律冲突的解决不仅来源于民事法律，而且来源于便利原则和国家间默示同意。因为一个国家的法律不能再其他国家直接发生效力，但是由于法律的不同导致根据一个法律有效成立的民事行为在其他地方被认为无效，这对国家间商业和一般交往会造成重大不便。[20]这是国家间为什么坚持礼让的原因和基础。根据一个地方的法律实施的所有交易和行为能是有效的，这些交易和行为在任何地方都是有效的，甚至这个地方实施不同的法律；另一方面，根据交易和行为原始产生地法律，交易和行为是无效的，那么这些交易和行为在任何地方都没有效力。这不仅适用于在交易和行为所在地有住所的个人，也适用于在此暂时居住的人。但是也有例外，如果另一国家因此会遭受严重不便，将根据第三条原则拒绝让交易和行为产生效力。[21]遗嘱也是如此。

第四条原则是法律创设的自然人的身份和地位效力恒定原则。有关自然人身份和地位的法律规定，在任何地方具有效力。这似乎与法律属地原则相冲突，Huber 是为社会特殊阶层设立的此原则，以只求法律适用的公正性。弱势群体，例如：年少者、挥霍无度的人和已婚妇女，在任何地方都应该受到监护，拥有和享有任何地方监护制度赋予的权利。一个人在佛里斯兰（省）获得成人权利，如果在 Holland（荷兰的一个省）

做出行为，将不会被给予补偿。如果他被宣布为是一个挥霍无度的人，将不能签订合同或者在另一个地方提起诉讼。并且，一些省规定自然人 21 岁成年，才可以转让不动产和具有完全的民事行为能力，甚至一些地方规定成人年龄为 25 岁。因为，所有政府把他们视为自己的臣民通过礼让承认外国法和判决的效力，只要不对内国国家和公民造成损害。[22]

3. 合同、遗嘱、婚姻和判决承认与执行的法律冲突解决方式

根据合同缔结地法律订立的合同，在任何地方都是有效的，无论是在法庭内还是在法庭外，甚至是在认为以这样的方式订立合同无效的地方。这不仅用于确认合同形式问题，而且用于确认合同实质有效性问题。[23]根据其他地方的法律成立的合同，本地法律与合同成立地法在允许起诉和驳回诉讼的法律规定有所不同时，在本地提起诉讼时，法院如何适用法律？时效和执行不属于合同有效性问题，仅仅是提起诉讼的时间和方式，虽属于合同的一部分，但是是一个分离的协议。因此，有关诉讼程序的问题要遵守法院地的法律和惯例，即使合同不在此地成立。Jone à Sande 认为既定判决的执行应遵守执行地的法律，而不是判决作出地的法律。[24]合同成立地不能认为是绝对严格的，如果合同当事人头脑中的订立合同地是另一个地方，那么合同成立地就不应采用。[25]

根据行为地法有效成立的遗嘱，自始有效，并且其效力在任何地方应该得到认可。Huber 举例说明了自己的观点。在 Holland 设立遗嘱需要一个公证人和二个证人在场。在 Friesland，一个遗嘱必须有七个证人证实才是有效的。一个 Batavian 根据 Holland 的法律设立了遗嘱，Holland 的法律需要遗嘱财产位于 Friesland。问题是法官是否确认遗嘱的请求。Holland 的法律不能约束佛里斯兰人，根据第一条原则，遗嘱无效；但根据第三条原则，遗嘱效力会得到支持，并会给予有利判决。但是佛里斯兰人在 Holland 根据 Holland 的法律设立的遗嘱，但违反 Friesland 的法律规定，后来，他返回了 Friesland，并在这里死亡。这遗嘱有效吗？根据第二个原则，遗嘱是有效的。其在 Holland 暂时居住期间，他受该地方法律的约束，他的行为初始时是有效的，根据第三个原则，这份遗嘱到任何地方都应该具有效力，并且不区分动产和不动产。[26]

婚姻问题法律冲突依然适用文章开始的三个原则。如果符合婚姻成立地法和举行地法，婚姻是合法有效的，并且它将在任何其他地方有效。[27]在某一地方缔结的婚姻协议和婚姻，不仅其本身在任何地方具有约束力和效力，附在上面的权利和影响也在任何地方保持效力。[28]但有一个例外，除非给他人造成损害，或者特别恶心，令人厌恶。如果根据某一国家的法律血亲相奸是允许的，那也不会享有既得权，不会在其他国家得到认可。在 Friesland，一男一女同意结婚，并把对方看做丈夫和妻子，即使没有在教堂举行仪式，婚姻也可以有效成立。但是在 Holland 这将不被视为婚姻。尽管如此，此对夫妻在 Holland 毫无疑问的享有婚姻有关权利，如定居权，子女的继承权。从实践角度看，经常存在规避法律的现象——Migration for Marriage。年轻人为了寻求婚姻来到 Easter Friesland 或其他地方，这些地方不必得到监护人同意就能结婚。在这里举行婚礼，然后立即返回家乡。更有甚者，一些人利用自己的技能和知识明知和故意与他省公民分享违反本国法律的权利。Huber 认为这样的行为会导致自己国家法律体系的颠覆，因此，政

府不会承认这样的婚姻的效力。[29]婚姻合同缔结地与婚姻举行地也经常不一致。

外省或外国法院的判决和裁定，符合其法律的规定，就会在任何地方具有效力，但不得对其他省或国造成损害。具有恰当管辖权的法院宣告的判决和罪行赦免在任何地方都具有法律效力，其他地方的法官再次起诉一个已经在其他地方被判决有罪或者被赦免的人都是不恰当的，即使有充分的理由。除非对另一个省或国家造成明显的危害或者不便。Titius 在 Friesland 打了一个人的头部，被打的人鼻子流了很多血，第二天死了。Titius 逃到 Overyssel，自首并被捕。根据被伤害人只是受伤而不是去世的事实，Titius 很快被审判获有罪判决。判决在 friesland 承认和执行时遭到了拒绝，因为该判决对本周造成了明显的危害，会导致罪犯逃到外国获取较轻的判决情况经常发生。民事判决的承认和执行也适用这样的规则。[30]

Huber 抛弃了 Rodenburg 和 Paul 父子仍然遵循法则区别说的传统，避免了把法律分类——人法、物法和混合法的窘境。取而代之，Huber 采用主权理论和国际礼让的思想解决法律冲突。[31]Huber 十页论文的第一章 "De conflictu legum diversarun in diversis imperiis" 冠名为 "法院的问题的起源和作用属于国际法范畴而非国内民法"[31]篇幅不长，却包含了解决法律冲突的一般原则和具体法律关系法律冲突问题——遗嘱、婚姻、合同、判决承认执行，的解决方法。Huber 认为法律冲突问题的解决方法不是绝对的来源于民事法律，而是来源于国家间的便利和默示的心照不宣的同意。法律冲突的解决服务于国家间正常的政治交往和商业交往。同时，我们发现其理论之中有浓重的既得权思想，根据一个法律有效成立的遗嘱、合同、婚姻和判决，在任何地方都保持法律效力，这已经是一个一般的规则。但是，又有法律规避制度和公共秩序制度对这个一般的原则给予约束。既得权不得违反国家间共同的便利，不得损害本国及臣民的利益，不是采用规避法律的手段获得的，获得方式不得颠覆内国法律体系。Huber 把整个理论大厦建立在礼让和既得权原则之上，在方法论上也实现了变革，根本不是什么法则区别说的延续，正如 Friedrich K. Juenger 所说，Huber 对国际私法的贡献之一就是宣告了法则区别说的死亡。

三、对荷属"国际礼让说"的反思

（一）国家主权观念的引进

国家主权，指的是一个国家独立自主处理自己内外事务，管理自己国家的最高权力，是国家区别于其他社会集团的特殊属性，是国家的固有权利。国家主权理论起源于 16 世纪法国的政治思想家、法学家博丹，其在《论共和国》阐述了主权理论："主权是主权者对领土及其居民的最高权力，除自然法和神法之外，不受任何其他权利所制定的任何法律和规则的约束，但在对外关系上它受一切国家共有的某些法则的限制"。[32]在荷兰独立战争中成长的伟大的格老秀斯，思考战争合法性，倡导国家主权理论，采用一种更广阔、更开放的视角来审视国际法律关系。其在 1625 年出版的《战争与和平法》中指出，"凡行为不从属于其他人的法律控制，从而不致因其他意志的行使而使之无效的权力，称为主权"。

"国家主权"观念倡导国家独立，反对其他国家干涉，符合 16~17 世纪正在争取独立的荷兰政治上的需要。这个时代的荷兰，就是倡导主权独立、国家主权的荷兰。国家主权观念和理论成为了时代最强音。Huber 终结了法则区别说的方法论，宣告了其死亡，不在从法则的性质出发，衡量法律是否具有涉外效力。而是从国家主权主义出发，探讨一个国家应该在国家交往中如何行事，如何的程度上允许外国法律创设的权利能够在内国具有效力。但是，国家主权是一个不可逾越的原则，外国法创设的权利不能与之抵触。Huber 从国家主权的角度考虑法律冲突解决的问题是一个很大的进步，因为从现实的角度考虑，国家进行对外交往都是为了自己的国家利益的，国家主权原则不仅是国际公法也是国际私法的根本原则。Huber 的理论，引入国家主权观念，从法律适用的普遍主义走向法律适用的特殊主义，是国际私法发展历程中的巨大进步。有一点是需要明确的，国际私法对国家主权的关注程度在不同的时代有所不同。

Huber 在法律适用理论中引入国家主权观念的具体表现就是规定公共秩序保留制度。这是他对国际私法的另一个重大贡献。Huber 的第三条原则，明确强调了外国法律创设的权利在内国适用有效的前提——不损害内国主权权利、国家利益和臣民的利益，在不损害该国主权及其公民利益的条件下，根据"国际礼让"，保持外国法创设的权利在内国的效力。公共秩序保留制度已经从巴托鲁斯提出的道德原则的维护，发展到对括道德原则，包括国家利益、主权权利和内国国民利益的维护。从 19 世纪意大利孟西尼观点，我们可以明确公共秩序保留制度就是主权原则，实际上是国家主权原则的一个具体的表现方式。

（二）"礼让"躯壳下浓重的既得权思想

14 世纪意大利学者巴托鲁斯，从法则的性质出发，根据法则的性质决定一个法律是否具有域外效力。他的学生巴尔杜斯也是坚持这一原则。16 世纪法国法学家，杜摩林和达让特莱也坚持从法则性质出发，来决定法律的适用。17 世纪荷属时代，资产阶级革命在荷兰成功，国际法理论形成发展，国家主权平等理论深入人心。此时，荷兰学者抛弃了根据法则的性质决定法律适用的国际普遍主义做法，而采用国家特殊主义的方法。Huber 认为外国法和外国法创设的权利在内国得以遵从来源于便利原则和国家间默示同意。一个国家的法律不能在外国直接发生效力，但是由于法律的不同导致根据一个法律有效成立的民事行为在其他地方被认为无效，这对国家间商业和一般交往会造成重大不便。[31]国家间共同的便利原则也是国家间交往需要维护的。礼让恰恰是维护便利原则的最佳手段。但是我们也会强烈的感觉到"礼让原则"只不过是一个躯壳、一个形式，这个躯壳的灵魂和本质恰恰是既得权的延续和维护。

Huber 不仅在其理论的一般原则之中表明了浓重的既得权思想，而且在其阐述具体法律关系法律冲突解决方式的时候，也表现出了浓重的既得权思想。第三条原则阐述了既得权理论，根据一个地方的法律实施的所有交易和行为能是有效的，这些交易和行为在任何地方都是有效的，甚至这个地方实施不同的法律；另一方面，根据交易和行为原始产生地法律，交易和行为是无效的，那么这些交易和行为在任何地方都没有效力。第四条原则是法律创设的自然人的身份和地位效力恒定原则。有关自然人身份和地位的法律规定，在任何地方具有效力。弱势群体，如：年少者、挥霍无度的人和已婚妇女，在任何地方都应该受到监护，拥有和享有任何地方监护制度赋予的权利。根据合同缔结地法律订立的合同，在任何地方都是有效的，无论是在法庭内还是在法庭外，甚至是认为以这样的方式订立合同是无效的地方。这不仅用于确认合同形式问题，而且用于确认合同实质有效性问题。[23]根据行为地法有效成立的遗嘱，自始有效，并且其效力在任何地方都应该得到认可。婚姻问题法律冲突依然适用文章开始的三个原则。如果符合婚姻成立地法和举行地法，婚姻是合法有效的，并且它将在任何其他地方有效。[29]在某一地方缔结的婚姻协议和婚姻，不仅其本身在任何地方具有约束力和效力，附在上面的权利和影响也在任何地方保持效力。外省或外国法院的判决和裁定，符合其法律的规定，就会在任何地方具有效力，但不得对其他省或国造成损害。[20]在陈述国际礼让的理论基础时，Huber 概括了既得权理论的基本思想，根据该理论承认域外根据特别法律获得的权利。[33]

（三）属地主义的延续

国际私法就是在法律的属地主义与属人主义的斗争中产生的。法律的属地性是法律固有的传统，一个国家制定的法律，在其境内具有完全的效力，可以约束境内的一切人、事物和行为。只有内国国家在自己的法律体系当中承认和认可外国法律的域外效力的时候，内国法律对其领域境内的人、事物和行为的效力才会让渡给外国法律。10 世纪欧洲进入严格的封建属地时期，欧洲封建国家的法律在其境内有绝对的效力。国家的产生，使国家越来越重视国家主权权利。属地主义开始逐渐统治冲突法领域。[34]16 世纪中叶，法国北部布列塔尼省的贵族、历史学家和法学家达让特莱（D' Argentré，1519~1590），站在封建贵族的立场，极力推崇属地原则。认为一切法律和习惯都是物的，提倡法律的属地原则。达让特莱的思想反映了当时封建势力的要求，他极力推崇各省自治，主张一切法律附着于制定者的领土，这在法律适用问题上几乎又回到了过去的绝对属地主义立场上。他的思想也影响了 Huber。荷兰的邻国比利时和德国也有坚持封建习惯法的传统，无论是在理论界还是实践领域。16 世纪初，德国进行了普通法的改革，但是北部封建法萨克森明镜依然有效。[35]萨克森明镜是一个北部地区的习惯法汇编。法律也是一个具有惯性的事物，会按照自己的规律发展，在目前的涉外民事立法中，属地主义仍然是不可忽视的力量。Huber 学说的第一个原则阐明的是主权权力划分，一个国家的法律在其境内有效，并约束其全体臣民、事件和行为。这就是属地主义的延续。

（四）对国际私法影响深远

Huber 的学说以礼让的方式终结了法则区别说的法律选择方法，创立了既得权理论，提出了公共秩序保留制度，坚持了法律属地性，在某种意义上以追求判决结果一直为目标，这对 18 世纪以后的国际私法理论产生了重要且深远的影响，这种影响在英国和美国尤为明显。

英国受 Huber 理论影响主要是因为两个国家间的密切联系。1689 年，威廉成为荷兰和英国共同的国王，两个地域之间的商业和文化交往非常频繁。17 世纪和 18 世纪，苏格兰对荷兰 Huber 和 Vocts 的理论进行了详细的研究学习和接受。[36]18 世纪后半期，英国 Lord Mansfield 直接在英国法院适用了 Huber 的理论。英国学者 Dicey 从中得到启发，创立了法律适用的"既得权说"，其思想来源于 Huber 的既得权理论。因此，Morris 在其论著中提到，Huber 是弗里斯兰非常成功的法学教授和法官，他撰写了有关冲突法的很短的文章，但是其对英国和美国国际私法发展的影响超过了任何一位其他的法学家。[37]18 世纪的美国与 17 世纪的荷兰有着相同的政治法律状况，各省自治并拥有自己的法律，法律冲突比比皆是。美国法学家 Kent 和 Story 学习借鉴荷兰学者的理论来解决美国国内的法律冲突问题是有历史根据的。19 世纪上半期，美国法学家 Story 建立了"属地法说"，奠定了美国冲突法的基础，影响了美国冲突法一个世纪，其理论基本延续的 Huber 的学说。美国冲突法第一次重述的撰稿人比尔，极力推崇既得权说，贯穿第一次冲突法重述的思想就是既得权说，从某种意义上说，就是 Huber 理论的延伸。

从 20 世纪末美国的国际私法实践看，Huber 的理论对美国司法审判仍有影响。1993 年的 Hartford Fire Insurance Co. v. California 案件中，谢尔曼法案确认对洲际和国际商业交往造成不合理限制的任何合同非法。部分内国被告认为 McCarran-Ferguson 法案排除了谢尔曼法案适用于被控行为；而外国的被告认为根据国际礼让原则，地区法院应该戒除对违反国际礼让原则诉讼请求行使管辖权。[38]而且，最近一些审级比较低的法院，开始调和谢尔曼法的域外适用与国际礼让原则之间的关系。这种"礼让"不是法院间的礼让，借此法院谢绝对其他法院更适合审判的案件的管辖权，而是一种法定的礼让，主权国家间通过限制自己法律的适用的方式相互提供给对方国家的礼让。[39]立法机关设立有关礼让的法律时，立法机关就是在执行"礼让"原则。在解释立法机关制定的有关礼让法律的范围的时候，法院在执行"礼让"原则。礼让是法律选择理论的传统组成部分。"礼让"在某种意义上包含一个法律选择的原则：如果没有国会相反的指示，实体法具有域外效力。从这种意义上考虑"礼让原则"是决定谢尔曼法案是否禁止涉诉行为的部分原因。[39]从美国司法实践看，"礼让"原则对美国影响从古至今，从未被忽视过。难怪 Morris 在其论著中提到，Huber 是弗里斯兰非常成功的法学教授和法官，他撰写了有关冲突法的很短的文章，但是其对英国和美国国际私法发展的影响超过了任何一位其他的法学家。[40]

荷属"国际礼让学说"是在一个动荡的政治环境中——战事不断、一个复杂的法律背景下——多法域法律状况和多元化的法律、一段国家经济的黄金时期——海外贸易极其发达的历史条件中创设的理论，其内容论及法律属地主义理论，公共秩序保留制度，既得权思想，国家主权理论和礼让理论等诸多方面，且该学说及其包含的理论对欧洲大陆和英美法系国家的国际私法的理论和司法实践产生了重大而深远影响。然而荷属"国际礼让学说"也有不足之处，主要体现在选择法律的方式过于功利。但无论从何种角度说，荷属"国际礼让学说"都是一个伟大时代的一个伟大法学家的伟大法学巨献。

【本专题参考文献】

[1] Juenger F K. A page of history[J]. Mercer L. Rev.，1984，35：419.

[2] Juenger F K. Chioce of law and Multistate Justice. 2005：19.

[3] 梅兰特. 欧洲法律史概览[M]. 屈文生，等译. 上海：上海人民出版社，2008：341.

[4] 梅兰特. 欧洲法律史概览[M]. 屈文生，等译. 上海：上海人民出版社，2008：343.

[5] 梅兰特. 欧洲法律史概览[M]. 屈文生，等译. 上海：上海人民出版社，2008：345.

[6] 梅兰特. 欧洲法律史概览[M]. 屈文生，等译. 上海：上海人民出版社，2008：344.

[7] 梅兰特. 欧洲法律史概览[M]. 屈文生，等译. 上海：上海人民出版社，2008：348.

[8] 宋鸿兵. 货币战争全集[M]. 北京：中华工商联出版社，2009：149.

[9] 姚介厚，李鹏程，杨深. 西欧文明（下册）[M]. 北京：中国社会科学院出版社，2002：586.

[10] 胡克 M T. 荷兰史[M]. 黄毅翔译. 上海：东方出版中心，2009：117.

[11] Gutzwiller M. Geschichte des international privatrechts. 1977，25（16）：132-133.

[12] Gutzwiller M. Geschichte des international privatrechts. 1977，25（16）：144-145.

[13] Lorenzen P. On the conflict of different laws in different states[J]. Illinos Law Review，1919，13：401，the 1th part.

[14] Llewelyn D J，Davies M A. The influnce of huber's de conflictu legum on english private international law[J]. English Yearbook of International Law，1947，18：65.

[15] Llewelyn D J，Davies M A. The influnce of huber's de conflictu legum on english private international law[J]. English Yearbook of International Law，1947，18：74.

[16] Brilmayer L，Goldsmith J. Conflict of laws，Case and Materials（Fifth Edition）[M].，30.

[17] 莫里斯. 戴西和莫里斯论冲突法[M]. 李双元，等译. 北京：中国大百科全书出版社，1998：6.

[18] 梅兰特. 欧洲法律史概览[M]. 屈文生，等译. 上海：上海人民出版社，2008：162.

[19] Lorenzen P. On the conflict of different laws in different states[J]. Illinos Law Review，1919，13：401，2nd part.

[20] Juenger F K. Choice of law and Multistate Justice. 2005：20.

[21] Lorenzen P. On the conflict of different laws in different states[J]. Illinos Law Review，1919，13：401，3rd part.

[22] Lorenzen P. On the conflict of different laws in different states[J]. Illinos Law Review，1919，13：401，12th part.

[23] Lorenzen P. On the conflict of different laws in different states[J]. Illinos Law Review，1919，13：401，5th part.

[24] Lorenzen P. On the conflict of different laws in different states[J]. Illinos Law Review，1919，13：401，7th part.

[25] Lorenzen P. On the conflict of different laws in different states[J]. Illinos Law Review，1919，13：401，10th part.

[26] Lorenzen P. On the conflict of different laws in different states[J]. Illinos Law Review，1919，13：401，4th part.

[27] Lorenzen P. On the conflict of different laws in different states[J]. Illinos Law Review，1919，13：401，8th part.

[28] Lorenzen P. On the conflict of different laws in different states[J]. Illinos Law Review，1919，13：401，9th part.

[29] Lorenzen P. On the conflict of different laws in different states[J]. Illinos Law Review，1919，13：401，8th part.

[30] Lorenzen P. On the conflict of different laws in different states[J]. Illinos Law Review，1919，13：401，6th part.

[31] Juenger F K. Chioce of law and Multistate Justice[M]. 2005：20.

[32] 王铁崖. 国际法[M]. 北京：法律出版社，1995：106.

[33] Kalensky P. Trends of private international law[M]. Prague Academia，1971：72.

[34] McDougal Ⅲ L L，Felix R L，Whitten R U. American conflicts law：case and materials（4th ed）[M]. Lexis Nexis，2004：6.

[35] 范·卡内冈 R C. 欧洲法：过去与未来[M]. 史大晓译. 北京：清华大学出版社，2005：6.

[36] Llewelyn D J，Davies M A. The influnce of huber's de conflictu legum on english private international law[J]. English Yearbook of International Law，1947，18：53.

[37] MacLean D. The conflict of laws（5th ed）[M]. Sweet ＆ Maxwell，2000：533.

[38] Brilmayer L，Goldsmith J. Conflict of laws，case and materials（Fifth Edition）. 752.

[39] Brilmayer L，Goldsmith J. Conflict of laws，case and materials（Fifth Edition）. 760.

[40] MacLean D. The conflict of laws（5th ed）[M]. Sweet ＆ Maxwell，2000：533.

专题二 涉外法律关系分析专题

专题要旨：法律选择方法始终是国际私法理论研究的核心内容。14 世纪以来，欧美学者建立了诸多理论内涵和法律选择理念各异的法律选择理论学说，可这些理论方法都未能提供切实可行的法律选择方法。我国国际私法界研究欧美法律选择方法较多，却始终未建立自己本土的法律选择方法，殊为遗憾。本专题拟探索一个新的法律选择方法——"法律关系分析论"。"法律关系分析论"，以法律关系性质和构成因素为考察对象，在遵从现行冲突法体系优先适用的前提下，依据法律关系本质形成的法律选择传统，采用利益分析和损害分析方法，考量法律关系的构成因素，结合法律关系涉及法律的立法目的和法律选择经济分析，按照本专题列出的程序和步骤，最终确定案件应适用的法律。任何法律选择方法的构建都不是一蹴而就的，"法律关系分析论"构建需要一个渐进的过程，它会在不断地反思中趋于完善。

专题要点：法律关系分析论 法律选择方法 国际私法基础理论

美国著名学者社会理论学家 I. 沃勒斯坦曾经说过："对于学者和科学家来讲，反思（rethinking）争议问题是相当正常的"。[1]从国际私法理论发展历程看，法律关系研究始终是法律选择理论不可抛弃的内容。虽然二十世纪中后期，在新的时代和新的法律思潮不断涌现的背景下，欧洲冲突法"改良"和美国冲突法"革命"偏离了法律关系研究方法，但是这些理论由于过多讲究"方法"和缺失"规则"，注定不能有效解决法律冲突，最终解决法律冲突问题还要回归法律关系研究层面。在国际私法圣域之中，法律关系有着超乎我们想象的伟大品格，因此，有必要在反思法律关系理论和以往冲突法理论蕴含的法律关系研究方法的基础上，构建以法律关系研究为核心的法律选择方法。

第一节 涉外法律关系的基本范畴

法律关系是一个极为重要的法律概念，几乎所有法律概念和元素都与它有密切关系。从一般意义上讲，法学研究和司法实践的过程，都是在分析、研究和判定法律关系。任何法律现象的存在都是为了处理某种法律关系；每一个法律规则（规范）的目的是为法律关系的存在创造形式条件；没有对法律关系进行操作就不可能对法律问题做任何技术分析；没有法律事实与法律关系的相互作用就不可能科学的理解任何法律决定。[2]

（一）法律关系本质

德国法学家萨维尼（Friedrich Karl von Savigny，1779-1861）首次对法律关系进行系统理论阐述。他认为：对于我们而言，所有的具体的法律关系就是通过法则界定的人与人之间的联系，但这种通过法律规则而进行界定在于向个人意志指定了一个区域，在此领域之中，个人意志独立于所有其他人意志而居于支配地位。[3]在每个法律关系中，可以区分出来两个部分：第一个部分是素材（Stoff），即关系本身；第二个部分是法对此要素的界定。我们可以将第一个部分称为法律关系的"实体要素"，或者称为法律关系中"单纯事实"；而将第二个部分称为法律关系的形式要素，即依据此将事实联系提升为法形式的要素。[4]二十世纪德国法学家恩斯特·施泰因多夫（Ernst Steindorff）和卡尔·拉伦茨（Karl Larenz）也分别探讨了法律关系的本质和外延。恩斯特·施泰因多夫认为"法律关系和法律制度的各个组成部分在概念上可以理解为独立的要素，这些要素之间的联系构成了法律关系，他们之间的组合便成为了法律制度；他进一步论证，在冲突法领域，这种抽象性达到了极致，抽象的法律关系成为了冲突法调整的对象，人们努力在法律关系的本座，或者重力中心中寻找着连结因素。[5]卡尔·拉伦茨认为，法律关系是基于一个统一的目的结合在一起的各种权利、义务和其他约束的总和，这些权利、义务和拘束具有各不相同的规范属性和规范结构，它们一方面表现为各种的权利（Berechtigung），另一方面表现为各种法律上的负担（Belastung）。[6]诺贝特·阿赫特贝格（Norbert Achterberg）认为法律关系是由法规范形成的两个或多个主体之间的关系。①德国法学家迪特尔·梅迪库斯也认为法律关系有两部分组成，一是法律的调整，二是现实生活的一部分。法律关系的第二个要素的实质在于其对一部分现实生活的撷取。[7]生活关系是一个连续的整体，我们从这个连续统一体中取出一部分，对其进行法律考察。[7]

我国很多学者也对法律关系问题进行了研究。张文显认为"凡是法律关系都是社会生活关系（归根结底是社会物质生活关系）的记录，是社会生活关系与法的形式的统一，只有从形式和内容、主观（意志性）和客观（物质性）的统一上去考察，才能正确认识法律关系。"[8]庞正认为，法律关系的本原是社会关系，是经由法律手段确认和调整各种社会关系的结果。[9]法律关系可分为规范意义的法律关系和事实意义的法律关系。规范意义的法律关系是法律关系的应然形态、制度形态，它以社会关系的制度面相出现，是立法对普遍而正当的社会关系模式的确认；事实意义的法律关系是法律关系的实然形态、具体形态，它以社会关系的事实面相出现，是现实社会主体相互交往的关系缔结，是法律调整的对象。[9]舒国滢认为，法律关系是在法律规范调整社会关系的过程中所形成的、体现意志的人们之间的权利和义务关系。[10]

任何一个语词的含义都是复杂的，它具"核心领域"，同时也具有"边缘领域"，由于语言本身具有一种"开放性结构"，因此任何定义都是不完整、不确定的。[11]不同学者对法律关系含义认识存在差异是自然的事情。通过比较分析国内外不同学者有关法律关系的观点，本专题认为：法律关系是社会关系的一种表现形式，是具有法律意义和法的形式的社会关系。从本质上讲，法律关系就是法律与社会关系或事实相互作用过程

---

① Vgl, Norbert Achterberg, a.a.O.（Anm.2.）：32.

中产生的人与人之间的关系，是社会关系的一种主观的表现形式，是法律化的社会关系，或者说具有法律形式的社会关系。法律关系可以分为两个部分，法律关系就是这个两个部分的辩证统一。第一个部分是法律关系的实体要素，表现为法律关系中的事实（社会关系），我们称之为法律关系的事实构成；第二个部分为法律关系的形式要素，即法的形式的要素。主观抽象的法律关系是仅仅是以观念的形式存在，是一种主观存在[12]①；客观存在的是事实关系，或者说社会关系。正如德国法学家迪特尔·梅迪库斯所言，法律关系由法律的调整和现实生活的一部分组成，法律关系的实质在于其对一部分现实生活的撷取。[7]法律评价社会关系（案件事实）形成法律关系，法律对社会关系介入形成法律关系。可以简单的说，法律关系是具体事实和法律对该事实评价的统一。法律关系本质就是社会关系，在具体案件中就表现为案件事实。社会关系是法律和法律关系的载体，冲突法问题解决与法律关系中的实体要素密切相关。

（二）法律关系分类

法律规则决定法律关系，法律规则体系会产生相应的法律关系体系。因为规范社会关系的法律规则可以分为不同部门（类别），因此，法律关系也具有了类别属性。同时，每一类型的法律规范还可以进行不同层次的分类，与此相应，法律关系也可以进行不同层次的分类。

1. 法律关系多层次分割

法律关系具有系统性和整体性，这一特征来源于法律规则的系统性和整体性。一个国家现行的法律规则根据不同的标准和原则划分成不同的法律部门，这些法律部门具有内在联系，形成一个有机的统一整体。法律体系各部门是相互协调、相互联系的有机整体，它们既相互独立又具有紧密的内在联系。法律体系的系统性，本质上是法律体系的统一性，是法律发展的必然要求，是由立法目的和任务的统一性所决定的。

法律规则决定法律关系，没有法律规则就没有对应的法律关系。法律规则的系统性和整体性决定了法律关系的系统性和整体性。法律关系具有不同的种类和层次，这些不同种类和层次的法律关系构成了一个有机联系和相互统一的法律关系体系。这些法律关系类型和层次与法律体系的各个法律部门和子法律部门一一对应。第一层面的法律关系，包括：宪法法律关系、刑事法律关系、民事法律关系和行政法律关系等。第二个层次的法律关系是由第一个层次的法律关系派生出来，位阶低于第一层次的法律关系。民事法律关系可以分为：人身关系、合同关系、侵权关系、婚姻关系、继承关系、知识产权法律关系和物权关系等。民事领域所包含的第二层次的民事法律关系还可以再具体划分，物权关系可以分为不动产物权关系和动产物权关系；合同关系可以分为合同形式法律关系和合同实体效力法律关系。体系性特点再一次表明了法则与法律关系的内在联系，这种内在联系也是确定法律关系应适用何种法律的根据。在涉外民事领域，与民事法律关系事实构成一样，民事法律关系的类型与法律选择有极为密切的关系。

---

① 法国一些学者认为，民事权利是一种主观权利，是社会关系的反应，其构成的基本因素是：合法的不平等。

2. 民事法律关系分类

萨维尼认为民事法律关系主要分为家庭法律关系、物法律关系和债法律关系，以及它们相互交融之中产生的更为具体的法律关系。他认为民事法律关系的本质是个人意志独立支配的领域。因此，我们首先必须探求意志可能作用的对象，也就是可以扩展其支配的对象；据此可以自然而然得出法律关系可能具有不同种类的另一个梗概。[13]意志可以作用于本人和外部世界，外部世界分为不自由的自然和与意志者相同种类的自由存在——他人。与我们意志支配的可能对象相对应，出现以下情况：一是原初的自身，与此相对应的是所谓的原权，我们根本不将此权利作为一个真正的权利；二是在家庭中扩展的自身，在此之中的我们意志的可能支配只是部分属于法领域，由此构成了家庭法；三是外部世界，与此相关的意志支配完全处于法的领域之内，由此构成了财产法，它又可以进一步分为物法和债法。[14]并由此产生了法的三个主要类型，包括家庭法、物法和债法。这些法的类型只在我们的抽象中是分离的，与之相反，在现实中，它们以极为多样的方式相互联系起来，并且在这种持久的联系之中，必然会存在相互影响和相互修正，甚至会出现新的法律和法律关系的类型。[14]萨维尼揭示了民事法律关系最一般的分类和民事法律关系分类的动态性和复杂性。

本专题认为民事法律关系的分类是具体的，不同层次民事法律关系或同一层次的不同民事法律关系类型具有不同的特征或特性，即每一类型民事法律关系都具有自己本身的特性，指称范围最小的法律关系类型特性最为明晰。指称范围最小的民事法律关系的特征和特性与法律冲突的解决和法律选择有密切的联系，寻找到指称范围最小的民事法律关系是法律选择的关键，否则可能我们都不能清楚地认识案情。民事法律关系包含债权关系，债权关系包含合同法律关系、侵权法律关系、不当得利和无因管理；侵权法律关系包含一般侵权法律关系和特殊侵权法律关系；特殊侵权关系又可以分为很多样态，诸如海上侵权关系、公路交通事故侵权关系、产品责任侵权法律关系等等。在民事领域，民事法律关系内涵和外延最大，产品责任侵权法律关系较为具体，指称范围较小，特性更为明晰，法律追求的目的更为具体。本专题研究法律关系就是研究具体案件中指称范围最小的法律关系的本质特性，探讨法律选择问题。

二、"法律关系分析论"内涵和特征

法学研究和司法实践的过程就是分析和研究法律关系的过程，反之分析和研究法律关系也是法学研究和司法实践的重要方法。正如梁慧星教授所言："法书万卷，头绪纷繁，莫可究诘，然一言以蔽之，其所研究或所规定者，不外法律关系而已"。[15]"法律关系分析论"以法律关系为切入点，继承传统和现代法律选择方法的合理因素，旨在构建一个得当的法律选择工具。恰如迈克尔·J.温考普（Michael J.Whincop）和玛丽·凯斯（Mary Keyes）所言，如果分析工具得当，冲突法就不必竟然如此令人困惑费解，而又可以依然具有迷人的魅力。[16]

（一）内涵及特征

国际私法理论学说一般包含两个部分：一部分是论证冲突法存在的原因或理由；另一部分是具体的法律选择方法，或者说是法律冲突解决方式。目前，世界各国的冲突法学者在冲突法存在原因和基础方面基本上已达成共识：维护正义原则和正常国际民商事交往秩序。因此，本专题不再给予此方面过多的关注。我们把目光和精力聚焦于法律选择方法，恰当的法律选择方法能够给予法官和学者有益的指导，能够高效的解决法律冲突问题。如迈克尔·J. 温考普所言，构建合理的法律选择方法，冲突法会更具迷人魅力。我们回顾了以往理论学说蕴含的有关法律关系的法律选择理论和方法，发现法律选择和法律冲突的解决离不开对法律关系的分析和研究。继而，本专题探讨了法律关系的本质和类型，明确了法律关系是由一定的社会关系（具体案件事实）和法的形式构成；分析了主要的民事法律关系类型本质；界定了法则与法律关系之间的关系。此时，我们已经为构建 "法律关系分析论" 做好了必要准备。

"法律关系分析论" 内涵界定为：尊重既有冲突法规范体系的前提下，首先对涉外民事法律关系的性质进行确认或对涉外案件中存在的多种法律关系进行选择，继而在法律关系特性对法律选择的限制范围内，依据利益分析和损害分析方法对法律关系具有法律选择意义的构成因素定性和分析，综合考量法律关系本质特性和法律关系构成因素，确定有关法律在涉外民事案件中具有的利益，然后在权衡案件有关法律的立法目的和法律选择以及适用的经济效益的基础上，最终确定涉外民事案件应适用的实体法律。"法律关系分析论" 取向操作性和普遍性，以法律关系特性和法律关系构成因素为分析研究对象，在法律关系性质限定的范围内，依据法律关系构成因素的排列组合所表现出的利益关系，来决定涉外民事案件最终适用的法律。它不是仅仅根据法律关系的性质或一个或几个硬性的连结点确定涉外民事法律关系应适用的法律，而是对法律关系的构成因素进行利益和损害分析，综合考量法律关系特性和构成因素，并结合立法目的和效率标准，最终决定涉外民事关系适用哪一个国家的实体法。"法律关系分析论" 是兼具理性内涵和具体适用方法的法律选择方法。它具有以下特点：

第一，补足冲突法成文立法不足

构建 "法律关系分析论" 的一个重要原因就是它作为法律选择方法可以弥补成文法的局限性，这也决定了 "法律关系分析论" 补足既有冲突法成文法体系的地位和作用。优先适用法律选择理论或方法，会导致既有成文立法体系废弃，这是没有必要的，也是绝对不可取的。各个国家的成文立法都是自己国家冲突法理论和司法实践的总结，并吸收和纳入了冲突法国际公约的理性内容，因此具有极高的价值和地位，是国际私法最重要和主要的法律渊源。法院在审理涉外民事案件时，首先适用本国的冲突法规则，在冲突法规则没有规定或者根据现行的冲突法规则无法寻求准据法或者准据法无能的情况下，才会考虑适用理论学说。《第二次重述》法律适用原则的第一款也是采用同样的思想，其规定：在宪法授权范围内，法院应遵循本州冲突法立法规定。成文立法具有明确性和稳定性，消耗了大量的立法资源，具有优于法律选择方法适用的地位。法律选择方法仅仅是解决问题的权宜之计，而冲突法成文立法是可以在同样特性的法律关系中重复适用的法律规则。"法律关系分析论"作为一种法律选择方法，应作为既有冲突法规则的补充而存在。

如果法律选择方法价值被立法机构确认，升华为法律原则，甚至是冲突法的基本原则，法律选择原则和一般冲突法规则在适用的优先性方面是否会发生变化呢？笔者认为，仍然优先适用冲突法规则。法律原则和法律规则的关系，在法哲学中已经很明确。在价值位阶上，法律原则高于法律规则，直接体现部门法的精神和基本价值，但是较抽象；法律规则价值位阶低，但是明确具体。在司法的过程中，如果法律规则不与法律原则发生矛盾或冲突，一般首先适用具体的法律规则。

第二，以法律关系特性或本质及法律关系构成因素为考察对象

法律关系分析论以法律关系特性或本质及法律关系构成因素为考察对象。法律关系本质对法律选择有着内在的约束和限制，这种约束和限制在特定的时期内是不可逾越的，明确不同民事法律关系的本质特征对法律选择和法律选择方法构建有着极为重要的意义。

纯粹研究法律关系本质特性仅仅能为法律选择指明一个方向，却不能够为千差万别的具体案件提供具有针对性的法律选择方法，必须结合对法律关系构成因素分析和研究。较法律关系本质特征而言，法律关系构成因素更直观的体现了案件的个性，考量法律关系构成因素使法律选择更有针对性。对法律关系构成因素的选择和考量是法律关系分析论的重要内容。

第三，以利益分析和损害分析为分析方法

法律关系本质和特性在某个时代或某个时期是既定的，而法律关系构成因素是具体的，因案件的不同而有所不同。法律关系构成因素具有的法律选择价值无可厚非，这种价值只有结合恰当的分析方法才能够显现出来，申言之，法律关系构成因素考量方式决定了法律关系构成因素法律选择作用的发挥。"法律关系分析论"以利益分析和损害分析作为法律关系构成因素的分析方法，综合考量法律在案件中存在的利益或受到的损害，以具有较多利益和受到较大损害为标准，确定案件与法律之间的关系，为最终确定准据法服务。如何进行利益或损害分析是"法律关系分析论"必备的重要内容，在这方面"法律关系分析论"借鉴和发展了美国法学家柯里（Currie）的利益分析方法。

第四，兼具普遍性和操作性

"法律关系分析论"不但有理性内涵，而且有具体明确的操作程序和步骤。"法律关系分析论"延续了法律关系具有的普遍性，超越了地域和法律体系界限，是一个在不同国家和地域都可以适用的法律选择方法。它建立在纯粹理性的基础上，超越了地方差异，甚至可以与产生它的文化相背离。法律关系分析论兼具操作性，具有明确的适用程序和步骤：第一阶段——法律关系选择或法律关系性质确定；第二阶段——法律关系首要构成因素确定；第三阶段——法律关系构成因素考量；第四阶段——综合考虑法律关系性质和构成因素，考察有关法律立法目的，进行法律选择效益分析，最终确定准据法。

（二）不同类型民事法律关系本质分析

民事法律关系性质与法律适用有着直接密切的关系。在国际私法发展历程中，不同的民事法律关系类型已经积累和沉淀出相对固定的法律适用原则，这些原则甚至是不可

以轻易改变的。法律关系的特性恰恰是这些原则形成的基础，不能深刻了解这些法律关系的特性，就不能构建行之有效的法律选择方法。

1. 人身权关系本质

《德国民法典》对世界各国的民法体系建立都有重要影响，它以关于人的某种特定的观念为出发点，创立民事法律基本概念及其基本价值观体系。该法典认为民事法律建立在伦理学基本概念之上：每一个人都生而为"人"，人依其本质属性，有能力在给定的各种可能性的范围之内，自主的负责的决定自身的存在和关系，为自己设定目标并对自己的行为加以限制。[17]伦理意义上的人本身具有一种价值，人具有尊严，因此可以推导出：每一个人都有权要求其它任何人尊重他的人格，不侵害他的生存（生命、身体和健康）和他的私人领域；相应的每一个人对他人也都必须承担这种尊重他人人格及不侵害他人权利的义务。[18]

人与人之间相互尊重原则产生的相互尊重关系是 "法律上的基础关系"。[18]作为与民事主体的人身不可分离且不具有财产性质的人身权，是整个民事权利核心和基础。人身权是"以人本身的保障和充分发展为目的的权利"，近似于自由，构成了一个排他的并被加强了的保护区域。[19]人身权分为两类：人格权和身份权，包括生命权、身体权、健康权、姓名权、肖像权、隐私权、贞操权、名誉权和荣誉权等等。人身权权利存续期间为人的终生，不得让与，不能剥夺，甚至不能抛弃。人身权内容广范，其包含的各种具体的权利具有不同的价值位阶，生命权最高，其他权利相对次之。可见，人身权是一个最基础性的权利，具有绝对性和支配性。因此，人身权及因相关规则产生的人身法律关系，应当受到最优保护和最大程度上的确认。在冲突法领域，人身法律关系适用最有利于获得保护且获得最大保护的法律。但是在具体的案件中，人身法律关系可能和其它的法律关系同时出现，那就需要综合不同法则的立法目的和具体权利价值位阶进而评价其在具体案件中的价值。

2. 物权关系本质

从形式上看，物权直接反映的是人与物间的关系；从本质上看，物权实际上是人与人间的社会关系。有个比喻很恰当，《法国民法总论》和《德国民法通论》都有提及，鲁滨逊漂流到一个孤岛上，宣布对岛屿上的物的所有权是没有意义的，因为这个孤岛是一个没有人烟，也没人去的世外桃源。在物权关系中，物是人与人间关系形成的一个基础。物权，对民事生活尤为重要，债权的发生和结束很重要的内容是规定物权的归属。物权关系中，物是法律关系的出发点。物权是典型的法定权利，所有类型物权及其权利义务内容均由法律明确规定,法律对占有和所有的事实还有形式上的特别要求——公示。物权是静态财产支配关系的法律表现，物权关系是法律对人对物的支配和利益关系的评价。物权的另一个很重要的内容是支配权，对物的排他性管理和控制。只有物权享有者直接支配、控制和管理某物，物权才具有真正的意义。物权的客体——物，是客观存在，它存在于一定的空间和场所，可以被人所感知。一个人为了取得、拥有或行使对物的权利，他需要到物所在的场所，他自动的使自己服从于该地域的本地法。[20]而且，只有符合物之所在地法的管理和利用，才会产生预期的法律效果。物权旨在维护静态的财产权，确定物的归属状态，其物权法定特征和支配本性，致使只有根据物之所在地法，才能合理有效地控制在该空间客观存在的物，相反，其他的法律制度和法律规则想控制不位于其效力空间的物，也仅仅是一种奢望。在冲突法领域，不动产适用物权法则是一个恒定的原则。

3. 债权关系本质

萨维尼在探讨债权法律关系本座时，分析和探讨了债权本质。萨维尼认为，债的关系中存在着紧密联系的各种关系，经过仔细分析，债权本质不是债权或者请求，而是债务或者履行。[21]他认为："与其他法律相比，在债法回答起这个问题来更为困难和困惑，其原因如下：首先，与物权相比较，后者则与可感知的标的物联系在一起的，债具有无形特性的标的。"[22]"其次，债必然与两个不同的人相关，一方面它是自由的扩张，即一方支配另一方的意志；另一方面是对自由的限制，即一方意志依附于另一方的意志。[21]毫无疑问，我们应该依据债务人的关系确定债的本座，因为存于债务人方面的行为必要性构成了债的真正本质。"[23]此外，基于本地法与法庭的内在联系，法院始终与债务人相关联，因此，债权关系的"本座"应该依据债务人的关系确定。[23]萨维尼研究债权的本质是为了寻求债权关系的本座，他所提到的债的无形性特征以及债务人的行为对债权的实现有重要意义的观点，对我们有重大的启迪作用。但是，他的观点在合同之债中难以发挥他所期盼的作用。

笔者对其观点不敢苟同，民法法律最基本的原则是私权神圣，平等和意思自治是为了保障私权神圣提供基础和方法，是维护权利的手段。在民事法律关系中，权利是最核心的要素。债权的本质是维护债权人利益，债权关系中以债权人权利为核心要素，在这样的前提下，研究和重视债务人的行为才具有重要的意义，因为它为债权人利益服务，可以保障债权人的利益得以实现。债务人行为不过是实现债权人权利的手段而已。债的本质是维护财产的正常流转和平衡救济。债权分为四个主要类型，各具特点，必须逐一研究。

合同之债，属于意定之债，是相互平等的当事人根据自己的意思表示，以私权自治为基础，在相互之间形成的债权债务关系。合同之债最主要的类型就是双务合同，具有相对性，任一当事人都享有一定的权利和承担一定的义务。拉伦茨认为，"合同在所有参加的权利主体之间的关系方面是一种发生法律约束力的双方行为，他们在合同中所确立的规则原则上只适用于他们自己。"[24]合同之债崇尚和追求的最高原则是法律框架内的自由，当事人有设立、变更、解除和废止合同的自由，这是私权神圣和私权自治的体现。合同之债的本质就是自由，因而在冲突法领域合同之债适用意思自治原则已经成为各个国家普遍秉承的法律选择原则。但并非所有合同之债都能够实现自由原则，所以合同之债适用意思自治原则存在诸多例外，例如：消费合同和雇佣合同。当事人没有把自由发挥到淋漓尽致的情况下，他们仅仅签订了合同，但是没有选择法律，那么就要根据合同有关因素（法律关系构成因素）来探求法律选择问题。侵权之债是指民事主体违法侵犯他人人身或财产应承担的一种法定责任。侵权之债属于法定之债，是根据法律的规定而产生的一种债权债务，与合同之债有着不同的本质特征，不以当事人的意志为转移，是根据法律规定直接产生的。侵权之债的本质是对违法行为侵害的利益进行救济，从而恢复正常的生活秩序和经济秩序。无因管理旨在鼓励社会相互救助；不当得利旨在避免不正常的财产和权利移转。无因管理之债应倾向于保护管理人利益；不当得利之债应倾向于保护保护财产减损人利益。

4. 继承关系本质

每一个时代，继承都是根据经济基础的要求，为其发展服务。马克思和恩格斯在《德意志意识形态》一书中提到，"继承法最清楚的说明了法对于生产关系的依存性。"① 从目前民事生活的实际情况看，继承是根据法律规定和被继承人的意志而形成的，基于血缘、姻亲或扶养关系而获得财产而非身份的取得权。继承制度可以避免无人管理和利用由于权利主体生命终结而遗留的财产造成的混乱状态，维护正常的经济秩序；同时把权利传递给法律规定或权利人生前指定的人。继承分为法定继承和遗嘱继承。法定继承本质是维护社会生活秩序和延续家庭社会功能；遗嘱继承是权利人单方的处分行为，其本质是维护私主体对自己权利的处分，同时具有延续家庭的社会功能，被继承人可以根据自己的意志指定继承适用的法律。遗嘱继承需要法律赋予的形式才具有法律效力，本质上遗嘱继承也是法定的，在这一方面很容易出现法律冲突。

5. 诉讼法律关系本质

诉讼法律关系是依诉讼法律规范而形成的司法机关和诉讼参与人以及司法机关之间的权利义务关系。② 它是依据程序规则产生的法律关系。诉讼法律关系是一种三方法律关系，即诉讼当事人之间以及当事人与法院之间的法律关系。[25] 尽管各国普遍确认了当事人民事法律地位和民事诉讼法律地位平等原则，但由于司法是国家实施公权的行为，诉讼当事人、证人以及鉴定人同法院之间也不是平等关系，而是隶属关系，因此诉讼法律关系是纯粹的公法关系的范畴。[25] 就诉讼法律关系本质而言，诉讼法律关系是依据诉讼规则产生的法律关系，其根本目的是保障当事人实体权利义务的实现，而不是创设新的权利，除非有特别的必要，但创设的新权利仅仅以维护当事人实体权益的实现为必要。尽管不同国家的国际民事诉讼法和据此形成的诉讼法律关系有很大的不同，但是并没有本质的区别和价值追求的分歧，因此，探讨诉讼法律关系法律适用没有任何必要。

（三）法律关系构成因素

1. 法律关系构成因素内涵

萨维尼认为法律关系具有一种有机性，这种有机性部分体现在法律关系的互相包含并且互为条件的组成部分的相互关联上。[26] 法律关系具有一种生机勃勃的结构，在所有既定的情形中，这种结构是法律实践的精神要素。[26] 在萨维尼思想中，法律关系是以权利这一要素为核心与其它因素一起构成的统一整体，除了权利之外，还包含其他因素。遗憾的是，他本人未探讨其他因素是什么，范围如何。德国学者拉伦茨认为：

---

① 《马克思恩格斯全集》，第三卷，第420页。

② 在此问题上，我国学者已做过很多研究，基本上已达成共识。

"私法上的法律关系经常（至少）包含着一个'权利'，这个权利是私法上法律关系的要素之一，法律关系可以包含一个单一的权利以及与之相应的义务，也可以包含有许多以某种特定的方式相互组合在一起的权利、义务和其它法律上的联系。"[27]他进一步指出："尽管我们通常说权利是一项法律关系的特定标志，但是对权利的拥有在一般情况下并不能穷尽法律关系的全部内容，它还包括由权利而生的其它很多法律联系。"[28]我国台湾学者曾世雄认为，法律关系包容较为广阔，权利义务关系只是法律关系最主要之内容。[29]另一学者韩忠漠也认为权利与义务是法律关系的核心，是法律所赋予法律关系的法律效果的主要部分。[30]以上学者对法律关系构成的研究包含了一个隐含性观点，法律关系包含权利因素、义务因素和其他构成因素。无论法律关系核心因素（权利和义务）之外的法律关系其他构成因素被表述为法律联系，还是其它因素，笔者确认它们是客观存在的。法律关系是以权利为核心的诸多因素的有机统一体，每一个具体的法律关系都是由一定因素构成。法律关系构成因素具有广泛性，其来源于社会生活、社会关系内容的广泛性。

法律关系构成因素研究和案件事实构成因素研究是两个不同层面和两个不同阶段的行为。事实上，法律关系构成因素在某种程度上就是涉外民事案件的事实构成因素，我们之所以在法律关系层面研究涉外民事案件的事实构成，根本原因就是研究案件事实构成仅仅让我们对案件内容更为清晰，却不能够引导我们寻求案件与有关法律之间的联系，而法律关系是法律的另一种表现形式，在法律关系层面研究法律关系构成因素，与进行法律选择的目的更为一致和接近。法律关系构成因素研究的目的是寻求准据法，而案件事实构成因素研究目的是多元化的，在确定准据法之前，是为了寻求准据法；在确定准据法之后，是为了依据准据法更好确定当事人实体权利和义务。

2. 法律关系构成因素——连结法律与案件的桥梁

法律关系构成因素表现出法律和法律关系之间的联系，不同的法律是通过法律关系构成因素和涉外民事案件发生联系的，没有具体法律关系构成因素存在，法律就不能与具体案件产生利益关系或利害关系。法律关系构成因素是法律在涉外民事案件中具有的利益的载体。例如，涉外婚姻关系中，当事人住所和婚姻举行地位于某一个国家境内，那么该国法律就会对这个涉外婚姻关系产生联系，如果任何法律关系构成因素都不能涉及到某一个国家，那么这个国家的法律就不能介入到该法律关系之中。本专题研究和探讨的法律关系构成因素并不是法律关系的全部构成因素，也不仅仅是法律关系的主体、内容（当事人的权利和义务关系）和客体等传统要素，而是与法律选择和解决法律冲突有关的具有国际私法意义的因素，这些构成因素可以表现为案件事实因素，也可以表现为涉及法律关系的主体、权利义务和客体等方面因素。又如：在涉外交通事故侵权案件中，涉及交通事故车辆所有人的住所和国籍，对法律选择具有影响，它们是我们要考虑和研究的法律关系构成因素；涉及交通事故车辆的生产商及其住所和国籍，如果不存在车辆产品质量问题，它们就不是本专题要考虑和研究的法律关系构成因素。如果是涉外产品责任案件，产品为汽车，此时，车辆的生产商及其住所和国籍就是我们要考虑和研究的法律关系构成因素。国际私法理论中所指称的法律与案件之间的联系、实质联系、利益、损害、逻辑关系和本质联系等等都是以法律关系构成因素为载体。法律关系和法律或法则至少也必须有一个以上的因素相连结。

在国内民事案件中，由于既定的法律规则的存在，涉外民事案件当事人的权利和义务也是可以预见的，当事人和法官可以根据成文立法预见自己的行为后果，法院和法官解决争议就是根据既定的法律规则确认和重申当事人的权利和义务。但在涉外民事案件中，确定当事人权利义务是法院和法官追求的最终目标，他们首先要根据国际私法规则选择准据法，然后才能确定案件当事人权利义务，从而解决案件争议。在寻找到涉外案件应适用的法律之前，当事人的权利和义务是未确定的，因此，在选择法律过程中，法律关系的核心因素——权利和义务是待定的。所以，涉外民事关系的内容——当事人权利义务，不是法律选择过程需要考虑的因素，而是国际私法追求的重要的目标。

3. 根据考量多重法律关系构成因素选择准据法

法律关系由诸多因素构成，能够对法律选择产生影响的具有国际私法意义的因素是我们关注和研究的对象。法律关系构成因素作为沟通法律或法则和法律关系的桥梁，是法律具有利益的载体，法律或法则经由法律关系构成因素才能与涉外法律关系发生联系。法律关系与法律或法则的联系可以由一个法律关系构成因素相连接，这种情况是少数；也可以由一个以上的法律关系构成因素相连接，这是绝大多数情况。首要法律关系构成因素因为自身在某类法律关系中地位是十分重要，能够对法律选择产生很大影响，但单独的法律关系构成因素，不足以代表选择法律的全部价值和标准。所以，目前采用多重因素决定法律选择已经成为一个普遍做法。早在20世纪，德国国际私法学者恩斯特·施泰因多夫就已经在合同和侵权领域提出了"多重连结因素"的概念。他认为多重连结因素决定法律选择是国际私法发展的趋势。从世界范围内冲突法立法看，考虑多重因素选择法律已经成为一种潮流。20世纪末以来，各个国家冲突法立法中，选择性冲突规范的数量逐渐增多，也表明了法律选择过程中采用考虑多重因素的做法。20世纪后半期以来很多重要的国际私法公约，如：1972年《产品责任法律适用公约》和1988年《死者遗产继承法律适用公约》，也是根据多重因素解决法律选择问题。

三、"法律关系分析论"适用四段论

（一）第一阶段——法律关系选择或法律关系性质确定

法律关系性质对法律选择有着重大影响。法律关系性质决定了自己法律适用的倾向性，并体现了法律关系背后隐藏的法律规则所追求的价值目标和其特别保护的利益，所以不同性质法律关系的法律选择原则有着质的不同，这种不同甚至在某个时期不可逾越。法律规则追求的价值目标是既定的，法律选择不能违背和超越决定法律关系的法则所追求的基本价值。物权关系永远不能够适用涉外婚姻的法律适用原则，如不动产物权关系适用婚姻举行地法；涉外结婚关系也不能适用意思自治原则，如：在我国结婚当事人选择适用伊斯兰教国家的婚姻制度和法律体系；涉外离婚关系也不能采取意思自治原则①。法律关系分析论的第一步就是分析和研究法律关系性质或本质特征，为法律选择指明一个方向，或者说做出一个范围限制。

1. 单一法律关系

如果在一个涉外民事案件中，仅仅存在一个民事法律关系类型，我们需要做的是确定它属于何种类型的法律关系，或者说确定它属于何种性质的法律关系，而且要具体到外延最小的法律关系类型，即该法律关系不能再进行下一个层次的分割。譬如，民事法律关系外延大于侵权法律关系，侵权法律关系外延大于特殊侵权民事法律关系，特殊侵权民事法律关系外延大于国际航空运输侵权行为，国际航空运输侵权又可以分为航空器内部侵权、航空器对航空器外第三人侵权和航空器之间碰撞侵权。在国际航空运输中，分别在不同国家登记注册的二个航空器在不属于任何国家领空的公共空间碰撞并坠毁，这属于特殊侵权民事法律关系中的航空器相互碰撞侵权。法律关系类型或性质的确定一定到最具体的层面，这样更有助于针对性选择法律关系应适用的法律。

2. 多重法律关系并存

如果在一个涉外民事案件中，存在几个性质不同的民事法律关系，那么就要对这些法律关系进行选择，从中选择一个法律关系类型，然后根据所选择的法律关系的性质，确定选择法律的方向。一个社会关系（案件事实）被不同法律规则评价从而产生多个法律关系，但法律规则和法律关系是一一对应的，每一个法律关系类型都有对应的法律规则。在一个涉外民事案件存在多个法律关系类型时，法官必须做出选择，法官不可能对每个类型的法律关系都予以裁决，一个案件也不可能适用性质不同的多个法律规则。这种选择对涉外民事案件的法律选择和准据法确定有重大影响。我们回顾一下安东诉巴斯特罗案件（Anten V. Bastolo），案情如下：[31]

1889 年法国最高法院的判例——安东诉巴斯特罗案。安东夫妇是马耳他共和国国民（拥有马耳他国籍），在马耳他根据马耳他法律缔结婚姻。后来，安东夫妇移居阿尔及利亚（当时阿尔及利亚属于法国管辖范围之下），并在阿尔及利亚购置了土地。1889 年，安东辞世。安东夫人向阿尔及利亚法院对遗产管理人巴斯特罗提起诉讼，要求获得亡夫遗留土地的四分之一用益权和二分之一夫妻共有财产。当时法国民法规定，被继承人的配偶可以继承并取得被继承人的遗产，但不包括被继承人不动产的收益；而当时马耳他继承法规定，被继承人的配偶可以继承并取得被继承人的遗产，并可以取得被继承人不动产四分之一的用益权。但是法国有关涉外婚姻和涉外继承的冲突法规则如下：夫妻财产关系适用夫妻结婚时住所地法；不动产继承适用物之所在地法。如果法院将案件确认为夫妻财产关系，则案件应适用安东夫妇结婚时住所地法律——马耳他法；如果法院将其确认为继承关系，则案件应适用不动产所在地法，该土地位于阿尔及利亚，案件应适用法国法。最后，阿尔及利亚法院和法国最高法院都确认该案件为夫妻财产关系，并根据法

---

① 意思自治原则最本质含义是无限制的意思自治。我国 2010 年立法，第二十六条规定，协议离婚，当事人可以协议选择适用一方当事人经常居所地法律或者国籍国法律，在涉外离婚案件中只能采用有限的意思自治原则。

国冲突法规则，适用安东夫妇结婚时的住所地法（马耳他法），支持了安东夫人请求。①

　　在该案件中，法院地是阿尔及利亚和法国，在该地运行的法律体系是法国成文法律体系。安东夫人住所地是阿尔及利亚，但她根据自己属人法（马耳他的法律）提起诉讼，要求获得亡夫有关的权益。阿尔及利亚法院和法国最高法院受理该案件后，需要对案件的具体事实进行分析，以确定该案件属于哪一具体类型的民事法律关系。在该案件中，夫妻财产关系和继承关系同时存在②，法国最高法院需要在这二个类型的法律关系进行了选择。1804 年《法国民法典》规定法定共同财产制为婚姻财产制度原则，并允许约定财产制存在。③法国最高法院选择夫妻财产关系可以最大限度的保护安东夫人的权益。最终，法国最高法院根据最大限度保护当事人合法利益的原则，选择了夫妻财产关系。安东诉巴斯特罗案件，与其说是一个识别过程，不如说是一个选择过程。

　　3. 判定法律关系性质的依据

　　识别是在国际私法特有的法律制度。识别是涉外民事案件审判的必经过程，直接影响当事人的权利和义务的确定，地位十分重要。但是，目前学者对识别制度认识有很大的差别，特别是识别对象，如果仅仅运用逻辑推理和概念法学的方法来思考识别制度，而忽视识别过程中具体法律关系背后隐藏的价值追求，我们可能无法正确的运用和理解这一制度。本专题认为识别的过程，就是探讨法律关系性质的过程④，并不是盲目的行为，而是具有理性地思考。法官一般只会依据自己的法律理论和法律观念识别法律关系性质，依据非法院地国法律体系和法律观念识别法律关系性质，是一个非常繁琐而且结果令人沮丧的工作。法律具有整体性和统一性，仅仅根据一个外国法律原则或法律概念对个案件构成事实因素进行分析和探讨，有"管中窥豹"之嫌疑，这也是目前大多数国家依据法院地法识别的最主要原因。如果真的需要根据外国法律和理论进行识别，首先要寻找到对应法律原则、法律规范或具有权威的先例，然后考察这个原则、规则或先例的产生背景和追求的价值目标，根据其具体内容和追求的价值目标，对正在处理的案件进行分析和定性，才能够得出正确的结果。

　　（二）第二阶段——法律关系首要构成因素确定

　　涉外民事案件法律关系性质确定或选定后，第二步是对法律关系具有国际私法意义的最重要的构成因素进行分析和确定，为最终确定案件应适用的法律做更为进一步的准备。法律关系存在一个或多个特别因素与法律选择有重要联系，本专题称之为法律关系首要构成因素。在国际私法理论和实践发展历程中，法律关系首要因素逐渐形成了一些

---

　　① 法国也非常重视典型案例的作用，该案件被很多教师援用以讲解识别问题，但是本人经过仔细查找，也没有找到法国最高法院针对此案件的判决。因此，无法探知法国最高法院的真实意图，目前所有对该案件的评价，都是猜测。

　　② 对这个观点，笔者也存在一定的怀疑，侵权和违约的竞合经常发生，也很容易理解。例如，国际海上运输，承运人因自己过错，造成承运货物的毁损或灭失，他既侵犯了货物所有人的财产，同时也违反了国际海上运输合同的安全运送货物和谨慎管理货物的约定，构成侵权和违约的竞合。夫妻财产关系与继承关系能否竞合是一个要深入研究的问题。

　　③ 《法国民法典》中，婚姻财产制度被规定在第三编"各种财产的取得方法"中，第五章"夫妻财产契约及夫妻间的相互权利"中，确立共同财产制度，从 1387 条至 1581 条。

　　④ 识别就是为法律关系定性。

固定的法律适用原则，表明了某类法律关系法律选择的一种倾向性。法律关系首要构成因素是选择法律过程中需要优先考虑的因素，具有重大价值，但首要构成因素不能单独决定法律适用问题，仅仅是较其他因素具有相对重要的价值。法律关系首要构成因素因法律关系类型和层次不同而不同。

1. 涉外合同关系

在涉外合同领域，如果当事人对合同法律适用做出了约定，当事人有关法律选择的主观表示就是涉外合同关系首要构成因素，如果当事人的意思自治没有违反法律规定，这个构成因素具有决定性作用。意思自治原则已经成为世界各国立法普遍承认和支持的涉外合同之债的首要法律选择原则。在这里还存在一种可能，如果当事人没有选择法律，法官在审理涉外合同之债案件时，可以在启动国际私法规则或方法之前，促成双方当事人合意选择法律，从而构建了法律关系首要构成因素。①

有关涉外合同违约和损害赔偿的争议，如果当事人没有选择法律，合同履行地是一个非常重要的构成因素。英国法学家 P. S. 阿蒂亚认为："合同法是义务法的一部分"，属于"自我设定义务的"法律的一部分。[32]在认定合同效力时，要考察和关注合同之债最为根本的一面，合同之债的核心是一种负担，其本质上是一种义务关系，这种义务关系的建立就应该体现当事人的意志尤其是债务人的意志，所以德国民法确立了合同自由原则。[32]在英国，合同的定义是："在法律上可强制履行或在法律上被认为设定了义务的协议"；美国《合同法重述》第一条规定："合同是一个允诺或者一组允诺，法律因它们被违反而提供救济，法律以某种方式将它们的履行确认为一种义务"。[33]因此，美国规范法学派创始人凯尔森说，"一个契约当事人，只有在另一方当事人对他有以一定方式行为的法律义务时，才有对另一当事人的权利……一个契约当事人之所以有对另一方的法律权利，是因为法律秩序使制裁的执行不仅要依靠一个契约已缔结以及一方没有履行契约的事实，而且还要依靠另一方表示了应对不法行为人执行制裁的意志。"[34]在他的观念中，债权关系是以义务为本位的民事法律关系。正是因为合同之债义务人行为对债的实现有重要意义，因此，合同履行地在合同关系所有构成因素中对法律选择有很重要的作用和意义，尤其是违约救济请求包含实际履行方法时，我们应给予其更多的关注。有关合同效力的争端，首要因素应考虑合同成立地或签订地。这似乎是一种"既得权思想"，但无论如何，合同的成立和生效都是合同订立地法律所赋予的，因此，有关合同的形式和实质要件的有效性问题，我们首先要考察合同成立地法律。

2. 物权关系

根据物权本质和特性，物权关系的首要因素是物之所在地，是物物理上和空间上位于的场所。19 世纪形成的物权法则：无论是动产还是不动产，都根据物存在的空间和场所确定物权关系应适用的法律，已经成为物权关系法律选择的普遍性原则。目前，我国

---

① 这种情况在我国的司法实践中大量存在，在 2010 年最高法院有关涉外审判的课题中，我参加了最高法院、北京高院和上海高院的几次重要的调研，在涉外合同案件的审判过程中，法官为了尽快审结案件，同时避免查明外国法的困境，经常协调双方当事人选择法律，而且是选择中国法。

立法在这方面出现了突破，在动产领域允许当事人通过意思自治选择动产物权关系应适用的法律。但是物权本质和特性始终是法定对世的管理支配并享受利益的权利，以维护静态财产归属为价值追求。因此，不动产物权关系的首要构成因素是不动产所在地，动产物权关系首要构成因素也是动产所在地。如果不动产涉及多重法律关系，也要以不动产所在地因素为核心考虑法律适用问题。如购买不动产的合同关系，不动产物权关系和合同关系同时存在，但要依物权关系法律适用原则选择法律。在继承关系之中，我国法律对涉外继承遗产区分动产和不动产，采用不同的法律适用原则。动产物权关系，法律选择考虑的首要因素也不能让位于其它因素，仍然必须是物之所在地。因为，目前的动产物权关系价值越来越大，甚至会影响一个国家的经济秩序，对公共利益产生重大影响，例如，国际热钱游资[①]，也是动产，能够对一个国家或地区的经济秩序和秩序造成难以想象的巨大冲击。1998 年亚洲金融危机和 2007 年韩国金融危机，就是因为热钱游走所导致。因此，从国家管理角度和社会公益角度出发，动产物权关系法律适用仍应把物之所在地作为首要因素。

3. 侵权关系

侵权之债法律关系的首要因素是侵权行为发生地或场所。侵权之债是根据法律规定产生的债权债务关系。在该法律关系中，侵权行为发生场所所运行的法律，对侵权之债的产生具有决定性意义。在外国做出的某项行为，根据法院地法构成侵权，而根据行为地法律不构成侵权，如果法院根据本国法律确定该行为构成侵权行为，有违正义原则。从另一个角度讲，违反法院地法却符合行为地法的行为在行为地会大量存在，因为当地法律没有禁止做出同样的行为，也就是赋予了任何人在此地做出此种行为的自由和权利。相反，如果根据法院地法，发生在外法域的某项行为不构成侵权，而根据行为地法其构成侵权，法院根据本国法律裁定该行为不构成侵权，驳回当事人诉讼请求，这种处理结果根本不是问题的终结。在这种状况下，当事人势必会到侵权行为发生地寻求救济，而且会得到肯定的判决。因此，侵权法律关系的首要因素是侵权行为发生地。

（三）第三阶段——法律关系构成因素考量

民事法律关系本质上是一般的，不存在国家和地域观念，诸如：合同关系、侵权关系和婚姻关系，所以民事法律关系涉外是一种自然现象。任何法律体系都旨在保护一定的利益，涉外民事法律关系涉及不同国家法律保护的利益，所以不同国家法律介入同一涉外民事关系也是自然而然的。英美法系国家学者认为不同国家法律对同一涉外民事案件存在利害关系[②]，这种利害关系本质上是存在于涉外民事案件之中的法律所保护的利益、权利（权利本身属于利益的一种）或秩序，表现为本国人的人身或财产权利以及国家间交往秩序。

---

① "国际热钱"（Hot Money）又称"逃避资本"（Refugee Capital），是充斥在世界上，无特定用途的流动资金。它是为追求最高报酬及最低风险，在国际金融市场上迅速流动的短期投机性资金。它的最大特点就是短期、套利和投机。《牛津高阶英汉双解词典》的定义是："投机者为追求高利率及最大获利机会而由一金融中心转移到另一金融中心的频繁流动的资金。"

② 英美法系国家学者认为法律与涉外民事案件之间存在"concern"，是指有关系和影响。

因为不同国家法律所保护的利益同时出现在某个涉外民事法律关系之中，此时此刻不同国家法律产生适用的竞争关系。不同法律体系与某个涉外案件之间利益或利害关系必然会有程度上的差异，因此存在选择法律的理性基础和可能，对这种利益关系的综合评价影响和决定涉外民事案件最终适用的实体法。对法律关系构成因素的考量，就是考量不同法律在涉外民事案件中存在的利益、权利或秩序，并决定哪一个法律与涉外民事案件存在更多利益关系，从而决定适用哪一个实体法解决案件争议。既然法律与涉外民事关系之间的利害关系本质上是一种利益关系，因此我们可以通过利益分析和损害分析方法对法律关系构成因素进行考察，以明确不同法律旨在保护的利益差别及程度差别，从而确定法律与具体法律关系之间的关系，综合考虑适用何种法律能够更好地实现冲突法追求的个案公正目标。

1. 利益之本质

利益是一个非常广泛的概念，内涵具有不确定性，它与正义一样，有着一张普洛透斯似的脸(A Protean Face)，变幻无常，随时可呈现出不同形状并具有极不相同的面貌[35]。德国法学家耶林认为，权利的基础是利益，权利来源于利益要求，权利乃法律所承认和保障的利益。[36]不管权利的具体客体是什么，上升到抽象概念，对权利主体来说，它总是一种利益或者必须包含某种利益，而义务则是不利、负担或实现权利主体利益的工具，撇开利益去谈权利，权利必定是空洞的。[36]法国学者弗朗索瓦·惹尼认为，"法律的正式渊源并不能覆盖司法活动的全部领域，总是有某些领域要依靠法官的自由裁量权来决定，这种自由裁量权应当根据客观的原则来行使，实现这个任务应当是"认识所涉及的利益、评价这些利益各自的分量、在正义的天平上对它们进行衡量，以便根据某种社会标准确保其间最为重要的利益的优先地位，最终达到最为可欲的平衡。"[37]利益法学提出了司法审判方法的一个前提，即法律规范构成为立法者为解决利益冲突而制定的原则和原理。[38]我们必须把法律规范看成是价值判断，即，相互冲突的社会群体中一方利益应优于另一方的利益，或者冲突双方的利益都应当服从第三方的利益或整个社会的利益。[38]利益与法律密切相关，法律所保护的权利属于利益范畴，权利是利益的一种表现形式。法律规范是价值判断，冲突规范同样也是价值判断，法律选择的过程就是利益选择的过程。沈宗灵先生也指出权利是法律关系主体依法享有的某种权能或者利益，在司法过程也渗透着利益选择问题。柯里和克格尔是利益研究的代表，但据目前笔者掌握的资料，他们也没有给出"利益"一个明确的定义。

2. 柯里利益分析方法借鉴

柯里认为通过利益分析解决法律冲突的过程中有必要对内州和外州的利益进行考察和分析，这种必要性会产生一系列组合。[39]柯里在"米利肯诉普拉特(Milliken v. Pratt)"案件中，详细阐述了自己的法律选择方法。"米利肯诉普拉特"案情如下：

1870 年，住所在马萨诸塞州的普拉特夫人，为支持其丈夫与 Maine 的商业合作对其丈夫信用提供担保。她把担保文件交给其丈夫，其丈夫把文件邮寄给位于缅因州 Portland 的 Maine 公司。Maine 公司亲自或委托承运人将商品向普拉特先生交付，由普拉特承担运费。后来普拉特违约，原告公司在马萨诸塞州起诉普拉特夫人，要求执行担保。她拒绝履行，理由是马萨诸塞州法律禁止已婚妇女为其丈夫的债务作担保。然而在缅因州，这种担保有效。法院地是马萨诸塞州。[40]

尽管有点武断，柯里仍认为由于涉外民事案件具有的有意义的因素和有利益的州具有多重性而导致涉外案件不计其数,但是我们可以把列举需要考虑因素的难题控制在可以控制范围之内。[41]让我们设定在"米利肯诉普拉特"案件中有四个具有意义的因素：一、债权人的住所、国籍、居所或者营业地；二、已婚妇女的住所、国籍或者住所；三、交易地，即合同的缔结地或者履行地；四、诉讼提起地。[42]为了简化问题，柯里假设该案件只和马萨诸塞州和另外一个州有关，马州是法院地州。他制定出如下表格①（F 代表涉外，D 代表国内）：

表 1[43]

序号	债权人住所	已婚妇女住所	合同签订地	法院地	
1	D	D	D	D	无涉外因素（1）
2	F	D	D	D	
3	D	F	D	D	
4	D	D	F	D	一个因素涉外（4）
5	D	D	D	F	
6	F	F	D	D	
7	D	F	F	D	
8	D	D	F	F	
9	F	D	D	F	二个因素涉外（6）
10	F	D	F	D	
11	D	F	D	F	
12	F	F	F	D	
13	F	F	D	F	
14	F	D	F	F	三个因素涉外（4）
15	D	F	F	F	
16	F	F	F	F	全部因素涉外（1）

表格 2[44]

I	增进本州利益并不损害外州利益	案情 5（DDDF） 案情 7（DFFD） 案情 15（DFFF）	（3）
II	增进外州利益并不损害本州利益	案情 12（FFFD）	（1）
III	增进本州利益但损害外州利益	案情 2（FDDD） 案情 7（FDDF）	（2）
IV	增进外州利益但损害本州利益	案情 10（FDFD） 案情 14（FDFF）	（2）
V	损害外州利益且不增进本州利益	案情 6（FFDD） 案情 13（FFDF）	（2）
VI	损害本州利益且不增进外州利益	案情 3（DFDD） 案情 11（DFDF） 案情 4（DDFD） 案情 8（DDFF）	（4）

① 柯里一共制定了 6 个表格，本专题收录了 2 个，省略的 4 个是分别对第 1 个表格进行分析，第 6 个表格是结论。

根据该表格列举的考虑因素，柯里站在马萨诸塞州的立场上分析了这些因素不同组合对案件与相关州利益的影响，从而确定适用每一个州法律所获得结果——有关州利益的增进或减损。[45]然后，柯里站在缅因州的立场上，假设法院地州为缅因州，然后做了与上面基本相同的表格[45]，然后分析了在这些因素的不同组合中，适用其中某一州法律对加州和缅因州利益的不同影响。在对该案件的分析过程中，柯里通过确定考虑因素不同组合①的情况下马萨诸塞州和缅因州各自在案件中存在的利益，结合各州立法的立法目的，从而决定案件应最终适用的准据法。

从实际情况看，柯里利益分析方法分析对象连结点（法律关系构成因素的一种表现形式），依据连结点排列组合体现的利益，决定涉外民事案件适用的法律。柯里把连结点作为研究基础②，在他的观念中，利益是通过连结点表达的，连接点的不同组合代表了不同量的利益，利益评价是法律适用的决定因素。柯里利益分析方法和利益分析观念，对"法律关系分析论"有很重要的借鉴意义。但本专题不赞同他所提出的"政府利益"探讨方式，正如克格尔所说，柯里推崇的政府利益虚无飘渺，且所谓的"政府利益"只能是有产者利益。[46]柯里忽视了法院的宗旨和职责：正确、及时解决当事人之间权益争端，实现当事人之间的公平正义，却一味的追求法院地州政策。如换一个角度思考，法院地州是否关注自己政策在涉外民事案件上的贯彻实施，我们可能会得出一个结论：州政府不会在涉外民事案件中寻求其利益的实现，至少不会在每一个涉外民事案件中。柯里推崇"政府利益"仅仅是他自己的一厢情愿，目的是为适用法院地法寻找根据。虽然适用法院地法可以在某种意义上或某种情况下体现法院地政府的利益和政策，但法院职责不是关注政府利益，法院也不是政府政策的贯彻执行者。

4. 利益分析方法确定

由于涉外民事案件涉及某个法律所保护的利益，所以该法律介入到涉外民事案件之中，它对涉外民事案件具有的利益或利害关系通过法律关系构成因素体现出来。1976年，在审理"伯恩哈德诉哈拉夜总会"（Bernhard v. Harrah's Club）上诉案中，美国加州大法官沙利文（Sullivan）认为该案件与加利福尼亚州和内华达州都有利害关系，因为加州是原告以及致害人迈尔夫妇的居住地和住所地，是侵权行为事故发生地，也是受理案件的法院地；内州是被告的住所地和违法行为的做出地。③在沙利文观念中，法律关系构成因素就是法律对案件具有利益的直接体现；法律关系构成因素界定案件与法律之间利益的标准和依据，本专题认可这种观点。但是，本专题考量的法律关系构成因素是更广泛意义上的因素，比柯里考虑因素范围更广，不仅仅考量传统连结点，而且要考量具有国际私法意义的其它法律关系构成因素。

"法律关系分析论"抛弃分析"政府利益"，以"私人利益"为核心，对法律关系性质和法律关系构成因素进行综合分析。法律关系构成因素代表某种联系，这种联系即

---

① 柯里考虑的因素的不同组合，实际上是法律关系构成因素不同组合。

② 克格尔利益分析体系不完整，但克格尔特被关注分析传统连结点所蕴含的利益。

③ 该案件详情在下一个问题中详述。

为利益。如果法律关系构成因素与一个法律体系有关，这个法律体系就对案件有利益。法律关系构成因素利益分析方法就是在考虑法律关系首要构成因素法律选择价值的基础上对法律关系构成因素进行排列组合，法律在案件中是否具有利益以及利益多少根据法律关系构成因素的排列组合决定。法律关系构成因素利益分析过程，就是确定与案件有关的法律与案件之间是否存在利益以及利益多少的过程。利益分析方法最终是依据法律关系构成因素排列组合体现的利益综合的与某个法律体系存在实际和较多的联系，从而确定哪一个法律与案件具有较大利益。所谓较大利益是依据法律关系构成因素排列组合形成的与案件的更多或更大联系。

5. 损害分析

"损害分析"方法，在美国司法实践和理论中也有体现。1963 年，美国教授威廉·巴克斯特（William F. Baxter）对柯里提出的"政府利益分析说"进行修正，提出"比较损害"理论，即在"真实冲突"案件中，如果不适用某个州的法律就会导致该州利益或立法目的遭受最严重的损害，则案件应该适用该州的法律。[47]放弃利益的衡量，但个别案件中不能放弃拒绝衡量利益所导致的损害权衡，如果利益受损害较少州放弃自己法律适用，利益受损害较大州法律得以适用，将会对任何一州有益。[48]1976 年，美国加利福尼亚州最高法院法官沙利文在审理"伯恩哈德诉哈拉夜总会"上诉案中采用了"损害分析"的方法。该案基本情况如下：

哈拉夜总会是内华达州著名酒业、赌博娱乐公司。1971 年 7 月 24 日，加利佛尼亚州居民弗恩和菲利普·迈尔夫妇受被告广告宣传的诱惑，驾车到内州消遣，直至次日凌晨。这期间，被告的雇员向这对夫妇出售了许多酒精饮料，渐渐地使他们二人呈现出醉态并难以安全地驾驶汽车。但被告仍在不断地向他们供应酒精饮料。正是在这种醉酒状态下，迈尔夫妇驾车返回其加州住地。当汽车行进在加州境内的公路上时，由于疏忽驾驶，该车滑过道路的中线驶入了对面的车道（逆行），与骑在摩托车上的原告理查德·伯恩哈德迎头相撞，致使原告受了重伤。原告认为，被告向迈尔夫妇出售酒精饮料，使得他们陷于醉态而不能安全驾驶，是导致原告在随之而来的交通事故中遭受损害的重要原因。根据加州法律，酒类的供应者应当为此承担赔偿责任。因此，原告向加州法院提起诉讼，请求判令被告给予 10 万美元的损害赔偿。[49]

内华达州有过酒店店主作为侵权第三人免责的先例——Hamm v. Carson City Nugget, Inc.，但内州刑事法律禁止酒店店主向醉酒之人出售酒精饮品。而加州有酒店店主作为侵权第三人承担责任的先例——Vesely v. Sager。沙利文法官认为本案牵涉及加利福尼亚州和内华达州。加州是原告以及致害人迈尔夫妇的居住地和住所地，是侵权行为事故发生地，也是受理案件的法院地；内州则是被告的住所地和违法行为的发生地。加州法律是为保护因醉酒人的行为而在加州境内遭受损害的一切人；内华达州刑法认为向已经喝醉的人出售或提供酒类饮料是违法的。由于加州和内州与本案均有联系，沙利文法官采用了"比较损害"的方法，认为如不适用加州法律，加州利益会因受到重大损害；而内州情况恰恰相反，因此本案应当适用加州法律。撤销原判，发回重审。[50]

从该案件实际情况看，内州法律和加州法律对酒店店主向醉酒人出售酒精饮料都是给予负面评价，只不过规定在不同法律之中。在这个层面上讲，如果不课以哈拉夜总会责任，二个州的法律都会出现不利益的情况。如果不适用加州法律，适用内州法律，加州法律所保护的本州居民人身权益和财产权益都得不到救济，在这种情况下，加州法律利益将受到重大损害。同时，内州对酒店店主向醉酒人出售酒精饮料的否定评价也不能得到体现。如果不适用内州法律，适用加州法律，那么加州原告受到的损害将得到补偿，内州正常交易秩序和利益也不会受到损害。同时，被告所在州（内州）法律对被告行为的否定评价也将得以实现。综合评价，加州法律保护的利益在此案件中受到的损失最大，因此，应该适用加州法律。抛开法律适用的考量，考察案件分别对这二个州造成直接和间接损失，加州也较内州大很多。"比较损害"实际上也是对利益的衡量，仍然是一个利益计算的过程。"损害分析"与"利益分析"是从不同的角度对法律在具体案件上的利益或联系进行评价，实为一体两面，其结果是从相对的方面对"利益分析"进行了完善，二者结合将大大增进法律选择的合理性。

（四）第四阶段——准据法确定

在分析和研究法律关系的过程中，除了对法律关系性质和构成因素进行价值衡量，在最后确定准据法时，还要考量涉及案件的不同国家或地区法律的立法目的和法律选择经济效益。

1. 立法目的考量

法律部门和法律规则的建立不是任意和盲目的，每一个法律部门或每一条法律规则都有特定的价值追求，这种追求可能是多元的也可能是单一的，但绝对是不可或缺的。立法目的作为一个法律部门或法律规则的基本追求，是一个法律部门或规则建立的基础。财产法主要功效是有效配置资源，减少私人谈判障碍促进自愿合作，减少资源浪费；合同法的目的在于为当事人追求其正当目标提供帮助，鼓励互利性风险分配[51]；侵权行为法的目标是预防侵权行为产生和降低救济费用到最低程度；家庭法的目标是维护社会机构——家庭——正常消费、产出和社会职能实现；诉讼法的目标是优化诉讼资源配置和降低诉讼成本。[51]1963 年"贝科克诉杰克逊（Babcock v. Jackson）"案件涉及的安大略省《汽车乘客法》（Automobile Guest Statute）的立法目的是："防止乘客与驾驶者共谋，对保险公司提出欺诈性诉求"①，旨在保护安大略省保险人的利益。德国 1896 年颁布的《德国民法施行法》第三十条规定："外国法的适用如果违背善良风俗或德国法之目的，则不予适用"。1971 年美国《冲突法第二次重述》总则第六条把本州法和外州法的立法目的列为法律选择考虑因素。我国《法律适用法》第一条规定了其立法目的：为了明确涉外民事关系的法律适用，合理解决涉外民事争议，维护当事人的合法权益，制定本法。解决涉外民事争议的过程中审慎考虑案件涉及的法律和法律规则的立法目的，有助于法律冲突的解决和合理法律选择。②立法目的构成选择适用某个法律和拒绝适用某个法律

---

① 12 N. Y. 2d at 482-483，191 N. E. 2d 284，240 N. Y. S. 2d，1963：750.

② "贝科克诉杰克逊"案件，纽约州法院抛弃安大略特别法——《汽车乘客法》的适用，与该法的立法目的有直接的关系。

的基础，必须予以考虑。

2. 法律选择的经济分析

法律与经济始终保持着密切联系[52]，法学研究和经济学研究之间也有着必然的联系。[53]在民事领域，按照马克思的观点，民事法律不过是商品经济的表现形式，因此在民事法律领域，经济理性的烙印更为深刻，国际私法也概莫能外。近代以来，平等已经成为法律正义的核心内容。但与此同时，随着社会的发展，市场优势地位和垄断现象日益严重，自由竞争和自由选择受到严重影响，民事生活的真正的意思自治原则已不复存在。垄断和市场优势地位致使形式平等与实质平等分离，法律平等价值发生分裂，法律价值体系紊乱，[54]因此需要一种新的价值辅助平等价值，那就是效率。法律选择必须考虑成本和效率问题，及时解决案件与实现公正有着直接的联系。不能在合理期间内获得公正，不是真正的公正。依据分析法律关系性质和构成因素而选择法律，也要保证及时高效，促成正义目标实现。法律选择应该考虑选择成本，降低司法成本，提高法律选择效率。法的经济学分析的目的在于主要从成本的角度来衡量法律规则的效率。[52]法律选择的经济学分析目的主要在于主要从成本的角度来衡量法律选择的效率和效益，具有简化司法任务的客观作用。

利益分析和损害分析本质上都是经济分析，但是和法律经济学分析目标有一定的差距。比较损害分析和比较利益分析是从双边角度进行的利益分析方法，根据法律关系构成因素确定不同法域法律在法律适用上的利益。法律选择的经济分析本质上追求法律选择的低成本和法律的易于确定，即法律选择效率。如果法律选择成本过高，或者确定准据法需要较长时间，即使选择法律最具理性和公正，也要被抛弃，迟来的正义就不再是正义了。法律经济学分析也存在不足之处，不能反映伦理和政治哲学中的传统价值。对于传统、文化、信仰、伦理、道德和秩序问题，经济分析方法仍不完备，不能足够的考虑非经济动机。[55]法律选择的经济分析并非必须的，根据不同情况有所不同。

3. 准据法确定

涉外民事案件的事实构成是既定事实。经过对案件事实分析，确定法律关系性质或选择法律关系类型,然后对法律关系首要构成因素和其他因素进行利益分析和损害分析，综合考量法律关系性质和法律关系构成因素，并审慎考虑案件涉及的法律和法律规则的立法目的，必要时对法律选择过程进行经济分析，通过这样一系列分析研究，必然会形成选择法律的倾向性，这种倾向所指向的法律就是我们寻求的准据法。

法律关系是社会关系的一种表现形式，是具有法律意义和法的形式的社会关系。从本质上讲，法律关系就是法律与社会关系或案件事实相互作用过程中产生的人与人之间的关系。法律关系可以分为两个部分：第一个部分是法律关系的实体要素，表现为法律关系中的社会关系或案件事实，我们称之为法律关系的事实构成；第二个部分为法律关系的形式要素，即法的形式的要素，法律关系就是这个两个部分的辩证统一。法律关系构成因素是法律关系包含的权利和以权利为中心的诸多联系。法律关系构成因素体现了法律与涉外民事案件之间的某种联系，是连结法律与涉外民事案件的桥梁，是法律具有的利益的载体。事实上，法律关系构成因素在某种程度上就是涉外民事案件的事实构成因素。如果我们只研究案件事实构成仅仅会使案件内容更为清晰，却不能够引导我们寻求案件与有关法律之间的联系，而法律关系是法律的另一种表现形式；在法律关系层面研究法律关系构成因素，与解决法律冲突和选择法律的目的更为协调和接近。"法律关系分析论"考察法律关系性质和构成因素，采用利益分析和损害分析方法，按照建立的程序和步骤，具体问题具体分析，结合法律立法目的考量和法律选择经济分析，最终确定涉外民事案件准据法。它具有普遍性，超越国家和地域界限，可以在任何地域和任何法域适用；它兼具操作性，有确定的考量对象——法律关系特性和构成因素，有具体的利益分析方法，有明确的适用程序和步骤。"法律关系分析论"分析研究民事法律关系本质和法律关系构成因素及其承载利益关系，把法律选择建立在实体因素分析的基础之上，法律选择不再是纯粹的理论分析推理。"法律关系分析论"是一个实体分析的、更具理性的、灵活的、普遍的和可操作的法律选择方法。当然，它的恰当适用还需要一个外部因素：法官对冲突法的深刻理解以及法官主观能动性和累积多年审判经验的发挥。

【本专题参考文献】

[1] 邓正来. 研究与反思：中国社会科学自主性的思考[M]. 沈阳：辽宁大学出版社，1998：序言.

[2] 刘金国，舒国滢. 法理学教科书[M]. 北京：中国政法大学出版社，1999：110.

[3] 萨维尼. 当代罗马法体系 I[M]. 朱虎译. 北京：中国法制出版社，2010：258.

[4] 萨维尼. 当代罗马法体系 I[M]. 朱虎译. 北京：中国法制出版社，2010：259.

[5] Steindorff. Sachennormen im internationalen Privatecht（1958）：47.

[6] 申卫星. 对民事法律关系内容构成的反思[J]. 比较法研究，2004，（1）.

[7] 迪特尔·梅迪库斯. 德国民法总论[M]. 邵建东译. 北京：法律出版社，2001，9：51.

[8] 张文显. 法哲学范畴研究（修订版）[M]. 北京：中国政法大学出版社，2001：98-99.

[9] 庞正. 法律关系基础理论问题论辩[J]. 法治研究，2010，（6）：39.

[10] 刘金国，舒国滢. 法理学教科书[M]. 北京：中国政法大学出版社，1999：112.

[11] 哈特. 法律的概念[M]. 许家馨，李冠宜译. 北京：法律出版社，2006：121.

[12] 雅克·盖斯坦，吉勒·古博. 法国民法总论[M]. 陈鹏、张丽娟，等译. 北京：法律出版社，2004：141-143.

[13] 萨维尼. 当代罗马法体系 I[M]. 朱虎译. 北京：中国法制出版社，2010：260.

[14] 萨维尼. 当代罗马法体系 I[M]. 朱虎译. 北京：中国法制出版社，2010：266.

[15] 梁慧星. 民法总论[M]. 北京：法律出版社，1996：47.

[16] Whincop M，Keyes M. Policy and pragmatism in conflict of laws[M]. 1998：395.

[17] 卡尔·拉伦茨. 德国民法通论（上册）[M]. 王晓晔，徐国建，等译. 北京：法律出版社，2003：46.

[18] 卡尔·拉伦茨. 德国民法通论（上册）[M]. 王晓晔，徐国建，等译. 北京：法律出版社，2003：47.

[19] 雅克·盖斯坦，吉勒·古博. 法国民法总论[M]. 陈鹏，张丽娟，等译. 北京：法律出版社，2004：172.

[20] 萨维尼. 法律冲突与法律规则的地域和时间范围（《现代罗马法体系》第八卷）[M]. 李双元，等译. 北京：法律出版社，1999：93.

[21] 萨维尼. 法律冲突与法律规则的地域和时间范围（《现代罗马法体系》第八卷）[M]. 李双元，等译. 北京：法律出版社，1999：110.

[22] 萨维尼. 法律冲突与法律规则的地域和时间范围（《现代罗马法体系》第八卷）[M]. 李双元，等译. 北京：法律出版社，1999：100.

[23] 萨维尼. 法律冲突与法律规则的地域和时间范围（《现代罗马法体系》第八卷）[M]. 李双元，等译. 北京：法律出版社，1999：111.

[24] 卡尔·拉伦茨. 德国民法通论（上册）[M]. 王晓晔，徐国建，等译. 北京：法律出版社，2003：718.

[25] 卡尔·拉伦茨. 德国民法通论（上册）[M]. 王晓晔，徐国建，等译. 北京：法律出版社，2003：8.

[26] 萨维尼. 萨维尼论法律关系//郑永流. 法哲学与法社会学论丛（第七辑）[M]. 田士永译. 北京：中国政法大学出版社，2005：2.

[27] 卡尔·拉伦茨. 德国民法通论（上册）[M]. 王晓晔，徐国建，等译. 北京：法律出版社，2003：261.

[28] 申卫星. 由'屈从'概念的提出引发的—对民事法律关系内容构成的反思[J]. 期待权基本理论研究，2002，5.

[29] 曾世雄. 民法总则之现在与未来[M]. 北京：中国政法大学出版社，2001：69.

[30] 韩忠谟. 法学绪论[M]. 北京：中国政法大学出版社，2002：164.

[31] 张仲伯. 国际私法学[M]. 北京：中国政法大学出版社，2012：82.

[32] 阿蒂亚 P S. 合同法导论[M]. 赵旭东，何帅领，邓晓霞译. 北京：法律出版社，2002：1.

[33] 科宾 A L. 论合同（上）[M]. 王卫国，徐国栋，夏登峻译. 北京：中国大百科全书出版社，1997：8-9.

[34] 凯尔森. 法与国家的一般理论[M]. 沈宗灵译. 北京：中国大百科全书出版社，1996：92.

[35] 博登海默. 法理学：法律哲学与法律方法[M]. 邓正来译. 北京：中国政法大学出版社，2004：261.

[36] 张文显. 法哲学范畴研究[M]. 北京：中国政法大学出版社，2001：305.

[37] 博登海默. 法理学：法律哲学与法律方法[M]. 邓正来译. 北京：中国政法大学出版社，2004：152.

[38] 博登海默. 法理学：法律哲学与法律方法[M]. 邓正来译. 北京：中国政法大学出版社，2004：151.

[39] 格哈德·克格尔. 冲突法危机[M]. 萧凯，邹国勇译. 武汉：武汉大学出版社，2008：38.

[40] Currie B. Selected essays on the conflict of laws. 1963：78.

[41] Currie B. Selected essays on the conflict of laws, 1963：82.

[42] Currie B. Selected essays on the conflict of laws, 1963：82-83.

[43] Currie B. Selected essays on the conflict of laws, 1963：84.

[44] Currie B. Selected essays on the conflict of laws, 1963：95.

[45] Currie B. Selected essays on the conflict of laws, 1963：96-97.

[46] 格哈德·克格尔. 冲突法危机[M]. 萧凯，邹国勇译. 武汉：武汉大学出版社，2008：96-97.

[47] Baxter W F. Choice of law and the federal system[J]. Stan. L. Rev. 1963，16：1-22.

[48] Brilmayer L，Goldsmith J. Conflict of laws：case and materials（Fifth Edition）[M]. 2003：240.

[49] 张潇剑. 评柯里的"政府利益分析说[J]. 环球法律评论，2005，（4）.

[50] Brilmayer L，Goldsmith J. Conflict of laws：case and materials（Fifth Edition）[M]. 2003：241-249.

[51] 罗伯特·考特，托马斯·尤伦. 法和经济学[M]. 张军，等译. 上海：上海人民出版社，1994：443.

[52] 雅克·盖斯坦，吉勒·古博. 法国民法总论[M]. 陈鹏，张丽娟，等译. 北京：法律出版社，2004：80.

[53] Poughon J M. 政治经济的法律基础[M]. 经济学家与人文研究报，双语跨学科研究报纸，1990：399.

[54] 夏勇. 法理讲义——关于法律的道德与学问[M]. 北京：北京大学出版社，2010：131.

[55] 思拉恩·埃格特森. 新制度经济学[M]. 吴经邦，等译. 北京：商务印书馆，1996：70.

专题三　最密切联系原则专题

专题要旨：从目前国际冲突公约和世界上主要国家冲突法立法看，涉外民事案件适用与其有最密切联系的法律的冲突规则，已经获得普遍认可。尽管目前我国国内不乏对与该冲突规则对应的理论——最密切联系原则——的研究，但始终没有揭示最密切联系原则的真实情况。本文对产生最密切联系原则的原始资料进行考证研究，揭示了最密切联系原则理论残缺和不具操作性的严重缺陷，指出了该原则在我国适用存在的问题，以期我们能够更准确认识和评价这一原则。

专题要点：最密切联系原则　法律选择方法　法律文化

【引论】

一般认为，最密切联系原则是哥伦比亚大学威利斯·里斯（Willis L. M. Reese）教授在其起草的《美国冲突法第二次重述》（下称《第二次重述》）中所建立的法律选择理论和方法。后来，该原则成为美国国际私法新理论的代表，并被誉为二十世纪最具有活力、最具有价值、最具有创造性的法律选择理论和方法。随着时间的推移，最密切联系原则逐步被世界上大多数国家认可，并被诸多国际条约和国内立法所吸收和纳入。在国际法层面，1988年10月，荷兰海牙国际私法会议通过的《死者遗产继承法律适用公约》在准据法的确定问题上采用了最密切联系原则；1980年《罗马公约》、2008年《罗马Ⅰ规则》和2007年《罗马Ⅱ规则》都有有关最密切联系原则的规定。在国内立法层面，1999年德国《非合同债务关系和物权方面的国际私法》第二十八条规定了最密切联系原则；2001年俄罗斯民法典（第三部）把最密切联系原则作为国际私法的基本原则确立起来，俄罗斯《民法典》总则第1186条第2款规定：若依本条第1款无法确定准据法，则适用与民事关系有最密切联系的国家的法律；[1]2007年日本《法律适用通则法》第八条规定了最密切联系原则；我国于2010年10月28日颁布的《涉外民事法律关系法律法律适用法》已经将最密切联系原则作为我国国际私法单行法的一般原则确立起来。这些似乎已经为最密切联系原则构建了一件完美的外衣，令人不敢怀疑。但事实并非如此，我们抛开对最密切联系原则的非理性偏爱，重新审视产生它的原始资料。

第一节 《第二次重述》有关资料分析

最密切联系原则来源于美国国际私法的理论和实践，是美国哥伦比亚大学里斯教授提出了的法律选择原则。1971年，里斯教授在总结美国司法实践的基础上，结合以往国际私法理论成果，撰写完成了《第二次重述》。里斯在《第二次重述》总则中提到法律选择过程中需要考虑的重要因素——"重要联系"和法律选择原则，Lea Brilmayer 和 Jack Goldsmith 认为"重要联系"和法律选择原则构成了最密切联系原则的核心内容[2]。因此，探讨最密切联系原则必须回顾《美国冲突法第二次重述》内容，然后我们在对最密切联系原则进行深入分析。《重述》与最密切联系原则有关的总则和分则的几个条款如下：

（一）总则有关条款

第一条 冲突法规则的原因。世界由法律制度彼此独立且具有相互差异的领土国家组成。事件和交易的发生，争议的形成，可能与一个以上的国家具有重要联系，因此，有必要制定特别的规则和方法体系予以调整和裁决。①第二条 冲突法的主旨。冲突法是各国法律的一部分，它确定与一个以上的国家具有重要联系的案件被赋予何种效力。②第五条 国际私法性质及发展。国际私法规则，特别是法律选择规则，以判例法为主。从这种意义上讲，它像其他普通法规则一样，需要公开接受检验。检验这些规则的过程中，不仅需要考虑相关地方实体法规则中具体立法目的或法律原则（policy③），还要考虑涉及跨法域事件的一般法律原则。④第六条 法律选择原则。1. 在宪法授权范围内，法院应遵循本州冲突法立法规定。2. 如果没有相关立法规定，选择准据法时应考虑以下因素：（1）州际和国际体制的需要；（2）法院地的有关立法的原则或目的；（3）其他对案件具有利害关系州的有关立法的原则或目的以及在处理某一特定问题时这些州的有

---

① RESTATEMENT（SECOND）OF CONFLIC T OF LAWS § 1（1971）.§ 1 Reason for the Rules of Conflict of Laws The world is composed of territorial states having separate and differing systems of law. Events and transactions occur, and issues arise, that may have a significant relationship to more than one state, making necessary a special body of rules and methods for their ordering and resolution.

② RESTATEMENT（SECOND）OF CONFLIC T OF LAWS § 2（1971）. §2 Subject Matter of Conflict of Laws Conflict of Laws is that part of the law of each state which determines what effect is given to the fact that the case may have a significant relationship to more than one state.

③ Policy，按照元照法律词典，其核心意思是：政策；法的目的，源自拉丁文（politia），其原意为国家、政府。指用以指导政府处理公共事务或者立法机关制定法律的一般原则。若其适用于某一制定法、法规、法律规则、诉因等，则是指与该国的社会或政治福利相联系而可能产生的结果、趋势或目标。此外，在立法中，某一制定法的目的〔policy of a statute〕是指该法之所以通过或由议会制订的意图。从另一个角度分析，美国司法实践中，政策不是法官考虑的因素。法律是法律，政策是政策，二者泾渭分明。美国大法官霍姆斯为了使自己在审判过程中不受国家政策影响，自己不看报纸不听新闻。因为以上二个原因，我认为，在法律中出现的 Policy 基本意思是立法原则或目的，而不是政策。

④ RESTATEMENT（SECOND）OF CONFLIC T OF LAWS § 5（1971）.§ 5 Nature and Development of Conflict of Laws The rules of Conflict of Laws, and especially the rules of choice of law, are largely decisional and, to the extent that this is so, are as open to reexamination as any other common law rules. The process of formulation and reexamination of these rules requires consideration not only of the specific policies of the relevant local law rules but also of the general policies relating to multistate occurrences.

关利益；（4）正当期望的保护；（5）特定法律领域的基本原则或立法目的；（6）审判结果的确定性、可预见性和一致性，以及；（7）准据法易于确定和适用。[3]

（二）分则有关条款

《第二次重述》第一百四十六规定，对人身和有形财产的损害案件，应使用损害发生地州的法律，除非其他州与案件具有最密切的联系。①

涉外侵权之债领域，里斯提出了在侵权领域选择法律时应考虑的因素：《第二次重述》第一百四十五条规定第一款规定侵权争议当事人的权利和义务，根据第六条规定的原则，由与案件当事人和侵权发生具有最密切联系的州的地方法决定；第二款规定考虑适用第六条规定的原则选择准据法时，考虑的连结因素包括：（1）损害发生地；（2）侵权行为地；（3）当事人的住所、居所、国籍、公司成立地和营业地，和；（4）当事人之间联系最集中的地方，（4）当事人之间有联系时其联系最集中的地方。评估这些连结因素应根据他们在具体案件中的相对重要程度。②

在涉外婚姻领域，第一百五十四条规定根据被诉行为发生地法确定婚姻关系当事人的责任，除非在特殊问题上，根据第六条规定的原则，另一州与争议的发生和当事人有重要的联系。③

涉外合同领域，首推意思自治原则，当事人未选择法律的情况下，《第二次重述》第一百八十八条第一款规定，规定合同当事人的权利和义务，根据第六条规定的原则，由与案件当事人和交易具有最密切联系的州的地方法决定；第二款规定，当事人未对法律做有效选择时，考虑适用第六条规定的原则选择准据法时，考虑的连结因素包括：（1）合同缔结地；（2）合同谈判地；（3）合同履行地；（4）合同标的物所在地，以及；（5）当事人的住所、居所、国籍、公司成立地以及营业地。对这些联系将按照其对该特定问题的重要程度加以衡量。评估这些连结因素应根据他们在具体案件中的相对重要程度；第三款规定，除非第一百八十九条、第一百九十条和第二百零三条有不同规定，如果合同谈判地与履行地位于同一州，则适用该州的本地法。④第一百八十九条规定：《美国冲突法第二次重述》确立的法律选择原则，这些原则规定特定州的法律应予以适用，除非在特定问题上，其他州与案件当事人或案件具有更大联系，在这样的情况下，适用另一州的法律。⑤在合同领域，如果当事人双方未选择法律，有关土地权益转让的合同，适用土地所在州的法律，除非其他州对该案件有最密切联系。⑥

从《美国冲突法第二次重述》内容看，最密切联系原则主要涉及总则第二条冲突法的主旨和第六条法律选择原则，以及《第二次重述》分则部分的几个条款。无论是《第二次重述》所阐述的冲突法的主旨，还是冲突法的法律选择原则以及有关分则的具体条

---

① RESTATEMENT（SECOND）OF CONFLICT OF LAWS § 146-147（1971）.

② RESTATEMENT（SECOND）OF CONFLIC T OF LAWS, § 145（1971）; § 145. THE GENERAL PRINCIPLE OF TORT. These contacts are to be evaluated according to their relative importance with respect to the particular issue.

③ See Lea Brilmayer, Jack Goldsmith, supra note 3: 264.

④ RESTATEMENT（SECOND）OF CONFLIC T OF LAWS § 188（1971）.

⑤ RESTATEMENT（SECOND）OF CONFLIC T OF LAWS § 189（1971）.

⑥ RESTATEMENT（SECOND）OF CONFLIC T OF LAWS § 189（1971）.

款，都没有具体阐述什么是最密切联系以及相关内容。《美国冲突法第二次重述》仅仅提到"重要联系"是法律选择过程中需要考虑的重要因素，和法律选择过程中需要考虑的法律选择原则和具体法律关系领域选择过程中需要考虑的具体因素。

第二节　最密切联系原则存在的问题

（一）最密切联系原则理论不完全

从《第二次重述》内容看，里斯教授并没有给出最密切联系原则明确的定义，仅仅阐述了冲突法的宗旨和产生原因，以及在法律没有明确规定的情况下，考虑何种因素予以选择法律，比如第二条提到的"重要联系"，第六条提到的法律适用原则和考虑因素。而且第六条明确表明了，本州有关冲突立法的优先适用。除此之外，里斯在合同和侵权领域提到适用与案件有最密切联系的法律，但没有对该原则进行进一步的理论建构。但是，这个原则被法院和学者频繁的表述成为：法院审理特定争议时应该适用与争议有最重大联系（the greatest concern）州的法律。①在里斯的观念中，规则——rule，是最重要的，他甚至认为，坏的规则要远远好于没有规则，因为坏的规则被推翻以后会产生判决结果的可预见性和一致性。②他在文章中提到《第二次冲突法重述》中的"最密切联系原则"是一个考虑一个或多个因素的法律选择的"方法"③，而不是一个"规则"。④里斯认为《重述》第六条提供列举了一些被认为是最密切联系原则适用时考虑的因素，但是，这并不是说根据这些因素来决定和衡量那一个法律与案件具有最密切联系。⑤另一方面，该原则和考虑因素也同样无法详细说明为什么另外一个州在案件上具有最密切联系。⑥Lea Brilmayer 和 Jack Goldsmith 认为，在《重述》中，由于某些原因，存在一定程度的精神分裂（schizophrenia）。⑦可见，里斯虽然在美国冲突法第二次重述时提出了"重要联系"、"法律选择原则"、"法学选择考虑的因素"和"最密切联系的法律"等观念，却没有对最密切联系原则的理论进行进一步的建设。在他的观念中，方法是为了创立规则服务的，因此他对自己认为的"最密切联系"方法没有投入精力建设，因而，最密切联系原则理论建构是不完全的。

---

① [10] See, e.g., Babcock v. Jackson, 12 N.Y.2d 473, 191 N.E.2d 279, 240 N.Y.S.2d 743（1968）; A. VON MEMEN & D. TRAUTMAN, THE LAW OF MULTISTATE PROBLEMS 341-76（1965）.

②See Willis L. M. Reese, supra note 8：320. Bad rules may well be worse than no rules at all. In any event, bad rules are likely to be avoided or overturned by the courts and hence are unlikely to produce predictability and uniformity of result.

③ Willis Reese 本人是反对采用方法解决法律冲突问题的。

④ See Willis L. M. Reese, supra note 8：316. By "approach" is meant a system which does no more than state what factor or factors should be considered in arriving at a conclusion. An example of an approach is section 6 of the Restatement（Second） of Conflict of Laws which lists "factors relevant to the choice of the applicable rule of law," but neither states how a particular choice of law question should be decided in light of these factors nor what relative weight should be accorded them.

⑤ See Willis L. M. Reese, supra note 8；325.

⑥ See Willis L. M. Reese, supra note 8；325.

⑦ See Lea Brilmayer, Jack Goldsmith, supra note 3：264.

如同美国法官和学者频繁的演绎最密切联系原则一样，目前我国有关最密切联系原则的理论，已经经过了多重演绎。有学者认为，最密切联系原则是指当事人没有选择法律或选择无效的情况下，法院在与案件有联系的国家中，选择一个与该法律关系有重大联系、利害关系的国家的法律予以适用。[4]有学者认为，最密切联系原则又称最强联系原则是指法院在审理某一涉外民事案件时，不能拘泥于某一个或几个客观因素来决定适用哪一个国家的法律，而应从质和量这两个角度对与案件有关的各种主、客观因素进行综合分析，寻找法律关系的"重力中心地"，该重力中心地所属国的法律即为审理该案所应适用的法律。[5]虽然我国学者，结合自身对该原则理解，对最密切联系原则进行了研究和演绎，但是，最密切联系原则系统的理论仍然没有形成，我们看到的大多数只是一个概念和该原则所谓的形成历史，该原则的外延，什么是该原则指称的"联系"[①]，最密切联系中的"最密切"该如何界定，如何在具体案件中适用这一原则等等，这些问题里斯没有给出具体的方法，我们也无从完善这一原则。

（二）最密切联系原则缺乏操作性

最密切联系原则理论的不完善，直接导致了一个后果，那就是该原则不具有操作性，很难在具体案件中适用这一原则。最密切联系原则的外延，什么是该原则指称的"联系"，最密切联系中的"最密切"该如何界定，如何在具体案件中适用这一原则等有关问题，都没有理论和技术指导。里斯认为在特定问题上适用最密切联系的法律需要进一步的讨论。确定最密切联系州的过程很可能被证明是困难和令人沮丧的。[②]里斯指出最密切联系原则中的"联系"首要的是确定相关法律的基本原则或立法目的，这本身就是一个抽象的问题。在确认那一个州具有重大联系时，法官通常要先确定构成潜在具有利益州的有关有约束力的或成文的地方法律的立法目的或法律原则，这通常是一项繁重的、困难的和令人沮丧的工作。[③]他很重视州法律的法律规则，认为法官在没有法律规则指导时适用有重大联系州法律审理特定争议是一项极其困难的任务。他还认为适用最密切联系原则选择法律时，所根据的是几个法律原则中的一个，而且它不一定是最重要的法律原则，这种做法是存在问题的。相应的，如果在寻找与案件有最密切联系的州时，法院发现会支出超出合理比例的大量时间，或者没有合理基础确定潜在可以适用的地方法律规则的立法目的，法院就会抛弃这一原则。[④]里斯认为《第二次重述》第六条提供的法律适用原则和考虑因素，可以适用于一些特定案件，因而该原则为法院选择法律提供了某些指导，另一方面，该原则和考虑因素也同样无法详细说明为什么另外一个州在案件上

---

① See Willis L. M. Reese, supra note 8: 317; Willis Reese 认为确定"联系"，首先确定构成潜在具有利益州的有关有约束力的或成文的地方法律的立法目的。

② See Willis L. M. Reese, supra note 8: 322.

③ See Willis L. M. Reese, supra note 8: 317.The task of the judge is peculiarly difficult when he is told without further direction to apply the law of the state with the greatest concern in the decision of the particular issue. To ascertain what state that is, first the judge usually must determine what policy or policies underlie the relevant decisional or statutory local law rules of the potentially interested states. This will often prove an onerous, difficult, and frustrating task.

④ See Willis L. M. Reese, supra note 8: 323.

具有最密切联系。①第六条列举了一些被认为是最密切联系原则适用时应考虑的因素，但是，这并不是说根据这些因素来决定和衡量那一个法律与案件具有最密切联系。②里斯只提出了最密切联系原则的观念，没有适用方式和适用步骤。

最密切联系原则操作性的缺失也加剧了该原则适用结果的不确定性和不可预见性。事实上，适用最密切联系原则所带来的困境已经被纽约州上诉法院的经历所证实。纽约州法院在 Babcock v. Jackson 案件中第一次明确的支持了这一原则，而且事后一直保持对该原则最热忱的支持。③但是从 Babcock 时代开始，由于最密切联系原则导致的不确定性和不可预见性，纽约州上诉法院被上诉案的洪水所淹没，并被反对意见所摧毁。④可见，即使最密切联系原则具有无可比拟的价值，灵活的法律选择方式足以保证形式公正和实体公正的统一，没有具体的适用方式，那么最密切联系原则也只是一个没有生命力的抽象概念，无法完成从抽象到具体的转变。纯粹的理性构建是徒劳的，原则和概念必须能够具体化为一种法律事实层面的存在才有意义。

第三节　最密切联系原则在我国适用之困境

最密切联系原则来源于美国司法实践，美国的法官和学者对该原则也不断的进行修正。但是目前，最密切联系原则没有提供必要的严密而精确的分析方法，其适用在很大程度上凭借法官的分析和判断。法官通过自己对的法律的理解，对法律选择原则和以及《冲突法重述》在总则和分则的具体法律关系领域列举的因素进行分析判断，然后根据这一判断确定适用那一个法律确定当事人的权利和义务。最密切联系原则，是最具灵活性并赋予法官无限自由裁量权的法律选择方法，是里斯在总结美国国际私法理论和实践的基础上提出的法律选择方法，它的产生和发展都植根于美国的法律文化之中。

目前，我国已经引入最密切联系原则，并把它作为国际私法的一般原则确立起来。当然，法律移植也是法律前进和发展的一种方式。借鉴和引进外国优秀的法律制度和原则，是法律现代化的一种方式。在法律移植的过程中，一定要讲究法律移植技术和方法，并且要关注优秀的法律制度或原则背后的法律文化。法律移植技术和方法可以弥补，但法律文化无法逾越。美国法律文化的特征包括：遵循先例、法官造法、法官具有较大自由裁量权和高素质法官团体等。其中和最密切联系原则具有直接关系的就是法官的自由裁量权和高素质的法官团体。因为最密切联系原则，由于其理论体系不完整，操作性很差，以及原则本身具有的灵活性，需要一个高素质的法官团体，充分发挥主观能动性，

---

① See Willis L. M. Reese，supra note 8：325.

② See Willis L. M. Reese，supra note 8：325.

③ See Willis L. M. Reese，supra note 8：318. The difficulties involved in applying the law of the state with the greatest concern in the decision of the particular issue are well illustrated by the experience of the New York Court of Appeals.

④ See，e.g.，Miller v. Miller，22 N.Y.2d 12，237 NXE.2d 877，290 N.Y.S.2d 734（1968）；Macey v. Rozbicki，18 N.Y.2d 289，221 N.E.2d 380，274 N.Y.S.2d 591（1966）. Since the time of Babcock，because of the uncertainty and unpredictability it engendered，the court has been deluged by appeals and wracked by dissent.

结合自己多年积累的审判经验予以配合实施。这些法官要经过长期的司法实践，要对法律，尤其是冲突法，有透彻的了解，并能能动的发挥自由裁量权，这样的团体才能够正确适用最密切联系原则。而我国采用制定法，严格限制法官的自由裁量权。同时，法官团体，近些年虽有好转，但大多数法官法学功底薄弱，在冲突法领域更甚之。最密切联系原则在我国适用势必会存在难以解决的问题。在司法实践中，由于司法理念和法官文化的不同，我国法官适用最密切联系原则时存在误区。我国法官有时会以简单的"涉外联系"作为确立最密切联系原则标准，有时是为了避开——适用外国法或外国法查明——这一个泥潭，用简化的方法代替最密切联系原则的适用，并把这种简单的方法指称为最密切联系原则。实际上，这是法官为简化司法任务而实施的一个权宜之计。

【本专题结论】

无论是从《第二次重述》内容看，还是从里斯撰写的文章看，他并未构建最密切联系原则的理论体系，甚至一个基本框架也没有。里斯认为既有的法律规则和先例应优先适用；在没有相应法律规则时或者出现法律的局限性时，才考虑根据"方法"解决法律冲突问题，这种思想在他1971年撰写的《冲突法：规则或方法》（Choice of Law：Rules or Approach）一文中体现的淋漓尽致。但是，在《第二次重述》，Willis Reese建立的冲突规则中包含最密切联系原则优先于冲突规范适用的规定，如第一百四十六条和第一百五十四条。正如Lea Brilmayer和Jack Goldsmith所言，最密切联系原则存在自相矛盾的精神分裂现象。总之，里斯建立的最密切联系原则是一个理论体系不健全，自相矛盾的事物。

【本专题参考文献】

[1] 顾海波，赵凯. 对俄罗斯国际私法立法的评介及借鉴[J]. 东北亚论坛，2007，16（7）：4.

[2] Brilmayer L，Goldsmith J. Conflict of laws，case and materials（Fifth Edition）. 181.

[3] Reese W L M. Choice of law：rules or approach[J]. Cornell L. Rev.，1971-1972，57：315.

[4] 赵相林. 国际私法[M]. 北京：中国政法大学出版社，2005：246.

[5] 丁伟. 冲突法[M]. 北京：法律出版社，1996：187.